Kinderarmut und Generationengerechtigkeit

Christoph Butterwegge/Michael Klundt (Hrsg.)

Kinderarmut und Generationengerechtigkeit

Familien- und Sozialpolitik
im demografischen Wandel

2., durchgesehene Auflage

Springer Fachmedien Wiesbaden GmbH 2003

Gedruckt auf alterungsbeständigem und säurefreiem Papier

Die Deutsche Bibliothek – CIP-Einheitsaufnahme
Ein Titeldatensatz für die Publikation ist bei
Der Deutschen Bibliothek erhältlich

ISBN 978-3-8100-3731-2   ISBN 978-3-663-10475-9 (eBook)
DOI 10.1007/978-3-663-10475-9

© 2003 Springer Fachmedien Wiesbaden
Ursprünglich erschienen bei Leske + Budrich, Opladen 2003.

Satz: Leske + Budrich, Opladen

Inhalt

Erscheinungsformen, Auswirkungen und Folgen von Kinderarmut

**Sozialpolitische, familienpolitische und pädagogische
Gegenmaßnahmen**

Einleitung

In einer reichen Gesellschaft wie der Bundesrepublik Deutschland sind viele Kinder arm, was umso mehr erstaunen muss, als man gleichzeitig die Überalterung, den fehlenden Nachwuchs sowie den nachlassenden Kinderreichtum der Familien beklagt. Gegenüber anderen Armutsformen weckt die *Kinderarmut* mehr negative Assoziationen und noch stärkere Emotionen, z.B. im Zusammenhang mit Reizthemen wie „Altersvorsorge" und „Generationenvertrag". In der öffentlichen Diskussion über die Riester'sche Rentenreform, aber auch zur wachsenden Staatsverschuldung und bei vielen anderen Gelegenheiten wurde bzw. wird die Frage gestellt, ob man nicht stärker zwischen Alt und Jung umverteilen müsse, um einen ansonsten drohenden „Krieg der Generationen" zu verhindern.

„Generationengerechtigkeit" ist eines der am meisten bemühten sozialpolitischen Schlagwörter in der Bundesrepublik. Darunter versteht man die Forderung nach fairer Aufteilung der Ressourcen und Lasten zwischen den Generationen (z.B. für das Sozialversicherungssystem). Ihre gegenwärtig massive Propagierung setzt implizit oder explizit eine ungerechte Verteilung zu Lasten einer, und zwar der jüngeren, Generation voraus (vgl. Alterssicherung, Staatsverschuldung etc.). Mittels der Forderung nach (mehr) Generationengerechtigkeit werden soziale Ungerechtigkeiten innerhalb *aller* Generationen in einen „Kampf von Alt gegen Jung" umgedeutet.

Familien- und Sozialpolitik können als Instrumentarien eines Wohlfahrtsstaates gelten, um soziale Notlagen bzw. Ungerechtigkeiten durch staatliches Handeln zu verringern. Sie sind Politikfelder, auf denen um die Intention bzw. die Qualität (un)sozialer Politik gerungen wird. Das Ausmaß der Armut (von Kindern und Jugendlichen) sowie die gesellschaftliche Zerklüftung insgesamt stellen die Familien- und Sozialpolitik gegenwärtig vor ihre größte Herausforderung.

Thema dieses Sammelbandes sind sowohl das gesellschaftliche Problem der (Kinder-)Armut als auch seine Verschränkung mit der Debatte über „Generationengerechtigkeit". Deren wachsendes Gewicht im öffentlichen Diskurs lenkt von einer dramatisch wachsenden Ungleichheit *innerhalb* aller

Generationen ab. Kinderarmut wird als politisch-ideologischer Hebel benutzt, um Teile der Armutspopulation, aber auch Eltern und Kinderlose, gegeneinander auszuspielen. Ähnliches gilt für Diskussionen zum demografischen Wandel, zur „Vergreisung" der Gesellschaft und zu den daraus (angeblich) erwachsenden Finanzierungsproblemen für die Systeme der sozialen Sicherung.

Vor diesem Hintergrund behandeln die Autor(inn)en unseres Sammelbandes das Verhältnis von Kinderarmut und Generationengerechtigkeit, wobei sie den gesellschaftlichen Zusammenhang mit der Reichtumsentwicklung berücksichtigen, welcher besonders für das Wohlbefinden und die Bildungschancen benachteiligter (junger) Menschen ausschlaggebend ist. Außerdem skizzieren die Beiträge sozial-, familien- und geschlechterpolitische sowie pädagogische Gegenmaßnahmen und Alternativen zu gesellschaftlichen Spaltungstendenzen.

Dass die Erstauflage des Sammelbandes nach wenigen Monaten vergriffen war, lässt uns auf eine noch weitere Verbreitung der Schrift und eine größere Sensibilität der (Fach-)Öffentlichkeit wie der politisch Verantwortlichen für das behandelte Problemfeld hoffen. Eine inhaltliche Überarbeitung und Aktualisierung der Beiträge waren (mit Ausnahme der Umrechnung einiger Angaben von DM in Euro) nicht notwendig, zumal im Rahmen des Forschungsprojekts „Infantilisierung der Armut? – Gesellschaftspolitische Ursachen und psychosoziale Folgen in Ost- und Westdeutschland", das Teil eines Projektverbundes „Duale Armutsforschung und Kindheit" ist und vom Ministerium für Schule, Wissenschaft und Forschung des Landes Nordrhein-Westfalen im Rahmen des Programms „Offensive zukunftsorientierte Spitzenforschung" gefördert wird, ergänzende Buchpublikationen zum selben Problemkreis geplant sind.

Köln, im Spätherbst 2002   *Christoph Butterwegge/Michael Klundt*

(Kinder-)Armut, Reichtum und Generationen(un)gerechtigkeit: Hintergründe – Zusammenhänge – Wechselwirkungen

Friedhelm Hengsbach

Gerechtigkeit ist nicht nur ein Wort

Die öffentliche Debatte über „Kinder in Armut" ist voll explosiver Dynamik. Alle, die davon erfahren, wirken emotional betroffen. Das verdeckt zugestandene Faktum der Armut in einem reichen Land gewinnt ein konkretes Gesicht. Auch wird im Falle der Kinder deutlich, dass die Armut nicht eigenem Versagen anzulasten, sondern das Endglied einer Kette der gesellschaftlichen Ausgrenzung ist. Umso intensiver stellt sich die Frage nach den strukturellen Ursachen der Armut von Kindern. Ich will im Folgenden drei aktuelle Diskurse charakterisieren, die mittelbar den Horizont der Thematik „Kinderarmut, Sozialpolitik und Generationengerechtigkeit" ausleuchten.

Wolfgang Thierse hat behauptet, die Gerechtigkeitsfrage sei in die Gesellschaft zurückgekehrt. Ich möchte diese These prüfen. Dabei stellt sich heraus, dass die Frage nach der Gerechtigkeit diffus gestellt und interessengeleitet beantwortet wird; Gerechtigkeit klingt wie ein leeres Wort. Gleichzeitig möchte ich jedoch nachweisen, dass die diffuse Fragerichtung nach der Gerechtigkeit eine präzisierende Antwort in drei Wortbedeutungen gestattet und rechtfertigt.

1. Mehr Gerechtigkeit durch begrenzte Ungleichheit

Als ich den Spuren der öffentlichen Gerechtigkeitsdebatte nachging, stieß ich nicht nur auf einen beachtenswerten Artikel des Bundeskanzlers Gerhard Schröder zum Verhältnis von Sozialstaat und „bürgerlicher Zivilgesellschaft", sondern auch auf eine von seinem Parteifreund Wolfgang Clement, Ministerpräsident des Landes Nordrhein-Westfalen, im April 2000 in Berlin gehaltene programmatische Rede.

1.1 Neue Gerechtigkeit

Clement ruft dazu auf, die eingefahrenen Wege, auf denen man das Ziel der Gerechtigkeit bisher ansteuerte, sowie die vertrauten Gerechtigkeitsideale selbst zu überprüfen. In der neuen Weltwirtschaft könnten Traditionen nicht mehr auf traditionellen Wegen verteidigt werden. Wer Gerechtigkeit und verteilungspolitische Ziele auf diese Weise anstrebe, werde Schiffbruch erleiden. Deshalb seien Regierung und SPD gut beraten, rechtzeitig die herkömmlichen Gerechtigkeitsideale zu überdenken und sie den Realitäten der neuen Weltwirtschaft anzupassen.

Clement sieht den archimedischen Punkt der Programmdebatte in Europa darin, dass Gerechtigkeit nicht mit Ergebnisgleichheit verwechselt werden dürfe. Sie sei als Chancengleichheit zu definieren, wenngleich Korrekturen von Chancen und Ergebnissen gerechtfertigt blieben. Nicht alles sei gerecht, was die Ungleichheit in der Einkommens- und Vermögensverteilung verringere. Denn die Produktion des Wohlstandes komme vor seiner Verteilung. Begrenzte, vertretbare Ungleichheit könne individuelle und gesellschaftliche Entfaltungsmöglichkeiten, mehr Wohlstand und ein realistisches Mehr an Gerechtigkeit schaffen.

An vier Beispielen veranschaulicht Clement seine Behauptung:

1. Besteuerung: Eine progressive Besteuerung, welche die Ungleichheit der Einkommen und Vermögen zu verringern sucht, aber potenziellen gesellschaftlichen Wohlstand verschenkt sowie Innovation und Dynamik insgesamt lähmt, sei ungerecht.
2. Arbeitsmarkt: Die Verteidigung von Standards, Rechten und Institutionen sei ungerecht, wenn dadurch menschliche Talente und individuelle Entfaltungsmöglichkeiten vergeudet würden.
3. Bildungspolitik: Eine besondere Förderung von Spitzenbegabungen und Höchstleistungen ohne Hemmungen und Halbherzigkeiten mit dem Ziel, in der weltweiten Standortkonkurrenz zu bestehen, widerspreche nicht dem Bemühen um Chancengleichheit und Integration aller.
4. Leitbild der Selbstverantwortung: Das Postulat einer zeitgemäßen Gerechtigkeit habe zwei Adressaten: Der Sozialstaat müsse sich auf seine Kernaufgaben zurückziehen, nämlich den Schutz vor den großen Lebensrisiken und dem Absinken in Armut; die Einzelnen hätten die Pflicht, eine neue Verantwortungskultur anzuerkennen.

1.2 Schieflage der Verteilung

Der kritische Hinweis auf eine Gleichheit von Einkommen und Vermögen, die dysfunktional sei, weil sie das Entwicklungspotenzial einer Wirtschaft blockiere, mag gerechtfertigt sein, wenn die Gefahr einer nivellierenden Verteilung des gesellschaftlichen Reichtums unmittelbar droht. Umso auffälliger erscheint es, dass Clement diese Gefahr gerade in einer Situation beschwört, wo eine wachsende Schieflage der Einkommens- und Vermögensverteilung offenkundig ist. Selbst der Sachverständigenrat zur Begutachtung der gesamtwirtschaftlichen Entwicklung hat in zwei Gutachten (1996/97 und 1998/99) bestätigt, die Quote der Arbeitseinkommen 1983 bis 1994 sei rückläufig und die Ungleichheit der Einkommen während dieses Zeitraums habe (geringfügig) zugenommen. Armutsstudien weisen nach, dass der Anteil der Haushalte, die verdeckt und offen als einkommensarm gelten, in Deutschland zurzeit ca. 10 Prozent beträgt; ca. 20 Prozent leben in einem „prekären" Wohlstand. Andere Studien belegen eine wachsende Ungleichheit der personellen Einkommensverteilung zwischen 1978 und 1993, die nicht mehr wie früher durch das Transfer- und Steuersystem ausgeglichen wird. Sie verweisen auf deutliche Unterschiede der Einkommensungleichheit innerhalb sozialer Gruppen, die bei den Selbstständigen- und Arbeitslosenhaushalten markanter ausfallen als bei den Arbeiter- und Beamtenhaushalten, und belegen eine wachsende Verarmung der Arbeitslosenhaushalte sowie der Haushalte mit Kindern und von Alleinerziehenden, dagegen steigende gruppenspezifische Reichtumsquoten bei Selbstständigen-, Angestellten- und Beamtenhaushalten sowie Haushalten ohne Kinder. Die Ungleichheit der Vermögensverteilung übertrifft bei weitem jene der Einkommensverteilung: Den obersten 10 Prozent der Haushalte gehörte 1988 fast die Hälfte des gesamten Nettoimmobilien- und Nettogeldvermögens, während die Hälfte der unteren Haushalte über weniger als 4 Prozent solcher Vermögen verfügte. Für das Ende der 90er-Jahre, welches auch der erste Armuts- und Reichtumsbericht der Bundesregierung statistisch noch nicht erfasst, ist damit zu rechnen, dass die Kürzungen der Sozialetats und die untertariflichen Entlohnungen die Ungleichheit der Einkommen weiter verschärfen, während der rasante Anstieg der Aktienkurse und die gehäuften Vererbungsvorgänge die Konzentration der Vermögenswerte beschleunigt haben dürften.

1.3 Leistungsgerechtigkeit

Den normativen Hintergrund eines Plädoyers für mehr Ungleichheit in der Einkommens- und Vermögensverteilung sowie für den Vorrang der Produktion vor der Verteilung bildet die „Leistungsgerechtigkeit". Die differenzierten Einkommen, die sich auf dem Arbeitsmarkt bilden, entsprechen exakt den individuellen Arbeitsleistungen und müssen deshalb als Primärverteilung respektiert werden, heißt es. Außerdem biete eine differenzierte Einkommensverteilung stärkere Anreize, individuelle Leistungsreserven zu mobilisieren. Folglich bewirke sie ein höheres gesamtwirtschaftliches Leistungspotenzial bzw. -niveau, das für eine komfortable Verteilung verfügbar ist.

Drei Prämissen dieser theoretisch und normativ komplexen Argumentation zugunsten einer stärkeren Gewichtung der Leistungsgerechtigkeit halte ich für anfechtbar. Erstens unterliegt die marktvermittelte Primärverteilung, die einer wirtschaftlichen Leistung entspricht, erheblichen gesellschaftlichen Vorentscheidungen. In der modernen Industriegesellschaft wird die für alle vorteilhafte private Hausarbeit weder als wirtschaftliche Leistung angesehen noch mit einem Arbeitseinkommen entgolten. Dass geistige Arbeit meist höher als körperliche Arbeit bewertet wird, hat mehr mit dem antiken Menschenbild als mit dem marktwirtschaftlichen Wettbewerb zu tun. Und dass die typische Erwerbsarbeit von Frauen gegenüber der typischen Erwerbsarbeit von Männern als weniger wertvoll eingestuft wird, hängt mehr von patriarchalen Machtverhältnissen als davon ab, dass die Marktlage es so bestimmt. In dem arbeitsteiligen Prozess der Produktion beispielsweise eines Autos lässt sich nicht präzise ermitteln, welcher Einkommensanteil der Lackiererin, dem Designer, der Marketing-Chefin und dem Pförtner zusteht. Solange die wirtschaftliche Leistung durch die Kaufkraft derer definiert wird, die sich für ein bestimmtes Angebot interessieren, ist die Vorstellung einer leistungsgerechten Entlohnung weithin ein ideologisches Konstrukt.

Da die Ausgangsverteilung die Richtung und das Niveau der Produktion vorweg bestimmt, kann zweitens die Hypothese der polarisierten Entwicklung bestritten werden, gemäß der wirtschaftliches Wachstum nicht gleichmäßig, sondern konzentriert auftritt. Die Einkommensdynamik der Leistungsträger, Ballungszentren und Industrieländer übertrage sich, so lautet die Hypothese, in der Folge auf die Leistungsschwächeren, peripheren Regionen und die Entwicklungsländer. Zudem sei das gesamtwirtschaftliche Leistungsvermögen und -niveau umso höher, je differenzierter die Einkommens- und Vermögensverteilung ausfällt. Es mag zwar grundrechtliche und funktionale Gründe dafür geben, dass die unterschiedlichen Begabungen und Interessen der Individuen durch differenzierte Einkommen anerkannt und mobilisiert werden sollten und dass derartige Leistungsanreize das verteilbare Volkseinkommen wachsen lassen. Aber eine extrem gespreizte Einkommensverteilung kann auch dazu führen, dass sich die internationalen Märkte für Vermögenstitel von den realwirtschaftlichen Kreisläufen abkoppeln, dass die Massenkaufkraft ausdünnt und die inländische Konsumnachfrage stagniert. Sie kann überdies den gesellschaftlichen Zusammenhalt bedrohen und in der Folge auch ökonomisch dysfunktional sein. Umgekehrt gibt es ernsthafte Gründe dafür, dass eine ausgewogenere Verteilung der Einkommen und Vermögen stärkere Impulse für Wachstum und Beschäftigung auslöst.

Drittens muss die mikroökonomische Grenzproduktivitätsregel, die den zusätzlichen Arbeitseinsatz auf ein zusätzlich gewonnenes Arbeitsergebnis bezieht, als angeblich unbestechlicher Maßstab einer leistungsgerechten Entlohnung zurückgewiesen werden. Denn wie soll der Produktwert etwa eines Liters Mineralwasser oder eines Kugelschreibers oder einer Tonne Feinblech ermittelt werden, der exakt durch eine zusätzlich eingestellte Arbeitskraft bzw. eine zusätzlich eingeführte Arbeitsstunde entsteht, ohne dass man auf subjektive Wertungen zurückgreift? Die Frage gilt vergleichbar der gesamtwirtschaftlichen Produktivitätsformel, die bei der Ermittlung eines angeblich fairen Lohnabschlusses eine zentrale Rolle spielt. Denn wie soll objektiv und wertneutral bewiesen werden, dass die Nachfrage nach Arbeit in erster Linie eine Funktion der Reallöhne darstellt, dass Niveau und Struktur der Reallöhne den Beschäftigungsgrad determinieren und dass die Produktivitätsrate die äußerste Grenze einer kostenneutralen Lohnerhöhung markiert? Empirisch lässt sich nicht bestätigen, dass das Einsatzverhältnis der Produktionsfaktoren Arbeit und Kapital mit dem Verhältnis von Zins- und Lohnsatz variiert und dass die Unternehmen den Produktionsfaktor Arbeit durch Kapital ersetzen, sobald die Löhne über die Grenzmarke der gesamtwirtschaftlichen Produktivitätsrate hinaus ansteigen, während sie auf maßvolle Lohnabschlüsse so reagieren, dass sie den Kapitaleinsatz verringern und Arbeitskräfte neu einstellen. Deshalb sind Produktion und Verteilung, Leistungs- und Verteilungsgerechtigkeit gleichrangig zu gewichten.

2. Gerechtigkeit zwischen den Generationen

Mit der von Walter Riester vorgelegten und im Mai 2001 abschließend von Bundestag und Bundesrat gebilligten Rentenreform soll die Gerechtigkeit zwischen Jung und Alt wiederhergestellt werden. Die rot-grüne Koalition hat die Absicht bekundet, ein Rentensystem zu schaffen, das für die Älteren sicher und für die Jüngeren bezahlbar ist.

2.1 Kernelemente der Rentenreform

Die Beitragssätze der gesetzlichen Alterssicherung werden langfristig auf 20 Prozent (bis 2020) bzw. 22 Prozent (bis 2030) stabilisiert, und das Rentenniveau wird möglichst nicht unter 67 Prozent bis 68 Prozent (2030) fallen. Um dies zu erreichen, gilt ab 2001 eine modifizierte Formel der Nettolohnanpassung, die drei Komponenten enthält: erstens das Bruttoentgelt zu 100 Prozent, ab 2011 zu 90 Prozent; davon wird zweitens der volle Beitrag zur Gesetzlichen Rentenversicherung, also Arbeitgeber- und Arbeitnehmeranteil, und drittens der unterstellte Beitrag des Arbeitnehmers zur privaten Altersvorsorge abgezogen. Dieser beträgt 1 Prozent des rentenversicherungspflichtigen Einkommens im Jahr 2002, 2 Prozent im Jahr 2004, 3 Prozent im Jahr 2006 und 4 Prozent im Jahr 2008. Zum Ausgleich für die Kürzung des gesetzlichen Rentenniveaus wird eine freiwillige, private, kapitalgedeckte Altersvorsorge staatlich gefördert.

Verschämte Altersarmut soll vermieden werden: Ältere Menschen, deren Rente unter dem Sozialhilfeniveau liegt, können den Anspruch auf eine bedarfsorientierte Grundsicherung geltend machen, ohne dass hierbei die Einkommen und Vermögen der Kinder berücksichtigt werden. Frauen und Familien sollen durch eine kinderbezogene Höherbewertung von Beitragszeiten besser gestellt werden. So werden die individuellen Entgelte von Erziehungspersonen, die während der ersten 10 Lebensjahre der Kinder erwerbstätig sind, um 50 Prozent (maximal bis zum Durchschnittseinkommen für die Rentenberechnung) aufgewertet, wenn 25 Versicherungsjahre vorliegen. Den Erziehungspersonen mehrerer Kinder, die nicht erwerbstätig sein können, wird eine rentenrechtliche Gutschrift gewährt.

2.2 Dreifacher Systembruch

Der Anspruch der Rentenreformer/innen, die Gerechtigkeit zwischen den Generationen wiederherzustellen, greift meiner Meinung nach zu hoch und ins Leere. Die Reform wird mit untauglichen Legenden begründet, dass beispielsweise die solidarischen Sicherungssysteme nicht mehr finanzierbar seien, dass sie dem demografischen Druck nicht mehr standhielten, dass die deutsche Wirtschaft international wettbewerbsfähig gemacht werden müsse, indem die Lohnnebenkosten gesenkt und die Beitragssätze stabilisiert würden. Außerdem wird die Reform mit statistischen Tricks schöngerechnet. Zu einer Nettolohnanpassung kommt es nur, indem der Begriff des Nettolohns umgedeutet wird. Das Nettorentenniveau müsste nach unten auf 63 Prozent bis 64 Prozent korrigiert werden, wenn man es um die Beiträge zur privaten Altersvorsorge bereinigt. Die Beitragssätze bleiben nur für die Arbeitgeber stabil, für die abhängig Beschäftigten erhöhen sie sich als Summe aus gesetzlichen und privaten Beiträgen auf 26 Prozent.

Die Rentenreform regelt nicht die faire Lastenverteilung zwischen Jung und Alt, sondern zwischen Rentner(inne)n einerseits sowie Steuer- und Beitragszahler(inne)n andererseits. Tatsächlich erweist sich in den Verteilungskonflikten, die sich während der 90er-Jahre aufgestaut haben, die Gerechtigkeitsfrage zwischen den Generationen als ein Folgeproblem. Denn die schwerwiegenden Defizite einer gerechten Verteilung der Einkommen und Vermögen fallen innerhalb derselben Generation an. Im Gemeinsamen Wort der Kirchen zur wirtschaftlichen und sozialen Lage wurden drei Risse in der deutschen Gesellschaft festgestellt: zwischen Erwerbstätigen und Arbeitslosen, Reichen und Armen sowie West- und Ostdeutschen. Offensichtlich entspricht der öffentlichen Verschuldung ein beispielloser Anstieg der privaten Vermögen. Die steuerpolitischen Entscheidungen der Regierungen haben die Spitzenverdiener und die Haushalte der Selbstständigen entlastet, während die abhängig Beschäftigten – unter anderem durch den tendenziellen Wechsel von der direkten zur indirekten Besteuerung – stärker belastet wurden. Die Lebenschancen von Männern und Frauen haben sich nicht angenähert: Kinder zu erziehen bedeutet weiterhin ein erhebliches Armutsrisiko.

Mit der Rentenreform ist ein dreifacher Systembruch vollzogen worden. Erstens wurde die Absicht aufgegeben, die bei der Einführung der gesetzlichen Alterssicherung durch Otto von Bismarck handlungsleitend war, dass ein durch die Erwerbstätigkeit gewonnener Lebensstandard im Alter gesichert werden müsse. Stattdessen werden vorrangig die Stabilisierung der Beitragssätze und die Senkung der Lohnnebenkosten angestrebt. Zweitens wurde die paritätische Finanzierung der Gesetzlichen Rentenversicherung durch Arbeitnehmer und Arbeitgeber aufgekündigt. Schwerwiegend ist drittens die mutwillige oder fahrlässige Demontage erwerbswirtschaftlicher Solidarität. Sie folgt dem seit einiger Zeit werbewirksam und medienverstärkt verbreiteten Meinungsklima, das die Vorteile einer umlagefinanzierten solidarischen Alterssicherung schlechtredet. Der besondere Charme der Solidarität als einer Steuerungsform liegt jedoch darin, dass sie im Unterschied zur Steuerungsform des Marktes auf einer Gegenseitigkeit gründet, die nur latent vorhanden ist, weil Leistung und Gegenleistung sich nicht gleichzeitig entsprechen, sondern durch einen Erwartungswert verknüpft sind, auf einer Gegenseitigkeit, die nur unterstellt ist, weil objektive Risikolage und deren subjektive Einschätzung voneinander abweichen. Tatsächlich entspricht dann die Beitragsleistung der finanziellen Leistungsfähigkeit, der monetäre oder sachliche Leistungsanspruch dem aktuellen Bedarf. Infolgedessen wird die Solidarität wirksam, wenn eine höhere und niedrigere Lebenserwartung, wenn Zeiten der Arbeitslosigkeit und Ausbildung, der Krankheit und Pflege, der Erwerbsunfähigkeit und des Todes eines Lebenspartners auszugleichen sind. Eine derartige solidarische Verteilungswirkung kann von der Marktsteuerung nicht erwartet werden. Wenn nun die private Vorsorge von der solidarischen Sicherung abgespalten wird, sind gerade diejenigen, die bisher den Segen einer begrenzten Umverteilung innerhalb der solidarischen Alterssicherung empfangen haben, den individuellen Risiken ihres Gesundheitszustandes, ihrer individuellen Lebenserwartung und ihrer familiären Situation ausgeliefert, ohne dass gewährleistet ist, dass sie diese Risiken eigenständig tragen können. Insbesondere die Frauen müssen bei privater Vorsorge für das Mehr an Lebenserwartung, das sie gegenüber den Männern haben, mit höheren Beitragssätzen oder einem geringeren Rentenbezug bezahlen.

2.3 Bedarfsgerechtigkeit

Die in einer solidarischen Alterssicherung verkörperte Steuerungsform der Solidarität ist nicht in erster Linie eine Tugend der Barmherzigkeit, sondern ein organisierter Interessenausgleich zwischen Menschen, die einander als gleich ansehen und gleich setzen, weil sie eine gleiche Interessenlage teilen, aber dieser zum Trotz einem ungleichen Verhältnis der Lebenschancen und -formen ausgesetzt sind. Die industriegesellschaftlichen Solidaritätsstrukturen waren von ihrem Ursprung her auf die Lebensrisiken benachteiligter Bevölkerungsgruppen zugeschnitten. Beispielsweise knüpft die Solidarität, wie sie der Arbeiterbewegung vertraut ist, an die Theorie einer objektiven Klassenlage der abhängig Beschäftigten in einer kapitalistischen Marktwirtschaft an. Indem die objektive Lage wirtschaftlicher Ausbeutung bewusst wahrgenommen wird, entsteht die „Klasse an und für sich", ein „natürlicher", solidarischer Interessen- und Kampfverband, das „Subjekt der Geschichte". Vergleichbar wird in der Frauenbewegung eine „weibliche Solidarität" identifiziert. Eine derartige Kampfsolidarität können strukturell benachteiligte Gruppen mobilisieren, die unter einem schweren Leidensdruck stehen, politische Öffentlichkeit und Gegenmacht herstellen sowie mit dem moralischen Reformanspruch auftreten, eine Gesellschaft entstehen zu lassen, in der die Lebenschancen gerecht verteilt sind.

Im Verlauf eines solchen Prozesses weitet sich die Solidarität über den Rand einer Klasse oder eines Geschlechtes aus und erfasst größere Gemeinschaften, die sich durch eine gemeinsame Abstammung, eine gemeinsame Geschichte, Sprache, Kultur oder Verfassung miteinander verbunden fühlen. Der Grundsatz der Solidarität geht in den Grundsatz der Gerechtigkeit, insbesondere der Bedarfsgerechtigkeit, über. Die kirchliche Sozialverkündigung hat einen solchen Paradigmenwechsel vorgenommen. Im Gemeinsamen Wort der Kirchen zur wirtschaftlichen und sozialen Lage in Deutschland werden Solidarität und Gerechtigkeit meist miteinander verbunden. Und der derzeitige Papst übersetzt den anerkannten Satz „Gerechtigkeit schafft Frieden" in die Formel: „Solidarität schafft Frieden". Während der Grundsatz der Gerechtigkeit die allgemeine Anerkennung gleicher Rechte ausdrückt, die Mitglieder einer Gesellschaft sich wechselseitig schulden, meint der Grundsatz der Solidarität den Respekt vor einem Mitglied der Gesellschaft als einem unvertretbar Einzelnen. Manche nennen die Solidarität „das Andere der Gerechtigkeit". Sie profiliert die Konturen der Bedarfsgerechtigkeit.

Eine solche Bedarfsgerechtigkeit haben die Rentenreformer zu wenig im Blick, weil sie sich vorwiegend am Standardrentner mit einer 45-jährigen Erwerbsbiografie orientieren und dem Leitbild einer Alterssicherung vom Bismarck'schen Typ bzw. dem Maßstab der Leistungsgerechtigkeit nachjagen. Das Altersruhegeld bleibt beitrags- und einkommensbezogen gestaffelt. Die Rente ist wie das Arbeitsentgelt nach Leistungskriterien ausdifferenziert. Der für die Erwerbsarbeit geltende Grundsatz, dass gleiche Arbeit nicht ungleich und ungleiche Arbeit nicht gleich entlohnt werden soll, wird auf die Rente übertragen. Gleichwohl gibt man den ursprünglichen Anspruch auf, indem das gesetzliche Rentenniveau erheblich unter den erarbeiteten Lebensstandard absinkt. Zwar enthält die Riester'sche Rentenreform insofern Elemente der Solidarität und Bedarfsgerechtigkeit, als geringfügige Renten auf den Sockel einer bedarfsorientierten Grundsicherung angehoben werden. Dennoch geraten Arbeitslose, Erwerbstätige mit brüchiger Erwerbsbiografie, Personen mit brüchigen Lebensentwürfen und Erziehungspersonen ohne Erwerbsbiografie wegen der Orientierung an jenen leistungsfähigen Erwerbstätigen, die nach 45 beitragsrelevanten Jahren ein Rentenniveau von 64 Prozent erreichen, nur mittelbar in den Blick. Falls sie doch berücksichtigt sind, werden sie nicht gleich behandelt: Die Zuschüsse zur privaten Altersvorsorge sind nicht dynamisiert, während sich die Wirkungen des Sonderausgabenabzugs mit jeder Einkommensverbesserung erhöhen. Abhängig Beschäftigte, die trotz Arbeit arm bleiben, und Bedürftige kommen nicht vor.

Das Ausblenden der Bedarfsgerechtigkeit stellt insbesondere Frauen ins Abseits. Denn die erwähnte Aufwertung der Erziehungszeiten bei der Rentenberechnung orientiert sich weiterhin am Leitbild der normalen Erwerbsbiografie und des männlichen Familienernährers. Die gleiche Rangstellung jeder gesellschaftlich nützlichen Tätigkeit, ob sie erwerbswirtschaftlich organisiert ist oder nicht, wird so nicht erreicht. Da weiterhin die dreigeteilte Frauenbiografie – zuerst Vollerwerbstätigkeit, dann Teilzeitarbeit oder völliger Rückzug aus der Erwerbsarbeit und schließlich Wiederaufnahme einer Erwerbsarbeit auf niedrigerem Qualifikations- und Entlohnungsniveau – unterstellt wird, bleibt die Ungleichbehandlung von erwerbstätigen und nichterwerbstätigen Erziehungspersonen bestehen. Die Spaltung zwischen den vollerwerbstätigen Frauen ohne Kinder und den teilzeiterwerbstätigen oder nicht erwerbstätigen Frauen, die Kinder erziehen, wird vertieft. Die Frauen müssen das Mehr an Lebenserwartung, das sie gegenüber den Männern haben, mit höheren Beitragssätzen oder einem geringeren Rentenbezug bezahlen, solange die Anlage des privaten Kapitalvorsorgebeitrages nicht mit geschlechtsneutralen Auflagen versehen wird.

Die Rentenreform verfehlt für zahlreiche Beschäftigte das Ziel, in der Kombination von gesetzlicher und privater Rente ein Rentenniveau zu erreichen, das gemäß dem Grundsatz der Leistungsgerechtigkeit den in der Erwerbsarbeit erreichten Lebensstandard sichert. Sie verfehlt zugleich das Ziel, allen Erwerbstätigen im Alter gemäß dem Grundsatz der Bedarfsgerechtigkeit die Führung eines menschenwürdigen Lebens zu garantieren.

3. Globale Finanzmärkte als fünfte Gewalt in der Demokratie

Rolf-E. Breuer, damals Sprecher des Vorstandes der Deutschen Bank, hat in der ZEIT vom 27. April 2000 behauptet, die Finanzmärkte spielten als „fünfte Gewalt" eine wichtige Wächterrolle nicht nur für Unternehmen, sondern auch für nationale Regierungen.

3.1 Idealtypisches Gemälde

Die globalen Finanzmärkte, meint Breuer, helfen den Sparern bei der Suche nach der besten Verzinsung ihres Kapitals. Mit Hilfe der Banken vermitteln sie das Kapital zwischen Gläubigern und Schuldnern; sie verteilen die Risiken auf diejenigen, die sie tragen können und wollen. Freie Finanzmärkte

erleichtern und finanzieren den weltweiten Handel und sichern ihn ab. Sie
beschleunigen den Prozess der Bildung transnationaler Unternehmen. Länder
mit freien und offenen Finanzmärkten wachsen schneller als Länder mit regu-
lierten Finanzsystemen. Die Staaten konkurrieren um die weltweit verfügbaren knappen Ersparnisse; in der Systemkonkurrenz behaupten sich solche
Länder, die interessante Leistungs-Abgaben-Pakete bieten. Die Anleger
schätzen die Länder nach ihrer Wirtschaftspolitik ein, ob sie den Unternehmen einerseits eine erstklassige Infrastruktur und hoch qualifizierte Mitarbeiter bieten, andererseits die Steuern niedrig halten und sich auf eine mini-
male Umverteilung beschränken. Die autonomen Entscheidungen, die Hun-
derttausende von Anlegern täglich auf den Finanzmärkten treffen, seien somit
genauere Sensoren als die im vier- oder fünfjährigen Rhythmus stattfinden-
den Parlamentswahlen. Deshalb sollten die Regierungen ihre Politik im
Schlepptau der Finanzmärkte machen und nach den berechtigten Interessen
der Anleger ausrichten.

3.2 Real existierende Finanzmärkte

Breuers idealtypisches Modell stimmt nur wenig mit den real existierenden Finanzmärkten überein. Die Aktien- bzw. Wechselkurse spiegeln überwiegend
subjektive Erwartungen der Anleger und nicht reale Werte, die durch Investitionen, Produktionen, Produktivität, Profite und Realeinkommen der Bevölkerung gebildet werden. Sie spiegeln kurzfristige Erwartungen, keinen langfristigen Kosten/Nutzen-Vergleich darüber, wie sich wirtschaftliche Entscheidungen
auf die Umwelt, die Gesundheit der lebenden und die Lebenschancen der zukünftigen Generationen auswirken. Die Flatterhaftigkeit der Aktienkurse, die
Schwankungen der Wechselkurse, die realwirtschaftlich nicht zu erklären sind,
an deren Verstärkung die Spekulanten jedoch äußerst interessiert sind, die spe-
kulativen Attacken gegen einzelne Währungen und der dadurch ausgelöste
Währungsverfall, das Hin und Her kurzfristiger Kapitalströme, das Auf und Ab
von Verschuldungswellen sowie die sich zuspitzenden Währungs- und Finanz-
krisen deuten darauf hin, dass sich die Finanzmärkte von ihrer stofflichen Basis
weithin gelöst haben. Der Börsenumsatz einer einzigen Woche würde ausrei-
chen, um die grenzüberschreitenden Handels- und Dienstleistungsströme eines
ganzen Jahres zu finanzieren. Die Aktien- und Wechselkurse senden Signale
aus, die ökonomische Fehlsteuerungen verursachen. Denn die Innovations- und
Spekulationsgewinne auf den Finanzmärkten sind der Vergleichsmaßstab der
Profite, die Unternehmer mit ihren Investitionen mindestens erzielen müssen.
Tatsächlich wird seit Jahrzehnten die goldene Regel stetigen Wachstums ver-
letzt, wonach sich die Kapitalmarktzinsen unterhalb der Wachstumsrate des
Volkseinkommens bewegen sollen.
    Die globalen Finanzmärkte verkörpern im Gegensatz zum reinen Markt-
modell ein strukturelles Machtgefälle. Als erstes ist das Verhältnis der Über-

macht und Abhängigkeit zwischen institutionellen Großanlegern, insbesondere den US-dominierten Pensionsfonds, und den atomisierten Kleinanlegern zu nennen. Die Chancen, bedeutsame Informationen zu gewinnen und weiterzuleiten sowie die Kursbildung zu beeinflussen, sind asymmetrisch verteilt. Gewichtiger ist das Machtgefälle der hegemonialen Leit- oder Ankerwährungen der Industrieländer gegenüber den nicht konvertierbaren, abwertungsverdächtigen Währungen der Entwicklungsländer. Die Notenbanken der Leitwährungsländer räumen dem Kampf gegen die Inflation absoluten Vorrang ein. Die Länder mit abhängigen Währungen sind gezwungen, sich an dem heute schneller ausgetragenen Wettlauf um Geldwertstabilität zu beteiligen. In dem Maße, wie sie die Erwartungen der Ratingagenturen und institutionellen Anleger enttäuschen, müssen sie Zinsaufschläge für das Abwertungsrisiko akzeptieren und hinnehmen, dass die Gefahr einer Währungskrise steigt. Um ausländische Investoren im Land zu halten, verzichten manche von ihnen sogar auf ihre geldpolitische Souveränität und akzeptieren den Dollar bzw. den Euro offiziell als Zahlungsmittel, obwohl sich die US-amerikanische oder die Europäische Zentralbank weigern, ihre stabilisierende Liquiditätsgarantie – als Kreditgeber der letzten Instanz – auf die Banken des betreffenden Landes auszudehnen.

Die Dominanz des US-amerikanischen Finanzsystems stellt vor allem die gewachsenen Profile nationaler Finanz- und Sozialsysteme in Frage. In Kontinentaleuropa beispielsweise wird das Unternehmen als ein Personenverband derjenigen begriffen, die sich im Unternehmen persönlich und finanziell engagieren, nämlich der Manager, Belegschaften, Anteilseigner, Banken, Kunden, Zulieferer und Kommunen. Die Manager werden vor allem durch die Hausbanken der Unternehmen bzw. durch deren Kreditvergabe kontrolliert. Personelle und institutionelle Verflechtungen in Form des Depotstimmrechts und der Aufsichtsratsposten begünstigen langfristige Investitionsentscheidungen. Das US-amerikanische Finanzsystem dagegen betrachtet das Unternehmen in erster Linie als einen Vermögensgegenstand in den Händen der Anteilseigner. Diese können die Beteiligungsmehrheit erwerben und Manager einsetzen, die ihnen genehm sind. Sie können die profitablen Unternehmenskerne ausschlachten und die Restbetriebe samt ihren Belegschaften verkaufen oder „verschrotten". Die Unternehmenskontrolle erfolgt in erster Linie über die Aktienmärkte: Die Gefahr, den eigenen Posten bei einer feindlichen Übernahme zu verlieren, „diszipliniert" das Management im Interesse der Aktionäre. Die einflussreichen institutionellen Anleger drängen die Manager, ihre Entscheidungen in erster Linie an einer schnellen Steigerung der Börsenkurse zu orientieren und das Image des Unternehmens in kurzen Zeitabständen den professionellen Analysten und den Medien zu präsentieren.

Das durch die Aktienmärkte und die Pensionsfonds bestimmte US-amerikanische Finanzsystem setzt auch die umlagefinanzierten solidarischen Sicherungssysteme der Erwerbstätigen in Westeuropa unter Druck. Eine kapitalgedeckte private Vorsorge begünstigt nämlich in Zeiten hoher Arbeitslo-

sigkeit, niedriger Investitionsneigung und geringer Wachstumsraten, aber relativ hoher Kapitalmarktzinsen die Eigentümer von Geldvermögen gegenüber
den abhängig Beschäftigten, die ihren Lebensunterhalt durch ein Arbeitseinkommen bestreiten.

3.3 Beteiligungsgerechtigkeit

Die Ablösung der monetären Sphäre von der realwirtschaftlichen Basis, die
strukturellen Machtasymmetrien auf den globalen Finanzmärkten sowie die
verheerenden Folgen spekulativer Währungsattacken auf die Grundschicht
der Bevölkerung in den Ländern, die Opfer von Finanz-, Banken- und Wäh-
rungskrisen sind, erleichtern die Einsicht, dass nicht die globalen Finanzmärkte tauglich sind, die Demokratie zu steuern, sondern dass sie selbst erst
demokratiefähig gemacht werden müssen.
    Die Debatte über die „demokratische" Funktion der Finanzmärkte regt
indessen dazu an, umgekehrt die Möglichkeiten einer „Demokratisierung"
kapitalistischer Marktwirtschaften auszuloten und den Begriff der Gerechtigkeit an dem Leitbild der Menschenrechte zu orientieren. In der geschichtli-
chen Rangfolge können bürgerliche Freiheitsrechte, soziale Grundrechte und
politische Beteiligungsrechte unterschieden werden. Die Französische Revolution hat die freie Selbstbestimmung der Menschen verteidigt und die Will-
kür staatlicher Macht beschränkt. Lange Zeit konnten die Menschenrechte
auf Männer, Bürger, „Rassen" und Klassen begrenzt bleiben, bis feministische, soziale und ethnische Befreiungsbewegungen derartige Diskriminierun-
gen beseitigten. Kapitaleigner konnten sich des Rechts auf Privateigentum als
eines Menschenrechts bedienen, während alle, denen vergleichbare materielle
Voraussetzungen fehlten, ihre Freiheitsrechte nicht einlösen konnten. Erst aus
den Konflikten der Arbeiterbewegung mit den damaligen Herrschaftseliten
sind die wirtschaftlichen und sozialen Grundrechte formuliert und im Sozialstaat verfassungsfest gemacht worden: Jeder Mensch sollte unabhängig von
seiner Kaufkraft und seinem Leistungsvermögen ein menschenwürdiges Leben führen können. Als die repräsentativen Demokratien Westeuropas in
Parteien-, Verbände- und Verwaltungsdemokratien abzugleiten drohten, wurden politische Gestaltungsrechte proklamiert. Mit der Formel der „Demokratisierung aller Lebensbereiche" warb man für eine gesellschaftliche Lebensform, in der die Beteiligung an den öffentlichen Meinungs- und Willensbil-
dungsprozessen zum neuen Maßstab der Gerechtigkeit ausgerufen wurde.
Wichtiger als die historische ist die logische Rangfolge der Menschenrechte,
wodurch diese auf eine demokratische Gesellschaft bezogen werden. Dann
steht an erster Stelle das Recht von Bürger(inne)n, an den gesellschaftlichen
Prozessen der kollektiven Meinungs- und Willensbildung teilzunehmen und
sich darin selbst zu vertreten. „Beteiligungsgerechtigkeit" ist die vorrangige,
nämlich demokratische Ausdrucksform der Gerechtigkeit.

Der Grundsatz der Beteiligungsgerechtigkeit könnte erstens die demokratische Zähmung kapitalistischer Marktwirtschaften an deren Wurzel, beim kapitalistischen Unternehmen, intensivieren und deren Außensteuerung durch globale Finanzmärkte verhindern. Fremder Leitungs- und Organisationsgewalt sich zu unterwerfen ist mit der Würde des Menschen nur dann vereinbar, wenn die Mitarbeiter/innen an den kollektiven Entscheidungsprozessen, von denen sie betroffen sind, mittelbar oder unmittelbar mitwirken können. Der Betrieb hat gemäß dem Betriebsverfassungsgesetz bereits eine Verfassung. Bei deren Übertragung auf das Unternehmen müsste das geltende Gesellschaftsrecht auf die Beziehung der Kapitaleigner untereinander beschränkt bleiben – um den Kapitaleinsatz zu regeln und nicht um Herrschaftsrechte über die Belegschaft zu etablieren. Die bisherigen Gesetze haben die Mitbestimmung der Arbeitnehmer bloß auf die vorhandene Gesellschaft der Kapitaleigner aufgepfropft und die Arbeitnehmervertreter lediglich in das Aufsichtsorgan des Unternehmens einbezogen. Wenn das Unternehmen jedoch als Verband von Personen begriffen wird, die ihre Arbeitskraft oder ihr Kapital für den Produktionsprozess zur Verfügung stellen, müsste sich eine Unternehmensverfassung auf die Kooperation der Anteilseigner, der Belegschaft und der Manager gründen. Das moderne Unternehmen, dessen Konflikte nicht mehr ausschließlich entlang den Trennlinien der Kapitaleigner und der abhängig Beschäftigten verlaufen, könnte als ein Vertragsnetz kollektiver Akteure rekonstruiert werden, indem alle Gruppen, die im Unternehmen und in dessen Umfeld engagiert sind, kooperieren. In einem umfassenden Interessenausgleich würden die zukünftigen „Wissensarbeiter" in der Lage sein, souveräne Subjekte ihres Wissens zu bleiben und dies zur Quelle persönlicher Einkommen und Vermögen zu machen.

Der Grundsatz der Beteiligungsgerechtigkeit könnte zweitens die Gefährdung solidarischer Sicherungssysteme durch globale Finanzmärkte eindämmen. Dieser Grundsatz definiert nämlich eine logische Priorität der zivilgesellschaftlichen Solidarität gegenüber den Funktionsregeln des Marktes, der politischen Beteiligungsrechte gegenüber den wirtschaftlich-sozialen Grundrechten und bürgerlichen Freiheitsrechten. An erster Stelle muss die gleiche Beteiligung aller Bürger/innen an den politischen Entscheidungsprozessen stehen, damit sie in die Lage versetzt werden, ihre Interessen selbst zu vertreten. Um nun die politischen Beteiligungsrechte wirksam wahrnehmen zu können, ist jede Bürgerin bzw. jeder Bürger an der gesellschaftlich organisierten Arbeit, die noch auf absehbare Zeit den Zugang zu persönlicher Identität, materiellem Wohlstand und gesellschaftlicher Anerkennung vermittelt, zu beteiligen und damit in eine vergleichbare Lebenslage zu bringen, was eine Grundausstattung an Gütern sowie einen Mindestanteil am Volkseinkommen und Volksvermögen erfordert. Wenn nun gemäß ökonomischer Funktionsregeln eine differenzierte Einkommens- und Vermögensverteilung das Leistungspotenzial und -niveau der Gesamtwirtschaft erhöhen sollte, ist sie innerhalb bestimmter Grenzen zuzulassen, soweit sie nämlich auf einer eher gleichmäßigen Verteilung des gesellschaftlichen

Reichtums aufbaut und die unteren Einkommensgruppen besser stellt, als eine gleiche Verteilung dies erreichen könnte.

Dieser Grundsatz ermöglicht außerdem eine zivilgesellschaftliche Antwort auf die Erosion der solidarischen Sicherungssysteme, die bisher fast ausschließlich an die Erwerbsarbeit gekoppelt waren. Diese strenge Kopplung, die bisher schon durch sog. Ersatz-, Ausfall- und Zurechnungszeiten abgeschwächt war, ist konsequent zu lockern. Die Anspruchsgrundlage zivilgesellschaftlicher Sicherung sollte auf drei Säulen gestellt werden: Neben der Erwerbsarbeit berechtigt jede gesellschaftlich nützliche Arbeit – wie die Familienarbeit oder das soziale und politische Engagement –, ob sie nun marktförmig organisiert ist oder nicht, ob sie monetär entgolten wird oder nicht, zu einer ausreichenden Sicherung. Außerdem wird eine gleichrangige Anspruchsgrundlage anerkannt: Menschen verdienen nicht erst Respekt, sobald sie eine gesellschaftlich nützliche Arbeitsleistung erbringen, sondern bereits durch ihre Würde als Person. So wird jeder Person, die als Mitglied einer demokratischen Gesellschaft im Geltungsbereich der Verfassung lebt, das Recht auf ein soziokulturelles Existenzminimum zuerkannt. Autonomie und Gleichstellung für Männer wie für Frauen gelten, wenn die verschiedenen Arbeitsformen fair auf die beiden Geschlechter verteilt werden. Eine aus öffentlichen Haushalten gespeiste Familienkasse sollte die private Erziehungsarbeit entgelten und nicht nur für die soziale Sicherung anrechnen. Denn wenn eine solche Sicherung erst im Alter wirksam wird, kommt sie regelmäßig zu spät. Sie muss dann erfolgen, wenn die Kinderarbeit geleistet wird. Der angebliche Generationenvertrag zwischen Alten und Jungen, zwischen Rentner(inne)n und Erwerbstätigen, ist in Wirklichkeit ein Vertrag innerhalb ein und derselben Generation, zwischen den Haushalten mit Kindern und denen ohne Kinder. Die Beitragspflicht der zivilgesellschaftlichen Sicherung sollte auf alle Erwerbstätigen ausgedehnt werden; alle in der Wirtschaft erzielten Einkommen wären zur Finanzierung der zivilgesellschaftlichen Sicherungssysteme heranzuziehen und verbleibende Defizite durch die öffentlichen Haushalte auszugleichen.

Ist die Gerechtigkeitsfrage in die Gesellschaft zurückgekehrt? Die exemplarischen Antworten von Wolfgang Clement, Walter Riester und Rolf-E. Breuer weisen in verschiedene Richtungen. Aber Gerechtigkeit ist nicht nur ein Wort, sie hat mehrere Namen. Diese sind immer nur unter Vorbehalt inhaltlich zu formulieren und aus den Funktionsregeln des Marktes oder aus staatlichen Gesetzen zu erschließen. Gerechtigkeit ist in erster Linie ein zivilgesellschaftliches Verfahren, an dem möglichst alle Mitglieder pluraler Gesellschaften beteiligt sind und in dem die gewohnten Orientierungen des guten Lebens öffentlich daraufhin überprüft werden, ob sie als allgemein verbindliche Normen solcher Gesellschaften anerkannt und von allen, die davon betroffen sind, zwanglos bejaht werden können.

Irene Becker/Richard Hauser

Zur Entwicklung von Armut und Wohlstand in der Bundesrepublik Deutschland – eine Bestandsaufnahme[1]

1. Armut und Reichtum als Aspekte der personellen Einkommensverteilung und der Generationengerechtigkeit

Die aktuelle Debatte um *Kinder*armut bzw. die „Infantilisierung der Armut" hat das gesellschaftspolitische Interesse an *Alters*armut verdrängt und teilweise durch Thesen einer „Überversorgung" der Senior(inn)en ersetzt. Die in diesem Zusammenhang implizit aufgeworfene Frage nach der Generationengerechtigkeit stellt einen spezifischen Aspekt des allgemeinen Problems der Verteilungsgerechtigkeit dar.[2] Sie ist von daher nur im Kontext der Gesamtentwicklung von Wohlstand und seiner Verteilung in einer Gesellschaft sinnvoll zu diskutieren. Hier wird versucht, einen empirischen Beitrag zur notwendigen Bestandsaufnahme zu leisten, ohne die eine sachliche gesellschaftspolitische Auseinandersetzung nicht möglich ist. Dabei gilt unter den normativen Gesichtspunkten von Gerechtigkeit und sozialstaatlichen Aufgaben den Randbereichen der Verteilung, d.h. Armut und gehobenem Wohlstand[3], besondere Aufmerksamkeit.

Wir beschränken uns auf die personelle Einkommensverteilung, also nur auf eine, in marktwirtschaftlich organisierten Industriestaaten allerdings sehr wesentliche Ressource von Wohlfahrt. Der Einbeziehung weiterer Ressourcen – wie etwa Gesundheit, Bildung, sachlicher Ausstattung und einzelner Vermögensarten – stehen bisher vielfältige ungelöste konzeptionelle Probleme[4] sowie unzureichende Datengrundlagen entgegen. Nach einer Darstellung

---

1 Die folgende Untersuchung entstand im Rahmen des von der Hans-Böckler-Stiftung finanzierten Projekts „Personelle Einkommensverteilung".

2 Dementsprechend ist der Drei-Generationen-Vertrag als Element eines umfassenden Sozialvertrages zu interpretieren. Vgl. hierzu: Richard Hauser, Generationenverträge als Basis des Sozialstaates: Ökonomische Interpretationsmöglichkeiten und fiskalische Konsequenzen, in: Engelbert Theurl (Hrsg.), Der Sozialstaat an der Jahrtausendwende. Analysen und Perspektiven, Heidelberg 2001, S. 31ff.

3 Wir vermeiden im Folgenden den Reichtumsbegriff, weil dieser bisher – im Gegensatz zum Armutsbegriff – in der Literatur noch kaum theoretisch erörtert und konkretisiert worden ist.

4 Schwierigkeiten ergeben sich insbesondere bei der Bewertung dieser Wohlstandskomponenten sowie bei der Entwicklung eines Gewichtungskonzepts zur Schaffung eines umfassenden Indikators.

der Entwicklung der personellen Einkommensverteilung insgesamt wird die
Betroffenheit von Einkommensarmut bzw. die empirische Relevanz von gehobenem Einkommenswohlstand für einzelne Altersgruppen untersucht, wobei es sich grundsätzlich um Querschnittsanalysen handelt. Es wird also lediglich ein zeitpunktbezogener Vergleich verschiedener Generationen vorgenommen. So können Erkenntnisse darüber gewonnen werden, ob im jeweiligen Untersuchungsjahr die jüngere bzw. die ältere Generation proportional
bzw. unter- oder überdurchschnittlich in den Randbereichen der Einkommensverteilung vertreten war. Unberücksichtigt bleibt bei diesem Ansatz die Verteilung zwischen den Generationen auf der Basis von Lebenseinkommen. Zur
Untersuchung dieser weiter reichenden Frage bedarf es differenzierter Längs-
schnittdaten und geeigneter Prognoseinstrumente, die gegenwärtig nicht verfügbar sind.

2. Messkonzept und Datenbasis

2.1 Einkommensbegriff, Armut und Wohlstand

Die folgende Verteilungsanalyse bezieht sich auf Personen als Verteilungs-
subjekte und das Nettoäquivalenzeinkommen als Verteilungsobjekt. Letzteres
unterscheidet sich vom Haushaltsnettoeinkommen – als Summe der Markt-
und Transfereinkommen nach Abzug der direkten Steuern und Pflichtbeiträge
zur Sozialversicherung – insofern, als den Bedarfslagen von Haushalten unterschiedlicher Größe und Struktur, approximiert durch eine Äquivalenzska-
la, Rechnung getragen wird. Aus der Vielzahl möglicher Äquivalenzskalen[5]
wurde die ältere OECD-Skala ausgewählt, wonach der Haushaltsvorstand mit
1,0, weitere Haushaltsmitglieder ab 15 Jahren mit 0,7 und jüngere Haushaltsmitglieder mit 0,5 gewichtet werden.[6] Aus der Division des Haushalts-

---

5   Zum Konzept des Äquivalenzeinkommens und zu den damit implizierten Annahmen
    vgl. Richard Hauser, Zur Messung individueller Wohlfahrt und ihrer Verteilung, in:
    Statistisches Bundesamt (Hrsg.), Wohlfahrtsmessung – Aufgabe der Statistik im ge-
    sellschaftlichen Wandel (Schriftenreihe Forum der Bundesstatistik, Bd. 29), Stuttgart
    1996, S. 13ff., insbesondere S. 17. Verschiedene Ansätze zur Ableitung von Äquiva-
    lenzskalen werden dargestellt und diskutiert von Jürgen Faik, Äquivalenzskalen.
    Theoretische Erörterung, empirische Ermittlung und verteilungsbezogene Anwendung
    für die Bundesrepublik Deutschland, Berlin 1995.
6   Zur Begründung der älteren OECD-Skala vgl. Richard Hauser/Jürgen Faik, Struktur-
    wandel der unteren Einkommensschichten in der Bundesrepublik Deutschland wäh-
    rend eines Vierteljahrhunderts – eine Untersuchung auf Basis der Einkommens- und
    Verbrauchsstichproben unter Berücksichtigung der in der Sozialhilfe implizierten Be-
    darfsgewichte und der Änderung der Unterkunftskosten. Gutachten im Auftrag des
    Bundesministeriums für Gesundheit, Frankfurt am Main 1996; die dort abgeleitete

nettoeinkommens durch die Summe der Äquivalenzgewichte der Haushaltsmitglieder ergibt sich das Nettoäquivalenzeinkommen, welches wiederum jedem Haushaltsmitglied zugeordnet wird.[7]

Die Festlegung einer Einkommensarmutsgrenze einerseits und die Definition dessen, was als gehobener Wohlstand einzuordnen ist, andererseits
sind nicht ohne Werturteile möglich. Dabei kann hinsichtlich des Armutsbegriffs auf einige weitgehend akzeptierte Normen zurückgegriffen werden,
z.B. auf die Präzisierung von Armut als relatives Konzept durch den Be-
schluss des Ministerrates der Europäischen Gemeinschaften vom 19. Dezember 1984. Hiernach sind diejenigen Personen als arm anzusehen, „die über so
geringe (materielle, kulturelle und soziale) Mittel verfügen, daß sie von der
Lebensweise ausgeschlossen sind, die in dem Mitgliedsstaat, in dem sie leben, als Minimum annehmbar ist".[8] Demnach muss eine Einkommensarmutsgrenze an einem bestimmten Abstand zum mittleren Lebensstandard orientiert sein, ist also als soziokulturelles Existenzminimum zu definieren und
nicht auf das absolute Minimum zum physischen Überleben reduziert. Im
Folgenden wird als Bezugsbasis das arithmetische Mittel der Nettoäquivalenzeinkommen zugrunde gelegt[9] und als Armutsgrenze die Hälfte dieses
Betrages[10]. Zur Abgrenzung des „Gegenpols" wird hier auf einen analogen
relativen Wert Bezug genommen. Personen, die über mehr als das Doppelte
des durchschnittlichen Nettoäquivalenzeinkommens verfügen, werden als
wohlhabend klassifiziert bzw. dem gehobenen Wohlstand zugeordnet. Die
200%-Grenze wird in der Literatur teilweise auch als Reichtumsgrenze bezeichnet,[11] was wegen der Vernachlässigung des Vermögens sowie der Exis-

---

„modifizierte Sozialhilfeskala" kommt der hier verwendeten älteren OECD-Skala sehr
nahe.

7   Zum Unterschied zwischen der Verteilung der Haushaltsnettoeinkommen auf Haushalte und der Verteilung der Nettoäquivalenzeinkommen auf Personen vgl. Irene Bek-
ker, *Zur personellen Einkommensverteilung in Deutschland 1993: Fortsetzung des
Trends zunehmender Ungleichheit*. Arbeitspapier Nr. 13 des EVS-Projekts „Personelle Einkommensverteilung in der Bundesrepublik Deutschland", Frankfurt am Main
1998, S. 12a (Tab. 2)

8   Zit. nach: Kommission der Europäischen Gemeinschaften, *Schlussbericht des Zweiten
Europäischen Programms zur Bekämpfung der Armut 1985-1989*, Brüssel 1991
[KOM(91)29 endg.], S. 4

9   Nach einer anderen Definition, die insbesondere in den USA herangezogen wird, gilt
der Median als Indikator des mittleren Lebensstandards.

10 Als Abstand zum Mittelwert, bei dem das zur Sicherung des soziokulturellen Existenzminimums erforderliche Einkommensniveau gerade noch erreicht wird, werden in einigen Studien auch 40 oder 60 Prozent zugrunde gelegt. Vgl. in diesem Zusammenhang:
Peter Semrau/Hans-Jörg Stubig, *Armut im Lichte unterschiedlicher Messkonzepte*, in:
Allgemeines Statistisches Archiv, Bd. 83 (1999), und Richard Hauser/Irene Becker, *Einkommensverteilung im Querschnitt und im Zeitverlauf 1973 bis 1998*. Studie im Auftrag
des Bundesministeriums für Arbeit und Sozialordnung, Bonn 2001, S. 39ff.

11 Vgl. Ernst-Ulrich Huster, *Enttabuisierung der sozialen Distanz: Reichtum in Deutschland*, in: ders. (Hrsg.), *Reichtum in Deutschland. Die Gewinner in der sozialen Polari-*

tenz nicht nur quantitativer, sondern auch qualitativer Kriterien für „Reich-Sein" jedoch strittig ist.[12]

2.2 Die Einkommens- und Verbrauchsstichproben

Die folgende Analyse basiert auf Daten der Einkommens- und Verbrauchsstichproben (EVS) des Statistischen Bundesamtes, die wegen ihres vergleichsweise großen Stichprobenumfangs[13] für Untersuchungen der schwach besetzten Ränder der Einkommensverteilung besonders geeignet sind. Die Erhebungen werden seit 1962/63 im Abstand von ungefähr fünf Jahren durchgeführt, zuletzt 1998. Neben soziodemografischen Merkmalen und Ausgaben sowie wesentlichen Vermögensarten der privaten Haushalte werden insbesondere Einkommen, differenziert nach Arten, direkte Steuern und Sozialversicherungsbeiträge detailliert erhoben. Nicht erfasst werden die in Institutionen (Wohnheimen, Kasernen, Altenheimen, Justizvollzugsanstalten usw.) lebende Bevölkerung und Personen ohne festen Wohnsitz. Bis einschließlich 1988 waren auch Haushalte mit ausländischer Bezugsperson von den Befragungen ausgeschlossen; zur besseren Vergleichbarkeit der Ergebnisse verschiedener Stichjahre werden nachfolgend auch die Daten von 1993 und 1998 unter Ausschluss dieser ausländischen Haushalte ausgewertet. Eine wesentliche Einschränkung für Verteilungsanalysen folgt aus der Unterrepräsentation der obersten Einkommensschichten[14] und auch des unteren Randes der Verteilung. Von daher dürften die Ungleichheit der personellen Einkommensverteilung sowie das Ausmaß von Armut einerseits und gehobenem

---

sierung, Frankfurt am Main/New York 1997, S. 12f.; Stefan Weick, Wer zählt zu den „Reichen" in Deutschland?, in: Informationsdienst Soziale Indikatoren (ISI) 24 (2000), S. 1ff.

12 Vgl. Ernst-Ulrich Huster, Einkommensverteilung und hohe Einkommen in Deutschland, in: ders. (Hrsg.), Reichtum in Deutschland, a.a.O., S. 54; Richard Hauser/Irene Becker, Einkommensverteilung im Querschnitt und im Zeitverlauf 1973 bis 1998, a.a.O., S. 44ff. und S. 169ff.

13 Der Stichprobenumfang lag beispielsweise 1962 bei gut 33.000 Haushalten, 1983 bei ca. 44.500 Haushalten und 1998 unter Einbeziehung von Ostdeutschland bei gut 62.000 Haushalten. Die EVS sind als Quotenstichproben angelegt, die auf der Basis des jeweils aktuellen Mikrozensus hochgerechnet werden. Vgl. Statistisches Bundesamt, Fachserie 15, Wirtschaftsrechnungen, Einkommens- und Verbrauchsstichprobe 1983 und 1988, Heft 7, Stuttgart 1997

14 Dies ist ein generelles Problem bei Einkommensbefragungen mit freiwilliger Teilnahme und ohne Auskunftspflicht; es wirkt sich bei der EVS dahingehend aus, dass Haushalte mit einem monatlichen Nettoeinkommen oberhalb einer „Abschneidegrenze" wegen der geringen Fallzahl bei Auswertungen unberücksichtigt bleiben. Der Grenzwert lag 1998 und 1993 bei 35.000 DM, 1983 und 1988 bei 25.000 DM, 1978 bei 20.000 DM und 1973 bei 15.000 DM.

Wohlstand andererseits tendenziell zu niedrig ausgewiesen sein.[15] Da es sich bei den Einkommensdaten der EVS – mit Ausnahme jener von 1998 – um Jahreswerte handelt,[16] ist zudem mit etwas niedrigeren Ungleichheitsindikatoren zu rechnen als bei vergleichbaren Untersuchungen auf der Basis von Einkommensangaben, die sich auf den Befragungsmonat beziehen – wie beispielsweise überwiegend bei Verteilungsanalysen auf der Basis des Sozioökonomischen Panels (SOEP)[17].

3. Verteilungsentwicklung von 1973 bis 1998

Der Untersuchungszeitraum von einem Vierteljahrhundert umfasst mehrere Konjunkturzyklen, zwei Ölpreisschocks (Mitte der 70er- und Anfang der 80er-Jahre) sowie die deutsche Wiedervereinigung mit der Folge wesentlicher struktureller Änderungen der Volkswirtschaft. Insgesamt ist die Periode durch ein beträchtliches Wirtschaftswachstum bei gleichzeitig zunehmender Arbeitslosigkeit geprägt, sodass gegenläufige Effekte auf die personelle Einkommensverteilung vermutet werden können. Einen ersten Eindruck über den Nettoeffekt aller demografischen, wirtschaftlichen und institutionellen Einflussfaktoren vermittelt die Abbildung 1, wobei für den langfristigen Vergleich nur Westdeutschland betrachtet wird; eine Zeitreihe, deren Elemente sich auf unterschiedliche Gebietsstände beziehen, ist nämlich nur schwer zu interpretieren.

Für die Lorenzkurven in Abbildung 1 werden zunächst alle Personen nach der Höhe ihres Nettoäquivalenzeinkommmens sortiert und kumulierte Bevölke-

---

15 Die Repräsentativitätsfehler wirken sich dahingehend aus, dass im Vergleich zu Aggregaten der Volkswirtschaftlichen Gesamtrechnungen die Einkommen aus Unternehmertätigkeit und Vermögen in der EVS wesentlich unvollständiger erfasst sind als die Einkommen aus unselbstständiger Arbeit. Über die Verteilung der nicht erfassten Einkommen liegen keine gesicherten Erkenntnisse vor, sie lassen sich jedenfalls nicht vollständig dem unterrepräsentierten obersten Einkommensbereich zuordnen.

16 Mit der EVS 1998 wurde eine wesentliche Änderung vollzogen. Erstmals haben die Stichprobenhaushalte nicht über das gesamte Jahr Aufzeichnungen ihrer Einnahmen und Ausgaben gemacht, sondern die Erhebungen bezogen sich für jeweils ein Viertel der teilnehmenden Haushalte auf das erste, zweite, dritte bzw. vierte Quartal des Jahres. Die von diesem methodischen Schnitt ausgehenden Effekte auf die Ergebnisse werden diskutiert in: Richard Hauser/Irene Becker, Einkommensverteilung im Querschnitt und im Zeitverlauf 1973 bis 1998, a.a.O., S. 50ff. Unterschiede zwischen Verteilungsindikatoren auf Basis der EVS 1993 und der EVS 1998 sind entsprechend vorsichtig zu interpretieren.

17 Vgl. als neuere Untersuchung auf Basis des SOEP: Walter Hanesch/Peter Krause/ Gerhard Bäcker, Armut und Ungleichheit in Deutschland. Der neue Armutsbericht der Hans-Böckler-Stiftung, des DGB und des Paritätischen Wohlfahrtsverbands, Reinbek bei Hamburg 2000

rungsanteile auf der Abszisse abgetragen, die mit den jeweils entsprechenden kumulierten Anteilen am Gesamteinkommen als Ordinatenwerte kombiniert werden. Aus der Abbildung lässt sich beispielsweise entnehmen, dass die unteren 20 Prozent der Bevölkerung nur über etwa 10 Prozent des gesamten Nettoäquivalenzeinkommens verfügen. Die 45°-Gerade symbolisiert den theoretischen Fall vollständiger Gleichverteilung der Einkommen; je weiter die Lorenzkurve von dieser Gleichverteilungslinie entfernt liegt, d.h. je stärker kumulierte Bevölkerungsanteile und kumulierte Einkommensanteile auseinanderfallen, desto ungleicher ist die Verteilung. Da die Lorenzkurve von 1973 etwas näher an der Gleichverteilungslinie liegt als die von 1998, ergibt sich das Bild einer während des Beobachtungszeitraums von 25 Jahren mäßig gestiegenen Ungleichheit der Nettoäquivalenzeinkommen in Westdeutschland.

Abbildung 1:   Personelle Verteilung der Nettoäquivalenzeinkommen[1] in Westdeutschland[2] 1973 und 1998

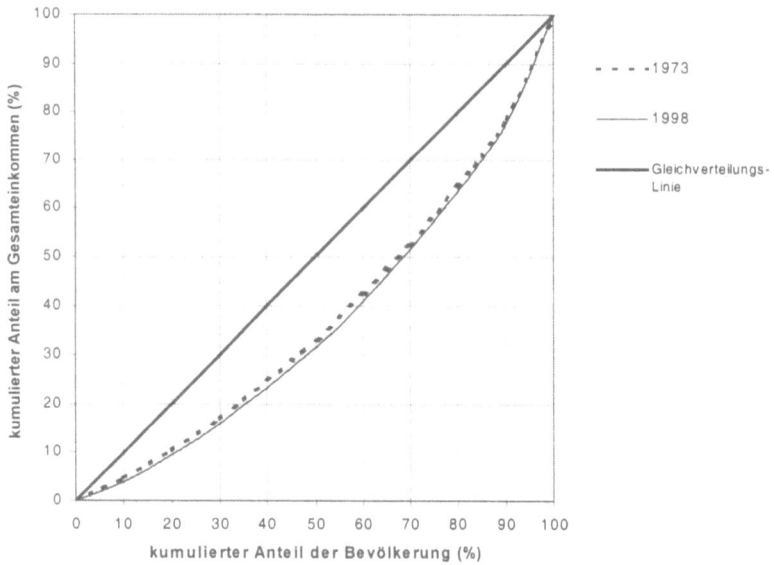

1) Haushaltsnettoeinkommen dividiert durch die Summe der Äquivalenzgewichte der Haushaltsmitglieder. Dabei wurde die alte OECD-Skala zugrunde gelegt: Die Bezugsperson wird mit 1,0 gewichtet, jedes weitere Haushaltsmitglied ab 15 Jahren mit 0,7 und jede jüngere Person mit 0,5.
2) Ohne Haushalte mit ausländischer Bezugsperson
Quelle: EVS-Datenbank der Professur für Sozialpolitik der Goethe-Universität, Frankfurt am Main; eigene Berechnungen

Tabelle 1: Entwicklung der Verteilung der Nettoäquivalenzeinkommen[1] 1973 bis 1998[2]

Verteilungsmaß	Westdeutschland						Ostdeutschland		Gesamt-deutschland	
	1973	1978	1983	1988	1993	1998	1993	1998	1993	1998
Arithmetisches Mittel (DM p.M.)	981	1362	1756	2000	2648	2924	1783	2212	2477	2787
Gini-Koeffizient	0,2481	0,2473	0,2502	0,2527	0,2670	0,2696	0,1994	0,2170	0,2699	0,2678
Dezile	Dezilanteile (Prozent des Gesamtnettoäquivalenzeinkommens)									
1. Dezil	4,6	4,6	4,3	4,2	4,0	4,0	5,3	4,9	4,1	4,1
2. Dezil	5,9	5,9	5,8	5,8	5,5	5,5	6,6	6,3	5,5	5,5
3. Dezil	6,7	6,7	6,7	6,8	6,5	6,5	7,4	7,2	6,5	6,5
4. Dezil	7,5	7,5	7,6	7,6	7,4	7,4	8,2	8,0	7,3	7,4
5. Dezil	8,4	8,4	8,5	8,5	8,3	8,3	9,0	8,8	8,2	8,3
6. Dezil	9,3	9,3	9,4	9,4	9,3	9,3	9,7	9,6	9,2	9,3
7. Dezil	10,3	10,4	10,5	10,5	10,5	10,5	10,5	10,5	10,4	10,4
8. Dezil	11,8	11,8	11,9	11,9	12,0	12,0	11,5	11,7	12,0	11,9
9. Dezil	14,0	13,9	14,0	14,1	14,4	14,3	13,2	13,3	14,4	14,3
10. Dezil	21,5	21,3	21,2	21,3	22,0	22,2	18,8	19,7	22,4	22,3
Perzentils-verhältnisse										
90/10	2,88	2,87	2,96	3,04	3,26	3,29	2,35	2,53	3,27	3,23
90/50	1,77	1,77	1,75	1,76	1,85	1,83	1,54	1,58	1,89	1,84
50/10	1,63	1,63	1,69	1,73	1,76	1,80	1,53	1,60	1,73	1,75

1) Vgl. Fn. 1 in Abb. 1
2) Ohne Haushalte mit ausländischer Bezugsperson

Quelle: EVS-Datenbank der Professur für Sozialpolitik der Goethe-Universität, Frankfurt am Main; eigene Berechnungen

Im linken Teil der Tabelle 1 wird diese Gesamtänderung differenzierter dargestellt. Der Anstieg der in der ersten Zeile ausgewiesenen durchschnittlichen Nettoäquivalenzeinkommen auf ungefähr das Dreifache entspricht einem realen Zuwachs von knapp 40 Prozent[18] und spiegelt das erwähnte Wirtschaftswachstum wider. Der Gini-Koeffizient als gängiges Verteilungsmaß knüpft an die Lorenzkurvendarstellung an und gibt das Verhältnis der Fläche zwischen der empirischen Verteilungslinie und der Gleichverteilungsgeraden zur Dreiecksfläche unterhalb der Gleichverteilungsgeraden wieder. Steigende Koeffizientenwerte signalisieren folglich eine zunehmende Ungleichheit.[19]

---

18 Umrechnung der Nominalwerte zu Preisen von 1995 unter Rückgriff auf den Preisindex der Lebenshaltung aller privaten Haushalte; vgl. Sachverständigenrat zur Begutachtung der gesamtwirtschaftlichen Entwicklung, Jahresgutachten 1999/2000, Bundestags-Drs. 14/2223, Bonn 1999, Tab. 58*

19 Der Wertebereich liegt zwischen den Extremen 0 (Gleichverteilung) und 1 (Konzentration des Gesamteinkommens auf eine Person). Zu den normativen Setzungen und spezifischen Sensitivitäten des Gini-Koeffizienten und anderer Verteilungsmaße vgl. Jürgen Faik, Äquivalenzskalen, a.a.O., S. 293ff., sowie Richard Hauser, Zur Messung individueller Wohlfahrt und ihrer Verteilung, a.a.O., S. 28ff.

Während in den 70er-Jahren – trotz der ersten Ölpreiskrise und des erstmaligen drastischen Anstieges der Arbeitslosigkeit[20] – das Gesamtbild der personellen Einkommensverteilung sich nicht geändert hat und auch in den 80er-Jahren recht stabil blieb, zeigte sich während der letzten Dekade des Beobachtungszeitraums ein merklicher Anstieg der Ungleichheit; 1998 lag der Gini-Koeffizient um ca. 9 Prozent über dem Ausgangswert von 1973.

In welchen Bereichen der Einkommensverteilung diese Änderung sich insbesondere vollzogen hat, ergibt sich aus der Entwicklung der Dezilsanteile. In dieser Darstellung wird die nach der Einkommenshöhe geordnete Bevölkerung in zehn gleich große Gruppen eingeteilt, für die dann die entsprechenden Einkommensanteile berechnet werden. Bei Gleichverteilung hätten Bevölkerungs- und Einkommensanteil immer identische Werte, also 10 Prozent. Tatsächlich verfügt aber das unterste Dezil über einen Einkommensanteil von weniger als der Hälfte des Bevölkerungsanteils und das oberste Dezil über mehr als das Doppelte. Im Zeitablauf ist der unterste Dezilsanteil relativ stärker gesunken (-13 Prozent), als der oberste Dezilsanteil gestiegen ist (+3 Prozent). Somit scheint die beobachtete Verteilungsänderung hauptsächlich darauf zurückzuführen sein, dass die Bevölkerung am unteren Rand des Einkommensspektrums noch ärmer geworden ist, und in geringerem Maße darauf, dass die „Reichen" noch reicher geworden sind. Schließlich ergibt sich ein recht anschauliches Bild über die Spannweite in der Einkommensverteilung aus den im letzten Block der Tabelle ausgewiesenen Perzentilsverhältnissen. Dazu werden bestimmte Einkommensschwellen ins Verhältnis gesetzt, beispielsweise der untere Grenzwert des obersten Dezils zur oberen Einkommensgrenze des untersten Dezils. Es zeigt sich, dass die 90/10-Grenzwertrelation und auch die 50/10-Relation stärker gestiegen ist als die 90/50-Grenzwertrelation – wieder ein Indiz für die Verschlechterung der Einkommenspositionen am unteren Rand.

Wie sich bereits aus mehreren Untersuchungen ergeben hat, ist die Verteilung der Nettoäquivalenzeinkommen in den neuen Bundesländern noch wesentlich gleichmäßiger als in den alten (Tabelle 1, Spalten 7 und 8). Allerdings zeigen alle ausgewiesenen Ungleichheitsindikatoren einen deutlichen Anstieg zwischen 1993 und 1998. Dennoch liegt der Gini-Koeffizient in Ostdeutschland 1998 noch um ungefähr ein Fünftel unter dem westdeutschen Vergleichswert. Die sich für Gesamtdeutschland ergebenden Werte (Tabelle 1, Spalten 9 und 10) liegen sehr nahe an den für Westdeutschland ermittelten Ergebnissen. Auffällig ist, dass die für Gesamtdeutschland ausgewiesene Un-

---

20 1973 betrug die Arbeitslosenquote (in Prozent der abhängigen zivilen Erwerbspersonen) noch 1,2 Prozent, 1978 bereits 4,3 Prozent. Zur Entwicklung der Arbeitslosenquote und anderer gesamtwirtschaftlicher Indikatoren für den gesamten Untersuchungszeitraum vgl. Richard Hauser/Irene Becker, Einkommensverteilung im Querschnitt und im Zeitverlauf 1973 bis 1998, a.a.O., S. 6ff., und die dort angegebenen Quellen.

gleichheit im Jahr 1993 etwas höher, 1998 dagegen etwas niedriger als die für Westdeutschland gemessene Ungleichheit ausfiel, obwohl doch in beiden Landesteilen die Verteilung ungleicher geworden ist. Im selben Zeitraum hat aber auch eine deutliche Angleichung des ostdeutschen an den westdeutschen Mittelwert stattgefunden.[21] Die damit verbundene Reduzierung der Ungleichheit zwischen den beiden Landesteilen hat offensichtlich die Zunahme der Ungleichheit innerhalb beider Landesteile kompensiert.

4. Relative Armut und relativer Wohlstand nach Altersgruppen

4.1 Westdeutschland 1973 bis 1998

Aus den Einkommensanteilen des untersten und des obersten Dezils geht zwar hervor, dass ein erheblicher Teil der Bevölkerung in relativer Einkommensarmut und ein anderer Teil in gehobenem Wohlstand lebt, die Ermittlung der Größe dieser Gruppen sowie deren Entwicklung im Zeitablauf erfordern aber eine unmittelbare Klassifizierung der Bevölkerung nach der relativen Einkommensposition.[22] In Tabelle 2 sind für Westdeutschland die Bevölkerungsanteile, die unterhalb der 50%-Armutsgrenze lebten, insgesamt (letzte Zeile) sowie für einzelne Altersgruppen und damit Generationen im jeweiligen Beobachtungsjahr ausgewiesen; Tabelle 3 enthält die entsprechenden Ergebnisse für die Bevölkerung oberhalb der 200%-Grenze.

Zunächst ist festzustellen, dass sowohl die Armuts- als auch die Wohlstandsquote im Zeitablauf gestiegen sind, erstere aber vergleichsweise stärker, was mit den Ergebnissen der Tabelle 1 übereinstimmt. Der Anstieg der Armutsquote um zwei Drittel – von 6,5 Prozent im Jahr 1973 auf 10,9 Prozent 25 Jahre später – hat sich allerdings erst seit Ende der 70er-Jahre vollzogen. Von dieser Entwicklung waren die einzelnen Altersgruppen in sehr unterschiedlichem Ausmaß betroffen. Für Kinder unter 14 Jahren ergeben sich zu allen Untersuchungszeitpunkten überproportionale Armutsquoten und zudem ein überdurchschnittlicher Anstieg der Betroffenheit. Kinderarmut ist al-

---

21 1993 betrug das durchschnittliche Nettoäquivalenzeinkommen in Ostdeutschland zwei Drittel des westdeutschen Vergleichswerts, 1998 bereits drei Viertel (Tab. 1, 1. Zeile).

22 Die Dezilsbetrachtung ist für die Frage nach der Betroffenheit von relativer Armut und dem Ausmaß von relativem Wohlstand nicht ausreichend, weil die Verteilung innerhalb der Dezile verborgen bleibt. So lag die durchschnittliche relative Einkommensposition des untersten Dezils in Gesamtdeutschland 1998 mit 41 Prozent zwar deutlich unter der hier gewählten Armutsgrenze; es ist aber nicht offensichtlich, ob dieser Wert sich aus einzelnen Positionen ergibt, die teils unter und teils über der Armutsgrenze liegen, oder aus generell unter der Armutsgrenze liegenden individuellen Positionen. Entsprechendes gilt für die im Durchschnitt des 10. Dezils deutlich oberhalb der Wohlstandsgrenze liegende relative Einkommensposition.

so kein neuartiges, wohl aber ein sich verschärfendes Problem, von dem zunehmend auch Jugendliche (14 bis 17 Jahre) betroffen sind. 1998 lebte ungefähr jedes sechste Kind in Westdeutschland von weniger als der Hälfte des durchschnittlichen Nettoäquivalenzeinkommens. Auch die Armutsquote der jungen Erwachsenen von 18 bis 24 Jahren ist nach einer Verdreifachung seit 1973 nur etwas geringer. Dabei handelt es sich allerdings um eine sehr heterogene Gruppe, da sie beispielsweise Personen in Ausbildung wie auch junge Berufstätige, Personen im elterlichen Haushalt wie auch solche im eigenen Haushalt umfasst; von daher sind die Zahlen nur sehr schwer zu interpretieren und können zumindest teilweise auf ein verändertes Ausbildungs- und Auszugsverhalten junger Menschen zurückzuführen sein. Aber selbst für die 25- bis 54-Jährigen im „zentralen Erwerbsalter" ergibt sich ein überdurchschnittlicher Anstieg der Betroffenheit von relativer Einkommensarmut; die Armutsquote liegt allerdings nach wie vor unterhalb der Gesamtquote. Im Gegensatz zum allgemeinen Trend sind nur die Armutsquoten der beiden ältesten Gruppen zunächst gesunken, dann allerdings wieder gestiegen, wobei die der 65-Jährigen und Älteren 1998 dem Gesamtdurchschnitt entspricht und damit noch unter dem gruppenspezifischen Wert von 1973 liegt.

Tabelle 2: Gruppenspezifische Armutsquoten[1] (in Prozent) nach dem eigenen Alter in Westdeutschland[2] 1973 bis 1998

Alter[3]	1973	1978	1983	1988	1993	1998
bis 6 Jahre	8,0	7,6	11,5	14,1	17,0	15,9
7 bis ca. 13 Jahre	7,6	7,2	9,9	12,7	14,8	15,3
ca. 14 bis ca. 17 Jahre	4,2	8,8	7,3	9,9	14,3	14,9
ca. 18 bis 24 Jahre	4,6	5,2	12,0	10,7	11,2	13,3
25 bis 54 Jahre	4,0	4,6	5,8	7,6	9,0	9,6
55 bis 64 Jahre	6,2	4,4	4,9	5,7	6,4	7,5
65 u.m. Jahre	13,3	10,7	11,9	9,2	8,5	10,9
Alle	6,5	6,5	7,7	8,8	10,1	10,9

1) Armutsgrenze: 50 Prozent des arithmetischen Mittels der Nettoäquivalenzeinkommen; zur Definition des Nettoäquivalenzeinkommens vgl. Fn. 1 in Abb. 1
2) Ohne Haushalte mit ausländischer Bezugsperson
3) Die Altersgruppenabgrenzungen unter 25 Jahren konnten in den Datensätzen bis einschließlich 1988 nur ungefähr eingehalten werden, da das ältere anonymisierte Datenmaterial nicht die genauen Geburtsjahrgänge, sondern nur Angaben zu (nicht einheitlich abgegrenzten) Jahrgangsgruppen enthält.

Quelle: EVS-Datenbank der Professur für Sozialpolitik der Goethe-Universität, Frankfurt am Main; eigene Berechnungen

Tabelle 3: Gruppenspezifische Wohlstandsquoten[1] (in Prozent) nach dem eigenen Alter in Westdeutschland[2] 1973 bis 1998

Alter[3]	1973	1978	1983	1988	1993	1998
bis 6 Jahre	2,2	2,5	(1,5)	1,5	1,7	1,6
7 bis ca. 13 Jahre	2,8	2,6	2,2	2,1	2,8	1,8
ca. 14 bis ca. 17 Jahre	2,6	2,2	2,3	2,8	3,3	2,2
ca. 18 bis 24 Jahre	2,2	(1,9)	(1,6)	(1,6)	2,4	2,9
25 bis 54 Jahre	5,2	4,8	4,9	5,4	6,1	5,5
55 bis 64 Jahre	5,5	5,8	6,4	6,4	6,8	8,3
65 u.m. Jahre	3,9	3,4	3,3	3,3	3,8	4,4
Alle	4,2	3,9	4,0	4,3	4,8	4,9

1) Wohlstandsgrenze: 200 Prozent des arithmetischen Mittels der Nettoäquivalenzeinkommen; zur Definition des Nettoäquivalenzeinkommens vgl. Fn. 1 in Abb. 1
2) Ohne Haushalte mit ausländischer Bezugsperson
3) Vgl. Fn. 3 in Tab. 2
Anm.: Bei einer Fallzahl von 30 bis unter 100 wurden die Ergebnisse in Klammern ausgewiesen.
Quelle: EVS-Datenbank der Professur für Sozialpolitik der Goethe-Universität, Frankfurt am Main; eigene Berechnungen

Am anderen Ende der Einkommensverteilung – oberhalb der 200%-Grenze – sind insbesondere Kinder und Jugendliche, aber auch die Altenbevölkerung unterrepräsentiert, während Personen im zentralen Erwerbsalter und – mit steigender Tendenz – die 55- bis 64-Jährigen überproportional im gehobenen Wohlstand vertreten sind. Unter dem Gesichtspunkt, dass die zu den jungen Altersgruppen gehörenden Eltern(teile) überwiegend im zentralen Erwerbsalter und dementsprechend ebenso wie ihre Kinder relativ selten im oberen Einkommensbereich vertreten sind, dürfte die Wohlstandsquote der Kinderlosen bzw. der Erwachsenen vor oder nach der Familienphase noch deutlich höher ausfallen als für die Gesamtgruppe der 25- bis 54-Jährigen.

In den Abbildungen 2 und 3 ist das Auseinanderfallen von Armuts- und Wohlstandsquoten für die Jungen bzw. für die mittleren und älteren Gruppen veranschaulicht; als Referenzlinien wurden auch die entsprechenden Quotenverläufe für die Gesamtbevölkerung ausgewiesen. Dabei wurde in Abbildung 2 die Wohlstandsquote für alle Personen bis einschließlich 24 Jahren ohne weitere Differenzierung dargestellt, da die Quoten der Teilgruppen sehr nahe zusammen liegen. Offensichtlich ist die Wohlstandsquote von Kindern und jungen Erwachsenen im Zeitablauf noch etwas stärker hinter der Gesamtentwicklung zurückgeblieben, während die Armutsquote der im jeweiligen Beobachtungsjahr jungen Generation den allgemein steigenden Trend übertroffen hat. Von 1993 bis 1998 ist nur eine leichte Korrektur bzw. Abschwächung der zu Lasten der Kinder gehenden Entwicklung zu beobachten, was wahrscheinlich auf die seit 1993 schrittweise eingeführten und 1996 voll realisierten Verbesserungen des Familienlastenausgleichs (steuerliche Freistellung des Existenzminimums, deutlich erhöhtes Kindergeld) zurückzuführen ist. Es stellt sich die Frage, warum diese institutionellen Änderungen keine größeren Effekte zeigen. Aus einer Strukturanalyse ergibt sich, dass bei fehlender Erwerbstätigkeit der Bezugsperson bzw. ggf. des Partners – infolge von Arbeitslosigkeit oder wegen der Betreuungspflichten – der Familienlastenausgleich häufig nicht ausreicht, um Kinderarmut zu verhindern.[23] Der Kindergelderhöhung und den steuerlichen Änderungen zugunsten von Familien haben zwischen 1993 und 1998 nämlich andere Entwicklungen entgegengewirkt, insbesondere der Anstieg der Arbeitslosenquote von 8,2 Prozent auf 10,5 Prozent, niedrige Tariflohnabschlüsse, Reduzierungen oder Streichungen von Urlaubs- und Weihnachtsgeld, Verminderungen von Einstiegslöhnen und -gehältern sowie eine Zunahme befristeter Arbeitsverhältnisse. Dadurch sind die positiven Effekte der Reform des Familienlastenausgleichs tendenziell kompensiert worden.

Abbildung 2: Entwicklung der Armuts- und Wohlstandsquoten[1] der jeweils jungen Generation (unter 25 Jahre) in Westdeutschland[2] 1973 bis 1998

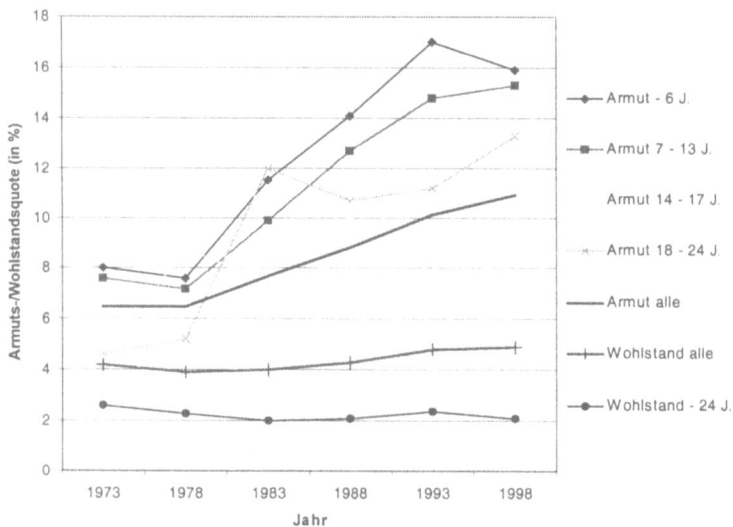

1) Vgl. Fn. 1 in Tab. 2 bzw. Tab. 3
2) Ohne Haushalte mit ausländischer Bezugsperson
Quelle: EVS-Datenbank der Professur für Sozialpolitik der Goethe-Universität, Frankfurt am Main; eigene Berechnungen

23 Vgl. Richard Hauser/Irene Becker, Einkommensverteilung im Querschnitt und im Zeitverlauf 1973 bis 1998, a.a.O., S. 121f.

Abbildung 3:   Entwicklung der Armuts- und Wohlstandsquoten[1] der jeweils
mittleren und älteren Generationen (ab 25 Jahre) in
Westdeutschland[2] 1973 bis 1998

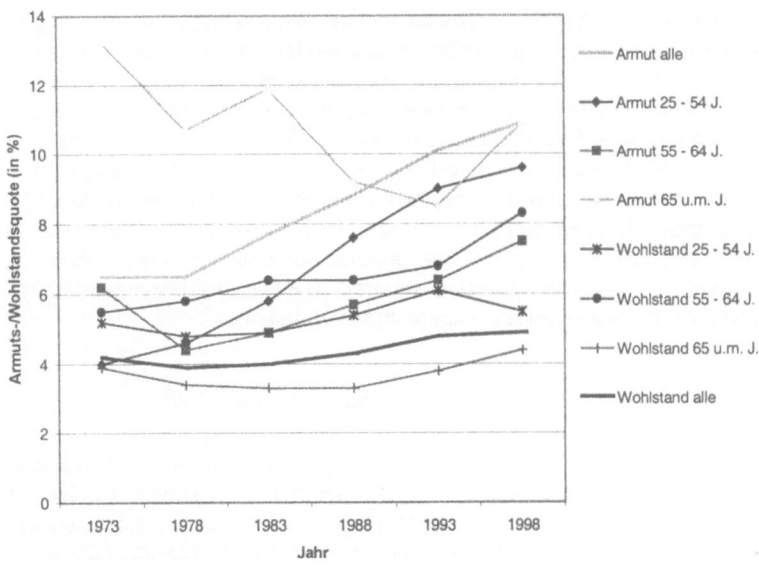

1) Vgl. Fn. 1 in Tab. 2 bzw. Tab. 3
2) Ohne Haushalte mit ausländischer Bezugsperson

Quelle: EVS-Datenbank der Professur für Sozialpolitik der Goethe-Universität, Frankfurt
am Main; eigene Berechnungen

Ein anderes Bild ergibt sich für die Gruppen ab 25 Jahren in Abbildung 3.
Einerseits liegen die Armutsquoten unter der jeweiligen Betroffenheit der
Gesamtbevölkerung bzw. damit gleichauf, andererseits wird relativ häufig ein
gehobener Wohlstand erreicht. Die Entwicklung für die älteste Gruppe fällt
allerdings insofern aus dem Rahmen, als die Armutsquote zunächst deutlich
gesunken ist und erst 1993 einen unterdurchschnittlichen Wert erreichte, danach aber wieder bis auf die für die Gesamtbevölkerung ermittelte Quote anstieg. Die insgesamt erfolgreich bekämpfte Altersarmut wurde aber offenbar
nicht von einer generellen Versetzung der Bevölkerung ab 65 Jahren in höhere Einkommensschichten begleitet, denn die Wohlstandsquote dieser Gruppe
ist nach wie vor unterdurchschnittlich und hat sich in den Jahren, in denen die
entsprechende Armutsquote besonders stark gesunken ist, nochmals etwas
vermindert. Der Wiederanstieg der Altersarmut zwischen 1993 und 1998 legt
zudem den Schluss nahe, dass trotz der günstigen Entwicklung bis 1993 die
Einkommenslage eines Teils der Altenbevölkerung nach wie vor prekär war

mit der Folge, dass selbst bei mäßigen Einschnitten in das Leistungsrecht – beispielsweise durch die Rentenreform 1992[24] sowie steigende Beiträge zur Krankenversicherung der Rentner – ein Teil wieder unter die Armutsgrenze sinkt. Zudem gibt es einige Hinweise, dass die infolge der lang anhaltenden Arbeitslosigkeit verbreiteten Brüche in der Erwerbsbiografie der jüngeren Rentnergeneration zu dem wieder zunehmenden Problem der Altersarmut beitragen.[25] Auch für die Gruppe der 55- bis 64-Jährigen zeigt sich am Ende des Beobachtungszeitraums eine zunehmende, wenngleich noch deutlich unterdurchschnittliche Betroffenheit von relativer Einkommensarmut, die wahrscheinlich zum Teil auf Arbeitslosigkeit älterer Arbeitnehmer/innen bzw. auf arbeitsmarktbedingtes vorzeitiges Ausscheiden aus dem Erwerbsleben zurückzuführen ist; dabei dürfte es sich um einen Vorboten künftiger Altersarmut handeln, während sich auf der anderen Seite für die rentennahen Jahrgänge auch die höchsten Wohlstandsquoten ergeben; die Heterogenität dieser Gruppe scheint im Zeitverlauf zugenommen zu haben.

4.2 West-, Ost- und Gesamtdeutschland 1993 und 1998

Abschließend soll noch kurz auf relative Einkommensarmut in Ostdeutschland sowie aus der gesamtdeutschen Perspektive eingegangen werden. Auf eine nähere Analyse auch des „Gegenpols" muss an dieser Stelle verzichtet werden, da sich gehobener Wohlstand nach der hier gewählten Abgrenzung noch in den alten Bundesländern konzentriert und die wenigen Stichprobenfälle in den neuen Ländern eine Differenzierung nach Altersgruppen nicht zulassen. In Tabelle 4 sind zwei Varianten des Konzepts der relativen Armut berücksichtigt. Zum einen wurde die Armutsgrenze in Relation zum Durchschnittseinkommen des jeweiligen Landesteils (linker Teil der Tabelle 4), zum anderen in Relation zum gesamtdeutschen Durchschnittseinkommen (rechter Teil der Tabelle 4) definiert.

Der erste Ansatz geht von zwei Teilgesellschaften aus und ist unter dem Aspekt der noch nicht angeglichenen Lebensverhältnisse in West und Ost sinnvoll. Die für Ostdeutschland in Tabelle 1 festgestellte geringere Ungleichheit der personellen Einkommensverteilung zeigt sich auch in einer wesentlich geringeren Verbreitung relativer Einkommensarmut, wenn die Hälfte des in den neuen Ländern erreichten durchschnittlichen Nettoäquivalenzeinkommens als Armutsgrenze zugrunde gelegt wird. Allerdings ist die Gesamtquote mit 4,4 Prozent im Jahr 1998 schon um ein Drittel gegenüber 1993 gestiegen. Die altersspezifischen Quoten lassen wegen der geringen Fallzahlen in der Stichprobe zwar keine genauen Trendaussagen zu, es zeichnen sich

---

24 Damit wurde der Übergang von der Brutto- zur Nettolohnanpassung vollzogen.
25 Vgl. Richard Hauser/Irene Becker, Einkommensverteilung im Querschnitt und im Zeitverlauf 1973 bis 1998, a.a.O., S. 122f.

aber ähnliche Strukturen wie in Westdeutschland mit einer überdurchschnittlichen Betroffenheit der Kinder und Jugendlichen ab.

Tabelle 4: Gruppenspezifische Armutsquoten[1] (in Prozent) nach dem eigenen Alter in West-, Ost- und Gesamtdeutschland[2] 1993 und 1998

Alter[3]	Jeweilige Mittelwerte					Gesamtdeutsche Mittelwerte					
	1993		1998			1993			1998		
	West	Ost	West	Ost	Gesamt	West	Ost	Gesamt	West	Ost	
bis 6 Jahre	17,0	(6,6)	15,9	(6,5)	16,2	13,0	31,7	14,5	13,0	28,2	
7 bis ca. 13 Jahre	14,8	(5,1)	15,3	6,1	14,5	11,4	24,8	13,8	11,9	21,1	
ca. 14 bis ca. 17 Jahre	14,3	(4,1)	14,9	(7,3)	14,7	11,4	24,1	15,5	12,5	23,8	
ca. 18 bis 24 Jahre	11,2	(6,0)	13,3	(6,5)	13,3	9,0	27,5	12,8	11,2	17,9	
25 bis 54 Jahre	9,0	2,6	9,6	4,0	8,9	7,1	16,5	9,3	8,1	14,6	
55 bis 64 Jahre	6,4	*	7,5	(2,1)	5,9	4,8	10,5	6,6	5,9	9,1	
65 u.m. Jahre	8,5	*	10,9	*	8,0	6,3	16,7	9,1	8,8	10,8	
Alle	10,1	3,1	10,9	4,4	10,0	7,8	19,0	10,1	9,0	15,0	

1) Armutsgrenze: 50 Prozent des arithmetischen Mittels der Nettoäquivalenzeinkommen; zur Definition des Nettoäquivalenzeinkommens vgl. Fn. 1 in Abb. 1
2) Ohne Haushalte mit ausländischer Bezugsperson
3) Vgl. Fn. 3 in Tab. 2
Anm.: Bei einer Fallzahl in der Stichprobe von weniger als 30 wurden keine Ergebnisse ausgewiesen (*), bei einer Fallzahl von 30 bis unter 100 wurden die Ergebnisse in Klammern ausgewiesen.
Quelle: EVS-Datenbank der Professur für Sozialpolitik der Goethe-Universität, Frankfurt am Main; eigene Berechnungen

Mit dem zweiten Ansatz wird von *einer* Gesellschaft aus alten und neuen Bundesländern sowie einer für alle gleichermaßen geltenden Armutsgrenze ausgegangen. Die aus der gesamtdeutschen Perspektive ermittelten Armutsquoten spiegeln im Gegensatz zum ersten Ansatz das in Ostdeutschland wesentlich geringere Einkommensniveau wider.[26] Bezogen auf das gesamtdeutsche Durchschnittseinkommen lebte 1993 in Ostdeutschland fast ein Fünftel der Bevölkerung in relativer Einkommensarmut gegenüber 7,8 Prozent in Westdeutschland. Die Abweichungen der einzelnen Altersgruppen von der durchschnittlichen Armutsquote gehen in Ostdeutschland in dieselbe Richtung wie in Westdeutschland, sodass sich die Situation der jungen Generation in Ostdeutschland wegen der insgesamt sehr hohen Armutsquote wesentlich dramatischer als in Westdeutschland darstellt. 1993 lebte in den neuen Ländern ungefähr jedes dritte Kind unter 7 Jahren von weniger als der Hälfte des durchschnittlichen Nettoäquivalenzeinkommens, von den drei darüber liegenden Altersgruppen bis unter 25 Jahre war es ungefähr jede vierte Person.

---

26 Nach Ergebnissen der EVS betrug das ostdeutsche Durchschnittseinkommen 1993 ca. 72 Prozent und 1998 ca. 79 Prozent des gesamtdeutschen Durchschnitts, während der westdeutsche Durchschnitt bei 107 bzw. 105 Prozent des Mittelwerts insgesamt lag.

Aber auch in den älteren Gruppen war das Armutsrisiko etwa doppelt so hoch wie im Westen.

Das Einkommenswachstum in den neuen Ländern zwischen 1993 und 1998 hat zwar für alle Altersgruppen zu einer Verminderung der Armutsquote geführt, allerdings in unterschiedlichem Ausmaß. Der Rückgang war bei Kindern nur mäßig – in der jüngsten Gruppe von 32 auf 28 Prozent – und in der ältesten Gruppe deutlicher: von 17 Prozent auf 11 Prozent. Da die gruppenspezifischen Armutsquoten in Westdeutschland im selben Zeitraum entweder konstant geblieben oder gestiegen sind, fallen die Ost-West-Unterschiede etwas geringer aus als 1993. Insgesamt hat sich aber die Struktur der altersspezifischen Armutsrisiken weder in den alten noch in den neuen Ländern geändert, was sich entsprechend in den Armutsquoten für Deutschland insgesamt mit weit überproportionalen Betroffenheiten der jungen Generation widerspiegelt. Wie schon aus der Analyse für Westdeutschland deutlich wurde, hat die Reform des Familienlastenausgleichs von 1996 zu keiner Problementschärfung geführt, sondern nur eine weitere Problemverschärfung verhindert.

5. Fazit

Zusammenfassend lässt sich feststellen, dass der mäßige Anstieg der Ungleichheit in der Verteilung der Nettoäquivalenzeinkommen insbesondere auf eine Zunahme relativer Einkommensarmut zurückzuführen ist, die wiederum hauptsächlich zu Lasten der jungen Generation – und natürlich ihrer Eltern – ging. Die aus dem vorhandenen Datenmaterial ersichtliche Entwicklung seit 1973 entspricht tendenziell der verbreiteten These von einer „Infantilisierung" der Armut, während zu der mit knapp 5 Prozent nach wie vor relativ kleinen Gruppe in gehobenem Wohlstand eher die Bevölkerung im zentralen Erwerbsalter (25 bis 54 Jahre) und insbesondere „rentennahe" Jahrgänge (55 bis 64 Jahre) gehören. Zwischen 1993 und 1998 konnte der negative Trend bei den Kindern zumindest gestoppt werden – eine Folge des verbesserten Familienlastenausgleichs; eine deutliche Umkehr der Entwicklung ist aber noch nicht erreicht worden, was insbesondere auf die Mitte der 90er-Jahre nochmals verschärften Arbeitsmarktprobleme zurückgeführt werden kann.

Auch die These einer seit 1973 reduzierten Altersarmut wird durch die Daten der Einkommens- und Verbrauchsstichproben bestätigt, nicht jedoch die Annahme einer zunehmenden „Überversorgung" bzw. Verbreitung von gehobenem Wohlstand im Alter. Vielmehr lebt der überwiegende Teil der Bevölkerung ab 65 Jahren – wie auch die Gesamtbevölkerung – in unterdurchschnittlichen Einkommensverhältnissen und nur ein im Vergleich zur Gesamtbevölkerung kleinerer Teil oberhalb der 200%-Grenze. Trotz der insgesamt – entgegen dem allgemeinen Trend – verminderten Betroffenheit der

Altenbevölkerung von relativer Einkommensarmut kann dieses Problem aber keineswegs als gelöst betrachtet werden. Denn einerseits lag die Armutsquote in den Haushalten von Frauen ab 65 Jahren immer deutlich über jener der männlichen Vergleichsgruppe und zu allen Beobachtungszeitpunkten über der für die Gesamtbevölkerung ermittelten Quote,[27] und andererseits zeigt sich von 1993 auf 1998 ein Wiederanstieg der Altersarmut, und zwar für Männer wie für Frauen gleichermaßen.[28] Das zuerst genannte, ungelöste Problem der Altersarmut von Frauen ist zum großen Teil strukturell und institutionell bedingt, da die Familienarbeit von Frauen im Alterssicherungssystem zu wenig berücksichtigt bzw. bei Erwerbsunterbrechungen keine eigenständige Sicherung aufgebaut wird. Hinsichtlich des zweiten Phänomens eines neuerdings wieder höheren Armutsrisikos der Altenbevölkerung gibt es empirische Hinweise auf die Auswirkungen von geringen Rentenanpassungen sowie von arbeitsmarktbedingten Brüchen in den Erwerbsbiografien der jüngeren Rentnerkohorte. Aus einem erweiterten Blickwinkel, der nicht ausschließlich Armutsquoten erfasst, sondern den dicht besetzten Bereich des prekären Wohlstandes[29] oberhalb der Armutsgrenze einbezieht, ist die erneut sichtbare Altersarmut durchaus erklärbar; die Annahme einer nachhaltigen Problemlösung scheint sich als Trugschluss zu erweisen.

---

27 Vgl. Richard Hauser/Irene Becker, Einkommensverteilung im Querschnitt und im Zeitverlauf 1973 bis 1998, a.a.O., S. 125

28 1998 lag in Westdeutschland die Armutsquote der Personen in Haushalten mit einer männlichen Bezugsperson ab 65 Jahren bei 10,1 Prozent, in Haushalten mit einer weiblichen Bezugsperson ab 65 Jahren bei 14,4 Prozent. Damit lagen die Betroffenheiten nicht so weit unter den entsprechenden Werten von 1973 – 11,3 bzw. 16,6 Prozent –, wie häufig angenommen wird. Vgl. Richard Hauser/Irene Becker, Einkommensverteilung im Querschnitt und im Zeitverlauf 1973 bis 1998, a.a.O., S. 125

29 Dieser Begriff wurde geprägt von Werner Hübinger, Prekärer Wohlstand. Neue Befunde zu Armut und sozialer Ungleichheit, Freiburg im Breisgau 1996.

Ernst-Ulrich Huster

Kinder zwischen Armut und Reichtum

Was früher nur in Berichten aus Ländern der sog. Dritten Welt nachzulesen war, ist geografisch und zivilisatorisch näher an unsere Wirklichkeit herangerückt: In einer Straße des Moskauer Zentrums bettelt ein maximal 5-jähriger Junge eine Gruppe ausländischer Touristen um einige Rubel an; zugleich verweisen die Schaufensterauslagen auf einen nicht nur für russische Verhältnisse unbeschreiblichen Luxus. In St. Petersburg fand 1998 ein Kongress zum Thema „Straßenkinder in Europa und weltweit" statt, auf dem Expert(inn)en über negative Entwicklungen in ihren Ländern, darunter auch die Bundesrepublik Deutschland, berichteten. Immerhin hat der Berliner Senat in der zweiten Hälfte der 90er-Jahre eine Fachgruppe eingesetzt, die sich mit diesem Phänomen beschäftigen sollte. Doch keineswegs bloß in dieser besonders krassen Weise kontrastieren in unserer Gesellschaft Armut und Reichtum, gibt es doch genügend Belege dafür, dass Kinder trotz des enormen Reichtums unserer Gesellschaft in Armut aufwachsen.

Wirklichkeiten: Eine gute Adresse zum Einkaufen in einer Stadt, wo distinguierte Kundschaft zielstrebig, nicht hastig an den Schaufensterauslagen vorbeigeht. Ein kurzer Blick, ein Hindeuten mit der Hand, kurzes Kopfnicken oder Verneinung ausdrückendes Kopfabwenden. Dieses Bild wird „gestört". Da sitzt bettelnd ein junger Mann in der Einkaufspassage, links von ihm stehen zwei Plastiktüten mit seinem gesamten Hab und Gut: „Bin arbeitslos, habe keine Wohnung", steht mit krakeliger Schrift auf einem kleinen Pappdeckel. Ein breitschultriger, sauber angezogener und entschlossen dreinblickender Mann tritt auf, um die Situation zu klären: Der Penner soll verschwinden. Der junge Mann weiß, dass es ein ungleicher Kampf wäre, den er mit diesem Mann vom privaten Sicherheitsdienst, den Geschäftsleute der Straße eingerichtet haben, aufnehmen müsste. Er weicht „freiwillig".

Szenenwechsel: Autobahn in Deutschland. Schon von Ferne kann man eine dunkelgraue Rauchschwade ausmachen, vor der ein Lada mit polnischem Nationalitätenkennzeichen – gemessen an (west)deutschem Standard – über die Autobahn kriecht. Er will den LKW, der noch etwas langsamer am Berge fährt, überholen. Von weit hinten blinkt es, ein PKW „mit eingebauter

Vorfahrt" verlangt herrisch freie Fahrt. Der Lada-Fahrer übersieht die Situation nicht, bleibt links auf der Autobahn, der Schnellere muss abbremsen: Unter mehrfacher Betätigung der Licht- und Tonhupe und mit Blicken, welche die Berechtigung der Existenz des „Störenfrieds" schlicht in Frage stellen, zieht der Drängler und Raser schließlich an dem qualmenden Schleicher vorbei. Stärke setzt sich durch; sie lebt davon, Schwächere wegzudrängen.

Szenenwechsel: Eine Wohnsiedlung in einer deutschen Kleinstadt. Behagliche Wohnhäuser mit penibel gepflegten Gärten und Hecken. Nun soll in ein Haus, das den Eigentümer gewechselt hat, ein kommunaler Kinder- und Jugendtreff kommen. Man hat natürlich nichts gegen junge Menschen. Aber hier? Abends und nachts der Radau der Jugendlichen; vielleicht wird auch mit Drogen gedealt, und am Ende kann man morgens die Kippen und Schlimmeres wegräumen! Eigentum ist vom Grundgesetz geschützt, also auch das dieser Hausbesitzer. Sie machen mobil: Schilder und Tafeln mit Protestparolen werden aufgestellt. Man droht mit dem Rechtsanwalt, beschränkt sich aber offensichtlich nicht darauf: Fahrzeuge von Beschäftigten und Besuchern des Jugendtreffs sind beschädigt.

Wirklichkeiten – von der Grammatik her ein Unwort. Es gibt nur die eine Wirklichkeit. Aber diese fällt in der Bundesrepublik Deutschland inzwischen so weit auseinander, dass man anfängt, Strukturelemente wahrzunehmen, die nicht mehr zueinander passen. Zwischen den Teilen der Wirklichkeit findet keine argumentative Kommunikation mehr statt. Es regiert de facto wieder die Gewalt: privater Sicherheitsdienste, der PS und von Werkzeugen bzw. des Brillantringes. In jedem Fall handelt es sich um authentische Beispiele aus der Bundesrepublik Deutschland. Alleinstehende Wohnungslose und Menschen mit Behinderungen werden tätlich angegriffen und teilweise erschlagen. Menschliches Leben wird wegen „Asozialität" wieder zur freien Disposition gestellt. Täter sind aber im Regelfall nicht die Ladenbesitzer, nicht die feine Kundschaft, nicht die Häuslebesitzer etc., sondern oftmals die selbst von Deplatzierung Bedrohten, die Angst haben, jene würden ihnen noch das Letzte nehmen. Aggressivität gegen Asylsuchende und Ausländer: Jene, die erfahren, wie sich ihre soziale Stellung innerhalb des stetig zunehmenden gesellschaftlichen Reichtums immer mehr verschlechtert, klammern sich an die „Ordnung" dieser Gesellschaft, verteidigen sie mit Brachialgewalt. Von sozialer Ausgrenzung Bedrohte und Betroffene machen sich über die noch Schwächeren her. Gewalt schafft eine „Ordnung", die ihnen Recht gibt.

Soziale Polarisierung in Deutschland und Europa

Armut in einer reichen Gesellschaft: Der Glamour unserer Gesellschaft verstellt den Blick auf die Wirklichkeit der Armut. Die Bundesrepublik Deutsch-

land hat sich offensichtlich damit abgefunden, dass parallel zum stetig steigenden Wohlstand, ja Reichtum, die Zahl der Personen dramatisch zunimmt,
die ihr Auskommen nicht ohne staatliche Hilfe fristen können. Insgesamt hat
sich die Verteilungsschieflage während der 80er-Jahre in einem starken Maße
zugespitzt: Von 1980 bis 1992 hatte sich beispielsweise die Zahl der Empfänger von Sozialhilfe (Hilfe zum Lebensunterhalt) mehr als verdoppelt (Index 1980 = 100, 1992 = 238), während sich gleichzeitig die Anzahl der Haushalte mit einem monatlichen verfügbaren Einkommen von 10.000 DM und
mehr fast verfünffachte (Index 1992 = 471).[1] Zahlen der Einkommens- und
Verbrauchsstichprobe bestätigen diesen Trend. Der EVS folgend hat sich die
Zahl der Haushalte mit einem monatlichen Nettoeinkommen von 10.000 DM
und mehr von 1983 bis 1998 mehr als verneunfacht; sie stieg von 276.000 im
Jahr 1983 auf 2.500.000 im Jahr 1998 – ein Anstieg, der selbst bei Berücksichtigung des inflationsbedingten nominalen Anstiegs exorbitant ausgefallen
ist.[2] Beispiele etwa aus Großbritannien, den Niederlanden und Belgien zeigen
analoge Entwicklungen.[3]

Diese Zuspitzung ist globalen Veränderungen zuzuordnen. Wir erleben
derzeit zwei teils konträr, teils komplementär zueinander verlaufende Prozesse in der Ökonomie und in der Politik. So entstehen immer größere Wirt-
schaftsräume und internationale Kooperationsformen: der EU-Binnenmarkt
und eine mögliche weitere Ausweitung, die „North American Free Trade
Area (NAFTA)", Agglomerationen in Ostasien, die zusammen mit Westeuropa und Nordamerika das globale Wachstumsdreieck bilden und den Groß-
teil des Welthandels unter sich ausmachen. Das GATT-Abkommen von 1994
schließlich sollte weltweit den Handel liberalisieren und wird nach dem Abbau von Handelshemmnissen den Wettbewerb um Waren und Dienstleistungen, aber auch um Arbeitsplätze forcieren. Ähnlich wie die Bundesrepublik
Deutschland bei den Verhandlungen um die Römischen Verträge, lehnen nun
sog. Schwellenländer die Einbeziehung von sozialen und ökologischen Mindeststandards mit der Begründung ab, dass diese ihre Wettbewerbslage deutlich verschlechtern würden.

Der weltweite Wettbewerb führt zu neuen Wachstumsimpulsen, gleichzeitig suchen unterschiedliche „Modernisierungspolitiken" der einzelnen

---

1   Vgl. Ernst-Ulrich Huster (Hrsg.), Reichtum in Deutschland. Die Gewinner in der so-
    zialen Polarisierung, 2. Aufl. Frankfurt am Main/New York 1997; Statistisches Bun-
    desamt, Sozialleistungen, Fachserie 13, Reihe 2, Sozialhilfe, div. Jahrgänge; Walter
    Hanesch/Peter Krause/Gerhard Bäcker u.a., Armut und Ungleichheit in Deutschland.
    Der neue Armutsbericht der Hans-Böckler-Stiftung, des DGB und des Paritätischen
    Wohlfahrtsverbands, Reinbek bei Hamburg 2000

2   Vgl. Grunddaten der EVS 1998 (Typoskript); zur EVS insgesamt: Richard Hauser/
    Irene Becker, Einkommensverteilung im Querschnitt und im Zeitverlauf 1973 bis
    1998. Studie im Auftrag des Bundesministeriums für Arbeit und Sozialordnung (Ty-
    poskript), Frankfurt am Main 2000

3   Vgl. hierzu: Ernst-Ulrich Huster, Armut in Europa, Opladen 1996, S. 46ff.

Länder bzw. Wirtschaftsregionen (insbesondere über Wirtschafts-, Forschungs-, Technologie- und Bildungspolitik) Wettbewerbsvorteile durchzusetzen. Als Kehrseite dieser Standortlogik drohen Teilregionen und vor allem randständige Gebiete innerhalb solcher Wirtschaftsgroßräume von der Gesamtentwicklung abgekoppelt, „als Zonen der Desinvestition und der kumulierenden sozialen Krisen von der Wohlfahrtsentwicklung abgehängt"[4] zu werden. Dies betrifft im Wesentlichen ländliche, teilweise auch altindustrielle Gebiete. Anderen Regionen, die zuvor schon besondere wirtschaftliche Probleme hatten, gelingt es nicht, gleichsam nachholend ihren Entwicklungsrückstand auszugleichen. Doch diese Regionalisierung sozialer Segmentation und Ausgrenzung bezieht sich keineswegs bloß auf ganze Regionen oder Teilregionen, sondern schlägt sich auch innerhalb mehr oder weniger stark prosperierender Regionen, Teilregionen und Städte nieder. Es kommt also zu sozialen Ausdifferenzierungsprozessen *zwischen* den Regionen, Teilregionen und Städten einerseits sowie Segregationsvorgängen *innerhalb* von Regionen, Teilregionen und Städten andererseits. Der beispielsweise von der Stadt Essen vorgelegte Sozialbericht dokumentiert die sozialräumliche Segregation zwischen den prosperierenden südlichen Stadtteilen und den stärker sozial benachteiligten Stadtgebieten im Zentrum und im Norden sehr eindrucksvoll.[5] Auch die Berichte der Städte München, Stuttgart, Hannover und Hamburg belegen diese Entwicklung.[6]

Infolge der Globalisierung entsteht selbst innerhalb der sozialstaatlich flankierten Wirtschaftszentren ein neues Arbeitslosen- und Armutspotenzial, das nicht trotz, sondern wegen einer allgemeinen Wohlstandsmehrung letztlich ausgegrenzt wird. Dieser Prozess wird von einer legalen Arbeitsmigration innerhalb und zwischen den Ländern der EU sowie darüber hinaus noch verstärkt. Innerhalb der EU suchen ca. 20 Mio. Menschen nach Arbeit. Schließlich wächst ein Reservoir illegal hier Arbeitender und Lebender heran, woraus sich wieder Rückwirkungen auf die Segmente der schon zuvor sozial Ausgegrenzten ergeben, verschlechtern sich dadurch doch die Arbeits- und Lebensbedingungen nicht selten auf ein Niveau, das bislang nur in Ländern der sog. Dritten Welt anzutreffen war. Zugleich entstehen in ihren Folgewirkungen nicht abschätzbare Problemzusammenballungen, denn Konflikte und Konkurrenzen um Lebenschancen gewinnen im Regelfall ihre Brisanz zwischen den unterschied-

4   Siehe Dieter Eißel, Dezentralisierung als neuer Regulationstyp, in: Memo-Forum Nr.
    21, Bremen 1994, S. 49
5   Vgl. Stadt Essen (Der Oberstadtdirektor, Amt für Entwicklungsplanung, Statistik,
    Stadtforschung und Wahlen), Soziale Ungleichheit im Stadtgebiet, kleinräumige Entwicklungen im Zeitraum 31.12.1988 bis 31.12.1991, Beiträge zur Stadtforschung 9
    (1993). Inzwischen liegt eine Fortschreibung des Sozialberichts von Essen vor.
6   Ein Verzeichnis kommunaler Sozial- und Armutsberichte ist über das Institut für Sozialarbeit und Sozialpädagogik (ISS), Frankfurt am Main, zu beziehen.

lichen Gruppen und Teilgruppen am unteren Ende der Sozialpyramide und nicht global zwischen allen Teilen der Gesellschaft.[7]

Erwerbsarbeitsbezug und System der sozialen Sicherung

All dies hat sehr unterschiedliche Konsequenzen für das Erwerbsleben und die davon abhängigen sozialen Sicherungssysteme einschließlich des Generationenvertrages. Der nunmehr seit zwei Jahrzehnten in Deutschland beobachtbare und sich gleichsam im Zeitraffer in wenigen Jahren in Ostdeutschland nachholend durchsetzende wirtschaftliche Strukturwandel bricht sich einmal im Verhältnis zur westeuropäischen, sodann im Verhältnis zur osteuropäischen Entwicklung, insgesamt aber im Rahmen der angesprochenen Globalisierungsstrategien der Wirtschaft. Wo und so lange wie gute Möglichkeiten zur Erwerbsarbeit angeboten werden bzw. diesen entsprochen werden kann, funktionieren auch die bestehenden sozialen Sicherungssysteme. Dort, wo dies nicht, nicht durchgängig oder nur sporadisch möglich ist, fällt die Sicherheit weg, in solchen Systemen einen angemessenen Schutz zu finden. Das gilt insbesondere für jene „working poor", die ihre Arbeitskraft aufgrund globalisierter Märkte zu immer ungünstiger werdenden Entlohnungs- und Arbeitsbedingungen auf dem Arbeitsmarkt anbieten müssen.[8] Es kann sich also nicht darum handeln, ob die sozialen Sicherungssysteme insgesamt in Frage gestellt werden, sondern darum, für wen und für welche Teile eines Erwerbslebens dieser Schutz mehr oder weniger stark greifen wird. Spätestens seit Gerhard Mackenroth wissen wir, dass keineswegs bloß öffentlich-rechtliche, sondern auch private Alterssicherungssysteme in gleicher Weise von der jeweiligen wirtschaftlichen Leistungskraft einer Wirtschaftsperiode abhängen.[9]

Daneben stellt sich die Frage nach den solidarischen Potenzialen innerhalb dieses sozialen Sicherungssystems bzw. des damit eng verbundenen Erwerbsarbeitssystems. Angesichts nicht unbeachtlicher Auswirkungen des Solidarprinzips in der Sozialversicherung (etwa: abgeleitete Rentenansprüche,

---

7   Vgl. Ernst-Ulrich Huster, Armut in Europa, a.a.O.; Rafael Biermann, Migration aus Osteuropa und dem Maghreb, in: Aus Politik und Zeitgeschichte. Beilage zur Wochenzeitung *Das Parlament* 9/1992, S. 29ff.

8   Vgl. Benjamin Benz/Jürgen Boeckh/Ernst-Ulrich Huster, Sozialraum Europa. Ökonomische und politische Transformation in Ost und West, Opladen 2000, S. 210ff.

9   Vgl. Gerhard Mackenroth, Die Reform der Sozialpolitik durch einen deutschen Sozialplan, in: Schriften des Vereins für Socialpolitik. Gesellschaft für Wirtschafts- und Sozialwissenschaften. Neue Folge, Bd. 4, Verhandlungen auf der Sondertagung in Berlin, 18. und 19. April 1952, hrsg. von Gerhard Albrecht, Berlin 1952, S. 39ff.; ergänzend: Gerhard Bäcker u.a., Sozialpolitik und soziale Lage in Deutschland, 3. Aufl. Wiesbaden 2000

Anrechnung von beitragsfreien Zeiten, Familienmitversicherung in der Gesetzlichen Krankenversicherung) fragt man sich, inwieweit und wie lange jene, die innerhalb dieses sozialen Sicherungssystems qua eigener Erwerbsbiografie und Lebensgestaltung (etwa: Dasein als Single, Entscheidung für keine
oder wenige Kinder etc.) letztlich Nettozahler sind, bereit sein werden, ihren
Beitrag zur innergesellschaftlichen Solidarität zu leisten, oder aber auf eine
noch stärkere Wirksamkeit des Äquivalenzprinzips drängen werden. Dies gilt
erst recht für ein rein steuerfinanziertes Mindestsicherungssystem wie die Sozialhilfe. Stimmungen können zu Stimmen und diese zu Politik werden! Dabei müssen die „Besserverdienenden" nicht einmal am lautesten nach Abhilfe
rufen, weil ihnen dieses Geschäft im Regelfall von vielen unter denjenigen
abgenommen wird, die trotz Arbeit knapp oberhalb entsprechender Mindeststandards leben.

In's und Out's

Die wirtschaftlichen, sozialen und soziokulturellen Umbrüche unserer Gesellschaft schlagen sich einerseits in unterschiedlichen Formen von Individualisierung und Pluralisierung von Lebensstilen nieder; sie eröffnen zum Teil mehr
Chancen und Perspektiven gerade für Kinder und Jugendliche, weil die Einzelnen aus traditionellen Zusammenhängen herausgelöst werden. Die Gestaltungs-
und Wahlmöglichkeiten vergrößern sich. Andererseits lassen diese Veränderungen in Wirtschaft und Gesellschaft die Risiken unserer Gesellschaft sehr
viel direkter auch auf Kinder und Jugendliche durchschlagen. Die Autoren der
Shell-Studie von 1997 formulieren bündig: „Die Krisen im Erwerbsarbeitssek-
tor, Arbeitslosigkeit, Globalisierung, Rationalisierung und Abbau oder Verla-
gerung von Beschäftigung sind inzwischen nicht mehr ‚bloß' eine Randbedin-
gung des Aufwachsens. Sie sind nicht mehr ‚bloß' Belastungen des Erwachse-
nenlebens, von denen Jugendliche in einem Schonraum entlastet ihr Jugendle-
ben führen können. Sie haben inzwischen vielmehr das Zentrum der Jugendphase erreicht, indem sie ihren Sinn in Frage stellen. Wenn die Arbeitsgesellschaft zum Problem wird, dann muß auch die Jugendphase als Phase der bio-
graphischen Vorbereitung auf diese Gesellschaft zum Problem werden."[10]
    Die politischen Auseinandersetzungen um den 10. Kinder- und Jugend-
bericht der Bundesregierung zeigten 1998 erneut das Unvermögen unserer
Gesellschaft im Umgang mit sozialen Problemlagen.[11] Die statistischen Daten

10 Arthur Fischer/Richard Münchmeier, Die gesellschaftliche Krise hat die Jugend er-
    reicht. Zusammenfassung der zentralen Ergebnisse der 12. Shell Jugendstudie, in: Ju-
    gendwerk der Deutschen Shell (Hrsg.), Jugend '97. Zukunftsperspektiven. Gesell-
    schaftliches Engagement. Politische Orientierungen, Opladen 1997, S. 13
11 Vgl. Bundesministerium für Familie, Senioren, Frauen und Jugend (Hrsg.), Zehnter
    Kinder- und Jugendbericht, Bericht über die Lebenssituation von Kindern und die
    Leistungen der Kinderhilfen in Deutschland, Stellungnahme der Bundesregierung

sind nunmehr auch in der öffentlichen Diskussion angekommen: Ca. jedes 7. Kind bzw. jeder 7. Jugendliche unter 18 Jahren lebt in Deutschland unter der Armutsgrenze (50%-Grenze). Die Sozialhilfequote, also der Anteil der Sozialhilfeempfänger/innen an der Gesamtbevölkerung, ist bei den bis 7-Jährigen mit 8,6 Prozent mehr als doppelt so hoch wie die aller Sozialhilfebezieher/innen. 6,4 Prozent der Kinder und Jugendlichen von 0 bis 17 Jahren bezogen 1993 Sozialhilfe, wobei auf die deutsche Bevölkerungsgruppe ein Anteil von 4,9 Prozent und auf die nichtdeutsche ein Anteil von 15,8 Prozent entfielen. Nachdem die Sozialhilfestatistik seit 1994 nur noch die Jahresendzahlen veröffentlicht, ist es nicht mehr möglich, Aussagen über einen längeren Zeitraum zu treffen. Doch auch dieser erneute Versuch der Politik, durch Veränderung der statistischen Erhebungsmethoden „akzeptablere" Zahlen zu präsentieren, nützt wenig: Von 1994 bis 1998 ist – entsprechend dieser jeweiligen Jahresendzahlen – die Anzahl der Empfänger/innen von Hilfe zum Lebensunterhalt im Rahmen des BSHG insgesamt um 28,7 Prozent gestiegen; bei den deutschen Empfänger(inne)n war ein Plus von 23,3 Prozent und bei den ausländischen von 50,8 Prozent zu verzeichnen. Stärker als der Anstieg bei allen Hilfeempfänger(inne)n war der Zuwachs bei den 18- bis 21-jährigen (+ 52,2 Prozent) und bei den 21- bis 25-jährigen (+ 34,7 Prozent). Bei den 18- bis 21-jährigen war der Anstieg bei den deutschen Hilfeempfänger(inne)n mit 58,1 Prozent sogar größer als bei den ausländischen (35,1 Prozent). Insgesamt bezogen 1998 nicht weniger als 727.100 Kinder unter 11 Jahren und 348.100 Kinder bzw. Jugendliche zwischen 11 und 18 Jahren, insgesamt also über 1 Mio. Kinder und Jugendliche bis 18 Jahren, Hilfe zum Lebensunterhalt. Nimmt man weitere Indikatoren für Armut und soziale Ausgrenzung aus den Bereichen Schule, Bildung, Freizeit, soziale Kontakte, Wohnen und Gesundheit hinzu, so zeigt sich in Deutschland insgesamt ein massives Armutsrisiko gerade bei Kindern und Jugendlichen, dessen individuelle und soziale Langfristwirkung der Forschung erst in Anfängen und der Politik bislang überhaupt noch nicht in den Blick geraten ist.[12]

Doch auch die andere Seite gewinnt an Bedeutung: Nicht die 18.000 DM-Einkommensmillionäre, sondern ca. 2,5 Millionen Haushalte prägen das Bild vom Reichtum in Deutschland. Allerdings liegen ca. 60 Prozent dieser Haushalte im Bereich zwischen 10.000 und 12.500 DM (5.113 € und 6.391 €) an monatlichem Nettoeinkommen. Innerhalb der Gruppe der Reichen gibt es eine weitere Schwelle, wo die Bedeutung des Einkommens für einen gehobenen Konsum und eine freiere Lebensgestaltung hinter der Möglichkeit zu-

zum Bericht der Sachverständigenkommission, Bericht der Sachverständigenkommission, Bonn 1998

12   Vgl. Statistisches Bundesamt, Sozialleistungen, a.a.O.; Beate Hock u.a., Gute Kindheit – schlechte Kindheit?, Armut und Zukunftschancen von Kindern und Jugendlichen in Deutschland. Abschlußbericht zur Studie im Auftrag des Bundesverbandes der Arbeiterwohlfahrt, Frankfurt am Main 2000

rücktritt, damit neue Grundlagen für Einkommen in Gestalt von Investitionen und Vermögensbildung zu schaffen. Immerhin ca. 79.600 Haushalte deklarierten 1992 beim Finanzamt ein Jahreseinkommen von über 500.000 DM (255.646 €) und gehörten damit zu dieser Gruppe.[13]

Stärker als alle anderen Einkommensarten hat in den letzten Jahren das Einkommen aus Vermögen zugenommen. Durchschnittszahlen über den Zuwachs der Haushalte aus Vermögen sagen aber wenig über die tatsächliche Reichtumsverteilung: Lag der Gini-Koeffizient 1993 in Westdeutschland beim Nettogeldvermögen mit 0,62 fast doppelt so hoch wie bei den Nettoeinkommen (0,32), so hatte dies zur Folge, dass auch die Einkommen aus Vermögen sehr viel stärker konzentriert waren (0,59) und die Hauptmasse dieser Erträge nur einem Teil der Gesamthaushalte zufloss.[14]

Das Sozio-ökonomische Panel erhebt seit 1984 Veränderungen der Wohlstandsposition von Haushalten, dabei in etwa die gesellschaftliche Gesamtheit widerspiegelnd, von bestimmten Unschärfen gerade im unteren und im oberen Einkommensbereich einmal abgesehen. Unter Zugrundelegung einer Reichtumsgrenze in Höhe von 200 Prozent des durchschnittlichen Äquivalenzeinkommens und einer Grenze der Wohlhabenheit bei 150 Prozent weist das Panel für 1995 in Westdeutschland 12 Prozent der Haushalte als wohlhabend und knapp 5 Prozent als reich aus. Die Quoten der Wohlhabenden an der Gesamtbevölkerung schwankten in den 90er-Jahren geringfügig zwischen 12 und 13 Prozent, die Reichtumsquoten zwischen 4 und 5 Prozent.

Strenge Armut kann relativ schnell überwunden werden, auch wenn die Chance, in den höheren Einkommensbereich zu gelangen, vergleichsweise gering ist. Im oberen Einkommensbereich dagegen ist eine weitaus höhere Persistenz festzustellen. Der Anteil der reichen und der wohlhabenden Haushalte an der Gesamtgesellschaft ist in dem Zeitraum von 1984 bis 1995 insgesamt relativ konstant geblieben, allerdings konnten diese Haushalte ein immer größeres Vermögen auf sich konzentrieren: Die Reichen wurden reicher!

Die Analyse der Einkommens- und Verbrauchsstichprobe von 1983 hatte ergeben[15], dass damals die reichsten Haushalte (10 Prozent der Gesamtheit) über fast die Hälfte der erfassten Vermögenswerte verfügten, während sich die untere Hälfte der Haushalte mit weniger als 2,5 Prozent zufrieden geben musste. Neuere Berechnungen zeigen, dass die Konzentration nach wie vor hoch ist und dass die oberen 10 Prozent der Haushalte weiterhin über fast die Hälfte der ausgewiesenen Vermögenswerte verfügen.

---

13 Vgl. Richard Hauser/Irene Becker, Einkommensverteilung im Querschnitt und im Zeitverlauf 1973 bis 1998, a.a.O.

14 Vgl. Jürgen Faik/Heinrich Schlomann, Die Entwicklung der Vermögensverteilung in Deutschland, in: Ernst-Ulrich Huster (Hrsg.), Reichtum in Deutschland, a.a.O., S. 119ff.

15 Vgl. Heinrich Schlomann, Vermögensverteilung und private Altersvorsorge, Frankfurt am Main/New York 1992

In Wissenschaft und Politik wird die These kontrovers diskutiert, ob die Bundesrepublik Deutschland mehr oder weniger stark sozial polarisiert sei. Auf der einen Seite gibt es Indikatoren, die für eine Stabilität der Verteilungslage sprechen. So hat sich das Ausmaß der Einkommenskonzentration in den letzten Jahren nur unwesentlich verändert, der Anteil der reichen bzw. wohlhabenden Haushalte im Sozio-ökonomischen Panel (SOEP), einem auf Befragung basierenden sozialstatistischen Abbild der Gesellschaft, ist in etwa gleich geblieben. Und auch ein internationaler Vergleich zeigt, dass die Bundesrepublik Deutschland, verteilungspolitisch betrachtet, eine Mittelposition einnimmt, weil die Verteilung erheblich gleicher als etwa in den USA ist, aber ungleicher als etwa in den Niederlanden. Auf der anderen Seite gibt es Indikatoren für eine stärkere verteilungspolitische Zuspitzung. So zeigt die Entwicklung der nach sozialen Gruppen ausgewiesenen durchschnittlichen Haushaltseinkommen, dass beispielsweise Selbstständigenhaushalte 1980 nur zweimal, 1994 aber dreimal soviel zur Verfügung hatten wie ein Arbeitnehmerhaushalt.[16] Im Verhältnis der Selbstständigenhaushalte zu den Haushalten mit einem Bezug von Arbeitslosengeld bzw. -hilfe wie auch im Verhältnis zu den Sozialhilfehaushalten hat sich ebenfalls eine Verschiebung ergeben, am stärksten 1990/91 bei besonders hohen verfügbaren Einkommen der Selbstständigenhaushalte. Nimmt man also konkrete Haushaltseinkommen sozialer Gruppen, so hat sich „der Einkommensvorsprung der Selbständigen-Haushalte außerhalb der Landwirtschaft vor den übrigen Haushaltsgruppen in den achtziger und neunziger Jahren exorbitant vergrößert".[17]

Insgesamt zeigt eine Langfristbetrachtung der Einkommensverteilung einen allgemeinen Zuwachs bei den Einkommen. Muss die These von der sozialen Polarisierung modifiziert oder gar aufgegeben werden? Dies wäre nur dann nötig, wenn man sich darauf beschränken würde, Verteilungsungleichgewichte relativ zu bestimmen. Folglich berufen sich politische Instanzen auch im Wesentlichen auf derartige Vergleiche. Unberücksichtigt bleibt dabei allerdings, dass Haushalte eine relative und eine absolute Position im Verteilungsstreit einnehmen. Erst die Verbindung dieser beiden Größen und deren Bezug auf eine quantitative, relative Verteilungsposition sowie auf qualitative Kriterien für Teilhabechancen in der Gesellschaft machen eine deutliche Drift einschließlich einer sozialen Polarisierung deutlich. Denn entscheidend ist, welches Einkommensvolumen für die Gestaltung der Lebensbedürfnisse zur Verfügung steht und in welcher Relation starre Ausgabensegmente zu Möglichkeiten einer freizügigeren Lebensgestaltung stehen. Schließlich bedeutet das Gleichbleiben der Lorenzkurve eben auch, dass beispielsweise das obere Segment ein Plus von 1.000 € zu verzeichnen hat,

---

16 Vgl. Deutsches Institut für Wirtschaftsforschung, Relative Einkommensposition der westdeutschen Haushaltsgruppen in den achtziger und neunziger Jahren, in: DIW-Wochenbericht 18/1995, S. 357
17 Siehe ebd., S. 360

wenn das untere Segment 100 €, das zweite 200 €, das dritte 300 € etc. zu-
legt. Der „Fahrstuhleffekt", den Ulrich Beck in seinem Buch „Risikogesellschaft" beschreibt[18], schließt keineswegs aus, dass die Abstände zwischen den
einzelnen „Etagen" der Gesellschaft – absolut gesehen – immer größer werden.

Diese soziale Polarisierung schlägt sich auch in der Lebenslage von Kindern und Jugendlichen nieder. Angesichts der weltweiten Verflechtung von
Märkten, Kommunikationsmöglichkeiten und Kulturen verändern sich die
Bedingungen sozialen Verhaltens ebenso wie die der Ausprägung kultureller
Identitäten. Neben den Arbeitsmarkt und die Freizeitgesellschaft tritt der Er-
lebnismarkt, welcher Differenz und Distinktion in der Gesellschaft maßgeblich bestimmt und sich zugleich in der Polarisierung von Armut und Reichtum bricht. Winfried Ferchhoff beschreibt Lebenslagen und -stile von Jugendlichen in diesem Spannungsfeld als mobil, flexibel, pluralisiert sowie als
ent- und destrukturiert. Jugendliche sind heute im Schnitt „reicher" als früher,
sie haben mehr Optionen, leben häufig selbstbestimmter als früher. Doch
liegt hier – parallel zur gesamtgesellschaftlichen Lage mit ihren Abhängig-
keiten von den internationalen Austauschbeziehungen – auch ein größeres
Risiko des Scheiterns und der Ohnmacht vor allem bei denen, die in der „Er-
lebnisgesellschaft" nicht mithalten können.

Jugend ist individualisiert, an der Gegenwart orientiert, ist selbst Leitbild
und Experte auch für Ältere, sie verfügt über Kaufkraft und stellt ein Konsumpotenzial dar, hat ihre eigene Kultur in all ihren Mischungsverhältnissen.
Reichtum ist weniger direktes Leitbild für Jugendliche, sondern Matrix einer
Gesellschaft, in der sich Jugend einrichtet, teils an diesem partizipierend, teils
sich abgrenzend, teils von ihm ausgegrenzt: Lebensstile bilden plurale Antworten auf eine Gesellschaft, in der Jugendlichkeit angesichts wachsender
Dynamik ein wichtiges Leitbild darstellt, das seinerseits positiv mit den Erfolgen dieser dynamischen Gesellschaft korreliert. Doch Jugend ist nicht
mehr ein Synonym für Zukunft: Hier wird die Affinität von Jugend und Dynamik brüchig, was in den konkreten jugendkulturellen Milieus zum Ausdruck kommt.[19]

---

18 Siehe Ulrich Beck, Risikogesellschaft. Auf dem Weg in eine andere Moderne, Frank-
    furt am Main 1986, S. 122; Christoph Butterwegge (Wohlfahrtsstaat im Wandel. Pro-
    bleme und Perspektiven der Sozialpolitik, 3. Aufl. Opladen 2001, S. 124) spricht da-
    gegen von einem „Paternoster-Effekt", der seiner Meinung nach die soziale Polarisie-
    rung verschärft: „Mehr als je zuvor in der Vergangenheit gibt es ein soziales Auf und
    Ab, das vor allem Unsicherheit und Existenzangst für eine wachsende Zahl von Men-
    schen bedeutet."
19 Vgl. Wilfried Ferchhoff, Pluralisierte Lebensstile von Jugendlichen zwischen Armut
    und Reichtum, in: Ernst-Ulrich Huster (Hrsg.), Reichtum in Deutschland, a.a.O., S.
    217ff.

Reichtum als Leit- und Leidbild

Jede Woche hoffen Millionen Menschen auf das große Glück im Lotto. Das ist der diskrete Charme, den Reichtum ausmacht: sich leisten zu können, was man will; genug zu haben, auch für das Alter; Privilegien eingeräumt zu bekommen, die andere nicht besitzen; Gutes tun zu können, damit man die Dankbarkeit anderer erfährt.

Reichtum ist ein *Leit*bild, das letztlich für soziale Differenzierung steht: Leistung und Konkurrenzverhalten werden verlangt, mit ihnen sind positive Gratifikationen verbunden, materielle und immaterielle. Leistung und Konkurrenz herrschen als Verhaltensanforderungen vor, wo Reichtum als Gratifikation geboten wird. Reichtum kennzeichnet eine herausgehobene Position in der Gesellschaft, auch wenn sich diese Position angesichts millionenfacher Besetzung sofort wieder ein Stück weit selbst entwertet. Ein Gotha der reichen Leute käme heute nicht mehr mit der Nennung von 10.000 Personen aus, es sei denn, man verschöbe den Reichtum auf die oberste Spitze, die allerdings nur die des Eisberges von Reichtum wäre. Früher war Reichtum gleichbedeutend mit der Zugehörigkeit zu einer Elite. Doch wie breit kann eine Elite in der Gesellschaft verankert sein? Und bedürfte es da nicht genauerer Differenzierungen, wie der Reichtum entstanden ist? Andernfalls wäre die Mafia ja die Elite der Nation!

Aber Reichtum ist auch ein *Leid*bild. Die Abkopplung bzw. das Abgekoppelt-Werden von den Möglichkeiten und Zwängen dieser Leistungs- und Konkurrenzethik stellt im Regelfall den Einstieg in Verarmungskarrieren dar bzw. verfestigt dieselben. Dabei geht es nicht um eine undifferenzierte Verteufelung von Leistung und Konkurrenzverhalten. Jedes für sich hat durchaus wichtige soziale Funktionen in einer Gesellschaft, die aus sich heraus den Wohlstand ihrer Bürger sichern und ggf. mehren will. Die Leistung des Einzelnen aber wird nicht daran gemessen, was jemand tatsächlich zustande bringt, ob er das ihm Mögliche für sich selbst und die Gesellschaft schafft, sondern seine Leistung wird an der anderer gemessen: Der intellektuell Schwächere wird am geistig Fitten gemessen, der gesundheitlich Beeinträchtigte am Gesunden, der mit ungünstigeren Startchancen an dem, dem qua Begabung und/oder sozialem Milieu alle Steine aus dem Weg geräumt wurden bzw. werden.

Bei Kindern, Jugendlichen und jungen Menschen kann man verstärkt erhebliche Unsicherheiten beobachten. Selbst in relativ wohlsituierten Verhältnissen aufwachsende Kinder und Jugendliche vertrauen nicht länger der Maßgabe, dass Anstrengungen und Vor-Leistungen die Gewähr für eine sichere Positionierung in der Gesellschaft bieten. Vielmehr zeigt sich der bewusste Verzicht auf perspektivisches Denken: Warum sich in Schule und Studium anstrengen, weshalb eine Lehre machen, warum Vorsorge für das Alter treffen? Es ist ja doch alles umsonst ... In Russland verlassen gerade die Cleversten ihre Schule oder Universität, um schnell an Geld zu kommen. Jugendliche bei uns suchen die kurzfristige Befriedigung. Das unverantwortliche Gerede vom „abgewirtschafteten" Standort Deutschland zählt zu den Hauptbelastungsfaktoren für die Zukunftsfähigkeit unserer Gesellschaft. Wer den Wirtschaftsstandort systematisch schlechtredet, schafft Voraussetzungen für nicht kalkulierbare Entwicklungen, unter denen dann alle zu leiden haben.

Insbesondere bei nicht wenigen jungen Menschen wächst der Frust, dass sie aus ihrer No-Winner-Situation heraus keine Chance haben, ihren Anteil am Reichtum dieser Gesellschaft auf legalem Wege wenigstens zu erhalten. Sie neiden anderen das, was diese bekommen, sie verteufeln sozial noch Schwächere, ja, sie werden tätlich, mit zum Teil tödlichem Ausgang: Hoyerswerda, Solingen und Mölln zeigen das rapide wachsende Gewaltpotenzial in unserer Gesellschaft. Dagegen soll, so fordern nicht mehr nur konservative Innenpolitiker, der Staat aufrüsten. Natürlich muss Gewalt, zumal der Anschlag auf Leib und Leben, abgewendet werden. Doch zielt die zunehmende öffentliche und private Aufrüstung insgesamt in die falsche Richtung: Man sucht nicht den soziale Diskurs über Verteilungsfragen, schließt vielmehr die Wagenburg der Reichen noch fester. Untersuchungen zeigen die auch zunehmend sozialräumliche schroffe Trennung von Armut und Reichtum in den Städten.[20] Private Sicherheitsdienste haben Hochkonjunktur!

Nicht erst die im Bundestagswahlkampf 1994 entfachte Diskussion um die „Besserverdienenden" hat deutlich gemacht, wie weit inzwischen der Unwillen reicht, sich auf Verteilungsdiskussionen über verbale Bekenntnisse hinaus überhaupt noch ernsthaft einzulassen. Positiv an dieser Entwicklung ist zweifellos, dass Prioritäten und Grenzen von Verteilung und Umverteilung diskutiert werden. Insgesamt allerdings gerät der zum Teil schon vorhandene, mit Sicherheit aber mittelfristig erheblich steigende Problemdruck aus dem Blickfeld, welcher sich aus auf Dauer angelegten sozialen Marginalisierungsprozessen ergibt, national wie international. Deutschland wird nicht als Insel der Glückseligen an den Gestaden eines großen destabilisierten Wirtschaftsraums etwa in Osteuropa fortexistieren können. Und innenpolitisch ist das Verdrängen solcher Fragen wie etwa der nach den Partizipationschancen für jene, die vom Arbeitsmarkt und darüber hinaus sozial ausgegrenzt werden, auf Dauer nur unter verstärkter privater und/oder staatlicher Aufrüstung denkbar. Der ehemalige Vorsitzende des Jugendgerichtstages und heutige niedersächsische Justizminister Christian Pfeiffer hat in überzeugender Weise den Zusammenhang zwischen der Verarmung und bestimmten Formen von Kriminalität bei Jugendlichen herausgearbeitet.[21] Die Politik wä-

---

20 Vgl. dazu: Jens S. Dangschat (Hrsg.), Modernisierte Stadt – gespaltene Gesellschaft. Ursachen von Armut und sozialer Ausgrenzung, Opladen 1999
21 Vgl. Christian Pfeiffer u.a., Ausgrenzung, Gewalt und Kriminalität im Leben junger Menschen – Kinder und Jugendliche als Täter und Opfer, Sonderdruck zum 24. Dt. Jugendgerichtstag in Hamburg, hrsg. von der Deutschen Vereinigung für Jugendgerichte und Jugendgerichtshilfen, Hannover 1998

re gut beraten, sich die Ergebnisse dieser Studien als Basis einer ernst zu nehmenden Kriminalitätsvermeidung zu Eigen zu machen.

Wenn es stimmt, dass Armut die Kehrseite der Leistungs- und Konkurrenzgesellschaft, also soziale Ausgrenzung die Kehrseite von sozialem Aufstieg ist, dann werden Ausmaß und Qualität sozialer Ausgrenzung nicht trotz, sondern wegen eines steigenden Wohlstandes zunehmen!

Die soziale Hierarchisierung hat eine wichtige Funktion für unsere Gesellschaft. Sie wird allerdings nur dann sozial akzeptiert werden können, wenn sie auf einer Absicherung von Mindestrechten für alle beruht. Über die liberalen Grund- und Freiheitsrechte hinaus, deren Bedeutung gerade angesichts wachsender Gewalt größer denn je ist, bedarf es sozialer Grundrechte, zu denen die angemessene Gewährung von Nahrung, Kleidung, Wohnung, Bildung, Arbeit sowie Versorgung im Alter und im Krankheits-/Pflegefall gehört. Je schneller und gründlicher diese Gesellschaft darüber nachdenkt, wie solche Mindeststandards gewährt werden können, umso eher sind die gewaltsamen Protestaktionen gegen soziale Ungleichverteilung und Chancenlosigkeit gerade bei Jugendlichen und jungen Erwachsenen zu stoppen.

„Generationengerechtigkeit" als Ideologie
und/oder Leitlinie der Sozialpolitik?

Christoph Butterwegge/Michael Klundt

Die Demografie als Ideologie und Mittel sozialpolitischer Demagogie?

Bevölkerungsrückgang, „Vergreisung" und Generationengerechtigkeit

Seit geraumer Zeit verschärfen sich in der Bundesrepublik Deutschland die gesellschaftlichen Verteilungskämpfe, ohne dass Sozialwissenschaft, Politik und Medien die Bevölkerung über die wahren Ursachen und ihnen zugrunde liegenden Interessengegensätze aufklären. Man lenkt davon vielmehr oft genug ab, etwa durch die ideologische Umdeutung sozialökonomischer Konflikte zu Generationskonflikten. Im folgenden Beitrag soll dieser Vorgang, ausgehend von einem realen und ausgesprochen brisanten Problem, nämlich der zunehmenden Kinderarmut, analysiert und auf dem Hintergrund des demografischen Wandels diskutiert werden, wie man ihm erfolgreich begegnen kann.

Die soziale Lage der jungen Generation

Das medial enorm wirksame Schlagwort „Generationengerechtigkeit" wird nicht nur im Rahmen der Rentendebatte, sondern auch hinsichtlich in Armut aufwachsender Kinder und Jugendlicher benutzt. Bevor wir uns jedoch diesem Problem zuwenden, muss konstatiert werden, dass die Existenzgrundlagen der meisten Kinder bzw. Jugendlichen und ihrer Familien gesichert sind. Das Konsumpotenzial junger Leute ist enorm: Allein die direkte Kaufkraft der Kinder zwischen 7 und 14 Jahren liegt nach Angaben der nordrhein-westfälischen Ministerin für Frauen, Familie, Jugend und Gesundheit in Deutschland bei rund 11,5 Mrd. DM (5,88 Mrd. €) jährlich.[1]

Symptomatisch für die Vorstellung, alle Kinder und Jugendlichen in der Bundesrepublik lebten in „Saus und Braus", war ein SPIEGEL-Artikel über

---

1 Vgl. Birgit Fischer, Statt eines Vorwortes: Mit einer tief gespaltenen Gesellschaft ins 3. Jahrtausend?!, in: Christoph Butterwegge (Hrsg.), Kinderarmut in Deutschland. Ursachen, Erscheinungsformen und Gegenmaßnahmen, 2. Aufl. Frankfurt am Main/New York 2000, S. 12

die „verwöhnten Kleinen". Danach bekamen laut einer Umfrage, die das Institut für Jugendforschung im Juni 2000 durchführte, 71 Prozent der 6- bis 14-jährigen im Durchschnitt 35 DM monatlich, 9 Prozent erhielten Taschengeld nach Bedarf in Höhe von durchschnittlich 34 DM im Monat, gleichfalls 9 Prozent der Kinder bekamen kein Taschengeld, aber ab und zu etwas zugesteckt, was sich monatlich im Durchschnitt auf 22 DM belief, 64 Prozent der Kinder nahmen durchschnittlich 128 DM zu ihrem Geburtstag ein und 55 Prozent 156 DM zu Weihnachten. Auch wenn die Kinderzimmer noch nicht durchgängig mit modernen Medien ausgestattet waren, hielten diese allmählich Einzug. Von den 3,7 Mio. Teenagern im Alter von 14 bis 17 Jahren besaßen 62 Prozent einen Fernseher, mehr als die Hälfte hatten eine HiFi-Anlage, mehr als ein Drittel einen Videorecorder. Jede/r Fünfte der Altersgruppe von 10 bis 13 Jahren besaß einen eigenen PC. 56 Prozent der vom Hamburger Institut für Freizeitforschung befragten Jugendlichen erklärten, sie würden „zu viel Geld ausgeben". Jede/r fünfte Jugendliche behauptete von sich, manchmal „wie im Rausch" zu kaufen. Wie das Münchner Institut für Jugendforschung herausfand, besaßen die 6- bis 14-Jährigen 1997 ca. 3,9 Mrd. DM und drei Jahre später schon 5,2 Mrd. DM.[2]

Berichte über „Konsum-Kinder", die mit Markenprodukten von Nike und Nokia aufwachsen, sind natürlich nicht einfach aus der Luft gegriffen. „High Tech im Kinderzimmer, die Sparschweine voll und auch die Börse prall gefüllt: Kinder haben viel Geld und immer mehr von dem, was für Geld zu haben ist."[3] Was solche undifferenzierten Bilder verdecken, wenn sie nicht durch Schilderungen von Unterversorgung und Knappheit, Not und Elend ergänzt werden, ist die soziale Polarisierung, welche mit der Gesamtgesellschaft auch ihre jüngsten Mitglieder in unterschiedliche Lager spaltet.

Kinder und Jugendliche haben grundsätzlich freien Zugang zur gesamten Palette des deutschen Krankenversorgungssystems und sind in der Regel gesund. Die überwiegende Mehrheit der Kinder und Jugendlichen ist soziokulturell eigenständig und genießt große Freiheiten sowie Gestaltungs- und Entfaltungsmöglichkeiten. Auch zu den Erziehungs- und Bildungsinstitutionen besteht freier Zugang; in Nordrhein-Westfalen verlässt z.B. mehr als die Hälfte aller Jugendlichen die Schule mit der Fachoberschul- oder Hochschulreife. Die große Mehrheit der Schulabsolvent(inn)en findet einen Ausbildungs-, Hochschul- oder Arbeitsplatz.[4] Dagegen liegt der Anteil derjenigen, die keinen Schulabschluss erreichen, in NRW bundesweit am niedrigsten (bei 6,1 Prozent, im Gegensatz zu 12,9 Prozent in Thüringen).[5]

---

2   Vgl. Kult ums Kind, in: Der Spiegel v. 14.8.2000, S. 102ff.
3   Gerlinde Unverzagt/Klaus Hurrelmann, Konsum-Kinder. Was fehlt, wenn es an gar
     nichts fehlt, Freiburg im Breisgau/Basel/Wien 2001, S. 55
4   Vgl. Birgit Fischer, Statt eines Vorwortes: Mit einer tief gespaltenen Gesellschaft ins
     3. Jahrtausend?!, a.a.O.
5   Wer schaut noch auf die Kellerkinder?, in: Frankfurter Rundschau v. 28.9.2000

Ausmaß und Folgen der Kinderarmut

Gleichwohl ist eine tiefe soziale Spaltung in der Bundesrepublik feststellbar, die sich auf die Lebenslagen der Kinder verschärfend auswirkt. Immer mehr Minderjährige in der Bundesrepublik wachsen in (relativer) Armut auf. Da Kinder und Jugendliche mittlerweile jene Altersgruppe bilden, die am häufigsten und stärksten davon betroffen ist, sprechen Sozialwissenschaftler/innen seit Ende der 1980er-/Anfang der 90er-Jahre von einer „Infantilisierung der Armut" (Richard Hauser). Ungefähr 2,8 Mio. Kinder und Jugendliche unter 15 Jahren leben hierzulande in (Einkommens-)Armut.[6] Jedes fünfte Kind bzw. jeder fünfte Jugendliche dieser Altersgruppe wächst demnach unter Verhältnissen auf, durch die es bei den Betroffenen zu psychosozialen Belastungen kommen bzw. ein Ausschluss aus sozialen und kulturellen Lebensbereichen erfolgen kann, was die Chancengleichheit in der Gesellschaft nachhaltig beeinträchtigt.[7]

In der Sozial- und Gesundheitsberichterstattung gilt bei allen Einschränkungen, die man aufgrund methodischer und empirischer Schwierigkeiten machen muss, als gesichert, dass Armut immer auch Auswirkungen auf die Gesundheit hat. Personengruppen, die in sozial benachteiligten Verhältnissen leben, sind gleich in mehrfacher Hinsicht gefährdet. Festgehalten werden kann beispielsweise:

- eine deutlich höhere postnatale Säuglingssterblichkeit als in den oberen sozialen Schichten;
- eine deutlich höhere Zahl jener Kinder, die mit einem Gewicht von unter 2.500 Gramm geboren werden;
- eine zwei Mal höhere Mortalitätsrate durch Unfälle als bei Kindern aus privilegierteren Schichten;
- ein sehr viel häufigeres Auftreten akuter Erkrankungen;
- eine höhere Anfälligkeit für chronische Erkrankungen.[8]

---

6   Vgl. Statistisches Bundesamt (Hrsg.), Datenreport 1997, Bonn 1997, S. 523. Leider bietet der Datenreport 1999 (Bonn 2000) keine Aufschlüsselung der Armuts-Altersgruppen mehr.

7   Vgl. Walter Hanesch u.a., Armut und Ungleichheit in Deutschland. Der neue Armutsbericht der Hans-Böckler-Stiftung, des DGB und des Paritätischen Wohlfahrtsverbands, Reinbek bei Hamburg 2000, S. 81ff.

8   Vgl. Birgit Fischer, Statt eines Vorwortes: Mit einer sozial tief gespaltenen Gesellschaft in 3. Jahrtausend?!, a.a.O., S. 16; Andreas Mielck, Armut und Gesundheit: Ergebnisse der sozial-epidemiologischen Forschung in Deutschland, in: Andreas Klokke/Klaus Hurrelmann (Hrsg.), Kinder und Jugendliche in Armut. Umfang, Auswirkungen und Konsequenzen, Opladen/Wiesbaden 1998, S. 225ff.; Ministerium für Frauen, Jugend, Familie und Gesundheit (Hrsg.), 7. Kinder- und Jugendbericht der Landesregierung NRW, Düsseldorf 1999, S. 115f.

In seiner Jugendgesundheitsstudie weist der Berufsverband der Ärzte für Kinderheilkunde und Jugendmedizin darauf hin, dass Hauptschüler/innen häufiger krank seien als Jugendliche von Realschulen und Gymnasien. Gerade bei psychosomatischen Beschwerden wie Bauch- oder Kopfschmerzen und Müdigkeit, aber auch bei Übergewicht und der Abhängigkeit von Nikotin (Zigarettenkonsum) seien Hauptschüler/innen besonders betroffen. Als ursächlich dafür gelten u.a. der soziale Status, die Unzufriedenheit mit den eigenen Zukunftsaussichten sowie ein geringeres Gesundheitsbewusstsein in sozial schwachen Familien.[9]

Ferner nehmen solche Personengruppen die Gesundheitsangebote, z.B. Vorsorgeuntersuchungen, signifikant weniger wahr. In den Kommunen treten diese Probleme immer häufiger auf. So hat das Sozial- und Gesundheitsdezernat der Stadt Köln auf den spürbaren Rückgang der Teilnahme an Krankheitsfrüherkennungs-Untersuchungen in sozial benachteiligten Stadtteilen hingewiesen. Auch Sprachauffälligkeiten bzw. -störungen, Koordinationsschwierigkeiten und Übergewicht treten in solchen Wohnquartieren bei Kindern vergleichsweise häufiger auf als in wohlhabenden Gebieten.[10]

Christian Palentien, Andreas Klocke und Klaus Hurrelmann gelangten durch die Befragung von Kindern und Jugendlichen an nordrhein-westfälischen Schulen zu ähnlichen Ergebnissen. Denn sie stellten fest, dass Kinder und Jugendliche in sozial benachteiligten Lebenslagen weniger gesund sind als Kinder und Jugendliche aus mittleren und oberen Gesellschaftsschichten. Damit ist auch ein deutlich niedrigeres Wohlbefinden verbunden, was sich in einer geringeren Lebenszufriedenheit, stärkeren Einsamkeitsgefühlen, einer größeren Niedergeschlagenheit sowie häufigeren Ängsten und Sorgen (insbesondere die Zukunft betreffend) niederschlägt.[11]

Aufgrund einer zunehmenden sozialräumlichen Ausgrenzung der Armut wachsen immer mehr Kinder und Jugendliche in zum Teil weit von den Zentren der (Mittelschicht-)Normalität entfernten Wohnquartieren auf. Da sie gleichwohl an deren Normen gemessen werden, ist ihr Scheitern in dieser „Normalität" vorgeprägt und eine intergenerative Weitergabe von sozialer Ausgrenzung sehr wahrscheinlich. Abgesehen vom geringen psychosozialen Wohlbefinden der betroffenen Kinder und Jugendlichen wegen mangelnder Zukunftsperspektiven, hat die sozialräumliche Segregation eine weitere negative Konsequenz. Sie entzieht der Gesellschaft den Blick auf die alltäglich

---

9   Vgl. Hauptschüler häufiger krank als andere, in: Frankfurter Rundschau v. 9.2.2001
10 Vgl. Martina Abel, Stadtteilorientierte Projekte zur Verbesserung der Gesundheits-chancen von Kindern, in: Thomas Altgeld/Petra Hofrichter (Hrsg.), Reiches Land – kranke Kinder?, Gesundheitliche Folgen von Armut bei Kindern und Jugendlichen, Frankfurt am Main 2000, S. 179ff.
11 Vgl. Christian Palentien/Andreas Klocke/Klaus Hurrelmann, Armut im Kindes- und Jugendalter, in: Aus Politik und Zeitgeschichte. Beilage zur Wochenzeitung *Das Parlament* 18/1999, S. 33ff.

in ihr stattfindende Ausgrenzung. Folglich ist eine gesellschaftliche Spaltung zu prognostizieren, weil Solidarität nicht mehr gelebt werden kann.[12]

Feststellungen dieser Art tut Walter Krämer jedoch als „Mythos" ab. Der Dortmunder Wirtschafts- und Sozialstatistiker hält es für „hochgradig pervers, in einer Zeit, in der weltweit 18 Millionen Menschen jährlich verhungern, einen deutschen Halbstarken nur deshalb ‚arm' zu nennen, weil er anders als seine Klassenkameraden keine Diesel-Lederjacke oder Nike-Turnschuhe besitzt".[13] Krämer behauptet, hierzulande gebe es eigentlich keine Armut, sondern nur eine „Jammerlobby der deutschen Presse", die nicht zur Kenntnis nehme, dass in der Bundesrepublik niemand verhungere, Sozialhilfe vollkommen ausreiche, sich „angeblich Arme" Pornohefte kaufen, Reiche manchmal auch „arm dran" seien und jemand, der Schulden mache, selbst schuld sei; zudem prognostiziert Krämer, dass in 100 Jahren „alle Armen mit Rolls-Royce zum Golfplatz fahren".[14] Umgekehrt wird jedoch ein Schuh daraus: In einer Gesellschaft notleidend bzw. unterversorgt zu sein, in der keiner oder kaum einer viel hat, ist wahrscheinlich weniger bedrückend, diskreditierend und folgenreich, als in einer Gesellschaft arm zu sein, in der es als „normal" gilt, dass Kinder ein Handy besitzen und teure Markenkleidung tragen.

Von einer weiteren konservativen Richtung in der Armutsforschung berichtet die US-amerikanische Sozialwissenschaftlerin Sandra Harding. Dabei geht es um die Erklärung von Armut in der sog. Dritten Welt und in armen Mehr-Kinder-Familien des Nordens mit Hilfe des Hinweises auf das Bevölkerungswachstum. Nachdem ein Forscher Armut als eine problematische soziale Situation identifiziert habe, wird, was die Schwierigkeit ausmacht, „auf einen Begriff gebracht (‚es müssen zu viele Münder gefüttert werden'). Sodann werden forschungsleitende Konzepte und Hypothesen formuliert (‚Überbevölkerung', ‚Wenn die weibliche Reproduktionsfähigkeit unter Kontrolle gebracht werden kann, gibt es weniger Münder, die gefüttert werden müssen'). Anschließend wird ein Forschungsdesign entworfen, um die Hypothesen zu überprüfen."[15] Harding weist jedoch auf die – inzwischen selbst von den Vereinten Nationen anerkannte – Tatsache hin, „dass diese Art ‚objektiver Forschung' nicht dazu in der Lage ist, die sexistischen, rassistischen und auf die Kategorie ‚Klasse' bezogenen Vorannahmen zu erkennen, die die so verstandenen Probleme, Konzepte und Hypothesen geformt haben." Armut verursache das Bevölkerungswachstum, nicht umgekehrt: „In den betreffen-

---

12 Vgl. AWO Bundesverband e.V. (Hrsg.), AWO-Sozialbericht 2000. Gute Kindheit – schlechte Kindheit. Armut und Zukunftschancen von Kindern und Jugendlichen in Deutschland, Bonn 2000, S. Xf.

13 Vgl. Walter Krämer, Armut in der Bundesrepublik. Zur Theorie und Praxis eines überforderten Begriffs, Frankfurt am Main/New York 2000, S. 115f.

14 Siehe ebd., S. 33, 61/64, 24, 24/55 und 33

15 Sandra Harding, Die notwendige Erweiterung des Spektrums. Eine Zwischenbilanz der feministischen Kritik an Naturwissenschaft und Technik, in: Frankfurter Rundschau v. 10.10.2000

den Familien müssen die Kinder für ihre Eltern Sorge tragen, die in den mittleren und oberen Gesellschaftsschichten durch den Staat und durch ererbten Reichtum kompensiert wird. Zudem trägt die Ausbildung von Frauen, die zu einer einkommenssichernden Arbeit führt, am deutlichsten zum Rückgang der Geburtenrate bei."[16] Harding macht deutlich, dass die „Demografisierung" sozialer Probleme nationale wie globale Formen der sozialen Ungleichheit und Armut ideologisiert.

Generationenungerechtigkeit und soziale Ungleichheit: „Arme Junge, reiche Alte"?

Während 1997 mehr als die Hälfte der Kinder in Deutschland unter 15 Jahren unter prekären Wohlstandsbedingungen aufwuchsen – knapp 14 Prozent davon unter der Armutsgrenze –, lebten 23 Prozent der über 75-Jährigen von Niedrigeinkommen und 2,6 Prozent waren sogar mit Armut konfrontiert.[17] Die über 60-Jährigen in der Bundesrepublik verfügten über eine enorme Kaufkraft von 780 Mrd. DM.[18] Wie die Frankfurter Rundschau meldete, hatten die Menschen jenseits der 60 monatlich ein frei verfügbares Einkommen von gut 18 Mrd. DM, mehr als das Doppelte von jenem der 14- bis 29-Jährigen. Dazu kam ein Geldvermögen von mehr als einer Billion DM.[19] Gleichzeitig mussten aber mehr als die Hälfte aller Frauen mit einer Minirente von unter 1.000 DM auskommen.[20] Das weist – wie das obige Beispiel zur sozialen Lage der Jugend – auf eine massive *intra*generationale Ungleichheit hin.

Martin Kohli und Harald Künemund stellen in ihrer Untersuchung über die „zweite Lebenshälfte" fest, dass sich zwar die Einkommenslage der Älteren insgesamt stark verbessert hat, aber immer noch 7 Prozent der Westdeutschen und 10 Prozent der Ostdeutschen als arm zu bezeichnen sind, weil ihr Einkommen unter der Hälfte des Bundesdurchschnitts liegt. Sie machen weiter darauf aufmerksam, dass die Älteren auch im Ruhestand, z.B. durch ehrenamtliche Tätigkeiten wie die Pflege anderer Menschen oder die Betreuung von (Enkel-)Kindern, in erheblichem Maße zum Wohlergehen der Gesellschaft beitragen (die unentgeltlichen Leistungen belaufen sich auf ca. 80 Mrd. DM jährlich, rund ein Fünftel aller öffentlichen Rentenversicherungszahlungen). Zudem fließen materielle Leistungen ganz überwiegend von den

---

16 Ebd.
17 Vgl. Peter Krause/Roland Habich, Einkommen und Lebensqualität im vereinigten Deutschland, in: Vierteljahreshefte zur Wirtschaftsforschung 2/2000, S. 325
18 Vgl. Leben & Wohnen im Alter, in: Der Tagesspiegel v. 18.3.2000, Beilage, S. 3
19 Vgl. Boris Loheide, Kaufkräftige Woopies bringen Werbeindustrie auf Trab, in: Frankfurter Rundschau v. 6.9.2000
20 Leben & Wohnen im Alter, in: Der Tagesspiegel vom 18. März 2000, Beilage, S. 2

Älteren zu den Jüngeren – anders als dies im öffentlichen „Generationenvertrag" geschieht. Jede/r vierte 70- bis 85-Jährige hat im Jahr der Erhebung (1999) größere Geldleistungen oder Sachgeschenke an eines ihrer/seiner Kinder gegeben, jede/r siebte an die Enkelgeneration.[21]

Da die Altersgruppe der Rentner/innen nicht in so hohem Maße wie etwa Kinder und Jugendliche unter 18 Jahren von Armut betroffen ist, konstruieren Journalist(inn)en ein Wohlstandsgefälle zwischen Alt und Jung. Unter dem plakativen Titel „Arme Junge, reiche Alte" redete Elisabeth Niejahr in der ZEIT sogar einen „(Verteilungs-)Kampf der Generationen" herbei. Den sozial benachteiligten Kindern und Jugendlichen stellte sie die Alten als bloße Nutznießer und „Gewinner unseres musealen Systems" (d.h. des deutschen Sozialstaates, *Ch.B./M.K.*) gegenüber.[22] Im selben Artikel hieß es über Alternativen zum Umlageverfahren in der Gesetzlichen Rentenversicherung: „Bei kapitalgedeckten Systemen sorgt jede Generation für sich selbst, etwa durch Aktienfonds, Lebensversicherungen oder durch Einzahlungen in staatliche oder betriebliche Pensionsfonds."[23]

Die ZEIT-Redakteurin Elisabeth Niejahr hinderte ihre Parteinahme für die „armen Jungen" nicht an einem Plädoyer dafür, die Strukturprinzipien der Riester'schen Rentenreform – Teilprivatisierung und Arbeitgeberentlastung – auf die übrigen Sozialsysteme zu übertragen, obwohl sie primär den Einkommensstarken nützen und die armen Kinderreichen noch mehr benachteiligen würden: „Auch im Gesundheitssystem, das ebenfalls unter der Überalterung der Gesellschaft leidet, wäre nötig, was künftig für die Rente gilt: mehr Wahl- und Entscheidungsfreiheit für den Einzelnen – etwa durch die Möglichkeit, auf Leistungen zu verzichten und dafür weniger einzuzahlen."[24] Konsequent denkt die Journalistin das Resultat der rot-grünen Rentenreform zu Ende, wenn sie mit demagogischem Unterton fragt: „Wer sollte verstehen, dass nach sozialdemokratischer Lesart zwar der Einstieg in die private Altersvorsorge geboten ist, private Zuzahlungen für Medikamente für die SPD aber nach wie vor des Teufels sind?"[25]

Statt die Verteilungsfrage (innerhalb aller Generationen) zu stellen, deuten einflussreiche Gruppen und Medien soziale Probleme in eine Frage der Biologie um. Beispielsweise meint die ZEIT-Redakteurin Susanne Mayer allen Ernstes, „dass jede (!?) Rente schon heute viel zu hoch ist, aufgebläht durch Summen, die eigentlich anderen zustehen – Eltern nämlich, deren Tätigkeit in Haushalt und Kindererziehung spätere Erwerbsarbeit überhaupt erst

---

21 Vgl. Martin Kohli/Harald Künemund, Die zweite Lebenshälfte. Gesellschaftliche Lage und Partizipation im Spiegel des Alters-Survey, Bd. 1, Opladen 2000
22 Siehe Elisabeth Niejahr, Arme Junge, reiche Alte. Eine echte Rentenreform muss die Rentner zur Kasse bitten, in: Die Zeit v. 21.10.1999, S. 1
23 Ebd.
24 Elisabeth Niejahr, Rente gut, alles gut?, Das Sozialsystem muss mehr Wahlfreiheit bieten, in: Die Zeit v. 25.1.2001, S. 1
25 Ebd.

ermöglicht, die zum Rentenbezug berechtigt."[26] Offenbar übersieht die Verfasserin im Eifers des Gefechts um Vorteile für Kinder und (junge) Familien,
dass Millionen ältere Frauen noch immer von Kleinstrenten leben müssen,
die zum Teil weit unter dem Betrag liegen, den die Bundesregierung ihres
Erachtens für jedes Kind ausgeben soll.

Mayer versteht unter „Kinderarmut" nicht, wie üblich geworden, die Not
junger Menschen, sondern „einen Mangel an (deutschem) Nachwuchs, zu dem
sie ein reichlich instrumentelles Verhältnis hat. Zur Finanzierung eines „über-
lebensnotwendigen Kinderreichtum(s)" sollen ihrer Auffassung nach Renten
gekürzt („Seniorenvergünstigungen in Familienerleichterung umwandeln")
und Kinderlose mit Strafabgaben belegt werden („Wenn eine Familie für ein
Kind im Monat 800 Mark aufbringt, könnten doch Kinderlose einen vergleichbaren Betrag an das Finanzamt abführen"). Um damit höhere bzw. zusätzliche Kinderfreibeträge zu begründen, die vor allem Besserverdienende
entlasten würden, stellt Mayer eine Suggestivfrage: „Sind Kinder weniger
wichtig als die steuerabzugsfähige Büroausstattung?"[27]

Aufgrund der Zunahme diskontinuierlicher Erwerbsverläufe, der Kürzungen im Sozialbereich (Wegfall der originären Arbeitslosenhilfe, Verringerung der Beiträge zur Rentenversicherung, welche die Bundesanstalt für Arbeit entrichtet, Senkung des Rentenniveaus und Teilprivatisierung der Altersvorsorge), aber auch von Scheidungen und der Anzahl unzureichend gesi-
cherter Frauen dürfte sich die Struktur der Armutspopulation künftig wieder
mehr in Richtung der Senior(inn)en verschieben. Infolge neuerer Entwick-
lungstendenzen im Bereich der Ökonomie (Arbeitsmarkt), der Reproduktion
(Zerfall der „Normalfamilie") und der Sozialpolitik (Leistungskürzungen)
sind wohl „vermehrt Abstiege aus gesicherten Zonen in prekäre Einkommenslagen" zu erwarten.[28]

Staatsverschuldung, finanzielle Nachhaltigkeit und Generationengerechtigkeit

Neoliberale tun so, als hätten „zukünftige Generationen (...) hohe Schulden-
berge" abzutragen, wozu sie jedoch weder willens noch in der Lage wären.[29]
Dabei lastet dieser Schuldendienst in Wahrheit nur auf einem Teil der kom-

---

26 Siehe Susanne Mayer, Die betrogene Familie. Demografischer Irrsinn: Die Regierung
    hat die Kinder vergessen, in: Die Zeit v. 1.2.2001, S. 1
27 Ebd.
28 Siehe Werner Hübinger, Prekärer Wohlstand. Spaltet eine Wohlstandsschwelle die
    Gesellschaft?, in: Aus Politik und Zeitgeschichte 18/1999, S. 19
29 Siehe Bernd Raffelhüschen, Eine Generationenbilanz der deutschen Wirtschafts- und
    Sozialpolitik, in: Otto Graf Lambsdorff (Hrsg.), Freiheit und soziale Verantwortung.
    Grundsätze liberaler Sozialpolitik, Frankfurt am Main 2001, S. 256

menden Generationen; ein anderer Teil erhält viel mehr Zinsen aus den (geerbten) Schuldverschreibungen des Staates, als er selbst zahlt, und profitiert dadurch sogar von heutigen Budgetdefiziten. Trotzdem verfängt die Argumentationsfigur der „Zechpreller zu Lasten unserer eigenen Kinder" (Bernd Raffelhüschen) auch bei Bündnisgrünen und Sozialdemokraten. Da die Verschuldung der Gebietskörperschaften „unseren Kindern und Enkeln die Chancen für ihre Zukunft" raube, wie Bundeskanzler Gerhard Schröder meint,[30] sei die Konsolidierungspolitik „kein Selbstzweck, sondern ein Gebot der Generationengerechtigkeit", heißt es im Positionspapier eines Fachkongresses, den die SPD am 23. Juni 2000 durchführte.[31] Norbert Reuter weist dagegen in einer finanzwissenschaftlichen Analyse der staatlichen Haushalts- und Rentenpolitik nach, dass aus der „Staatsverschuldung Forderungen und Verbindlichkeiten gleichermaßen resultieren, *beide* Größen im Falle einer längerfristigen Verschuldung an die nächste Generation ‚vererbt' werden". Blicke man separat auf die gegenwärtige oder auf die folgende Generation, liege „immer ein Nullsummenspiel vor. Mit Verweis auf finanzielle Belastungen künftiger Generationen läßt sich der gegenwärtige Abbau der Staatsverschuldung jedenfalls nicht begründen."[32]

Durch die Instrumentalisierung der nachwachsenden Generationen unter solchen Schlagworten wie „Nachhaltigkeit auch im finanzpolitischen Bereich" und „Generationengerechtigkeit" wird nicht nur eine Haushaltskonsolidierung verklärt, die gerade für Kinder und Jugendliche verheerende Folgen zeitigt, weil vorrangig sie betreffenden Bereichen (z.B. Bildung, Schule und Hochschule) nicht mehr die nötigen Mittel zufließen. Die realen Wirkungen von Sparmaßnahmen im Sozial-, Bildungs- und Gesundheitssystem verbauen paradoxerweise im Namen der zukünftigen Generation eben jener die Zukunftsperspektiven (bei mangelhafter Kinderbetreuung, defizitärer Schulausstattung, fehlenden Lehrkräften, eingesparten Schuleingangsuntersuchungen etc.). Eine totale Konterkarierung erfährt der Gedanke ökologischer Nachhaltigkeit durch das Sparen im Bereich des sozialökologischen Strukturwandels mit Argumenten finanzpolitischer Nachhaltigkeit (mangelhafte Förderung und zu hohe Besteuerung von Bahn, ÖPNV, alternativen Energien usw.). Die mit dem Satz „Wir haben den Staatshaushalt nur von unseren Kindern geborgt!" begründete Übertragung des Konzepts der Nachhaltigkeit von der Umwelt- auf die Finanzpolitik ist denn auch für Klaus Dräger, Annelie Buntenbach und Daniel Kreutz „eine untaugliche Camouflage gewöhnlicher

---

30 Rede Gerhard Schröders, http://www.spd.de/events/generationenkongress/redegs.htm v. 21.8.2000

31 Siehe Erhard Eppler u.a., Für eine neue Solidarität der Generationen. Positionspapier des SPD-Generationenkongresses am 23. Juni 2000 in Berlin, http://www.spd.de/ events/generationenkongress/generationenpolitik.htm v. 21.8.2000

32 Norbert Reuter, Generationengerechtigkeit in der Wirtschaftspolitik. Eine finanzwissenschaftliche Analyse staatlicher Haushalts- und Rentenpolitik, in: PROKLA 121 (2000), S. 551 (Hervorhebung im Original, *Ch.B./M.K.*)

Austeritätspolitik", die das aus der Weimarer Republik bekannte „Schulden-
paradox" ignoriere und gefährliche Folgen habe: „Rabiate Kürzungsprogram-
me im Sozialbereich und bei den öffentlichen Investitionen dämpfen die In-
landsnachfrage. Die Erwerbslosigkeit bleibt in der Folge auf hohem Niveau
und kann sogar steigen, während die Steuereinnahmen weiter zurückgehen.
So verursacht die angebliche Sparpolitik selbst immer wieder neue Löcher im
Haushalt, gegen die dann mit weiteren Kürzungen ebenso erfolglos angespart
werden soll."[33]

Micha Brumlik macht den Unterschied zwischen natürlicher Umwelt und
materiellen bzw. finanziellen Ressourcen deutlich: „Während zukünftige Generationen von einmal vernutzten fossilen Brennstoffen in der Tat nicht mehr
Gebrauch machen können, stehen ihnen für die Beiträge, die sie zur Tilgung
von Schulden für öffentliche Aufgaben zu leisten haben, in einer gerecht ge-
ordneten Gesellschaft nützliche Infrastrukturangebote gegenüber. Während
die Vernutzung natürlicher Ressourcen mithin asymmetrisch zu Gunsten der
Gegenwart verläuft, besteht bei Nutzung finanzieller Ressourcen im öffentlichen Rahmen eine gewisse Symmetrie."[34]

Eine nicht nur verbal der Generationengerechtigkeit verpflichtete Politik
müsste Norbert Reuter zufolge berücksichtigen, dass Schuldenabbau und der
damit verbundene Rückzug des Staates aus wichtigen Bereichen unter den
gegenwärtigen Bedingungen eine schwere Hypothek für künftige Generationen bedeuten würden, neben der die mittelfristig fortbestehende Staatsverschuldung das vergleichsweise kleinere Problem darstellt. Der Aachener
Ökonom konstatiert: „Tatsächlich wäre eine entschiedene Bekämpfung der
Massenarbeitslosigkeit über die nächsten Jahre hinweg der nachhaltigste
Beitrag zum Abbau der Staatsverschuldung."[35]

„Familienfetisch" und „Kinderkult" als Instrumente zur Durchsetzung einer unsozialen Politik

Kinder avancieren in einer kollektiv alternden Gesellschaft zu Kultobjekten,
und die Familie nimmt wieder Fetischcharakter an. Man diskutiert über deren
Benachteiligung durch die Gesellschaft und ihren Sozialstaat, den als kata-
strophal empfundenen demografischen Wandel sowie die angeblich schwindende Generationengerechtigkeit. Dadurch wird die tiefe sozioökonomische
Spaltung der Gesellschaft biologisiert und auf ein Spannungsverhältnis zwi-

---

33 Klaus Dräger/Annelie Buntenbach/Daniel Kreutz, Zukunftsfähigkeit und Teilhabe.
    Alternativen zur Politik der rot-grünen Neuen Mitte, Hamburg 2000, S. 39
34 Micha Brumlik, Freiheit, Gleichheit, Nachhaltigkeit. Zur Kritik eines neuen Grund-
    werts, in: Blätter für deutsche und internationale Politik 12/1999, S. 1464
35 Norbert Reuter, Generationengerechtigkeit in der Wirtschaftspolitik, a.a.O., S. 564

schen Alterskohorten reduziert. Das verkrampfte Bemühen um Generationen-gerechtigkeit, der noch nie so große Beachtung wie heute zuteil wurde, lenkt von der wachsenden sozialen Ungleichheit innerhalb *sämtlicher* Generatio-nen ab. Denn die soziale Polarisierung, Folge der Privatisierung und neolibe-ralen Modernisierung fast aller Gesellschaftsbereiche im Zeichen der Globa-lisierung, wirkt bei den Jüngeren nicht anders als bei den Älteren: Die zu-nehmende Armut geht mit wachsendem Wohlstand und mit vermehrtem Reichtum einher; wenn man so will, bildet sie geradezu dessen Kehrseite.[36]

Mit der Aufwertung bzw. Überhöhung „des Kindes" im öffentlichen Dis-kurs über den modernen Wohlfahrtsstaat korrespondiert eine Verteufelung der Kinderlosigkeit; das alt-neue Feindbild der „Doppelverdiener" und „he-donistischer Singles" ohne Nachwuchs feiert fröhliche Urständ. Da sie nicht für eine „normale" Reproduktion der Gesellschaft sorgen, gibt man ihnen die Schuld an den Finanzproblemen insbesondere der Alterssicherung. Da ist z.B. vom „Luxus eines unabhängigen, kinderlosen Lebens" die Rede, durch den die Betreffenden ihre Verantwortung dem „eigenen Volk gegenüber" missachteten.[37] Der ehemalige Bundesverfassungsrichter Paul Kirchhof ver-steigt sich sogar zu der These, Eltern seien die „alleinigen Träger" des Gene-rationenvertrages.[38] Ihm erscheint der „Wiederanstieg außerehelicher Gebur-ten" groteskerweise als Infragestellung der „Sinngebung des Lebens durch das eigene Kind".

Auch das Urteil des Bundesverfassungsgerichts vom 3. April 2001 zur Pflegeversicherung, wonach Eltern geringere Sozialbeiträge als Kinderlose zahlen sollen, weil sie „neben dem Geldbeitrag einen generativen Beitrag zur Funktionsfähigkeit eines umlagefinanzierten Sozialversicherungssystems lei-sten", ging in die falsche Richtung. In dem „Ein Segen für die Familie" beti-telten SPIEGEL-Artikel wurde sechs Tage später jedoch besonders gelobt, dass die Richter den Gesetzgeber zu einer passenden Antwort auf das „de-mografische Desaster" zwängen. „So pathetisch das klingen mag: Es geht um den Bestand des deutschen Volks."[39] Man forderte die Übertragung des Richterspruchs auf die Altersvorsorge und brachte, dem neoliberalen Zeit-geist entsprechend, Rente unmittelbar mit Rendite in Verbindung: „Kinder zu haben ist in der Rentenversicherung ein schlechtes Geschäft."

Mit dem BVG-Urteil zur Pflegeversicherung und der Forderung, seine Grundzüge auf die übrigen sozialen Sicherungssysteme zu übertragen, wer-

36 Vgl. dazu: Ernst-Ulrich Huster, Reichtum in Deutschland. Die Gewinner der sozialen Polarisierung, 2. Aufl. Frankfurt am Main/New York 1997; Herbert Schui/Eckart Spoo (Hrsg.), Geld ist genug da. Reichtum in Deutschland, 3. Aufl. Heilbronn 2000; Jörg Stadlinger (Hrsg.), Reichtum heute. Diskussion eines kontroversen Sachverhalts, Münster 2001

37 Siehe Herbert Susteck, Das gesellschaftliche Verständnis der Familie in der Bundes-republik Deutschland, in: Aus Politik und Zeitgeschichte 52-53/1995, S. 20

38 Vgl. Paul Kirchhof, Wer Kinder hat, ist angeschmiert, in: Die Zeit v. 11.1.2001

39 Ein Segen für die Familie, in: Der Spiegel v. 9.4.2001, S. 102

den alle Menschen – unabhängig davon, welcher (Einkommens-)Schicht sie
angehören – in ein benachteiligtes Lager (der Kinderreichen) und ein privile-
giertes Lager (der Kinderlosen) eingeteilt. Dabei sind von der geplanten
„Umverteilung" privat versicherte Selbstständige und Beamte überhaupt
nicht betroffen. Obwohl es das genannte Urteil suggeriert, hängt das Fortexistieren der Pflegeversicherung ebenso wenig wie die umstrittene Funktionsfähigkeit der Gesetzlichen Rentenversicherung von der Biologie ab.[40] Vielmehr handelt es sich in beiden Fällen um eine genuin *politische* Frage, Entscheidungen über die (Um-)Verteilung des trotz einer stagnierenden bzw.
künftig sogar sinkenden Bevölkerungszahl seit einem Jahrzehnt kontinuierlich wachsenden Bruttoinlandsprodukts betreffend.

Doris Bühler-Niederberger hat Bundestagsdebatten und Argumentationsmuster der Abgeordneten zum Themenkomplex „Kinder/Familie" analysiert. Die Wuppertaler Sozialwissenschaftlerin weist in diesem Zusammenhang auf eine „Vernatürlichung von Politik als öffentlicher Inszenierung"
hin. Man streite im Plenum wie in der Kinderkommission des Parlaments
darüber, wer den bedürftigen Kindern Gutes tue und wer ein schlechter Er-
wachsener sei: „Über die Bedürfnisse der Kinder wird dagegen nicht gestrit-
ten, für diese Bedürfnisse wird absolute Eindeutigkeit beansprucht. Dieser
Anspruch der Eindeutigkeit und Universalität ist unabdingbares Element einer Vernatürlichung der Politik."[41] Bühler-Niederberger kommt aufgrund solcher Formen der Instrumentalisierung von Kindern zu dem Schluss: „Sind in
einer vernatürlichten Politik die Argumentationen, die Verfahren der Ent-
scheidungsfindung und die Entscheidungen selber unanfechtbar, so stellt sich
die Frage, wem dies dient – aber auch diese kann öffentlich nicht mehr gestellt werden. Die problematische Folge einer vernatürlichten Politik ist also
die Entpolitisierung des allzu Politischen."[42]

Geburtenrückgang und demografischer Wandel: Gibt es die Notwendigkeit, „den Gürtel enger zu schnallen"?

Seit die Geburtenrate in der Bundesrepublik gegen Ende der 60er-/Anfang
der 70er-Jahre als Folge eines ständig wachsenden Wohlstandes, eines höheren (Aus-)Bildungsniveaus und einer steigenden Erwerbsquote der Frauen bei
gleichzeitiger Verbesserung der Methoden und Einführung neuer Mittel zur

---

40 Vgl. Herbert Schui, Die Rentenversicherung ist kein biologisches Problem, in: Frank-
    furter Rundschau v. 7.1.1994
41 Doris Bühler-Niederberger, Das Generationenverhältnis in politischen Debatten – die
    Konstruktion „guter Erwachsener" (unveröffentl. Vortragsmanuskript für den 30. So-
    ziologentag), Köln 2000, S. 6
42 Ebd., S. 9

Empfängnisverhütung (Antibabypille) sank, wurde von konservativer Seite versucht, eine pronatalistische Familien-, wenn nicht sogar die durch das sog. Dritte Reich zutiefst diskreditierte Bevölkerungspolitik wieder hoffähig zu machen.

Genannt sei hier nur das 1975 erschienene Buch „Grundfragen der Bevölkerungspolitik". In den abschließenden 40 Thesen bezeichnete sein Verfasser Max Wingen, damals Ministerialrat im Bundesministerium für Jugend, Familie und Gesundheit und Honorarprofessor an der Ruhr-Universität Bochum, unter dem Titel „Bevölkerungspolitik als gesellschaftspolitische Aufgabe" indirekt wirkende Maßnahmen als „weniger problematisch", weil sie die freie Entscheidung des Einzelnen nicht beeinträchtigten, sondern nur auf den Datenkranz einwirkten, innerhalb dessen individuelle Entscheidungen getroffen würden: „Aufgrund von übermächtigen wirtschaftlichen Anreizen oder Belastungssituationen kann es indessen einen Umschlag von ‚Quantität' in ‚Qualität' im Sinne einer Annäherung an ‚Zwang' geben. Ein *isolierter* Einsatz wirtschaftlicher Leistungen zwecks Hebung der Geburtenfreudigkeit verspricht erfahrungsgemäß wegen der Einbettung des generativen Verhaltens in ein umfassendes gesellschaftliches Werte- und Normensystem wenig Erfolg."[43]

Konrad Adam erklärt die sinkende Geburtenrate wie folgt: „Nachdem der Nutzen, den die Kinder bringen, sozialisiert worden ist, die Kosten dagegen zu weit überwiegenden Teilen an den Privaten hängenblieben, ist die Familie zum schlechten Geschäft geworden. Und schlechte Geschäfte sucht der renditebewußte Deutsche zu vermeiden."[44] Statt aus dieser Feststellung den Schluss zu ziehen, dass ökonomische bzw. Renditeerwägungen nicht ins Zentrum einer humanen Familienplanung gehören, fordert der frühere FAZ-Journalist und heutige WELT-Chefkorrespondent jedoch, dass die Kindererziehung eine *höhere* Rendite (auf Kosten der Kinderlosen) abwerfen müsse. Er behauptet, die Jungen würden seitens der Alten übervorteilt, zieht die kinderlosen Paare des Egoismus und geißelt die angebliche Benachteiligung der Familien mit Kindern durch die Politik, möchte ihnen aber im Grunde noch mehr Verpflichtungen (z.B. die Familienpflege der Alten) aufbürden, um den Sozialstaat auf diese Weise zu „entschlacken".

Die demografische Entwicklung stellt sich der öffentlichen Meinung überwiegend katastrophisch dar: Während die deutschen Demografen mit Blick auf die Entwicklungsländer der sog. Dritten Welt eine „Bevölkerungsexplosion" prognostizieren und dort die Anwendung rigider Maßnahmen der Geburtenkontrolle empfehlen,[45] prophezeien sie der Bundesrepublik selbst ei-

---

43 Max Wingen, Grundfragen der Bevölkerungspolitik, Stuttgart 1975, S. 125 (These 29)

44 Konrad Adam, Für Kinder haften die Eltern. Die Familie als Opfer der Wohlstandsgesellschaft, Weinheim/Berlin 1996, S. 13

45 Vgl. dazu und zur Kritik: Diana Hummel, Der Bevölkerungsdiskurs. Demographisches Wissen und politische Macht, Opladen 2000

nen rapiden „Bevölkerungsschwund", verbunden mit einer Verschiebung der Altersstruktur zugunsten von Senior(inn)en und von Hochbetagten. „Schrumpfung" und Überalterung der (heimischen) Bevölkerung gelten als Hauptprobleme, die durch Zuwanderung höchstens abgemildert, jedoch nicht einmal ansatzweise gelöst werden können. So spricht der Bielefelder Bevölkerungswissenschaftler Herwig Birg von einem „demographisch bedingten Desaster" und bezeichnet die Bundesrepublik als „demographisches Pleiteunternehmen", dessen Gläubiger „unsere Kinder" seien.[46] Die (politisch rechtslastige, nationalkonservativ bzw. neoliberal ausgerichtete) Bevölkerungswissenschaft ist hauptsächlich über die „altersbedingte Erhöhung der Lohnnebenkosten und die daraus folgende demographisch bedingte Verschlechterung der Wettbewerbsposition des Standorts Deutschland" besorgt.[47]

Was Josef Schmid als „Durchbruch der demographischen Sicht auf zentrale Zukunftsaufgaben" begrüßt, impliziert eine Tendenz zur Entpolitisierung wohlfahrtsstaatlicher Entwicklungsprozesse, weil soziale Fragen auf demografische Probleme reduziert und restriktive Lösungen im Sinne des National- bzw. Liberalkonservatismus gewissermaßen vorprogrammiert werden: „Der Bereich des Sozialen steht endgültig unter dem Einfluss der Altersstruktur. Die Debatten um die Stabilität eines Alterssicherungssystems drehen sich nicht mehr oberflächlich um Finanztransfers, sondern um die Folgen der demographischen Gewichtsverlagerung von Jung zu Alt."[48]

Martin R. Textor referiert Berechnungen, wonach auf 100 potenzielle Beitragszahler/innen im Jahr 2033 ebenso viele Rentner/innen kommen und kommentiert: „Daß diese Entwicklung zu stark ansteigenden Beitragssätzen führen muß, ist offensichtlich."[49] Aber weder Beitragserhöhungen noch Leistungskürzungen sind zwangsläufige Folgen eines kollektiven Alterungsprozesses der Gesellschaft, vielmehr sozialpolitischen Entscheidungen von Regierung und Parlament geschuldet. Ein demografischer Fatalismus bzw. Defätismus ist deshalb nicht angebracht, weil die Gesetzliche Rentenversicherung wie der Wohlfahrtsstaat überhaupt auf einem Grundkonsens darüber beruhen, welcher Teil des Bruttoinlandsprodukts für Soziales ausgegeben wird und welche gesellschaftlichen Gruppen, Schichten oder Klassen wie viel ihres Primäreinkommens dafür abzweigen müssen. In den medialen Diskursen

---

46 Siehe Herwig Birg, Bevölkerungsentwicklung, Alterung und Einwanderungen in Deutschland – Entwicklung seit dem Zweiten Weltkrieg und Ausblick auf das 21. Jahrhundert, in: Albrecht Weber (Hrsg.), Einwanderungsland Bundesrepublik Deutschland in der Europäischen Union: Gestaltungsauftrag und Regelungsmöglichkeiten, Osnabrück 1997, S. 70

47 Vgl. ebd., S. 66

48 Josef Schmid, Bevölkerungsentwicklung und Migration in Deutschland, in: Aus Politik und Zeitgeschichte 43/2001, S. 20

49 Martin R. Textor, Bevölkerungsentwicklung: Konsequenzen für Gesellschaft und Politik, in: ders. (Koord.), Sozialpolitik. Aktuelle Fragen und Probleme, Opladen 1997, S. 23

zur sozialen Sicherung erörtert man jedoch nicht, wie aus einer Verschiebung der Altersstruktur resultierende Schwierigkeiten solidarisch bewältigt werden können.[50] Stattdessen fungiert die „ungünstige Altersstruktur" als Legitimationsbasis für Sozial- und Rentenkürzungen. Auf diese Weise gerät die Demografie mehr und mehr zum Mittel sozialpolitischer Demagogie. Durch den demografischen Wandel bedingte Ungerechtigkeiten gibt es jedoch nicht, sondern nur damit legitimierte.

Ein typisches Beispiel dafür, wie durch demografische Horrorvisionen der geistig-politische Boden für Leistungskürzungen im Sozialbereich geebnet wurde, bot das Manifest „Weil das Land sich ändern muss", in dem Marion Gräfin Dönhoff, Helmut Schmidt, Wolfgang Thierse und andere Prominente 1992 erklärten: „Wirtschaftliche und soziale Besitzstände, die auf den demographischen Prämissen der Vergangenheit aufbauen, sind in Frage gestellt. Ihre Geschäftsgrundlage hat sich verändert oder ist gar entfallen. Besonders betroffen hiervon sind (...) alle sozialstaatlichen Besitzstände. Sie stehen vor nachhaltigen Veränderungen bis hin zum Widerruf."[51] Sozialpolitik reduziert sich demnach auf Familienpolitik, mit deren Hilfe die biologische Reproduktion gesichert werden soll: „Erst wenn die einsichtigen materiellen und immateriellen Bedürfnisse von Kindern innerhalb und außerhalb des Familienverbandes befriedigt sind, können durch die Gesellschaft weitere sozialpolitische Aufgaben erfüllt werden. Die Geburt von Kindern darf in Deutschland nicht aus Gründen materieller Bedürftigkeit unterbleiben. Die Bevölkerung muß erkennen, daß die Erziehung von Kindern ihre vitalste Aufgabe überhaupt ist."[52]

Bevölkerungspolitik, durch die Verbrechen des NS-Regimes in der Bundesrepublik jahrzehntelang diskreditiert, wird gegenwärtig mit dem fragwürdigen Argument, der drastische Geburtenrückgang und die zunehmende „Vergreisung" der Gesellschaft („Altersheim Deutschland") beeinträchtigten längerfristig die Konkurrenzfähigkeit des heimischen Wirtschaftsstandortes auf dem Weltmarkt, in Medien, Fachwissenschaft und Politikberatung rehabilitiert. Neben (begrenzter) Zuwanderung wird meist Geburtenförderung favorisiert, die eine weitere Schrumpfung der Population aufhalten oder umkehren, kurz: eine ausgeglichene Bevölkerungsbilanz schaffen soll. Die von Jürgen Rüttgers, stellvertretender Parteivorsitzender und Kandidat der CDU für das Amt des Ministerpräsidenten, im nordrhein-westfälischen Landtagswahlkampf 2000 propagierte Losung „Kinder statt Inder" zieht sich wie ein roter Faden durch ein Buch dreier Bamberger Bevölkerungswissenschaftler,

---

50 Als eine die Regel bestätigende Ausnahme vgl. Wie sich künftige Belastungen fair verteilen lassen. Konzept der Industriegewerkschaft Bauen-Agrar-Umwelt zur gesetzlichen Alterssicherung, in: Frankfurter Rundschau v. 5.9.2000

51 Marion Dönhoff u.a., Weil das Land sich ändern muss. Ein Manifest, Reinbek bei Hamburg 1992, S. 29

52 Ebd., S. 32

in dem es heißt: „Humankapitalbildung und -erneuerung muss aus Eigenem geleistet werden, weil sich eine Nation sonst um die damit verbundenen Lern- und Organisationseffekte bringt. Die Einwerbung fremden Humankapitals ist so teuer, dass sie die Auflage eines Geburtenförderungsprogramms rechtfertigt."[53]

Der rechtskonservative Würzburger Politikwissenschaftler Tilman Mayer fordert angesichts der „demografischen Krise" eine „Lösung der Bevölkerungsfrage" im pronatalistischen Sinne, für die sich durch eine geschickte Propaganda auch in der Bundesrepublik gesellschaftliche Akzeptanz organisieren lasse: „Wenn unter Pronatalismus eine Politik der gezielten Geburtenförderung, der Kinderwunscherhöhung verstanden wird, fällt die Ablehnung eindeutig aus. Versteht man unter Pronatalismus dagegen eine Politik, die der Verwirklichung des Kinderwunsches von Eltern dient, so ist eine Zustimmung gegeben."[54]

Die ständigen Hinweise auf die negative demografische Entwicklung sowie die Notwendigkeit einer Privatisierung der Alterssicherung und von Rentenkürzungen sind interessengeleitet, ebenso die dauernde Beschwörung der Globalisierung bzw. der Gefährdung des „Standortes D" und die daraus folgende Konsequenz einer „Verschlankung" des Sozialstaates und einer Beschneidung der sozialen Rechte von abhängig Beschäftigten.[55] Beide genannten Diskurssträngen (Demografie- und Globalisierungsdiskurs) erfüllen in erster Linie die Funktion, der Bevölkerung auferlegte Lasten plausibel zu machen und von der weiter wachsenden Verteilungsungerechtigkeit abzulenken.

Sozialpolitik unter Druck: „Krieg der Generationen" oder gesellschaftlicher Verteilungskampf?

Krisenszenarien einer zunehmenden „Vergreisung" machen die Runde und setzen die Sozialpolitik massiv unter Druck. Teilweise klagen dieselben Kreise, die noch während der Asyldiskussion zu Beginn der 90er-Jahre „Das Boot ist voll!" gerufen hatten, in einem menschenleeren Deutschland könne niemand mehr die Renten der alten Leute aufbringen. So behandelte der SPIEGEL die nach Bundeskanzler Gerhard Schröders Green-Card-Initiative entbrannte Kontroverse zur Einwanderung am 23. Oktober 2000 unter der Über-

---

53 Josef Schmid/Andreas Heigl/Ralf Mai, Sozialprognose. Die Belastung der nachwachsenden Generation, München 2000, S. 153
54 Tilman Mayer, Die demographische Krise. Eine integrative Theorie der Bevölkerungsentwicklung, Frankfurt am Main/New York 1999, S. 37
55 Vgl. Heiner Ganßmann, Politische Ökonomie des Sozialstaats, Münster 2000, S. 153; ergänzend: Christoph Butterwegge, Wohlfahrtsstaat im Wandel. Probleme und Perspektiven der Sozialpolitik, 3. Aufl. Opladen 2001

schrift „Raum ohne Volk", womit eine Nazi-Parole zynisch ins Gegenteil verkehrt wurde.[56] Und die rheinische Boulevardzeitung EXPRESS fragte in einer Reihe zur selben Thematik besorgt: „Sterben die Deutschen bald aus?"[57]

Susanne Mayer möchte den „Notfall", dass „immer mehr Frauen und Männer (...) einfach keine Kinder mehr (bekommen)", durch weitere Steuernachlässe (Umwandlung des Ehegatten- in ein Familiensplitting) bekämpfen.[58] Empirisch lässt sich der behauptete Zusammenhang zwischen Geldzuwendungen und einer höheren Fertilität bzw. größeren Gebärfreudigkeit allerdings nicht nachweisen: „Kinder werden weder im Interesse des Bevölkerungswachstums noch der Rentensicherheit gezeugt, aber auch nicht, weil man sie sich ‚leisten' kann. Viele gutbetuchte Familien könnten sie sich zusätzlich zu Eigenheim und Segelboot leisten, und tun es trotzdem nicht. Viele arme Familien könnten sich weitere Kinder eigentlich nicht leisten – und kriegen sie trotzdem."[59]

Der britische Wirtschaftsjournalist Paul Wallace spricht in seinem Buch „Altersbeben" von einer „Rentenfalle", welche demografisch bedingt sei und für Staaten wie die Bundesrepublik nur zwei Auswege offen lasse: „Entweder die Beiträge steigen drastisch, oder die Renten müssen radikal gekürzt werden. Eine drastische Beitragserhöhung würde den Arbeitnehmern von morgen eine unerträgliche Last aufbürden. Kürzt man aber die Renten, wird man gegenüber den Rentnern von morgen wortbrüchig."[60] Dass es sich hierbei um eine Milchmädchenrechnung handelt, weil die dritte Möglichkeit, bisher nicht beitragspflichtige Gruppen (z.B. Selbstständige, sog. Freiberufler und Beamte) in die Gesetzliche Rentenversicherung einzubeziehen oder den Bundeszuschuss zu erhöhen, ausgeblendet wird, übersieht oder unterschlägt Wallace.

Während die durchschnittliche Lebenserwartung der Menschen aufgrund des technischen und des medizinischen Fortschritts steigt, gehen die Geburtenzahlen zurück und nimmt die Einwohnerzahl der Bundesrepublik tendenziell ab. Dieser demografische Wandel erfordere, heißt es, schmerzhafte Eingriffe in „soziale Besitzstände" und Sicherungssysteme. Der bewährte Generationenvertrag (Umlageverfahren in der Gesetzlichen Rentenversicherung) wird zum Auslaufmodell erklärt, das Kapitaldeckungsprinzip geradezu glorifiziert. Dabei zeigt das Absacken der Aktienkurse nach den Terroranschlägen in New York und Washington am 11. September 2001, wie problematisch es

---

56 Siehe Einwanderung: Raum ohne Volk, in: Der Spiegel v. 23.10.2000, S. 42ff.
57 Große Debatte um Zuwanderung: Sterben die Deutschen aus?, in: Express (Köln) v. 22.7.2000; Sterben die Deutschen bald aus?, in: Express (Köln) v. 13.10.2000
58 Siehe Susanne Mayer, Die betrogene Familie, a.a.O.
59 Claudia Pinl, Wieviele Ernährer braucht das Land?, Familienpolitik als Wahlkampfschlager, in: Blätter für deutsche und internationale Politik 9/2001, S. 1126
60 Paul Wallace, Altersbeben. Wie wir die demografische Erschütterung in Wirtschaft und Gesellschaft meistern werden, Frankfurt am Main/New York 1999, S. 187

ist, auf die Börse und Maßnahmen privater Vorsorge zu setzen, wenn es um die langfristige Stabilität und Verlässlichkeit der Alterssicherung geht.

Als adäquater Umgang mit dem demografischen Wandel und Beitrag zur Generationengerechtigkeit versteht sich auch die rot-grüne Rentenreform. Sie entpuppt sich bei genauerem Hinsehen jedoch als Ausdruck der Bereitschaft zur (Teil-)Privatisierung sozialer Sicherung, weiterer Entlastung der Arbeitgeber und zur Einschränkung der Leistungen im Sinne einer bloßen Minimalabsicherung großer Teile der Bevölkerung gegenüber elementaren Lebensrisiken. Hinzu kommt, dass mit der solidarischen, umlagefinanzierten Rentenversicherung das gesamte System der sozialen Sicherung steht und fällt.[61] Johannes Steffen prognostiziert jedenfalls: „Wenn selbst eine erwerbslebenslange Beitragszahlung keine Rente mehr deutlich oberhalb der Sozialhilfe garantiert, dann verliert die soziale Rentenversicherung jegliche Akzeptanz und Legitimation – sie wird politisch in sich zusammenbrechen."[62]

Norbert Reuter sieht in der mit Walter Riesters Namen verbundenen Rentenreform keinen Beitrag zu mehr Generationengerechtigkeit, sondern ein Vorhaben, das bestehende Ungerechtigkeiten bei der Einkommensverteilung *innerhalb* der Generationen tendenziell noch verschärft. Da er den Ein- bzw. Umstieg in die kapitalgedeckte Rente als „generationenübergreifendes Projekt einer weiteren Belastung der Arbeitseinkommen bei gleichzeitiger Entlastung von Kapitaleinkommen" wertet,[63] lehnt Reuter dieses Kernstück rotgrüner Sozialpolitik ab.

Durch die Förderung der Unternehmensgewinne und des Finanzstandortes Deutschland degeneriert die von Rot-Grün versprochene Sozialreform („Innovation und soziale Gerechtigkeit") für Hans-Jürgen Urban zum „Credo eines neuen Modernisierungspragmatismus", den die Medien durchaus goutierten.[64] Orientierungsfokus der sog. Neuen Mitte seien bei der Metapher vom „aktivierenden Sozialstaat" weniger die Empfänger als die Finanziers der Sozialsysteme: „Im Zentrum steht das Versprechen, den (angeblichen) Leistungsträgern der Gesellschaft, also Unternehmen und den sozialen Modernisierungsgewinnern der neuen Mitte, ihren Anteil an der Sozialstaatsfinanzierung zu senken. Dies soll durch eine Sozialreform geschehen, die die passiven Finanztransfers an das sozialstaatliche Versorgungsklientel reduziert und zugleich die Anspruchsvoraussetzungen so umgestaltet, dass die Anreize zur Aktivierung der

---

61 Vgl. Horst Schmitthenner, Systemwechsel in Rot-Grün. Zur Debatte um die Alterssicherung, in: Wissenschaft und Frieden, Dossier 36 (2000), S. 13; Felix Welti, Zur Kritik der Rentenreform, in: spw. Zeitschrift für Sozialistische Politik und Wirtschaft 114 (2000), S. 57ff.

62 Johannes Steffen, Der Renten-Klau. Behauptungen und Tatsachen zur rot-grünen Rentenpolitik, Hamburg 2000, S. 51

63 Norbert Reuter, Generationengerechtigkeit in der Wirtschaftspolitik, a.a.O., S. 563

64 Hans-Jürgen Urban, Ferne Signale aus einer untergegangenen sozialpolitischen Welt. Die Rentenpläne der SPD vor und nach der Regierungsübernahme, in: Frankfurter Rundschau v. 18.9.2000

‚Selbsthilfepotentiale' gestärkt werden."⁶⁵ Hier treffe sich das SPD-Konzept mit „jenem libertären Sozialstaatsskeptizismus (...), der heute die Hausphilosophie der bündnisgrünen Realos darstellt und für den der Sozialstaat ohnehin stets ein Synonym für Bürokratie und Versorgungsmentalität war."⁶⁶

In neoliberalen Kreisen denkt man weit über die Riester'sche Rentenreform hinaus. Gedacht ist an eine „Kombination von temporär moderaten Rentenkürzungen und langfristig verstärkter privater Altersvorsorge durch die Erwerbstätigen", das „Einfrieren der Nominalrenten" sowie das Absenken des Rentenniveaus auf eine „Grundsicherung", die mit dem viel beschworenen Äquivalenz- bzw. Leistungsprinzip unvereinbar und nur noch eine Basisrente zur Sicherung des Existenzminimums wäre. Gewinner und Verlierer/innen gibt es dabei angeblich nicht. Vielmehr verspricht man allen Beteiligten im Ergebnis einer „Ausgleichsreform" immense Vorteile: „Eine höhere kapitalbildende Altersvorsorge fördert das gesamtwirtschaftliche Wachstum, erhöht die Arbeitsproduktivität bzw. reduziert die Arbeitslosigkeit und sichert schließlich über niedrigere Lohnnebenkosten den ‚Standort Deutschland'. Nur durch solche einschneidenden Reformmaßnahmen versetzen wir die zukünftigen Generationen überhaupt erst in die Lage, die Generationenverträge einzuhalten, und dies ist ureigenstes Interesse der heute lebenden Erwerbstätigen."⁶⁷

Teilweise ruft man auch nach einem „neuen Generationenvertrag", der auf die Entwertung des Alters hinausläuft: „Der alte Mensch wird zum ‚Sozialballast' oder ‚Humanballast', der eigentlich entsorgt werden müsse."⁶⁸ Martin Kohli erinnert daran, dass der Diskurs über „intergenerationelle Gerechtigkeit", in den USA schon seit Mitte der 80er-Jahre geführt, meist „eine verkappte Kritik am Wohlfahrtsstaat überhaupt" war, und betont, er müsse auch hierzulande als „Vehikel für den neo-liberalen Versuch zum Sozialstaatsabbau insgesamt" herhalten.⁶⁹ Ähnlich sieht es Gertrud M. Backes: „*Sozialstaatsgegner* finden vor dem Hintergrund des Schreckgespenstes der ‚alternden Gesellschaft' ein reiches Argumentations- und Betätigungsfeld."⁷⁰

Bereits in Reimer Gronemeyers Buch „Die Entfernung vom Wolfsrudel. Über den drohenden Krieg der Jungen gegen die Alten" basierte die Forderung nach (mehr) Generationengerechtigkeit auf einer Fundamentalkritik an

---

65 Ebd.
66 Siehe ebd.
67 Bernd Raffelhüschen, Eine Generationenbilanz der deutschen Wirtschafts- und Sozialpolitik, a.a.O., S. 257
68 Anton-Andreas Guha, Von der Entwertung des Alters. Einige unsystematische Anmerkungen zu einem schwierigen Problem, in: Vorgänge 150 (2000), S. 41
69 Siehe Martin Kohli, Ausgrenzung im Lebenslauf, in: Sebastian Herkommer (Hrsg.), Soziale Ausgrenzungen. Gesichter des neuen Kapitalismus, Hamburg 1999, S. 128
70 Gertrud M. Backes, Alternde Gesellschaft und Entwicklung des Sozialstaates, in: Wolfgang Clemens/dies. (Hrsg.), Altern und Gesellschaft. Gesellschaftliche Modernisierung durch Altersstrukturwandel, Opladen 1998, S. 274

der Bismarck'schen Sozialpolitik: „Die Vorsorge für das Alter wird seit dem
Ende des neunzehnten Jahrhunderts der individuellen Entscheidung entzogen
und geregelt durch die Großinstitutionen der sozialen Sicherung. Damit sind
der Familie als dem Dach der Generationen die Stützpfeiler entzogen worden: Bismarck hat der Familie den Rest gegeben."[71] Gronemeyer schob dem
modernen Sozialstaat die Schuld am „demografischen Niedergang" zu. Auch
Heidi Schüller sieht darin die Wurzel allen Übels: „Unser Sozialsystem entwickelt sich zur Generationenfalle."[72] Schließlich moniert Jörg Tremmel aus
ähnlicher Perspektive die seines Erachtens unsolide Haushaltspolitik: „Um
den immer teurer werdenden Sozialstaat zu finanzieren, stellt die herrschende
Generation ungedeckte Wechsel auf die Zukunft aus. Die Zeche zahlen eines
Tages jene, die heute jung sind."[73]

Birger Priddat hält den „Sozialstaat als sichere(s) Netz" für eine „Illusion". „Staatlich inszenierte Solidarität" setze ein demografisches Gefüge voraus, das nicht mehr vorhanden sei. Deshalb fordert der Volkswirtschaftler eine Entkopplung von sozialer Risikoversicherung und Umverteilung im Sozialsystem. Früher sei der Sozialstaat eine „Investition in den Frieden" und seine politische Basis der „Abkauf des Drohpotentials Revolution" gewesen,
worauf man allerdings nach dem Ende der Systemkonkurrenz 1989/90 getrost verzichten könne. Nach der Überzeugung Priddats bietet „das bundes-
deutsche Sozialmentalitätskorsett" sowohl im Fall der „Einrechnung eigenen
Vermögens bei Arbeitslosigkeit, bei der Rentenauszahlung und bei der Be-
messung der Kostenbeteiligung bei Gesundheitsleistungen" unzureichende
„Anreize für eine höhere Eigenbeteiligung am Risiko". Mit dieser Begründung fordert der Hochschullehrer u.a. „Beitragserhöhungen für Risikotypen"
im Krankenversicherungssystem, um deren „asoziales Verhalten" zu korri-
gieren. Zudem sollten „Elemente des Marktes in die Kranken-, Pflege- und
Rentenversicherung" eingebaut sowie die „Ideologie des ständigen Marktver-
sagens" und die „Umverteilungsideologie" aufgegeben werden. Da soziale
Not angeblich „erst einmal ein Reinvestitionsproblem" ist, solle sich der
Staat aus diesem Konfliktfeld zurückziehen. Die Aufgaben der Bundesanstalt
für Arbeit könnten „(s)ocial brokers" übernehmen, sog. Makler mit privatwirtschaftlichen Kontakten. Der in den wechselhaften Welten der Globalisierung als Hort der Sicherheit erscheinende Sozialstaat sei schließlich „nicht zu
halten".[74]

---

71   Reimer Gronemeyer, Die Entfernung vom Wolfsrudel. Über den drohenden Krieg der
     Jungen gegen die Alten, Frankfurt am Main 1991, S. 128
72   Heidi Schüller, Die Alterslüge. Für einen neuen Generationenvertrag, Berlin 1995, S.
     74
73   Jörg Tremmel, Der Generationsbetrug. Plädoyer für das Recht der Jugend auf Zu-
     kunft, Frankfurt am Main 1996, S. 26
74   Siehe Birger Priddat, Die Illusion vom Sozialstaat als sicherem Netz, in: Frankfurter
     Allgemeine Zeitung v. 10.2.2001

Mit markigen Worten, militärischen Metaphern und martialischer Semantik wird Stimmung gegen den Sozialstaat gemacht: „Wer die Umwelt zerstört und die Haushaltsfinanzen zerrüttet, der hat den Krieg gegen die nächste Generation schon begonnen."[75] Dem neoliberalen Zeitgeist entsprechend propagiert Jörg Tremmel einen „schlanken", wenn nicht einen magersüchtigen Staat: „Der Staat muß abspecken und effizienter werden. Er sollte sich auf seine hoheitlichen Rechte und Pflichten zurückziehen, wie innere Sicherheit, Justiz, Steuern und Umweltschutz. Wo immer es geht, sollen kommunale Aufgaben privaten Anbietern übertragen werden, so wie es zum Beispiel in Offenbach oder Hannover geschieht."[76]

Der deutsche Sozial(versicherungs)staat hat durch seine enge Bindung an die sog. Normalbiografie, das Normalarbeitsverhältnis und die Normalfamilie insofern einen Altersbias, als die Leistungen ungleich auf die einzelnen Generationen verteilt sind.[77] Daraus folgt jedoch mitnichten, dass die Alten die Jungen und/oder den Sozialstaat ausbeuten. Gleichwohl hat die populärwissenschaftliche Literatur über einen angeblich kurz bevorstehenden „Krieg der Generationen" in einer tendenziell alternden, aber nicht „vergreisenden" Gesellschaft mit sich – aus ganz anderen Gründen: Stichwort „Standortsicherung" – verschärfenden Interessengegensätzen medial Konjunktur. Hierbei handelt es sich um die journalistische Dramatisierung eines gesellschaftlichen Verteilungskampfes.[78] Dieser lenkt – auf dem Rücken von Rentner(inne)n ausgetragen – von den eigentlichen Problemen und Konfliktlinien, insbesondere der ungerechten Einkommens- und Vermögensverteilung,[79] eher ab.

Mit dem Hinweis auf den „demografischen Niedergang" sind alarmistische Krisenszenarien und soziale Konfliktkonstellationen verknüpft. So verleitet die Entwicklung der Bevölkerungszahlen nicht nur Boulevardzeitungen zu reißerischen Überschriften, wie z.B. „Die Bombe tickt ..."[80] Auch die Forderung des CSU-Vorsitzenden und bayerischen Ministerpräsidenten Edmund Stoiber nach einer „aktiven Bevölkerungspolitik" sowie einem Familiengeld, das den Rückgang der Geburten in Deutschland stoppen soll, gehört in diesen

---

75 Jörg Tremmel, Der Generationsbetrug, a.a.O., S. 33
76 Ebd., S. 36
77 Vgl. hierzu: Christoph Butterwegge, Wohlfahrtsstaat im Wandel, a.a.O., S. 53ff.
78 Vgl. Christoph Behrend, Krieg der Generationen statt Generationenvertrag – ein realistisches Szenario?, in: Sozialer Fortschritt 11/1996, S. 264
79 Vgl. dazu: Claus Schäfer, Von massiven Verteilungsproblemen zu echten Wettbewerbsnachteilen?, Daten, Fakten und Argumente zur Entmythologisierung der „Standort"-Debatte, in: Christoph Butterwegge/Martin Kutscha/Sabine Berghahn (Hrsg.), Herrschaft des Marktes – Abschied vom Staat?, Folgen neoliberaler Modernisierung für Gesellschaft, Recht und Politik, Baden-Baden 1999, S. 63ff.
80 Heik Afheldt, Die Bombe tickt ... doch die Politiker wollen nicht hören. Die überalterte Gesellschaft sprengt die Sozialsysteme, in: Die Zeit v. 27.12.2001

Kontext.[81] Tatsächlich verständigte sich die Unionsfraktion im Bundestag auf ein monatliches Familiengeld von 1.200 DM (später: 600 €) pro Kind. Da der Sozialetat ihrer Meinung nach auf keinen Fall aufgestockt werden darf, soll die Finanzierung aus Einsparungen im Bereich der Sozialhilfe für jüngere Arbeitslose, die „zumutbare Arbeit ohne überzeugende Begründung ablehnen", erfolgen.[82] So wird der neoliberale „Arbeitsanreiz" – von mehreren Millionen fehlenden Erwerbsarbeitsplätzen spricht man erst gar nicht mehr – mit einer „Gebärprämie" versüßt.[83]

Extrem konservativ ist die Position des Historikers Ernst Nolte zum Thema „Immigration", einer möglichen Alternative zur befürchteten „Vergreisung" der Gesellschaft. Er wirft den liberalen Befürwortern der „multikulturellen Gesellschaft" vor, sie versuchten, auf dem Umweg über eine Einwanderungsgesellschaft „endlich jene Schichten (...) auszuschalten, denen man die Schuld am Ausbruch des Ersten Weltkriegs und am Sieg des Nationalsozialismus zuschreibt".[84] Damit gerät Nolte die multikulturelle Gesellschaft zu einer Ausrottungsstrategie.

Das Vorhandensein solcher Wahnvorstellungen, aber auch die ganz „normalen" Nationalismen in den aktuellen Debatten um Bevölkerungszahlen, Familienpolitik und Einwanderung dürfen nicht unterschätzt werden, sondern erfordern eine fundierte und kritische Analyse, besonders wenn dabei das Verhältnis der Generationen zur Sprache kommt.[85]

81 Vgl. Stoiber fordert 1000 Mark Familiengeld pro Kind, in: Frankfurter Rundschau v. 2.1.2001
82 Siehe Susanne Höll, Unionsfraktion fordert 1200 Mark Familiengeld, in: Süddeutsche Zeitung v. 26.1.2001; vgl. ergänzend: Unionsfraktion will 1200 Mark je Kind, in: Frankfurter Allgemeine Zeitung v. 26.1.2001
83 Zit. nach: Das Comeback der Familien, in: Süddeutsche Zeitung v. 4.1.2001
84 Zit. nach: Hans-Ulrich Wehler, Die Kontinuität der Unbelehrbarkeit. Ernst Noltes Nationalsozialismus – nur Reaktion auf den Bolschewismus?, in: Hans-Martin Lohmann (Hrsg.), Extremismus der Mitte. Vom rechten Verständnis deutscher Nation, Frankfurt am Main 1994, S. 143. Nolte sieht im Protest gegen Ausländerfeindlichkeit in Deutschland nur die Absicht, das endlich wieder „hervortretende Nationalbewußtsein (...) im Keim zu ersticken" (ebd.).
85 Vgl. hierzu: Christoph Butterwegge u.a., Themen der Rechten – Themen der Mitte. Zuwanderung, demografischer Wandel und Nationalbewusstsein, Opladen 2002

Norbert Reuter

Generationengerechtigkeit als Richtschnur der Wirtschaftspolitik?

Der Rückgriff auf das Kriterium der „Gerechtigkeit" ist im ökonomischen Kontext in der Regel ungeeignet, *konkrete* wirtschaftspolitische Maßnahmen ethisch zu legitimieren, weil sich zwei unterschiedliche Gerechtigkeitskonzepte gegenüberstehen: Bedarfs- und Leistungsgerechtigkeit. Während im ersten Fall der persönliche Bedarf unabhängig von der individuellen Leistungsfähigkeit im Vordergrund steht, orientieren sich wirtschaftspolitische Maßnahmen im zweiten Fall an einer Äquivalenz von Leistung und Gegenleistung. Das Kriterium der Bedarfsgerechtigkeit dient somit der Legitimation sozialstaatlicher Umverteilung (Sozialstaatsprinzip), während das zweite, auf die individuelle Leistung abhebende Gerechtigkeitskriterium einer derartigen Politik tendenziell entgegensteht (Versicherungsprinzip). Der Rückgriff auf die ethische Kategorie der Gerechtigkeit als „vielleicht wichtigste(r) regulative(r) Idee in der heutigen Wirtschafts- und Sozialpolitik"[1] bietet im Allgemeinen also keine durchweg akzeptierte Legitimation *eines* wirtschaftspolitischen Kurses.

Anders scheint es im Falle generationenübergreifender Reformprojekte zu sein. Der Hinweis auf die „Generationengerechtigkeit", womit in der Regel eine Art intergenerative „Belastungsgleichheit" gemeint ist, dient hier der Legitimation *spezifischer* Reformvorhaben: In der Finanzpolitik wird mit dem Gerechtigkeitsargument die Notwendigkeit eines umfassenden öffentlichen Spar- bzw. Entschuldungsprogramms und in der Rentenpolitik die Ergänzung der umlagefinanzierten durch eine kapitalgedeckte Rente begründet. Die Ablehnung staatlicher „Sparprogramme" oder die Verweigerung des Einstiegs in den Systemwechsel bei der Rentenversicherung gerät im Rahmen der Gerechtigkeitsargumentation in den Ruch eines unverantwortlichen Generationenegoismus. Kritiker solcher Reformprogramme erscheinen in die-

---

1 Siehe C. Christian von Weizsäcker, Über die Schlußpassage der General Theory. Gedanken zum Einfluß ökonomischer Theorien auf die Politik, in: Perspektiven der Wirtschaftspolitik 1/2000, S. 50

sem Kontext zuweilen sogar als unmoralische Zeitgenossen, die leichtfertig einen „Krieg der Generationen" in Kauf zu nehmen bereit sind.[2]
Entgegen derartiger Einwürfe lässt sich zeigen, dass aus dem Kriterium der Generationengerechtigkeit keine konkreten Reformmaßnahmen im Sinne eines alternativlosen „one best way" abgeleitet werden können. Auch für Generationen übergreifende Reformprojekte gilt, dass der Rekurs auf den Maßstab „Generationengerechtigkeit" den offenen (wirtschafts)politischen Dialog nicht ersetzen kann.

1. Erzwingt die Generationengerechtigkeit die Haushaltskonsolidierung?

1.1 Die Entwicklung der Staatsverschuldung 1960 bis 2000

Angesichts der Entwicklung der Verschuldung der öffentlichen Haushalte (Bund, Länder und Gemeinden) scheint der zurzeit verfolgte öffentliche Sparkurs ohne Alternativen zu sein: 1960 entsprach die Staatsverschuldung mit 53 Mrd. DM lediglich einer Summe in Höhe von 17,5 Prozent des Bruttoinlandsprodukts (BIP). Bis 1989 stieg sie kontinuierlich auf 930 Mrd. DM an, ein Wert, der bereits 42 Prozent des jährlichen BIP erreichte. Seitdem hat sie sich mit 2.389 Mrd. DM (2000) noch einmal mehr als verdoppelt.[3] Da die Wirtschaftsleistung im selben Zeitraum weniger stark stieg, lag die Schuldenquote im Jahr 2000 bei rund 60,15 Prozent des BIP. Staatsverschuldung und BIP haben sich also sehr unterschiedlich entwickelt: Während sich das BIP seit 1960 nominal um den Faktor 13 vergrößert hat, wuchs die Staatsverschuldung um den Faktor 45. Eine steigende Belastung der öffentlichen Haushalte mit Zinsausgaben war die Folge: Bis 1978 (1972) lagen die Zinsausgaben des Bundes (des öffentlichen Gesamthaushalts von Bund, Ländern und Gemeinden) noch unter 10 Mrd. DM, was einem Anteil am Bundeshaushalt (am öffentlichen Gesamthaushalt) von unter 5 Prozent (4 Prozent) entsprach. 1998 beliefen sich die Zinsausgaben des Bundes (des öffentlichen Gesamthaushalts) auf knapp über 56 Mrd. DM (134 Mrd. DM), ihr prozentualer Anteil am Bundeshaushalt (am öffentlichen Gesamthaushalt) hat sich

---

2   Vgl. pars pro toto Hans Mohl, Die Altersexplosion. Droht uns ein Krieg der Generationen?, Stuttgart 1993; Jürgen Wolf, Krieg der Generationen?, Sozialstaatliche Verteilung und politische Handlungspotentiale Älterer in der „alternden" Gesellschaft, in: Prokla 80 (1990), S. 99f.; Wilfried Herz, Jugend braucht keinen Artenschutz, in: Die Zeit 24/2000, S. 24

3   Vgl. Sachverständigenrat zur Begutachtung der gesamtwirtschaftlichen Entwicklung, Jahresgutachten 2000/2001, Berlin 2000, Tab. 31; Institut der deutschen Wirtschaft (Hrsg.), Deutschland in Zahlen 2001, Köln 2001, S. 73

wegen gestiegener Staatseinnahmen gegenüber den 80er-Jahren allerdings weniger stark verändert. Mit Blick auf den Bund (öffentlichen Gesamthaushalt) lag er 1998 bei 11 Prozent (7,3 Prozent), was nur eine geringe Erhöhung gegenüber den 80er-Jahren bedeutet, wo er durchschnittlich 10,2 Prozent (5,6 Prozent) betrug.

Dieser offen ausgewiesene, relativ niedrige Anstieg der Zinslasten in den 90er-Jahren war allerdings nur Folge eines buchungstechnischen „Tricks": Ab 1991 hat der Bund Zinserstattungen an die Sondervermögen Erblastentilgungsfonds, Bundeseisenbahnvermögen sowie an den Ausgleichsfonds zur Sicherung des Steinkohleeinsatzes geleistet, sodass sich die ausgewiesenen Zinsausgaben des Bundes um bis zu 28 Mrd. DM pro Jahr reduzierten. Im Zuge der von der Bundesregierung verfolgten Rückkehr zu „Haushaltswahrheit und Haushaltsklarheit" hat der Bund die Schulden dieser Sondervermögen in Höhe von 387,5 Mrd. DM übernommen, wodurch im Haushaltsjahr 1999 die Zinsausgaben gegenüber dem Vorjahr um 22,4 Mrd. DM auf knapp über 80 Mrd. DM sprunghaft gestiegen sind und sich ihr Anteil am Bundeshaushalt auf reale 15,2 Prozent erhöht hat.[4]

Auch wenn viele EU-Länder, ohne finanzielle Sonderbelastungen wie die der deutschen Einheit tragen zu müssen, über wesentlich höhere Schuldenstände verfügen (Spanien: 60,6 Prozent; Österreich: 62,8 Prozent; Griechenland: 103,9 Prozent; Italien: 110,2 Prozent; Belgien: 110,9 Prozent – jeweils bezogen auf das Jahr 2000)[5] darf die aufgelaufene Verschuldung der öffentlichen Haushalte nicht bagatellisiert werden. Allerdings kann man der Argumentation nicht folgen, der starke Anstieg der Verschuldung zeige, dass „Vater Staat" in der Vergangenheit massiv „über seine Verhältnisse" gelebt habe und ohne drastische Sparmaßnahmen die Begleichung der angehäuften Schulden auf die kommende(n) Generation(en) „abgewälzt" würde. Vielmehr stellt die Staatsverschuldung ein Paradebeispiel dafür dar, dass eine Übertragung von Vorgängen im privaten auf den gesamtwirtschaftlichen Bereich – so plausibel sie auf den ersten Blick auch sein mag – zu falschen Rückschlüssen führt.

1.2 Die Ursachen der Staatsverschuldung

Der starke Anstieg der Staatsverschuldung ist im Wesentlichen zwei Ursachen geschuldet: zum einen dem massiven und dauerhaften Anstieg der Arbeitslosigkeit in der Bundesrepublik seit Anfang der 80er-Jahre, zum anderen den Folgen der deutschen Einheit, die den Staatshaushalt seit 1989 stark bela-

---

4   Vgl. Sachverständigenrat zur Begutachtung der gesamtwirtschaftlichen Entwicklung, Jahresgutachten 2000/2001, a.a.O., Tab. 28*

5   Vgl. Institut der deutschen Wirtschaft (Hrsg.), Deutschland in Zahlen 2001, a.a.O., S. 134. Der durchschnittliche Schuldenstand der 15 EU-Staaten betrug 64,2 Prozent.

steten. Beide Entwicklungen wurden hinsichtlich ihrer finanziellen Folgen
erheblich unterschätzt. Nur aufgrund dieser Fehleinschätzung konnte die Finanzierung über erhöhte staatliche Nettoneuverschuldungen als verantwort-
bar legitimiert werden, ohne dass man frühzeitig Finanzierungsalternativen
ins Auge fassen musste. In diesem Umstand liegt der tiefere und eigentliche
Grund der aufgelaufenen Staatsverschuldung. Eine nicht über Schulden, sondern über (Sonder-)Steuern, (Ergänzungs- und Vermögens-)Abgaben, Sub-
ventions- und Abschreibungskürzungen etc. finanzierte Bewältigung der
durch Massenarbeitslosigkeit und deutsche Einheit eingetretenen Belastungen
hätte die Frage einer gerechten Verteilung der Lasten viel früher aufgewor-
fen. Die Tatsache, dass lange der politisch leichtere Weg der Verschuldung
beschritten worden ist, gleichzeitig jedoch massive Steuersenkungen vor allem im Unternehmensbereich und bei der Vermögensbesteuerung vorgenommen wurden, hat diese Debatte aber nur verschoben.

1.3 Die verteilungspolitischen Folgen der Staatsverschuldung

In der aktuellen Debatte über die Staatsverschuldung erscheint die heutige
Erwachsenengeneration als „Gewinner", weil sie, so heißt es, eine Verschul-
dungsposition aufgebaut habe, die von künftigen Generationen wohl oder
übel getilgt werden müsse. So plausibel diese Argumentation für einzelwirt-
schaftliche Prozesse ist, so falsch ist sie für gesamtwirtschaftliche. Im Unterschied zum privaten Haushalt, der im Falle einer Verschuldung Leistungen
an Dritte zu zahlen hat, stehen sich bei einer Verschuldung des Staates
Schuldner/innen und Gläubiger/innen *einer* Generation gegenüber. Sofern der
Staat keine Auslandsverschuldung aufgebaut hat, befinden sie sich innerhalb
des Staatsgebietes notwendigerweise in einem ausgewogenen Verhältnis, sodass mit dem Hinweis auf eine kollektive Belastung kommender Generationen drastische Sparmaßnahmen zum Abbau der Staatsverschuldung nicht zu
legitimieren sind.

In Deutschland weisen die privaten Haushalte im Unterschied zu den
Unternehmen und den öffentlichen Haushalten traditionell einen Finanzierungsüberschuss auf. Dieser spiegelt die Tatsache wider, dass der Verbrauch
der privaten Haushalte unter ihrem verfügbaren Einkommen liegt. Mit diesem Finanzierungsüberschuss, welcher der jährlichen Nettogeldvermögens-
bildung der privaten Haushalte entspricht, finanzieren sie das Defizit des
Unternehmenssektors wie das der öffentlichen Haushalte. Bis zur deutschen
Vereinigung übertraf die Geldvermögensbildung der Privaten sogar in aller
Regel die Absorptionsfähigkeit dieser beiden Sektoren, sodass Nettokredite
in zum Teil dreistelliger Milliardenhöhe an die übrige Welt flossen. Nur im
Zuge des erhöhten Finanzierungsbedarfs infolge der deutschen Vereinigung
hat sich die Flussrichtung der Nettokredite zwischen Deutschland und der üb-
rigen Welt zeitweilig umgekehrt.

Die sektorale Betrachtung der Finanzierungssalden zeigt, dass die Übertragung einzelwirtschaftlicher Überlegungen auf die gesamtwirtschaftliche Ebene zu falschen Schlüssen führt. Da aus der Staatsverschuldung Forderungen und Verbindlichkeiten gleichermaßen resultieren, also *beide* Größen im Falle einer längerfristigen Verschuldung an die nächste Generation „vererbt" werden, liegt mit Blick auf die jeweils ins Auge gefasste Generation, sei es nun die gegenwärtige oder die zukünftige, immer ein gesamtwirtschaftliches Nullsummenspiel vor. Mit einem Verweis auf kollektive finanzielle Belastungen künftiger Generationen lässt sich der gegenwärtige Abbau der Staatsverschuldung somit nicht begründen.

Jenseits dieser Begründung erscheint es jedoch – zumindest auf den ersten Blick – als „ungerecht", dass der Staat sich bei vermögenden Staatsbürger(inne)n verschuldet, fällige Zinsen aber aus dem allgemeinen Steueraufkommen begleicht und so einer staatlich initiierten Umverteilung „von unten nach oben" Vorschub leistet. Obwohl die Finanzwissenschaft sich schon lange mit der Problematik der Staatsverschuldung beschäftigt, konnten eindeutige Umverteilungswirkungen nicht nachgewiesen werden. Die jeweiligen Ergebnisse hängen vollständig von den Annahmen über den Ausgangszustand des Systems und den unterstellten Effekten ab. Grundsätzlich wird aber eine falsche Kausalität unterstellt, wenn die Verschuldung des Staates als *Ursache* für das Zinseinkommen der Privaten verstanden wird. Zinseinkommen entstehen allein dadurch, dass einzelne Haushalte in der Lage sind, Ersparnisse zu bilden, während andere hierzu wegen niedriger Einkommen nicht oder kaum in der Lage sind.

Aus der Staatsverschuldung folgt somit kein Gerechtigkeitsproblem, das nicht mit Blick auf die vorhandenen Einkommens- und Vermögensdisparitäten bereits vorher bestanden hätte. Nicht die Staatsverschuldung ist also das eigentliche Problem, sondern die ungleiche Einkommens- und Vermögensverteilung, worauf Otto Gandenberger bereits vor über 25 Jahren hingewiesen hat: „Daß die Kreditzeichner sich unter den mannigfachen Anlagealternativen auf dem Kapitalmarkt ‚zufällig' für ein Staatspapier entschieden haben, ist nicht kausal für ihr Zinseinkommen; denn hätte sich der Staat für Steuerfinanzierung entschieden, so hätten sie eine alternative Anlageform wählen müssen und dafür ebenfalls ein Zinseinkommen bezogen."[6] Im Wesen von Zinseinkommen liegt es, dass sie von Dritten aufzubringen sind.

Die Tatsache, dass die Verschuldung des Staates kein *zusätzliches* Gerechtigkeitsproblem schafft, lässt sich unter Rückgriff auf theoretische Überlegungen von John Maynard Keynes verdeutlichen. Eine der wesentlichen Annahmen in seiner „Allgemeinen Theorie" war, dass die Höhe der Ersparnisbildung nicht, wie noch von den Klassikern angenommen, lediglich vom Zinssatz abhängt, sondern eine eigenständige Einkommensverwendungsgrö-

---

6 Otto Gandenberger, Die Wirkung des öffentlichen Kredits auf die Einkommensverteilung, in: Das Wirtschaftsstudium (WISU) 8/1974, S. 383

ße darstellt. Das von Keynes formulierte „fundamentale psychologische Gesetz", wonach mit steigendem Einkommen die Ersparnisbildung der Haushalte über- bzw. der Konsum unterproportional zunimmt (sinkende Konsum- und steigende Sparquote),[7] ist durch empirische Erhebungen – in Deutschland z.b. durch die regelmäßig durchgeführte Einkommens- und Verbrauchsstichprobe des Bundes (EVS) – immer wieder bestätigt worden.

Angesichts des offensichtlich vorhandenen Sparbedürfnisses stellt sich die Frage nach den Folgen einer staatlichen Entschuldung unter den Bedingungen reicher Industriegesellschaften mit besonderem Nachdruck. Geldvermögensbesitzer/innen werden ihre nicht mehr vom Staat für Kreditzwecke nachgefragten liquiden Mittel anderweitig zinsbringend anlegen und nicht automatisch mit einem den staatlichen Nachfragerückgang kompensierenden Anstieg der privaten Konsumnachfrage reagieren. Die binnenwirtschaftlich günstigste, von der neoklassischen Ökonomik unterstellte Lösung bestünde darin, dass im Fall einer Rückführung der staatlichen Kreditaufnahme die Privatwirtschaft ihre Nettokreditaufnahme entsprechend ausweitet (crowding-in-Effekt). Auf diese Weise würde sie als Schuldnerin der privaten Haushalte gewissermaßen die Rolle des Staates übernehmen und durch eine nachfolgend höhere Investitionstätigkeit eine wirtschaftliche Belebung auslösen („aggregate investment approach"). Dies setzt aber voraus, dass die staatliche Kreditaufnahme in der Vergangenheit zu einer Verknappung freier Finanzierungsmittel und auf diesem Wege zu einer Verdrängung privatwirtschaftlicher Investitionsvorhaben („crowding out") geführt hat. Nur in diesem Fall könnte mit einem Anstieg der privatwirtschaftlichen Investitionstätigkeit *als Folge* einer zurückgehenden staatlichen Nettokreditaufnahme gerechnet werden. Das Problem der Absorption privater Ersparnisse stellt sich dann mit erhöhtem Nachdruck, wenn – wie von der Bundesregierung ab 2007 beabsichtigt – sogar Haushaltsüberschüsse erwirtschaftet werden sollen, zumal für ein „crowding out" unter den gegenwärtigen Umständen sowohl theoretische wie empirische Anhaltspunkte fehlen.

Indikatoren einer Verdrängung privatwirtschaftlicher Investitionen durch kreditfinanzierte öffentliche Ausgaben wären auf der realwirtschaftlichen Seite eine vollbeschäftigte, kapazitätsmäßig ausgelastete Wirtschaft und auf der monetären Seite ein hohes Zinsniveau. Beide Bedingungen sind aber für die Bundesrepublik Deutschland seit längerer Zeit nicht mehr gegeben. Angesichts reichlich vorhandener Finanzierungsmittel kann von einem Entzug ökonomischer Ressourcen durch den Staat zu Lasten privater Investitionen nicht ausgegangen werden. Dieses Ergebnis steht auch im Einklang mit den Entwicklungen auf den Finanzmärkten. Zum einen hat aufgrund der gestiegenen Fähigkeit der Unternehmen, Investitionen aus Eigenmitteln zu finanzieren, der Anteil über die Kapitalmärkte finanzierter Unternehmensinvesti-

---

7   Vgl. John Maynard Keynes, Allgemeine Theorie der Beschäftigung, des Zinses und des Geldes (1936), Berlin 1983, S. 77ff.

tionen in der Vergangenheit abgenommen. Zum anderen dokumentiert das relativ neue Phänomen des gesellschaftlichen „Übersparens" alles andere als einen grundsätzlichen Kapitalmangel. Das überschüssige, anlagesuchende Kapital treibt – wie Finanzmarktanalysen bestätigen – wegen rückläufiger Verwertungsmöglichkeiten liquider Mittel im Rahmen produktiver Investitionen immer wieder die viel diskutierte Aufblähung der Finanzmärkte voran.[8]

Für die Verdrängung privatwirtschaftlicher Investitionen durch staatliche Kreditaufnahme lassen sich also gerade in der jüngeren Vergangenheit kaum Anhaltspunkte finden. Insofern weisen theoretische Überlegungen in die falsche Richtung, dass eine geringere Beanspruchung des Kapitalmarktes durch eine niedrigere oder sogar wegfallende staatliche Nettokreditaufnahme automatisch eine entsprechend stärkere Verschuldung mit entsprechend höheren Investitionen des Unternehmenssektors nach sich ziehen würde. Gesamtwirtschaftlich gesehen bleibt in diesem Fall nur die Alternative einer Kapitalverlagerung ins Ausland, wodurch liquide Mittel, die bislang über eine staatliche Nettokreditaufnahme und die hierdurch finanzierten Staatsausgaben im Inland nachfragewirksam geworden bzw. geblieben sind, also zu mehr Wachstum, Beschäftigung und auf diesem Wege zu unentbehrlichen Gemeingütern geführt haben, dafür zunächst nicht mehr zur Verfügung stünden.

Im Hinblick darauf wird die *gesamtwirtschaftlich produktive* Rolle der Staatsverschuldung deutlich: Diese bindet finanzielle Mittel im Inland, die sonst ins Ausland abfließen und einer weiteren Inflationierung auf den Finanzmärkten Vorschub leisten würden. Sobald die staatliche Entschuldung zu Lasten öffentlicher Zukunftsinvestitionen geht, also finanzielle Kürzungen in Bereichen wie Familie, Bildung, Infrastruktur, Forschung und Entwicklung oder Umweltschutz vorgenommen werden, sind schwerwiegende Nachteile für künftige Generationen unvermeidlich. Die virtuellen Bürger/innen des Jahres 2030 würden sich, vor die Frage gestellt, ob sie sich als Hinterlassenschaft der vorangegangenen Generation(en) lieber eine gesamtwirtschaftlich niedrige Verschuldung mit entsprechend geringen Zinsausgaben bei gleichzeitig maroder Infrastruktur (z.B. verseuchte Böden infolge vernachlässigter Umweltschutzmaßnahmen), mangelhaftem Ausbildungsstand, schlechtem technologischem Niveau etc. oder eine höhere öffentliche Verschuldung in Kombination mit einer intakten Infrastruktur, hohem Bildungsniveau, guten Ausbildungsmöglichkeiten und einem wettbewerbsfähigen technologischen Standard wünschen, zweifellos für letztere Alternative entscheiden.[9]

Ohne auf die besonderen Bedingungen eines sich bereits seit Anfang 2001 abzeichnenden konjunkturellen Abschwungs hinweisen zu müssen, können gewichtige Argumente gegen einen forcierten Abbau der Verschuldung mittels Umsetzung eines ambitionierten „Sparpaketes" ins Feld geführt

---

8   Vgl. Jörg Huffschmid, Politische Ökonomie der Finanzmärkte, Hamburg 1999, S. 157
9   Vgl. dazu auch Arne Heise, Postkeynesianische Finanzpolitik zwischen Gestaltungs-optionen und Steuerungsgrenzen, in: PROKLA 123 (2001), S. 277f.

werden. Da Verschuldung lediglich die Tatsache widerspiegelt, dass die Ausgaben des Staates über seinen Einnahmen liegen, ist es keineswegs zwingend, sie als Beleg dafür anzuführen, dass der Staat „über seine Verhältnisse" wirtschaftet. Angesichts dringender Staatsaufgaben und besonderer historischer Belastungen durch Massenarbeitslosigkeit und deutsche Einheit bei gleichzeitigen enormen privaten Vermögenszuwächsen auf hohem Niveau ist die gegenwärtige Staatsverschuldung nicht als Resultat eines öffentlichen Schlendrians, sondern als Resultat zu geringer Einnahmen zu interpretieren. Zu ähnlichen Schlussfolgerungen gelangt man auch im Rahmen der Diskussion um die Rentenfinanzierung. Entgegen der herrschenden Meinung lässt sich nämlich weder ein Zwang zur (Teil-)Umstellung auf eine kapitalgedeckte Rente erkennen noch nachweisen, dass damit zukünftige Finanzierungsprobleme gemildert oder sogar gelöst werden können.

2. Erzwingt die Generationengerechtigkeit die „private Rente"?

2.1 Die Grundlagen der Rentenreformdebatte: tatsächliche und vermeintliche Fakten

Triebkraft der Reform des umlagefinanzierten Rentensystems waren prognostizierte ungünstige Veränderungen des Altersquotienten, also der Relation von Personen über 65 Jahren zur erwerbsfähigen Bevölkerung im Alter von 20 bis 65 Jahren. Der Sachverständigenrat zur Begutachtung der gesamtwirtschaftlichen Entwicklung hatte herausgestellt, dass bis zum Jahre 2040 auf jede Rentnerin und jeden Rentner statt heute vier nur noch knapp zwei Erwerbsfähige kommen werden.[10] Allerdings ist diese Entwicklung weder „schicksalhaft" vorgezeichnet noch frei von Spekulationen, wie die erforderlichen Annahmen über die langfristigen Verläufe von Geburtenrate und Zuwanderung zeigen. Während die prognostizierte ungünstige demografische Entwicklung als Beleg dafür angeführt wird, dass die umlagefinanzierte Gesetzliche Rentenversicherung auf Dauer nicht funktionieren könne und Rentenzahlungen in Zukunft nur durch *private* Altersvorsorge zu sichern seien,[11] bleibt die Alternative einer politisch initiierten Veränderung des Altersquotienten in der Regel weitgehend außer Acht. Durch eine gezielte Einwanderungspolitik ließe sich in Kombination mit einer umfassenden familien- und

---

10 Vgl. Sachverständigenrat zur Begutachtung der gesamtwirtschaftlichen Entwicklung, Jahresgutachten 1998/99, Berlin 1998, S. 233
11 Vgl. Eckart Bomsdorf, Niedrigere Beiträge in der GRV durch private Altersvorsorge, in: IFO Schnelldienst 13/2000, S. 7ff.

kinderfreundlichen Politik ein „rentenfreundlicherer" Altersquotient herstellen. Beispielsweise liegt in den Ländern, wo die Erziehung von Kindern finanziell stark gefördert wird und abgesicherte Erziehungsphasen, reduzierte Arbeitszeiten für Eltern sowie bezahlbare und effiziente Kinderbetreuungseinrichtungen das „Unternehmen" Familie entlasten, die Geburtenrate mit über 1,8 wie in Dänemark, Finnland und Schweden oder 1,6 wie in Frankreich deutlich über der deutschen mit nur 1,3 Geburten pro Frau.[12]

Abgesehen von der Entwicklung und Herstellbarkeit von Altersquotienten ist das zugrunde liegende Verhältnis von Rentner(inne)n zu Erwerbs*fähigen* ohnehin weitgehend aussagelos. Selbst die Quote Rentner/innen – Erwerbs*tätige* oder Rentner/innen – geleistetes Arbeitsvolumen gibt noch keine letzte Klarheit über die tatsächlichen Probleme der Rente in der Zukunft. Letztlich ist das den Produktivitätsfortschritt berücksichtigende Verhältnis von (zukünftigen) Rentner(inne)n zum (zukünftigen) realen Sozialprodukt entscheidend. Für die Versorgung der zu einer bestimmten Zeit vorhandenen Anzahl von Rentner(inne)n ist es unerheblich, wie viele Arbeitsstunden geleistet werden *könnten*; ausschlaggebend ist, wie viele *tatsächlich* geleistet werden *und* welches Sozialprodukt in dieser Zeit erwirtschaftet wird.

Die gesamte Beschäftigungslücke (= offene + verdeckte Arbeitslosigkeit + stille Reserve) lag 2000 in Deutschland bei 7 Mio., was rund 18 Prozent der 38,5 Mio. Erwerbstätigen entsprach.[13] Sollte es in Zukunft gelingen, diese unfreiwillig Nichterwerbstätigen in den Produktionsprozess zu reintegrieren, könnte dies im Falle eines relativen Rückgangs der Anzahl der Erwerbsfähigen das geleistete Arbeitsvolumen stabilisieren und negative Wirkungen auf das Sozialprodukt kompensieren. Insofern gilt, dass die Bekämpfung der Arbeitslosigkeit langfristig die beste Rentenpolitik darstellt. Das eigentliche Problem ist damit nicht in der Altersquotienten-, vielmehr in der Erwerbstätigenentwicklung zu sehen. Die Rentenfinanzierungsproblematik wurzelt keineswegs in einer zu geringen Zahl Erwerbs*fähiger*, sondern im Fehlen von Erwerbs*tätigen*, sodass heute wie in Zukunft nicht das Erwerbstätigenpotenzial, sondern dessen Ausschöpfung das erstrangig zu lösende Problem darstellt. Insofern ist bereits die Grundlage der Rentenreformdiskussion von einem Widerspruch gekennzeichnet: Einerseits steht das Problem einer zu geringen Zahl von Erwerbsfähigen im Mittelpunkt, andererseits ist derzeit nicht zu erkennen, wie die bestehende Beschäftigungslücke von rund 7 Mio. Personen in Zukunft geschlossen werden kann, zumal sich diese gegenwärtig sogar wieder vergrößert.

Jenseits solcher rein quantitativer, den Faktor Arbeit betreffender Analysen ist für die Frage, ob es in 40 Jahren tatsächlich eine höhere individuelle

---

12 Vgl. Statistisches Bundesamt (Hrsg.), Statistisches Jahrbuch 1999 für das Ausland, Wiesbaden 1999, S. 216

13 Vgl. Arbeitsgruppe Alternative Wirtschaftspolitik, Memorandum 2001. Modernisierung durch Investitions- und Beschäftigungsoffensive, Köln 2001, Tab. A 1 und A 3

Belastung bedeutet, wenn statt heute vier nur noch zwei Erwerbsfähige für
den Unterhalt einer Rentnerin bzw. eines Rentners zur Verfügung stehen, die
Produktivitätsentwicklung entscheidend. Bei einem jährlichen Anstieg der
Stundenproduktivität von realistischen 2 Prozent wird unter sonst gleichen
Bedingungen ein Erwerbstätiger in 40 Jahren in der Lage sein, pro Zeiteinheit
ein real mehr als doppelt so hohes Sozialprodukt zu produzieren. Zu einer im
Vergleich zur heutigen Situation stärkeren Belastung der Arbeitnehmer/innen
kommt es also nur in dem Maße, wie die Renten am Produktivitätsfortschritt
teilhaben, also gegenüber dem heutigen Niveau real steigen. Dieser Hinweis
nimmt der in der Öffentlichkeit recht diffus geführten und von grundsätzlichen Existenzängsten geprägten Rentenfinanzierungdebatte ihre Dramatik.
Einige Debattenteilnehmer haben unter Hinweis auf den Produktivitätsfortschritt die Notwendigkeit eines (Einstiegs in einen) Systemwechsel(s) sogar
rundheraus abgelehnt.[14]

2.2 Die Kapitaldeckung als Lösung aller Rentenprobleme?

Sollte es in der Zukunft tatsächlich zu realen Problemen beim Unterhalt der
inaktiven Bevölkerung kommen, löst ein Systemwechsel vom Umlage- zum
Kapitaldeckungsverfahren in der Rentenfinanzierung keine Probleme.[15] Das
Kapitaldeckungsverfahren ist grundsätzlich nicht weniger anfällig für Veränderungen in der Bevölkerungs- und Erwerbstätigenstruktur als das sozialstaatliche Umlageverfahren.[16] Ob das Rentensystem im Jahr 2040 auf Kapitaldeckung oder auf einer Umlagefinanzierung beruht, ändert im Kern nichts
an der Tatsache, dass X Erwerbstätige Y Rentner unterhalten müssen. Die
Versorgung von Menschen außerhalb der Erwerbstätigkeit erfolgt *immer* in
einem realwirtschaftlichen Umlageverfahren, eine Binsenweisheit, die als
„Mackenroth-These" bereits vor rund 50 Jahren in die Auseinandersetzung
über die Rentenfinanzierung eingegangen ist. 1952 hatte Gerhard Mackenroth in der damaligen Debatte über die zukünftige Finanzierung der Rente
klargestellt: „Nun gilt der einfache und klare Satz, daß *aller Sozialaufwand*
immer aus dem Volkseinkommen der laufenden Periode gedeckt werden muß.
Es gibt keine andere Quelle und hat nie eine andere Quelle gegeben, aus der
Sozialaufwand fließen könnte, es gibt keine Ansammlung von Fonds, keine
Übertragung von Einkommensteilen von Periode zu Periode, kein ‚Sparen'
im privatwirtschaftlichen Sinne – es gibt einfach gar nichts anderes als das

---

14 Vgl. Peter Bofinger, Riesters Aktionismus ist die einzige Bedrohung für das Renten-
    system, in: Handelsblatt 122/2000, S. 2
15 Vgl. John Mueller, The Stock Market Won't Beat Social Security. Both are driven by
    the same economic and demographic trends, in: Challenge 2/1998, S. 95ff.
16 Vgl. Gert Wagner u.a., Kapitaldeckung: kein Wunder für die Altersvorsorge, in: DIW
    Wochenbericht 46/1998, S. 836

laufende Volkseinkommen als Quelle für den Sozialaufwand. Das ist auch nicht eine besondere Tücke oder Ungunst unserer Zeit, die von der Hand in den Mund lebt, sondern das ist immer so gewesen und kann nie anders sein."[17]

Zwar ist zu ergänzen, dass sich unter den Bedingungen globalisierter Wirtschaften aus dem Kapitaldeckungsverfahren die grundsätzliche Möglichkeit einer zeitlichen *Ent*kopplung von Produktion und Verbrauch ergibt, weil über einen erhöhten Außenbeitrag *heute* Ansprüche gegenüber dem Ausland erworben werden, die erst *morgen* eingelöst zu werden brauchen. Allerdings handelt es sich hierbei um keine persistente *Ab*kopplung. Eine Volkswirtschaft kann und wird nicht auf Dauer von anderen alimentiert werden. Langfristig bleibt für die Rentenproblematik entscheidend, welchen Umfang an Gütern und Dienstleistungen eine Volkswirtschaft heute und in Zukunft hervorbringen kann. Ohnehin ist eine zeitliche Entkopplung nur dann möglich, wenn das Ausland gerade in der Zeit Leistungsbilanzüberschüsse realisieren kann, wo dies zur Versorgung der einheimischen Rentner/innen nötig ist. Sofern das Ausland aber – worauf im Folgenden noch eingegangen wird – mit den gleichen demografischen Problemen zu kämpfen hat, wird selbst bei bestehenden monetären Forderungen gegenüber dem Ausland dieser „aushelfende Import" ausbleiben. In diesem Fall wären neue internationale Verteilungskonflikte absehbar.

Die Art der Finanzierung wäre allerdings dann von nachhaltiger Bedeutung, wenn hiermit unterschiedliche Wachstumsverläufe und Produktivitätsentwicklungen induziert würden. Bei aller vordergründigen Rhetorik, die aus verständlichen Gründen etwa von der Versicherungswirtschaft zur Untermauerung einer kapitalgedeckten Rente zu vernehmen ist – sicherer, leistungsfähiger, billiger etc. –, ist dieses Argument einer genaueren Prüfung wert, zumal sich hierauf auch die Behauptung gründet, das Kapitaldeckungsverfahren werfe dauerhaft höhere Renditen ab und sei daher dem an die Arbeitseinkommensentwicklung gekoppelten Umlageverfahren prinzipiell überlegen.

Die unterstellte positive Korrelation zwischen Kapitaldeckungsverfahren und steigenden Wachstumsraten geht auf modelltheoretische Wachstumsüberlegungen zurück: Höhere Sparleistungen führen danach über sinkende Zinssätze zu einem Anstieg des Investitionsvolumens und so zu höherem Wachstum. Diese Kausalität ist für reife Industriegesellschaften jedoch in Zweifel zu ziehen. Wie bereits im Zusammenhang mit der Verschuldungsproblematik dargelegt, wird es solchen Ländern kaum möglich sein, für die anzusparenden zusätzlichen finanziellen Mittel – bei einer vollständig kapitalgedeckten Rente gehen Schätzungen für die Bundesrepublik von einem

---

17 Gerhard Mackenroth, Die Reform der Sozialpolitik durch einen deutschen Sozialplan (Schriften des Vereins für Sozialpolitik, Neue Folge, Bd. 4), Berlin 1952, S. 41

Volumen von bis zu 10 Billionen DM (5,11 Billionen €) aus[18] – entsprechende Anlagemöglichkeiten zu finden. In jedem Fall ist mit einem Rückgang der Durchschnittsrendite von Investitionen zu rechnen, da mit ansteigendem Investitionsvolumen auf weniger profitable Projekte ausgewichen werden muss. Berechnungen der Versicherungswirtschaft, die auf einer Fortschreibung vergangener Renditeentwicklungen beruhen, stehen daher auf tönernen Füßen und mussten bereits nach unten korrigiert werden.

Der Rückgang der Renditen wäre aber noch eine vergleichsweise harmlose Folge der Umstellung auf das Kapitaldeckungsverfahren. Es ist überdies nicht auszuschließen, dass der Aufbau eines zusätzlichen Kapitalstocks für die Alterssicherung negative Auswirkungen auf die gesamtwirtschaftliche Entwicklung hat. Kapitaldeckung erfordert mikroökonomisch gesehen dauerhaften Konsumverzicht. Da auch einkommensschwächere Haushalte mit geringer oder fehlender Ersparnisbildung aus laufendem Einkommen zur privaten Vorsorge gezwungen werden, ist mit Blick auf makroökonomische Zusammenhänge zu erwarten, dass bereits bei einer teilweisen Umstellung auf das Kapitaldeckungsverfahren die gesamtwirtschaftliche Sparquote steigen wird bei gleichzeitigem Rückgang der korrespondierenden Konsumquote. Die von der Bundesregierung geplante Entlastung der Unternehmen von Lohnnebenkosten, die zu einem höheren finanziellen Aufwand der Arbeitseinkommensempfänger/innen führt, belastet den Massenkonsum zusätzlich. Bei sich (weiter) abschwächender Binnennachfrage und steigender Sparquote kann aber nicht mit einem Anstieg der Investitionen gerechnet werden, zumal – wie bereits erwähnt – auch die Voraussetzung für eine wachstumsfördernde Initialzündung, nämlich Kapitalknappheit, fehlt. Erwartungen an die Wachstumswirkung eines kapitalgedeckten Rentensystems dürften somit – wie auch das Deutsche Institut für Wirtschaftsforschung (DIW) feststellt[19] – enttäuscht werden, und die realwirtschaftliche Entschärfung der gesellschaftlichen Folgen eines gestiegenen Altersquotienten wäre gescheitert.

Einigkeit besteht unter den Befürworter(inne)n einer kapitalgedeckten Rente darüber, dass eine derartige Umstellung zu einem erhöhten Kapitalexport führen wird. Für die Kapital importierenden (Schuldner-)Länder ergibt sich die Notwendigkeit, zunächst Leistungsbilanzdefizite mit entsprechend negativen Arbeitsmarktwirkungen hinzunehmen. Ob und inwieweit die „ausländische Wertschöpfung in den Dienst der Finanzierung der nationalen Renten" gestellt werden kann, wie Bert Rürup die spätere Einlösung der Forderungen gegenüber dem Ausland euphemistisch umschreibt,[20] ist allerdings

---

18 Vgl. Karl Georg Zinn, Sozialstaat in der Krise. Zur Rettung eines Jahrhundertprojekts, Berlin 1999, S. 87
19 Vgl. Gert Wagner u.a., Kapitaldeckung: kein Wunder für die Altersvorsorge, a.a.O., S. 838
20 Siehe Bert Rürup, Das Riestersche Rentenreformkonzept: Evolution statt Restauration oder Revolution, in: Wirtschaftsdienst 8/2000, S. 458

höchst unsicher. Da sich in den Gesellschaften, wo das Kapital vorzugsweise angelegt wird, nämlich Industrieländern, die Alterungsproblematik in der Tendenz genauso stellt, müssten diese gerade in dem Moment Leistungsbilanzüberschüsse realisieren, zu dem sie selbst mit einem Güter- und Dienstleistungsmangel aufgrund einer hohen Zahl wirtschaftlich inaktiver Menschen konfrontiert sind.[21] Selbst ein Umlenken der Kapitalströme in „emergent economies" wie Indien und China bietet keine Lösung, weil diese aufgrund ihrer Geburtenbeschränkungsprogramme zukünftig selbst vor gravierenderen demografischen Problemen stehen dürften.

Der Wechsel von der umlagefinanzierten zur kapitalgedeckten Rente birgt also kaum abschätzbare Risiken. Gleichzeitig ist weder ein Sachzwang zum (Einstieg in den) Systemwechsel erkennbar, noch lässt sich aus dem Kriterium der Generationengerechtigkeit eine Handlungsnotwendigkeit ableiten. Die grundsätzliche Beibehaltung des bewährten umlagefinanzierten Rentensystems wäre aus makroökonomischer Sicht sogar die bessere Alternative gewesen. Diese Schlussfolgerung drängt sich umso mehr auf, als unter Berücksichtigung der Produktivitätsentwicklung – ganz abgesehen von einer gezielten Einwanderungs- und Familienpolitik – kaum von einem zukünftige Generationen übermäßig belastenden Rentenproblem gesprochen werden kann.

Aus Sicht der abhängig Beschäftigten stellt sich der Einstieg in das Kapitaldeckungsverfahren ohnehin als wenig attraktive Maßnahme dar. Abgesehen von Umstellungsschwierigkeiten, die fast unvermeidlich überproportionale Belastungen einzelner Jahrgänge nach sich ziehen, führt die rot-grüne Rentenreform im Ergebnis zu einem sinkenden Leistungsniveau für alle Rentnerinnen und Rentner bei gleichzeitig höheren individuellen Leistungen in der Beitragsphase.[22] Eine wesentliche Ursache hierfür ist der Einstieg in den Ausstieg aus der paritätischen Finanzierung, der als zentrales Element der Rentenreform alle Änderungen im Gesetzgebungsverfahren überlebt hat. Vor dem Hintergrund nie nachgewiesener Standortnachteile deutscher Unternehmen hat es sich ausgerechnet eine sozialdemokratisch geführte Bundesregierung zur Aufgabe gemacht, die Lohnnebenkosten durch die Reduzierung des Arbeitgeberanteils weiter zu senken. Berücksichtigt man außerdem, dass Privatvorsorge keine Solidarität kennt, also beispielsweise Frauen bei gleicher Prämienleistung eine geringere Rentenzahlung als Männer erhalten, Zeiten der Arbeitslosigkeit, der Erwerbsunfähigkeit sowie von Mutterschafts- und Krankenpflegezeiten voll auf die Rente durchschlagen etc., erweist sich

---

21 Vgl. Gert Wagner u.a., Kapitaldeckung: kein Wunder für die Altersvorsorge, a.a.O., S. 837; Ellen Kirner/Volker Meinhardt/Gert G. Wagner, Probleme der Altersvorsorge allein durch Änderung des Finanzierungsverfahrens nicht zu lösen, in: DIW Wochenbericht 30/2000, S. 481

22 Vgl. zu den Details Johannes Steffen, Behauptungen und Tatsachen zur rot-grünen Rentenpolitik – Aktualisierte Version vom 19.01.01, http://www.barkhof.uni-bremen. de/kua/memo/memofor/pub01.htm v. 19.1.2001

der Ein- oder Umstieg in die kapitalgedeckte Rente letztlich als Generationen übergreifendes Projekt einer weiteren Belastung der Arbeitseinkommen bei gleichzeitiger Entlastung von Kapitaleinkommen.

3. Alternativen formulieren statt vermeintlichen Sachzwängen folgen

Die Analyse zeigt, dass Alternativen bestehen, die nachgerade im Widerspruch zu den Reformen der Bundesregierung stehen. Eine forcierte staatliche Sparpolitik birgt die Gefahr, dass immer mehr staatliche Aufgaben in Generationen übergreifenden Bereichen wie Familie, Bildung, Soziales, Umwelt, Infrastruktur oder Forschung und Entwicklung nicht oder nicht mehr ausreichend wahrgenommen werden können, ohne dass jemals darüber entschieden worden ist, welche Aufgaben der demokratische Staat in einem hoch entwickelten Industrieland sinnvollerweise übernehmen kann, soll und muss.[23] In jedem Fall erweist sich die als „unvermeidlich" vorangetriebene Haushaltskonsolidierung ausschließlich über die Ausgabenseite (geplant ist nach einer Stagnation der Ausgaben im Jahr 2001 eine relative Kürzung im Vergleich zum Anstieg des BIP bis 2004) gerade unter den gegenwärtigen Bedingungen (Massenarbeitslosigkeit und Vollendung der deutschen Einheit) als eine schwere Hypothek für künftige Generationen. Die Handlungsfähigkeit des Staates wird durch die Eichel'sche Sparpolitik derart eingeschränkt, dass für zukunftswichtige Projekte im Bereich Bildung, Forschung und Entwicklung, ökologischer Umbau, Familie etc. nur mehr ungenügende finanzielle Kapazitäten bereitgestellt werden können. Neben begrüßenswerten Ausgabenreduzierungen im Militärbereich sind erhebliche Kürzungen im Bereich Arbeitsmarkt, bei familienpolitischen Leistungen, Energie, sektoraler Wirtschaftsförderung, Mittelstand/industrienaher Forschung, regionaler Wirtschaftsförderung, Eisenbahn, Wohnungs- und Städtebau, beruflicher Bildung und kulturellen Angelegenheiten vorgesehen. In den zukunftswichtigen Bereichen Ausbildungsförderung, Förderung des wissenschaftlichen Nachwuchses sowie Wissenschaft, Forschung und Entwicklung außerhalb der Hochschulen sind zwar Steigerungen in den nächsten fünf Jahren vorgesehen, die aber derart moderat ausfallen, dass nicht von einer der Bedeutung dieser Bereiche angemessenen Finanzierung gesprochen werden kann (Finanzplan des Bundes 2000 bis 2004, Tabelle 2).

---

23 Vgl. dazu: Christoph Butterwegge/Martin Kutscha/Sabine Berghahn (Hrsg.), Herrschaft des Marktes – Abschied vom Staat?, Folgen neoliberaler Modernisierung für Gesellschaft, Recht und Politik, Baden-Baden 1999; Norbert Reuter, Ökonomik der „Langen Frist". Zur Evolution der Wachstumsgrundlagen in Industriegesellschaften, Marburg 2000, S. 451ff.

Allerdings resultiert das Finanzierungsproblem nicht allein aus der Tatsache, dass gegebene Staatseinnahmen die -ausgaben nicht decken. Die rotgrüne Regierung torpediert ihre Bemühungen einer Rückführung der Nettoneuverschuldung dadurch, dass sie gleichzeitig ein weiteres umfangreiches Steuersenkungsgesetz verabschiedet hat, in dessen Folge das Bundesfinanzministerium bis 2005 Steuermindereinnahmen in Höhe von 181,7 Mrd. DM – (92,9 Mrd. €) erwartet, wovon auf die Privathaushalte etwa ein Drittel und auf die Unternehmen rund zwei Drittel entfallen. Die Entlastungen für die Großunternehmen summieren sich in diesem Zeitraum auf über 40 Mrd. DM (20,45 Mrd. €).[24]

Vor diesem Hintergrund verwundert es nicht, dass die Konsolidierung der Staatsfinanzen trotz eines umfangreichen Sparprogramms kaum vorankommt und noch für das Jahr 2004 ein Finanzierungsdefizit von 20,7 Mrd. DM (10,58 Mrd. €) eingeplant ist.[25] Es erscheint mehr als paradox, dass die Bundesregierung ihr mit höchster Priorität verfolgtes Ziel, so schnell wie möglich einen ausgeglichenen Haushalt vorzulegen, dadurch konterkariert, dass sie gleichzeitig historisch beispiellose Steuerentlastungen betreibt. Ohne diese Maßnahmen, die im Durchschnitt der Jahre 2001 bis 2005 jährlich über 35 Mrd. DM (17,9 Mrd. €) an Steuermindereinnahmen zur Folge haben und deren Wirkungen auf den Konsum wie die Investitionen höchst zweifelhaft sind – zu einem nicht unbeträchtlichen Teil werden sie schlicht in die Finanzspekulation fließen –, hätte entweder bereits viel früher die Nettoneuverschuldung auf Null heruntergefahren werden können oder die Ausgaben in Bereichen, die gerade die Situation zukünftiger Generationen betreffen, nicht derart drastisch zurückgefahren werden müssen bzw. stärker als angesetzt gesteigert werden können.

Ende 2001 zeigte sich, dass – wie mehrfach von der Arbeitsgruppe Alternative Wirtschaftspolitik prognostiziert[26] – die von der Bundesregierung zugrunde gelegten hohen Wachstumsraten des BIP von real jeweils 2,75 Prozent nicht realisiert werden können. Nun dürfte sich der großzügige Verzicht auf Steuereinnahmen bitter rächen. Wenn man unter den Bedingungen niedrigerer Wachstumsraten und gleichzeitig zusätzlicher finanzieller Belastungen im Zuge der Bekämpfung des internationalen Terrorismus an dem Vorhaben eines ausgeglichenen Haushalts bis 2006 festhält, sind weitere Einschnitte im Sozialbereich absehbar, woraus zusätzliche Belastungen für die gesamtwirtschaftliche Entwicklung erwachsen. In dem Fall würde die Bundesrepublik endgültig in die selbst errichtete Falle aus Steuererleichterungen

---

24 Vgl. Sachverständigenrat zur Begutachtung der gesamtwirtschaftlichen Entwicklung, Jahresgutachten 2000/2001, a.a.O., Ziff. 168 und Tab. 36
25 Vgl. ebd., Tab. 55
26 Vgl. Arbeitsgruppe Alternative Wirtschaftspolitik, Memorandum 2000. Den Aufschwung nutzen – Politik für Arbeitsplätze, soziale Gerechtigkeit und ökologischen Umbau, Köln 2000, S. 16f.; dies., Memorandum 2001, a.a.O., S. 17f.

und Sparmaßnahmen fallen, aus der nur schwer ein sozialverträglicher Ausweg zu finden wäre.

Aus dieser Perspektive rückt zum Abbau der aufgelaufenen hohen Staatsverschuldung als Folge einer vorangegangenen falschen Einnahmenpolitik angesichts der besonderen Belastungen durch die Massenarbeitslosigkeit und die deutsche Vereinigung eine Sicherstellung notwendiger Einnahmen in den Vordergrund. Hierzu hat die Arbeitsgruppe Alternative Wirtschaftspolitik ausführliche Vorschläge unterbreitet.[27] Durch die Wiedereinführung der Vermögensteuer, Abschaffung des Ehegattensplittings sowie eine Börsenumsatz-, Spekulations- und Wertschöpfungsteuer könnten nach Schätzungen mittelfristig zusätzliche Einnahmen von bis zu 230 Mrd. DM (117,6 Mrd. €) realisiert werden. Diese würden eine expansive Wirtschaftspolitik (erhöhte öffentliche Investitionen, Finanzierung eines öffentlichen Beschäftigungssektors, eine aktive Arbeitsmarktpolitik und die finanzielle Abfederung von Arbeitszeitverkürzungen) zur Schaffung von Arbeitsplätzen ermöglichen. Unterstützt durch eine weitere kollektive Arbeitszeitverkürzung würde ein stetiger Rückgang der Arbeitslosigkeit erreicht, sodass die Ausgaben des Staates für passive und aktive arbeitsmarktpolitische Maßnahmen sowie mit der Arbeitslosigkeit verbundene sozialpolitische Maßnahmen sich schrittweise reduzieren würden. Da sich das Steueraufkommen durch einen Anstieg der Zahl steuer- und beitragspflichtiger Beschäftigter gleichzeitig erhöhen ließe, würde auch die Notwendigkeit zu jährlichen Nettokreditaufnahmen sukzessive sozialverträglich entfallen. Auf der Basis einer vollbeschäftigten Wirtschaft könnte schließlich auch an den Abbau der aufgelaufenen Staatsverschuldung gedacht werden, sodass sich langfristig die finanziellen Handlungsspielräume des Staates wieder erhöhen würden, künftig also nicht mehr bereits jährlich über 20 Prozent der Steuereinnahmen des Bundes durch notwendige Schuldentilgungen blockiert wären.

Hinzuweisen ist jedoch darauf, dass für einen Staat – wiederum im Unterschied zum privaten Hausvater – ein Schuldenstand von Null kein anzustrebendes Ziel darstellt. Die öffentliche Kreditaufnahme hat dann eine gesamtwirtschaftlich *produktive* Funktion, wenn sie Ersparnisse absorbiert, die sonst ins Ausland abfließen würden, und/oder mittels hierüber ermöglichter zusätzlicher Staatsausgaben ein vergleichsweise höherer Wachstumspfad induziert werden könnte. Sofern die jährliche Nettokreditaufnahme des Staates zu einem Wachstum der Verschuldung führt, das die Wachstumsrate des BIP nicht übersteigt, ergibt sich kein Anstieg der Schuldenquote. Vor diesem Hintergrund und in Anbetracht der Bedeutung staatlicher Ausgaben unter Bedingungen der Massenarbeitslosigkeit müsste ein gesamtwirtschaftlich effektives Schuldenmanagement zunächst auf eine Stabilisierung der Schuldenquote gerichtet sein. Die jährliche staatliche Nettoneuverschuldung dürfte

---

27   Vgl. u.a. Arbeitsgruppe Alternative Wirtschaftspolitik, Memorandum 2000, a.a.O., S. 36ff.

die Schulden des Bundes nur in Höhe der BIP-Wachstumsrate erhöhen. Bei einem Schuldenstand des Bundes von 1.428 Mrd. DM (2000; 730,12 Mrd. €) und einem angenommenem Wachstum des BIP von rund 2,5 Prozent würde dies eine quotenneutrale Nettoneuverschuldung von 36 Mrd. DM (18,41 Mrd. €) ermöglichen. Sofern hiermit ein „Prozess der Einkommenserzeugung"[28] ausgelöst wird, der zu einem höheren Wachstum des BIP führt, wäre sogar eine entsprechend höhere Nettoneuverschuldung möglich, die zu keiner steigenden Defizitquote führen würde.

Statt einer Ausrichtung auf einen ausgeglichenen Haushalt innerhalb weniger Jahre hätte eine Ausrichtung auf eine zunächst stabile Schulden*quote* den Vorteil, die staatlichen Konsolidierungsbemühungen zu dokumentieren, ohne gesamtwirtschaftlich kontraktive Effekte in Kauf nehmen zu müssen. Dies bedeutet freilich nicht, dass hiermit die Rückführung der absoluten Staatsverschuldung auf den St. Nimmerleinstag verschoben ist. Sobald die gesamtgesellschaftliche Lage dies zulässt, also nach Wiedererreichung der Vollbeschäftigung, könnten Haushaltsüberschüsse für die Schuldentilgung genutzt werden. Spätestens dann wäre darüber zu entscheiden, welches Staatsverschuldungsniveau angestrebt werden sollte, d.h. bis zu welcher Verschuldungsquote die positiven, wachstumsfördernden Effekte die negativen, wachstumsverhindernden Effekte übersteigen. Einer solchen „als optimal empfundenen Schuldenquote" ließe sich dann ein „nachhaltiger" öffentlicher Haushalt zuordnen, der diese Schuldenquote zu stabilisieren vermag.[29]

Auch im Rahmen der Rentenreform lässt sich aus Überlegungen zur Generationengerechtigkeit keineswegs die Notwendigkeit der Einführung einer kapitalgedeckten Säule und zum Ausstieg aus der paritätischen Finanzierung ableiten. Hätte man die bewährte umlagefinanzierte Rente beibehalten, wäre aller Voraussicht nach im Jahr 2030 mit einem Arbeitnehmeranteil von 11,8 Prozent das bisherige Leistungsspektrum bei paritätischer Finanzierung und einem Rentenniveau von rund 69,5 Prozent finanzierbar gewesen. Dagegen sind die mit dem Aufbau eines zusätzlichen Kapitalstocks verbundenen Risiken (nachfolgende nachlassende binnenwirtschaftliche Nachfrage, Kapitalexport, Inflation von Vermögenstiteln, Währungsturbulenzen, Börsencrashs etc.) kaum kalkulierbar. Hätten sich unter Beibehaltung des grundlos diskreditierten Umlageverfahrens tatsächlich unvorhergesehene Belastungen der Beitragszahler/innen ergeben, wäre das System – etwa durch Erweiterung der Versicherungspflicht auf Vermögenseinkommen („Schweizer Modell"), An- oder Aufhebung der Versicherungspflichtgrenze und Einbeziehung neuer Beschäftigtengruppen – flexibel genug gewesen, auf derartige Probleme zu reagieren.[30]

---

28 Siehe Arne Heise, Postkeynesianische Finanzpolitik, a.a.O., S. 278
29 Vgl. ebd., S. 279
30 Vgl. u.a. Diether Döring, Zur Konzeption von Reformen. Elemente eines integrierten sozialstaatlichen Reformkonzepts, in: ders. (Hrsg.), Sozialstaat in der Globalisierung,

Resümierend lässt sich festhalten, dass das oft bemühte Kriterium der Generationengerechtigkeit ungeeignet ist, den derzeit verfolgten Kurs in der Finanz- und Rentenpolitik als sowohl sachlich wie ethisch alternativlos zu legitimieren. Das Aufzeigen und Erkennen von Alternativen ist der erste Schritt, einer vermeintlichen „Politik des Sachzwangs" zu begegnen und langfristig Reformen für mehr soziale Gerechtigkeit zu ermöglichen.[31]

Frankfurt am Main 1999, S. 197f.; Gine Elsner, Rentenreform: Generationenvertrag oder zusätzliche Kapitaldeckung?, in: Sozialismus 6/2000, S. 13

31   Vgl. Norbert Reuter, Wachstumseuphorie und Verteilungsrealität. Wirtschaftspolitische Leitbilder zwischen Gestern und Morgen. Mit Texten zum Thema von John Maynard Keynes und Wassily W. Leontief, Marburg 1998

Thomas Ebert

Beutet der Sozialstaat die Familien aus?

Darstellung und Kritik einer politisch einflussreichen Ideologie

Kinder wecken normalerweise positive Emotionen, Unrecht an Kindern oder an Familien mit Kindern bewirken dementsprechend eine starke gefühlsmäßige Anteilnahme. Deshalb übt eine politische Argumentation, die sich auf die angebliche oder tatsächliche Benachteiligung von Kindern stützt, leicht eine große Suggestionskraft aus. Nicht viel anders ist es, wenn die Zukunftschancen der Jugend ins Spiel gebracht werden.

Bei solchen Argumentationen besteht jedoch die Gefahr, dass – bewusst oder unbewusst, absichtlich oder unbeabsichtigt – politische, ökonomische und soziale Konflikte in biologische umgedeutet werden, zum Beispiel zwischen Kinderreichen und Kinderlosen bzw. -armen oder zwischen Jungen und Alten. Damit wird jedoch nicht nur die Ursachenanalyse verfehlt, sondern man präjudiziert auch äußerst problematische politische Entscheidungen.

Ein besonders plastisches Beispiel für die Biologisierung sozialer und ökonomischer Konflikte liefert die Behauptung, es gebe eine Ausbeutung der Kinder erziehenden Familien durch den Sozialstaat, besonders durch das Rentenversicherungssystem, aber auch die Gesetzliche Pflegeversicherung. Wegen der Neigung zu extremen Positionen kann man bei dieser Richtung durchaus von „Familienradikalismus" oder „-fundamentalismus" sprechen.

Die „Familienausbeutungstheorie"

Den Kern der „Transferausbeutungstheorie" bildet die Behauptung, dass alle Sozialleistungen an die ältere Generation auf der Aneignung der produktiven Kindererziehungsleistung von Eltern beruhen. Einer ihrer führenden Vertreter, Jürgen Borchert, formuliert dies in einer von ihm verfassten Stellungnahme des Deutschen Familienverbandes zur mündlichen Verhandlung des Bundesverfassungsgerichts über die Verfassungsbeschwerden zur Pflegeversicherung am 4. Juli 2000: „Solange die Kinderlasten privat und die Altenlasten gesellschaftlich getragen werden, erhalten kinderlose Ruheständler ihre Sozialleistungen ohne jede Vorleistungen auf Kosten der Kinder anderer Leute. Das folgt zwingend aus der volkswirtschaftlichen Grundtatsache, dass aller Sozialaufwand stets nur aus dem Volkseinkommen der jeweils laufenden Periode bestritten werden kann. In besonders krasser Weise ist diese Sozialisierung der Altenlast bei gleichzeitiger Privatisierung der Kinderlasten bei der Rentenversicherung eingetreten, die Eltern um ihre originär und genuin erworbenen Ansprüche prellt und die Kinder zwingt, fremde Kinderlose besser zu versorgen als ihre eigenen Eltern."[1]

Da die Kinderlosen im Alter von den Kindern der Kinderreichen unterhalten werden müssten, sei die Sozialversicherung nichts anderes als eine Umverteilung von Kinderreichen auf Kinderlose, wobei den Ersteren der gerechte Ertrag ihrer Kindererziehungsleistung vorenthalten werde.[2] Daraus wird dann die Forderung nach einem umfassenden familiengerechten Umbau des sozialen Sicherungssystems abgeleitet. Kern dieses Postulates ist, dass Kindererziehung nicht nur als völlig gleichberechtigt neben der Erwerbsarbeit anerkannt werden, vielmehr auch im gleichen Umfang Leistungsansprüche gegenüber der Sozialversicherung begründen soll.

Eine deutliche Affinität zur „Ausbeutungstheorie" kam im Urteil des Bundesverfassungsgerichts vom 3. April 2001 zur Pflegeversicherung zum Ausdruck, gewissermaßen in Fortsetzung seiner Rechtsprechung vom 7. Juli

---

1   Jürgen Borchert, Stellungnahme des Deutschen Familienverbandes zur mündlichen Verhandlung über die Verfassungsbeschwerden zur Pflegeversicherung am 4. Juli 2000. Ähnlich auch Ferdinand Oeter, Plädoyer für einen starken Sozialstaat auf solider Basis, in: Frühe Kindheit 3/1999. Weitere detaillierte Beiträge zur Transferausbeutungstheorie wurden bereits vor einigen Jahren publiziert, z.B.: Jürgen Borchert, Innenweltzerstörung, Frankfurt am Main 1989; ders., Renten vor dem Absturz, Frankfurt am Main 1993; Ferdinand Oeter, Der unsoziale Sozialstaat, München 1989; Deutsche Liga für das Kind (Hrsg.), Die familienpolitische Struktur des Sozialstaates: Verfassungsauftrag ohne Folgen?, Dokumentation der Fachtagung am 21.2.1994 in Bonn, Bonn 1994

2   Jürgen Borchert (Schlag gegen die Familie, in: Die Zeit v. 17.12.1993) macht – ohne Angabe der statistischen Quellen – folgende überschlägige Rechnung auf, die ein Licht auf die Logik der „Transferausbeutungstheorie" wirft: Zur generativen Reproduktion der Bevölkerung sei es notwendig, dass im Durchschnitt jeder Mensch zwei Kinder hat. 30 Prozent der Menschen sind heute kinderlos. Ihre Renten – annäherungsweise wären das 30 Prozent des Rentenvolumens – müssten deshalb zu Lasten der Eltern, das heißt auf fremde Kosten, finanziert werden. Weitere 20 Prozent haben nur ein Kind, tragen also nur zu 50 Prozent die Kosten ihrer Reproduktion; auf diese Weise sind weitere 10 Prozent des Rentenvolumens in dem beschriebenen Sinne „fremdfinanziert". Zusammengerechnet müssten 40 Prozent des Rentenvolumens als „Fremdlasten" von denjenigen Eltern getragen werden, die ihr Reproduktionssoll erfüllen oder übererfüllen. Das Volumen der „Transferausbeutung" in allen Sozialversicherungssystemen zusammen beziffert Borchert auf diese Weise auf etwa 160 Mrd. DM (81,81 Mrd. €), ohne allerdings nachvollziehbare Rechnungen zu präsentieren. Eine ähnliche Rechnung findet sich auch bei Ferdinand Oeter, Plädoyer für einen starken Sozialstaat auf solider Basis, a.a.O.

1992.[3] Damals hatte das oberste Gericht die „Naturalbeitragstheorie" zwar nicht übernommen, sich ihr aber doch angenähert, indem es aus seiner Sicht in der Rentenversicherung eine systematische Benachteiligung von Eltern gegenüber Kinderlosen diagnostizierte und es dem Gesetzgeber zur Pflicht machte, diese Benachteiligung schrittweise auszugleichen. Das jüngste Urteil verfolgt diese Linie weiter, indem es die Tatsache, dass Kindererziehung in der Gesetzlichen Pflegeversicherung nicht beitragssenkend berücksichtigt wird, als verfassungswidrig deklariert. Man begründet dies damit, dass die Pflegeversicherung eine deutliche Komponente der Umverteilung zwischen den Generationen aufweist, woraus sich im Analogieschluss eine vergleichbare verfassungsrechtliche Beurteilung der Gesetzlichen Rentenversicherung ergibt. Die Argumentation des Bundesverfassungsgerichts entspricht weitgehend der „Familienausbeutungstheorie", obwohl der sonst häufig latent aggressive Unterton gegenüber Kinderlosen fehlt.[4]

Denkfehler der „Ausbeutungstheorie"

Das Argumentationsmuster der „Familienausbeutungstheorie" hat eine erhebliche Suggestionskraft. Gleichwohl stellt sich die Frage, ob es stimmt, dass den Eltern etwas weggenommen wird, nur weil ihre Kinder, wenn sie erwachsen und erwerbstätig sind, Steuern an den Staat und Beiträge an die Sozialversicherung zahlen.

Es sind zwei grundsätzliche Denkfehler, auf denen die „Ausbeutungstheorie" beruht:

1. einer falschen Eigentumszurechnung bzw. der Meinung, dass die Kinder eine Art Anlagekapital der Eltern seien, das Zinsen abwerfen muss;
2. einer falschen biologistischen „Produktionstheorie", d.h. der Vorstellung, dass die Fortpflanzung die eigentliche Quelle des Reichtums sei.

---

3 Vgl. Entscheidungen des Bundesverfassungsgerichts, Bd. 87, S. 1
4 „Wenn (...) ein soziales Leistungssystem ein Risiko abdecken soll, das vor allem die Altengeneration trifft, und seine Finanzierung so gestaltet ist, dass sie im Wesentlichen nur durch das Vorhandensein nachwachsender Generationen funktioniert, die jeweils im erwerbsfähigen Alter als Beitragszahler die mit den Versicherungsfällen der vorangegangenen Generationen entstehenden Kosten mittragen, dann ist für ein solches System nicht nur der Versicherungsbeitrag, sondern auch die Kindererziehungsleistung konstitutiv. Wird dieser generative Beitrag in der Regel nicht mehr von allen Versicherten erbracht, führt dies zu einer spezifischen Belastung kindererziehender Versicherter im Pflegeversicherungssystem, deren benachteiligende Wirkung auch innerhalb dieses Systems auszugleichen ist. Die kindererziehenden Versicherten sichern die Funktionsfähigkeit der Pflegeversicherung also nicht nur durch Beitragszahlung, sondern auch durch Betreuung und Erziehung von Kindern." (Urteil v. 3.4.2001, Ziffer 61)

Abgesehen von diesen zwei grundsätzlichen Denkfehlern führt der gedankli-
che Ansatz der „Familienausbeutungstheorie" zwangsläufig zu einer konservativen und patriarchalischen Familienpolitik.

Kinder – eine verzinsliche Kapitalanlage?

Die Vorstellung, dass Kinder ein „Kapital" der Eltern seien, geht davon aus,
dass sie eine Art Realinvestition in die Zukunft sind. Das ist in gewisser Weise durchaus richtig. Trotzdem wäre es falsch, den Eltern eine Art Eigentum
an den Kindern und am Ertrag ihrer späteren Erwerbsarbeit zuzuschreiben.
Denn Eltern haben keine Eigentumsrechte an Kindern, die ihnen der Staat
oder die Sozialversicherung oder die Kinderlosen wegnehmen könnten. Kinder gehören nicht den Eltern, so wenig wie der Gesellschaft oder dem Staat.
Deshalb können sie kein (Human-)Kapital sein. Das „Kapital" gehört sich
sozusagen selbst. Niemand kann daraus Zinsen verlangen.

Die „Familienausbeutungstheorie" leugnet letztlich die rechtliche Unab-
hängigkeit der Kinder, selbst wenn sie erwachsen geworden sind. Kinder
gelten als unselbstständiger Bestandteil des Familienverbandes, an dessen
Spitze die Eltern stehen. Man befindet sich damit im diametralen Widerspruch zum modernen Verständnis von den Rechten des Individuums. Dies
festzustellen heißt in keiner Weise, die überragende Bedeutung sowie die gesellschaftliche Nützlichkeit der Kindererziehung und der Familien zu leug-
nen. Es wird auch nicht abgestritten, dass die Kindererziehungsleistung der
Familien staatlicher Förderung bedarf. Nur hat das alles nichts mit einem ei-
gentumsrechtlichen Erstattungsanspruch der Eltern zu tun. Dass aber ein ei-
gentumsrechtlich und dinglich verfestigter Kinder- und Familienbegriff der
„Familienausbeutungstheorie" sehr konkrete Folgen für die Art und Weise
der Familienförderung haben muss, werden wir später sehen.

Fortpflanzung als Quelle des Reichtums?

Die Behauptung einer Ausbeutung der Familie durch den Sozialstaat hat noch
eine weitere Prämisse, dass nämlich die Reproduktion der Bevölkerung der
entscheidende Produktions- und Wachstumsfaktor sei. Nur dann macht es
überhaupt Sinn, die Steuer- und Beitragszahlung der Kinder als eine Art Leistung der Eltern anzusehen. Ohne diese „biologische Produktionstheorie" wäre auch die moralische Empörung über die Enteignung des Ertrags der Kindererziehung kaum verständlich. Die „biologische Produktionstheorie" entspricht aber nicht den Gegebenheiten einer modernen Volkswirtschaft, in der
weniger die Zunahme der Arbeitskräfte als die Kapital- bzw. Wissensakku-

mulation, mithin die Steigerung der Arbeitsproduktivität, ausschlaggebend ist. Das zeigen einige wenige Zahlen:

- Von 1950 bis heute hat sich das Bruttoinlandsprodukt in Westdeutschland real etwa versechsfacht, ist also um rund 500 Prozent gestiegen.
- In denselben 50 Jahren hat die Zahl der Erwerbstätigen in Westdeutschland aber nur um rund 40 Prozent zugenommen. Außerdem war für diese Zunahme nicht das natürliche Bevölkerungswachstum entscheidend, sondern die Zuwanderung und die wachsende Erwerbsbeteiligung der Frauen.
- Das reale Wachstum des Bruttoinlandsprodukts von 1950 bis heute ist demnach zu über 90 Prozent auf Realkapitalbildung und Steigerung der Arbeitsproduktivität und zu weniger als 10 Prozent auf das Wachstum der Zahl der Arbeitskräfte zurückzuführen.
- Das Sozialprodukt von 1950 könnte heute mit weniger als einem Viertel der damaligen Erwerbstätigen erwirtschaftet werden.

Selbst wenn man also den Eltern die Steuer- und Beitragsleistung ihrer Kinder zurechnen könnte, dürfte sich das höchstens auf den Teil erstrecken, der dem Produktivitätsniveau zum Zeitpunkt ihrer Geburt entspricht. Alles, was darüber hinaus geht, also der gesamte Produktivitätszuwachs, ist auf keinen Fall, selbst wenn man der „Ausbeutungstheorie" folgen würde, der Reproduktionsleistung der Eltern zuzuschreiben, sondern beruht auf Kapitalakkumulation und dem technischen Fortschritt, d.h. der Wissensakkumulation.

Offensichtlich orientiert sich die „biologische Produktionstheorie" am Muster der archaischen vorindustriellen Subsistenzwirtschaft, ganz so, als wäre die Familie noch immer auch Produktionsbetrieb und Trägerin der sozialen Sicherung. Die „biologische Produktionstheorie" kennt offenbar keine Ersparnis, keine Nettoinvestitionen, keinen technischen Fortschritt, keine Wissensakkumulation, keine Außenverflechtung, keine Arbeitsteilung, keine Lohnarbeit und keinen Arbeitsmarkt. Mit der Realität einer modernen Volkswirtschaft hat das alles natürlich nichts zu tun.[5]

Mit dem stillschweigenden Rückgriff auf das Modell der archaischen Subsistenzwirtschaft haben auch noch zwei weitere Eigentümlichkeiten der „Ausbeutungstheorie" zu tun:

---

5 Eine gewisse Einsicht in die Tatsache, dass die „Transferausbeutungstheorie" sich auf die vorindustrielle Produktionsform bezieht, zeigt sogar Borchert selbst, indem er beklagt, dass die „Ursache für den Verlust des Verständnisses für diese fundamentalen Zusammenhänge (...) in der Transformation von der Agrar- zur Industriegesellschaft zu suchen" sei (Stellungnahme des Deutschen Familienverbandes zur mündlichen Verhandlung über die Verfassungsbeschwerden zur Pflegeversicherung am 4. Juli 2000, Fn. 41); allerdings verkennt Borchert, dass der Schritt von der Agrar- zur Industriegesellschaft nicht nur den Blick auf „zeitlose Wahrheiten" getrübt, sondern die Realität selbst verändert hat.

1. die Denkfigur vom „Naturalbeitrag" zur Sozialversicherung;
2. die Vorstellung, dass nicht Personen, sondern Generationen übergreifende Familienverbände als ökonomische Einheiten zu betrachten seien.

„Naturalbeitrag"

Die Vorstellung vom Naturalbeitrag besagt, dass es neben dem in Geldform entrichteten Sozialversicherungsbeitrag noch einen zweiten Beitrag gibt, der ebenfalls durch einen Gegenwert entlohnt werden muss. Dieser zweite Beitrag besteht in einer sächlichen Investition, d.h. in der Bereitstellung von Produktionsfaktoren, mit denen das spätere Sozialprodukt erzeugt wird und aus dem dann Geldbeiträge gezahlt werden können. Deshalb ist aus dieser Sicht die Kindererziehung als solche ein Naturalbeitrag zur Sozialversicherung, ohne dass es dazu eines Geldbeitrages bedarf.[6]

Diese Gedankenkonstruktion vernachlässigt aber, dass die bloße Existenz der Produktionsfaktoren (Arbeitskraft, Kapital, Wissen, natürliche Ressourcen) als solche noch keine Sozialversicherungsbeiträge entstehen lässt, sondern dass auch wirklich produziert und vor allem auch wirklich in bar und in Geldform gezahlt werden muss. Dieser feine Unterschied wird von „Transferausbeutungstheoretikern" ignoriert, weil sie die archaische Subsistenzwirtschaft ohne Arbeitsteilung und ohne Geldverkehr vor Augen haben: Unter diesen ökonomischen Bedingungen reicht in der Tat die bloße Fortpflanzung, um die Weiterexistenz des Produktionsbetriebes „Familie" und deren Selbstversorgung zu sichern. Davon kann in der modernen arbeitsteiligen Volkswirtschaft natürlich nicht die Rede sein.

Wenn man aber die Vorstellung vom Naturalbeitrag für einen Augenblick akzeptiert, dann muss man auch berücksichtigen, dass die Fortpflanzung bei weitem nicht der einzige Naturalbeitrag für das Sozialprodukt der Zukunft ist. Daneben gibt es, wenn man so will, auch noch andere Naturalbeiträge. Auch Kinderlose leisten einen investiven Beitrag für das Sozialprodukt der Zukunft, indem sie sparen, investieren, das Wissen erweitern, ausbilden oder die Umweltressourcen erhalten helfen. Wenn also die Fortpflanzung als Naturalbeitrag zur Sozialversicherung anerkannt wird, dann müsste das auch für Ersparnis, Realkapitalbildung, Forschung, Entwicklung und Ausbildung gelten. Zum Schluss müssten all diese zweifellos nützlichen Tätigkeiten mit Rentenzahlungen im Alter honoriert werden. Nur fragt sich

6   Mit dieser Begründung lehnt z.B. Borchert die ab 1. April 1999 eingeführte offene Beitragszahlung des Bundes für Kinder erziehende Eltern ab. Er sieht darin sogar eine weitere Ausbeutung der Kinder erziehenden Familien, weil diese an der Finanzierung von Kindererziehungsbeiträgen durch Ökosteuern beteiligt seien (vgl. Stellungnahme des Deutschen Familienverbandes, a.a.O., Abschnitt D, Buchstabe 1c).

dann, welchen Gegenwert die tatsächlichen Beitragszahler für ihre Lohnabzüge überhaupt noch erhalten sollen.

Generationen übergreifender Familienverband als ökonomische Einheit

Typisch für die „Familienausbeutungstheorie" ist auch die Vorstellung vom Generationen übergreifenden Familienverband als ökonomischer Einheit. Gegenstand ihres Interesses sind nämlich nicht die Einkommenstransfers und -verteilung zwischen Personen, sondern zwischen Familien, die jeweils über Generationen hinweg als ökonomische Einheit vorausgesetzt werden. Nur deshalb kann auch die Idee entstehen, dass die Steuern und Beitragszahlungen der erwachsenen Kindergeneration in die Eigentumssphäre der Eltern gehören.

Auch diese Idee gehört in die Welt der vormodernen Wirtschaft und nicht in die arbeitsteilige Moderne. In der archaischen Subsistenzwirtschaft war die Familie in der Tat eine Generationen übergreifende Produktionseinheit und auch in der Lage, den reproduzierten Familiennachwuchs intern produktiv einzusetzen, ohne auf den Arbeitsmarkt gehen zu müssen und ohne die Leistungen eines öffentlichen Ausbildungssystems zu benötigen. Heute hingegen ist die Familie längst keine Generationen übergreifende Produktionseinheit mehr: Die Generationen leben nicht mehr unter einem Dach, Eltern und Kinder verrichten Lohnarbeit auf dem Arbeitsmarkt, und zwar in ganz unterschiedlichen Berufen, für die sie die Qualifikation im öffentlichen Ausbildungssystem erworben haben. Es gibt nur noch „Wirtschaftssubjekte" und keine „Wirtschaftsfamilien" mehr.

Elternzentrierte Statuspolitik

Wie bereits angedeutet, hat der Ansatz der „Familienausbeutungstheorie" durchaus sehr klare praktische politische Konsequenzen für die Familienpolitik und die Ausgestaltung der Sozialsysteme. Fixpunkt der „Familienausbeutungstheorie" ist das Eigentumsrecht bzw. der Entschädigungsanspruch der Eltern. Dies mündet in eine Familienpolitik, die im Grundsatz elternzentrierte Statuspolitik ist. Sie geht davon aus, dass die Eltern eine Leistung für die Gesellschaft erbringen, indem sie durch Kindererziehung einen Produktionsfaktor bzw. den entscheidenden Produktionsfaktor zur Verfügung stellen. Dafür können sie von der Gesellschaft einen Gegenwert und eine Entschädigung verlangen. Familienpolitik wird also aus dem Eigentumsrecht der Eltern und aus dem Entschädigungsprinzip abgeleitet. Daher geht es nicht um das

Recht der Kinder und Jugendlichen, sondern ausschließlich um das Recht der Eltern.

Der Statuswahrungspolitik für die Eltern kommt es in erster Linie darauf an, dass Eltern nach Möglichkeit mit Kinderlosen derselben Schicht gleichgestellt werden. Familienpolitik wird als korrigierender Eingriff des Staates in einen angenommenen Konflikt zwischen Kinderreichen und Kinderlosen konzipiert. Dem entspricht der klassische horizontale Familienlastenausgleich mit einem steuerlichen Kinderfreibetrag, welcher aufgrund der Steuerprogression zu einer mit dem Einkommen der Eltern wachsenden Kindervergünstigung führt. Das ist im Rahmen dieses Konzepts auch konsequent, denn die rechtliche Unterhaltsverpflichtung für die Kinder wächst ja auch mit dem Einkommen der Eltern.

Moderne Familienpolitik als Sozialpolitik für Kinder und als Gleichstellungspolitik

Der elternzentrierten Statuspolitik ist eine moderne Familienpolitik gegenüberzustellen, die sich als Sozialpolitik für Kinder und Jugendliche sowie als Politik zur Gleichstellung von Frauen und Männern versteht. Ihr vorrangiges Ziel ist es nicht, Eltern zu entschädigen oder zu entlohnen, sondern allen Kindern und Jugendlichen volle Entwicklungsmöglichkeiten zu eröffnen und Chancengleichheit zu ermöglichen. Eine moderne Familienpolitik geht davon aus, dass die Eltern ihre Kinder nicht für die Gesellschaft oder den Staat und auch nicht um irgendeines fremden Zweckes willen, z.B. der Versorgung oder der Pflege im Alter, aufziehen, sondern in eigener Verantwortung und um ihrer selbst willen.

Deshalb existieren Familienpolitik und -lastenausgleich nicht für die Eltern, sondern ausschließlich für die Kinder. Eltern werden nicht um ihrer selbst gefördert, sondern nur um der Kinder willen bzw., um die Erziehungskraft der Familien zu stärken. Der Familienlastenausgleich soll deshalb auch nicht den Abstand zwischen Eltern mit Kindern gegenüber den Kinderlosen der jeweils niedrigeren sozialen Schicht wahren, sondern dafür sorgen, dass kein Kind in Armut lebt und dass alle Kinder die gleiche Chance auf Entwicklung haben. Die darüber hinausgehenden Belastungen der Eltern sind Konsequenz ihrer eigenverantwortlichen Entscheidungen. Dem entspricht dann auch ein System des Kinderlastenausgleichs nach dem Prinzip „Kind gleich Kind", das allerdings durch eine armutsvermeidende Grundsicherung für Kinder ergänzt werden müsste.

Konsequenzen für den Zusammenhang von Kindererziehung und Alterssicherung

Nach dem Ansatz der „Familienausbeutungstheorie" ist die Kindererziehung ein Naturalbeitrag, den die Eltern für das Rentenversicherungssystem erbracht haben und für den sie ohne weiteren Geldbeitrag eine Entlohnung in Form einer das Existenzminimum sichernden „Elternrente" fordern können.

Ein Modell zur näheren Ausgestaltung einer Elternrente hat Jürgen Borchert vorgeschlagen:[7]

– Da zwei Kinder pro Elternpaar das reproduktive Mindestsoll darstellen, soll für die Erziehung von zwei Kindern auch ohne weitere Geldbeiträge eine das Existenzminimum sichernde Rente (etwa in Höhe der Sozialhilfe) erworben werden.

– Die Elternrente soll ohne Beitragserhöhung und ohne zusätzliche Steuermittel finanziert werden, wozu es notwendig ist, die lohnbezogenen Rentenansprüche so weit zu kürzen, dass die Elternrente beitragssatz- und haushaltsneutral bezahlbar wird.

Borchert schlägt vor, das Rentenniveau zu halbieren. Für jedes Kind sollen 30 Entgeltpunkte angerechnet werden (1 Entgeltpunkt = Monatsrente, die durch einen Jahresdurchschnittsbeitrag erworben wird). 30 Entgeltpunkte entsprechen wegen der vorgesehenen Halbierung des Rentenniveaus 15 Entgeltpunkten nach dem gegenwärtigen Rentenniveau. Für zwei Kinder würde man dann kraft des Naturalbeitrages „Kindererziehung" eine Elternrente erhalten, die 2/3 der Standardrente nach gegenwärtigem Recht ausmacht. Das wären heute 1.457 DM (744,95 €) brutto und 1.347 DM (688,71 €) nach Abzug des Kranken- und Pflegeversicherungsbeitrages. Dieses Modell soll in etwa beitragssatzneutral sein.

Neben dem sehr weit gehenden Borchertschen Modell liegen auch maßvollere Vorschläge vor, die aber gleichfalls dem Grundgedanken folgen, die lohnbezogenen und durch Geldbeiträge fundierten Rentenanwartschaften zu Gunsten der Anerkennung von Kindererziehungszeiten zu reduzieren.[8]

---

7 Vgl. Jürgen Borchert, Innenweltzerstörung, a.a.O., S. 120ff.; ders., Renten vor dem Absturz, a.a.O., S. 269ff.

8 Zu dem Typ „moderater" Elternrentenmodelle gehört das sog. FleSelAs-Modell: Es begnügt sich damit, den vollen Erwerbsverzicht bis zum 6. Lebensjahr des jüngsten Kindes und Teilzeitarbeit bis zum 10. Lebensjahr des jüngsten Kindes rentenrechtlich abzusichern. Solange ein Kind unter 6 Jahren erzogen wird, sollen nach dem „FleSelAs"-Modell 1,0 Entgeltpunkte angerechnet werden. Werden zwei oder mehr Kinder unter 6 Jahren erzogen, so werden für das 1. Kind 1,0 und für die weiteren Kinder je 0,2 Entgeltpunkte als Zuschlag angerechnet. Wenn Kinder zwischen 6 und unter 10 Jahren erzogen werden, wird jedes Kind mit je 0,1 Entgeltpunkten angerechnet (u.U. zusätzlich zu Entgeltpunkten für Kinder unter 6 Jahren). Die Senkung des Rentenniveaus begrün-

Die grundsätzliche Kritik an solchen Modellen ist schon deutlich geworden: Deren analytischer Kardinalfehler besteht darin, dass die Finanzierung des Alterssicherungssystems völlig auf die Fortpflanzungskomponente reduziert wird und alle sonstigen ökonomischen Zusammenhänge völlig ignoriert werden.

Kritik des Elternrentenmodells

In der praktischen Auswirkung hat das Elternrentenmodell fatale Konsequenzen:[9]

– Die traditionelle Hausfrauenehe wird völlig einseitig gefördert.
– Es werden bei weitem nicht alle Eltern begünstigt, sondern in der Regel nur kinderreiche Paare und solche, bei denen nur ein Elternteil erwerbstätig ist. Vorteile haben nur diejenigen Elternpaare, bei denen die Kindervergünstigung so hoch ist, dass sie die Halbierung der lohnfundierten Rente wenigstens kompensiert. Bei zwei Kindern liegt dieser Schnittpunkt dort, wo das Elternpaar zusammen nicht mehr als 48 Entgeltpunkte erworben hat; das ist ein Wert, der in der Regel bereits bei einem voll berufstätigen Vater und einer teilzeitbeschäftigten Mutter überschritten werden dürfte.[10]

---

den die Autoren damit, dass der Anspruch auf die Standardrente von rd. 70 Prozent des durchschnittlichen Nettolohnes (45 Entgeltpunkte) aus Gründen der Gerechtigkeit nur solchen Versicherten zustehen dürfe, die zusätzlich auch den erforderlichen „generativen Beitrag" zur Erhaltung des Systems geleistet haben. Dem Standardrentner fehle sozusagen eine Erziehungsphase. Diese Erziehungsphase soll mit 6 Jahren angesetzt werden, sodass 45 Jahre Durchschnittsbeitrag nur zu einem Rentenanspruch führen, der nach heutigem Recht mit 45-6 = 39 Jahren erreicht wird. Daraus ergibt sich eine Senkung des Rentenniveaus um 13,33 Prozent. Vgl. Thomas-Peter Gallon/Hans-Peter Bank/Ralf Kreikebohm, Flexibles System eigenständiger und leistungsbezogener Alterssicherung (FleSelAs) – Konzeption einer Weiterentwicklung der gesetzlichen Rentenversicherung, in: Neue Zeitschrift für Sozialrecht 1994, Heft 9, 10 und 11

9   Zur Kritik des Elternrentenmodells und der ihm zugrunde liegenden Theorie von der Kindererziehung als „Naturalbeitrag" vgl. auch Gerhard Bäcker-Breil/Wiebke Buchholz-Will/Brigitte Stolz-Willig, Kindeswohl oder Männerwohl, in: Soziale Sicherheit 12/1989, S. 371ff.; Friedhelm Hase, Benachteiligung der Familie durch die Rentenversicherung?, in: Wirtschaftsdienst 10/1992, S. 520ff.; Thomas Ebert, Frauen, Kinder, Renten, in: Soziale Sicherheit 4/1993, S. 103f.; Monika Rahn, Berücksichtigung der Kindererziehung in der Rentenversicherung: das Elternrenten-Modell, in: Deutsche Rentenversicherung 10/1994, S. 727; Reinhold Thiede, Benachteiligung der Familie in der Rentenversicherung?, Anmerkungen zur Forderung nach einem verstärkten Familienbezug im Rentenrecht, in: Die Angestelltenversicherung 11/1994, S. 401; Thomas Ebert, Familienfundamentalismus und Alterssicherung, in: WSI-Mitteilungen 6/1995, S. 365ff.

10 Wenn EP die Summe der von beiden Eltern zusammen erworbenen Entgeltpunkte und K die Kinderzahl ist, wäre das Borchert-Modell mit der Anrechnung von 30 Entgelt-

- Das Elternrentenmodell wirkt durch seinen massiven Anreiz zur Nichterwerbstätigkeit von Frauen völlig kontraproduktiv auf die langfristige Rentenfinanzierung, weil es das Erwerbspersonenpotenzial negativ beeinflusst. Ob die erhoffte Steigerung der Geburtenrate eintritt, ist hingegen völlig ungewiss.

- Das Modell führt zu einem familienpolitischen Paradox: Es werden erhebliche Finanzmittel zur rentenmäßigen Gratifikation der Kindererziehung an die Seniorenbevölkerung benötigt. Diese fehlen dann einer aktiven Familienpolitik, die Familien zu dem Zeitpunkt zu Gute kommen, zu dem sie die Kinder tatsächlich erziehen.

- Das Elternrentenmodell würde die kontraproduktive Tendenz unserer Familienpolitik noch verstärken, nämlich den Vorrang von kompensierenden Geldleistungen gegenüber Hilfen zur Vereinbarkeit von Familie und Beruf.

Kindererziehung und Alterssicherung aus Sicht einer modernen Familienpolitik

Wenn Familienpolitik als Sozialpolitik für Kinder und zur Gleichstellung von Frauen und Männern verstanden wird, müsste die Berücksichtigung von Kindererziehung in der Alterssicherung so aussehen:

- Es geht prinzipiell nicht um die Entlohnung von Eltern, sondern um die Stärkung ihrer Erziehungskraft. Unter diesem Aspekt ist es nicht sinnvoll, die Kindererziehung mit besonderem Vorrang in Form einer Altersrente zu honorieren.

- In der Rentenversicherung muss Kindererziehung jedoch so weit angerechnet werden, als nötig ist, um Eltern ohne Nachteile für ihre spätere Alterssicherung vorübergehend den Verzicht auf Erwerbstätigkeit zu ermöglichen. Idealtypisch müsste dies eigentlich nach dem Lückenschließungsmodell geschehen.

- Die rentenrechtliche Förderung der Erziehungspause sollte aber eng begrenzt sein, auf jeden Fall auf Jahre der Kleinkindererziehung. Denn die Gleichstellung von Frauen und Männern kann nur durch Erwerbsbeteiligung der Frauen erreicht werden. Deshalb muss die Hilfe der Gesellschaft für Familien vorrangig in der Hilfe zur Vereinbarkeit von Kindererziehung und Berufstätigkeit bestehen und nicht in der Förderung des Verzichts auf Erwerbstätigkeit.

---

punkten je Kind und Halbierung des Rentenniveaus unter folgender Bedingung günstiger als das heutige Recht mit 3 Entgeltpunkten je Kind: $0,5 \times (EP + 30 \times K) > EP + 3 \times K$, d.h. wenn $EP < 24 \times K$.

– Im übrigen sollte es grundsätzlich bei der Erwerbsorientierung des Rentenversicherungssystems bleiben.

Ausblick: die Rentenpolitik nach dem Pflegeversicherungsurteil des Bundesverfassungsgerichts

Es wurde versucht, den Hintergrund der „Familienausbeutungstheorie" und der radikalen Elternrentenmodelle sowie ihre sozial- und gesellschaftspolitischen Konsequenzen darzustellen. Nachdem solche Positionen in der aktuellen Diskussion zur Rentenreform 2001, die weitgehend von Kategorien des Wirtschaftsliberalismus dominiert wurde, zunächst keine Rolle gespielt hatten, sind sie durch das bereits erwähnte Urteil des Bundesverfassungsgerichts zur Pflegeversicherung vom 3. April 2001 wieder in den Blickpunkt gerückt.

Bei der Rentenreform 2001 hat sich die Bundesregierung um eine deutliche familienpolitische Komponente bemüht, um der Forderung des Bundesverfassungsgerichts nach einer schrittweisen Verbesserung für Kindererziehende (Urteil vom 7. Juli 1992) nachzukommen. Zu diesem Zweck wurde versucht, die familienbezogenen Leistungen der Rentenversicherung stärker auf die Vereinbarkeit von Kindererziehung und Beruf zuzuschneiden, z.B., indem Beschäftigungszeiten während der Erziehung von Kindern unter 10 Jahren bei der Rentenberechnung höher bewertet werden. Dieser Ansatz ist m.E. – unabhängig vom Urteil über die anderen Elemente des Reformwerkes – durchaus vernünftig. Ob der Politik aber auf Dauer die Gratwanderung zwischen den Postulaten des Bundesverfassungsgerichts und einer vernünftigen, an der Chancengleichheit der Kinder und der Gleichstellung von Frauen und Männern orientierten Familienpolitik gelingt, ist nach dem jüngsten Pflegeversicherungsurteil ungewisser denn je.

Gefragt sind jetzt Fantasie und die Fähigkeit, die Chancen zu nutzen, die das Urteil bietet. Sie liegen darin, dass das Gericht selbst erstmals die Perspektive eröffnet, die Familienkomponente in der Rentenversicherung, die nach der herrschenden juristischen Lage ohnehin schwerlich zu vermeiden ist, nicht mehr weiter auf der Leistungsseite auszubauen, sondern mehr auf die Beitragsentlastung zu verlagern. Das hätte den unschätzbaren Wert, die aktuell Kinder erziehenden Eltern besser fördern zu können, statt immer mehr öffentliche Mittel für ein mit 30 Jahren Verspätung gezahltes Senioren-Kindergeld auszugeben. Zwar gibt es gute Argumente gegen Kinderermäßigungen im Rentenversicherungsbeitrag, aber durch geeignete Ausgestaltung lassen sich die wirklich ins Gewicht fallenden Bedenken entkräften. Beispielsweise ist es durchaus vermeidbar, dass die Kindervergünstigung mit wachsendem rentenversicherungspflichtigem Arbeitsentgelt zunimmt; dazu müsste man nur einen für alle Versicherten gleich hohen Beitragsnachlass vorsehen, statt den prozentualen Beitragssatz nach der Kinderzahl zu staffeln.

Der Bundesregierung wäre zu empfehlen, ihre defensive Haltung aufzugeben, die Arbeits- und Sozialminister Riester in seiner ersten Reaktion auf das Urteil an den Tag gelegt hat. Es ist ohnehin notwendig, in der Pflegeversicherung ab 1. Januar 2005 eine Beitragsentlastung für Kindererziehende einzubauen. Diesen Anlass könnte man beherzt für einen familienpolitischen Paradigmenwechsel auch in der Rentenversicherung nutzen. Dabei sollte tendenziell die rentenmäßige Altersentschädigung zurücktreten und stattdessen die beitragsrechtliche Entlastung junger Familien in den Vordergrund rücken. Zwar verdienen weitere pauschale Einkommensleistungen, dazu noch reserviert für erwerbstätige Eltern, eigentlich nicht unbedingt die höchste familienpolitische Priorität. Aber in dem nahezu familienfundamentalistischen Urteil liegt eine List der Vernunft, deren sich eine progressive Politik bedienen sollte. Man kann das familienfundamentalistische entschädigungsrechtliche Denken gegen dieses selbst wenden und mit einem sozial- und verteilungspolitisch vernünftig ausgestalteten Beitragsnachlass die ansonsten drohende allmähliche Denaturierung der Rentenversicherung zum Elternrentensystem vermeiden.

Erscheinungsformen, Auswirkungen und Folgen von Kinderarmut

Jürgen Mansel

Lebenssituation und Wohlbefinden von Jugendlichen in Armut[1]

1. Armut als Stressor

Soziale Randständigkeit und Armut gehen in der Regel mit vielfältigen Deprivationserscheinungen einher. Armut ist damit nicht nur durch Unzulänglichkeiten in der Verfügbarkeit über materielle Ressourcen und Beeinträchtigungen der Lebensqualität gekennzeichnet, sondern zieht im Gefolge auch Mangellagen im immateriellen Bereich nach sich.[2] Sie ist daher häufig mit sozialer Isolation, räumlicher Segregation,[3] Beeinträchtigungen der Gesundheit,[4] eingeschränkten Karrierechancen der Nachkommen[5] etc. verbunden.

---

1 Die in einem früheren Aufsatz des Verfassers (Zukunftsperspektive und Wohlbefinden bei sozial benachteiligten Jugendlichen, in: Jürgen Mansel/Klaus-Peter Brinkhoff [Hrsg.], Armut im Jugendalter. Soziale Ungleichheit, Gettoisierung und die psychosozialen Folgen, Weinheim/München 1998, S. 141ff.) anhand eines Datensatzes bei Jugendlichen in der Sekundarstufe II vorgestellten Analysen und Berechnungen werden hier anhand einer aktuellen Erhebung bei Schüler(inne)n der Sekundarstufe I überprüft. Inhaltlich wurde der vorliegende Beitrag gegenüber der ursprünglichen Version insbesondere durch eine stärkere Berücksichtigung der Gewalterfahrungen (eigene Gewalttätigkeit und Häufigkeit der Viktimisierung) erweitert.

2 Vgl. Paul Tschümperlin, Erklärungen von Armut. Konsequenzen für die Soziale Arbeit, Brunnen 1988

3 Vgl. Jens S. Dangschat, Sozialräumliche Aspekte der Armut im Jugendalter, in: Andreas Klocke/Klaus Hurrelmann (Hrsg.), Kinder und Jugendliche in Armut. Umfang, Auswirkungen und Konsequenzen, Opladen 1998, S. 112ff.; Detlef Baum, Armut durch die Stadt oder Urbanisierung der Armut. Städtische Jugend im sozialen Brennpunkt. Bedingungen und Folgen sozialer Segregation in einem städtischen Kontext, in: Jürgen Mansel/Klaus-Peter Brinkhoff (Hrsg.), Armut im Jugendalter, a.a.O., S. 60ff.

4 Vgl. Ulrich Laaser, Armut und Gesundheit. Aufgaben der Gesundheitswissenschaft, 2. Beiheft der Zeitschrift für Gesundheitswissenschaft, Weinheim/München 1995. Ein gewichtiger Faktor für den Zusammenhang von Soziallage und Gesundheit sind die häufig einseitigen physischen Belastungen von Personen in weniger privilegierten Berufspositionen. Da Kinder und Jugendliche noch nicht den Übergang in das Erwerbsleben vollzogen haben, sind sie diesen Belastungen auch nicht ausgesetzt. Von daher sind die ermittelten Zusammenhänge von Armut und Gesundheit in diesem Lebensabschnitt meist deutlich schwächer ausgeprägt. Vgl. Jürgen Mansel, Zukunftsperspektive und Wohlbefinden bei sozial benachteiligten Jugendlichen, a.a.O., S. 141ff.; Johann Bacher, Einkommensarmut von Kindern und subjektives Wohlbefinden. Be

Obwohl Armut ein vielschichtiges und mehrdimensionales Problemfeld
bildet, wird sie selbst in neueren Untersuchungen häufig eindimensional, etwa als Angewiesensein auf laufende Hilfe zum Lebensunterhalt[6] oder in Relation zum durchschnittlichen Nettoäquivalenzeinkommen, definiert bzw.
operationalisiert.[7] Hier sollen Jugendliche, die in Armut leben, demgegenüber
auf drei unterschiedliche Arten identifiziert werden, um ihre Lebenssituation
und Entwicklungsbedingungen mit jener der jugendlichen „Normalpopulation" vergleichen zu können. Als arm bzw. als sozial randständig gelten Jugendliche,

1. die aufgrund der Wohnsituation, des Bildungsniveaus und des Prestiges
   des von den erwerbstätigen Eltern ausgeübten Berufes in einer Familie
   aufwachsen, die in der Sozialhierarchie am unteren Ende zu verorten ist;
2. von denen infolge der Misserfolge im Rahmen der eigenen schulischen
   Laufbahn anzunehmen ist, dass sie beim Eintritt in das Erwerbsleben und
   bei der anschließenden beruflichen Karriere eher auf der „Verlierer-" als
   auf der „Gewinnerseite" stehen werden;
3. die im Vergleich zu den Gleichaltrigen aufgrund ihrer subjektiven Einschätzung über deutlich weniger finanzielle Mittel und materielle Güter
   verfügen können als die Mehrheit der Gleichaltrigen.

Lebenssituationen im Rahmen der familialen Sozialisation, der schulischen
Ausbildung und der Freizeitgestaltung von Jugendlichen aus diesen drei
Gruppen werden mit denen Gleichaltriger der jeweiligen „Normalpopulation"
verglichen. Darüber hinaus soll untersucht werden, inwiefern sich die Ju-

---

standsaufnahme und weiterführende Analysen, in: Jürgen Mansel/Georg Neubauer
(Hrsg.), Armut und soziale Ungleichheit bei Kindern, Opladen 1998, S. 173ff.; Thomas Elkeles/Renate Kirschner/Michael Kunert, Armut und Gesundheit bei Jugendlichen und jungen Erwachsenen. Sekundäranalysen von Daten der „Biogramm-
Forschung", in: Jürgen Mansel/Klaus-Peter Brinkhoff (Hrsg.), Armut im Jugendalter,
a.a.O., S. 158ff.

5 Vgl. Wolfgang Lauterbach/Andreas Lange, Aufwachsen in materieller Armut und
   sorgenbelastetem Familienklima. Konsequenzen für den Schulerfolg am Beispiel des
   Übergangs in die Sekundarstufe I, in: Jürgen Mansel/Georg Neubauer (Hrsg.), Armut
   und soziale Ungleichheit bei Kindern, a.a.O., S. 106ff.; Elisabeth Schlemmer, Risikolagen von Familien und ihre Auswirkungen auf Kinder, in: Jürgen Mansel/Georg
   Neubauer (Hrsg.), Armut und soziale Ungleichheit bei Kindern, a.a.O., S. 129ff.

6 Vgl. z.B. Petra Buhr/Monika Ludwig, Deklassierung oder biographischer Übergang?,
   Modernisierte Armutskarrieren in den achtziger Jahren, in: Michael M. Zwick (Hrsg.),
   Einmal arm, immer arm?, Neue Befunde zur Armut in Deutschland, Frankfurt am
   Main/New York 1991, S. 106ff.

7 Vgl. Peter Sopp, Das Ende der Zwei-Drittel-Gesellschaft?, Zur Einkommensmobilität
   in Westdeutschland, in: Michael M. Zwick (Hrsg.), Einmal arm, immer arm?, a.a.O.,
   S. 47ff.; Magdalena Joos/Wolfgang Meyer, Die Entwicklung der relativen Einkommensarmut von Kindern in Deutschland von 1990 bis 1995, in: Jürgen Mansel/Georg
   Neubauer (Hrsg.), Armut und soziale Ungleichheit bei Kindern, a.a.O., S. 19ff.

gendlichen im Hinblick auf die im Prozess des Aufwachsens bei der Auseinandersetzung mit den materiellen und sozialen Lebensbedingungen sowie den eigenen Anspruchshaltungen, Interessenlagen und Bedürfnissen entwickelten Verhaltenstendenzen und Einstellungen, Befindlichkeitsstörungen und Verhaltensauffälligkeiten unterscheiden.

Beeinträchtigungen des emotionalen und physischen Wohlbefindens der armen Jugendlichen auf der einen Seite und Verhaltensauffälligkeiten auf der anderen Seite könnten eine unmittelbare Folge ihrer sozial prekären Lebenslage selbst sein. Es ist aber auch möglich, dass die Beeinträchtigungen des Wohlbefindens eine Folge von ungünstigeren Entwicklungsbedingungen in der Familie, von höheren Belastungen und häufigeren Versagenserlebnissen im Rahmen der schulischen Ausbildung und/oder des „Nicht-mithalten-Könnens" gegenüber Konsumstandards in der Gleichaltrigengruppe sind. In diesem Fall wären sie Resultat dessen, dass der Entwicklungsweg und der Lebensalltag der armen Jugendlichen mit mehr Stressoren „gepflastert" ist. Denn sind die Lebensbedingungen der sozial randständigen und/oder als arm zu klassifizierenden Jugendlichen nicht nur objektiv ungünstiger, sondern werden sie auch als Benachteiligung wahrgenommen, interpretiert und bewertet, wächst – nach den Annahmen stresstheoretischer Konzeptionen[8] – die Wahrscheinlichkeit, dass die kognitive Einschätzung der Situation (primäre Bewertung) auf der emotionalen Ebene von Gefühlen wie Unzufriedenheit und Neid begleitet wird.

Gelangen die Jugendlichen bei der Antizipation ihrer Bewältigungsressourcen (sekundäre Bewertung) zu der Überzeugung, dass sie nicht über die nötigen Kompetenzen verfügen, um die Situation zu ihrer Zufriedenheit zu gestalten, kommen weitere negative Emotionen hinzu. Insbesondere dann, wenn die wahrgenommenen Benachteiligungen in depressive oder anomische Gefühle wie Hilflosigkeit, Hoffnungslosigkeit, Angst und Empfindungen von Sinnlosigkeit und Einsamkeit münden, steigt die Wahrscheinlichkeit, dass über komplizierte Mechanismen, an denen das nervale, das endokrine und das immunologische System des menschlichen Organismus beteiligt sind, auch das physische Befinden beeinträchtigt wird und die Jugendlichen vermehrt unter Magenbeschwerden, Kopfschmerzen, Schlaflosigkeit, Übelkeit etc. leiden.[9]

---

8   Vgl. Richard S. Lazarus/Susan Folkman, Transactional theory and research on emotions and coping, in: European Journal of personality 1/1987, S. 141ff.; Jürgen R. Nitsch, Streß. Theorien, Untersuchungen, Maßnahmen, Bern/Stuttgart/Wien 1981. Auch Johannes Siegrist (Soziale Ungleichheit und Gesundheit. Neue Herausforderungen an die Präventivpolitik in Deutschland, in: Zeitschrift für Gesundheitswissenschaften 2/1995, S. 54) stellt den Zusammenhang von Armut und gesundheitlichem Wohlbefinden theoretisch über stresstheoretische Konzeptionen her.

9   Entsprechende Zusammenhänge zwischen prekären Lebenslagen, kritischen Lebensereignissen und zeitlich überdauernden Belastungen einerseits sowie dem psychischen und physischen Wohlbefinden Jugendlicher andererseits wurden z.B. von Jür-

Dominieren bei der Wahrnehmung von Benachteiligungen nicht anomische Gefühle, sondern aggressive Emotionen wie Wut, Zorn, Ärger, Verdruss und Bitterkeit, steigt demgegenüber die Wahrscheinlichkeit, dass Jugendliche in spezifischen Situationen, z.b. gegenüber Gleichaltrigen, Gewalt anwenden, weil sie entweder keine andere Möglichkeit sehen, um sich durchzusetzen, oder um sich Dinge anzueignen (instrumentelle Gewalt), ihre Stärke bzw. Macht gegenüber anderen unter Beweis zu stellen (expressive Gewalt) oder ihrem Ärger, Verdruss und ihrer Verbitterung „freien Lauf zu lassen" (impulsive Gewalt).

Im vorliegenden Beitrag soll deshalb über den Vergleich der Lebensbedingungen im Rahmen der schulischen Ausbildung, in Familie und Freizeit hinaus gefragt werden, inwiefern sich die einzelnen Gruppen von als arm zu klassifizierenden Jugendlichen hinsichtlich verschiedener Aspekte des Wohlbefindens und bei Verhaltensauffälligkeiten von der „Normalpopulation" der entsprechenden Altersgruppe unterscheiden.[10] Mittels der Vergleiche gegenüber der Gesamtpopulation sollen die Aspekte herausgearbeitet werden, die für Benachteiligungen und Deprivationen im Rahmen der Lebensplanung und -gestaltung dieser Jugendlichen von maßgeblicher Bedeutung sind. Darüber hinaus kann der Vergleich der jeweiligen Armenpopulationen Hinweise darauf liefern, welche unter den drei genannten Formen der Armut mit besonderen Belastungen verbunden ist.

2. Die Datengrundlage

Bei der vorliegenden Analyse greife ich auf Daten einer Studie zum Thema „Angst vor Gewalt im Jugendalter" zurück. Dabei handelt es sich um eine standardisierte Erhebung, die 1999 im Landkreis Soest durchgeführt wurde.

---

gen Mansel und Klaus Hurrelmann (Alltagsstreß bei Jugendlichen. Eine Untersuchung über Lebenschancen, Lebensrisiken und psychosoziale Befindlichkeiten im Statusübergang, Weinheim/München 1991) empirisch nachgewiesen.

10 Inwiefern die Soziallage der Herkunftsfamilie mit der Situation in Schule und Beruf, Familie und Freizeit einerseits sowie dem psychischen und physischen Wohlbefinden und den Verhaltensauffälligkeiten andererseits in einem Zusammenhang steht, wurde bereits in anderem Zusammenhang dargestellt (vgl. Jürgen Mansel, Angst vor Gewalt. Eine Untersuchung zu jugendlichen Tätern und Opfern, Weinheim 2001). Deutlich wurde dabei, dass die (wahrgenommenen) Chancen und Risiken nach der Soziallage differieren, der Sozialstatus aber einen deutlich geringeren Anteil der Varianz z.B. bei den Beeinträchtigungen des Wohlbefindens erklärt als insbesondere die wahrgenommenen Belastungen im Rahmen der schulischen Ausbildung. Im Unterschied zu dem dortigen Vorgehen, das die Soziallage der Herkunftsfamilie entsprechend einer Hierarchisierung der sozialen Positionen als eine linear abgestufte Variable behandelte, soll hier ein Gruppenvergleich zwischen armen und weniger armen Jugendlichen vorgenommen werden.

Befragt wurde eine für den Landkreis weitgehend repräsentative Auswahl von Jugendlichen des 6. bis 10. Klassenjahrgangs aller Schultypen.[11] Insgesamt wurden bei der Befragung Daten von 2.106 Jugendlichen erhoben. Sie erfolgte im Klassenverband, wobei die Jugendlichen jeweils individuell einen Fragebogen bearbeiteten. Interviewerinnen bzw. Interviewer waren nur anwesend, um Rückfragen der Befragten zu beantworten. Der Sachverhalt, dass sich die Befragten bei ihren Angaben keiner fremden Person anvertrauen mussten, stellt ein Maximum an ehrlichen und wahrheitsgemäßen Antworten sicher.

Neben soziodemografischen Merkmalen, die eine Zuordnung der Jugendlichen hinsichtlich der o.g. Armutspopulationen ermöglichten, wurden exteriosierende Daten zu Formen der Problemverarbeitung (eigene Gewalthandlungen) und zu interiosierenden Formen der Belastungsregulation (belastende Emotionen und psychosomatische Beschwerden) erhoben. Als mögliche Hintergründe für die eigene Gewalttätigkeit der Jugendlichen wurden darüber hinaus die sozialen Bedingungen im Rahmen der familialen und schulischen Sozialisation, der Freizeitsituation sowie der Interaktion mit Gleichaltrigen erfasst. Die Operationalisierung der im Einzelnen erhobenen Variablen kann hier nicht dargelegt werden.[12]

3. Jugendliche in Armut

3.1 Identifizierung der Armenpopulationen

3.1.1 Jugendliche mit niedrigem Schulstatus

Für Jugendliche, deren schulische Laufbahn von Misserfolgs- und Versagenserlebnissen (Versetzung in eine Schulform mit niedrigem Prestige; Klassenwiederholungen) geprägt ist, nimmt die Wahrscheinlichkeit zu, dass sie beim Statusübergang von der Schule in den Beruf eher auf der „Verlierer-" als auf der „Gewinnerseite" stehen. Es ist zu erwarten, dass sie im Rahmen ihrer weiteren beruflichen Karriere eher prestigearme Berufe besetzen und in der Einkommensskala am unteren Ende liegen werden. Das Risiko der Verarmung im weiteren Leben ist für diese Jugendlichen überproportional hoch. Eine von Misserfolgen geprägte Schulkarriere diente deshalb als Kriterium für die Identifizierung einer „Armenpopulation".

---

11 Hauptschüler/innen sind in der Stichprobe gegenüber der Grundgesamtheit im Landkreis leicht unterrepräsentiert (vgl. Jürgen Mansel, Angst vor Gewalt, a.a.O., S. 57ff.).

12 Siehe hierzu und zu den dabei herangezogenen Quellen: Jürgen Mansel, Angst vor Gewalt, a.a.O., S. 65ff.

Damit gewährleistet war, dass eine für einen statistischen Vergleich hinreichende Anzahl von Jugendlichen in diese Gruppe eingeordnet wird, wurden Jugendliche aufgenommen, die zum Zeitpunkt der Befragung

1. eine Schule für Lernbehinderte besuchen,
2. bereits mehrfach eine Klasse wiederholt hatten und/oder
3. eine Klasse wiederholen mussten und mehrfach das Klassenziel nur knapp erreichten.

Die genannten Bedingungen trafen auf 131 von den insgesamt 2.106 befragten Jugendlichen zu.

3.1.2 Jugendliche, die in sozial randständigen Familien aufwachsen

Eine zweite Gruppe bilden die Jugendlichen aus Familien, die aufgrund der Sozialmerkmale der Eltern am unteren Ende der Sozialhierarchie zu verorten sind. Dabei wurden zur sozialen Verortung folgende Merkmale herangezogen:

1. das Sozialprestige des von den erwerbstätigen Elternteilen ausgeübten Berufes (kodiert auf der Basis der Magnitude-Prestigeskala);[13]
2. das Bildungsniveau von Vater und Mutter;
3. die Anzahl der Bücher im Haushalt;[14]
4. die Art des Hauses, in dem die Familie lebt (von einem „freistehenden Einfamilienhaus" bis zu einem „Mietshaus" mit mehr als 10 Parteien);
5. der Wohnstatus (Eigentum vs. Miete).

Die jeweiligen Wertebereiche der Indikatoren wurden in ihren jeweiligen Grenzwerten vereinheitlicht, sodass bei der Bildung des Summenindexes (ε/ durch die Anzahl der Variablen, für die Angaben vorliegen) alle Variablen gleiches Gewicht erhielten. Zur Trennung von „Armen-" und „Normalpopulation" wurde der Grenzwert (willkürlich) so festgelegt, dass die Gruppe der Jugendlichen aus sozial randständigen Familien in ihrer Größe (N = 141 Jugendliche) in etwa vergleichbar ist mit der jener Jugendlichen, die aufgrund ihrer schulischen Misserfolge in die Armengruppe eingeordnet wurden.[15]

---

13 Vgl. Bernd Wegener, Gibt es Sozialprestige?, in: Zeitschrift für Soziologie 3/1985, S. 209ff.
14 Für die Anzahl der Bücher wird in einer explorativen Faktorenanalyse auf dem Faktor „Soziallage" nach dem Sozialprestige des Berufes von Vater und Mutter die höchste Ladung ermittelt.
15 Von den Jugendlichen aus den so definierten sozial randständigen Familien erreichten 90 Prozent der Väter und 85 Prozent der Mütter „nur" den Hauptschulabschluss. Keine(r) hat das (Fach-)Abitur und keine der Familien lebt in Wohneigentum. In 95 Prozent der Haushalte stehen weniger als 100 Bücher.

3.1.3 Subjektiv arme Jugendliche

Bei der Identifikation der Jugendlichen, die ihre eigene materielle und finanzielle Situation als unzureichend einschätzen, wurden drei Variablen berücksichtigt. Als relevant wurde dabei erachtet:

1. die Zufriedenheit mit der Geldsumme, über welche sie frei verfügen können;
2. der Vergleich mit der finanziellen Situation der Freundinnen und Freunde sowie
3. der Sachverhalt, dass sich die Jugendlichen nur wenig oder nichts von den Gütern leisten können (als Beispiele waren Markenkleidung, neueste CDs und eine Stereoanlage vorgegeben), von denen die Jugendlichen annehmen, dass man sie braucht, um von den Gleichaltrigen anerkannt zu werden. Insbesondere die zuletzt genannte Variable verknüpft subjektive Anspruchshaltungen mit dem tatsächlichen Besitz.

Über die Ausprägungen bei diesen Variablen wurde wiederum ein Summenindex gebildet. Der Grenzwert zur Ermittlung der subjektiv armen Jugendlichen wurde so festgelegt, dass wieder eine Gruppe von Schülerinnen und Schülern entstand, die von der Größe her mit den beiden anderen Gruppen vergleichbar ist. Insgesamt umfasst die so gebildete Gruppe der subjektiv armen Jugendlichen 154 Schülerinnen und Schüler.

3.2 Zusammenhänge der Armutsdimensionen

Obwohl die drei gebildeten Armutspopulationen keineswegs einen identischen Personenkreis vereinigen,[16] kumulieren bei einem nicht unerheblichen Anteil der Jugendlichen mehrere der hier herangezogenen Merkmale. So ist der Anteil der Jugendlichen aus sozial randständigen Familien, die nach dem realisierten Bildungsweg in die Armengruppe eingeordnet wurden (17,4 Prozent), gegenüber dem aus der „Normalpopulation" (5,4 Prozent) um mehr als das Dreifache erhöht (hier nicht tabellarisch ausgewiesen). Entsprechend gehört von den Jugendlichen, die in einer sozial randständigen Familie aufwachsen, fast jeder Fünfte zu der Gruppe mit wenig erfolgreicher Schullaufbahn (19,1 Prozent); bei den Jugendlichen aus der Normalpopulation ist es demgegenüber nur etwa jeder 20. (5,9 Prozent).

Zusätzlich fühlen sich etwa doppelt so viele Jugendliche aus sozial randständigen Familien auch subjektiv arm wie von den Jugendlichen aus der

---

16 Zu dem Sachverhalt, dass sich je nach der zugrunde gelegten Armutsdefinition die als arm definierten Personenkreise nicht unerheblich voneinander unterscheiden, siehe auch: Andreas Klocke, Methoden der Armutsmessung. Einkommens-, Unterversorgungs-, Deprivations- und Sozialhilfekonzept im Vergleich, in: Zeitschrift für Soziologie 4/2000, S. 320ff.

Vergleichspopulation. Mehr als jeder Achte aus sozial randständigen Familien fühlt sich auch subjektiv in materieller und finanzieller Hinsicht gegenüber anderen Jugendlichen deutlich benachteiligt; bei der Vergleichsgruppe trifft dies nur auf etwa jeden 15. zu. Kein Zusammenhang wird demgegenüber zwischen dem realisierten Bildungsweg und der subjektiven Armut ermittelt: Jugendliche, deren schulische Karriere durch mehrere Misserfolgs- und Versagenserlebnisse markiert wird, fühlen sich materiell und finanziell nicht häufiger benachteiligt als Jugendliche, die nach ihrem Schulstatus der Normalpopulation zugeordnet wurden.

Im Folgenden soll gefragt werden, ob sich hinsichtlich der Lebenssituation in Schule, Familie und Freizeit für die drei Gruppen von armen Jugendlichen in Relation zur jeweiligen Vergleichspopulation Besonderheiten und spezielle Benachteiligungen ermitteln lassen.

4. Stressoren in der Lebenssituation sozial benachteiligter Jugendlicher

4.1 Wahrgenommene Bedingungen im Rahmen der schulischen Ausbildung

Jugendliche aus sozial randständigen Familien sind nicht nur häufiger in der Gruppe der Jugendlichen mit einer eher negativen Schulkarriere zu finden, sondern auch sonst im Bildungssystem gegenüber den Jugendlichen aus der „Normalpopulation" deutlich benachteiligt.

Tabelle 1: Besuchter Schultyp von Jugendlichen in den Armen- und Normalpopulationen; relative Spaltenhäufigkeiten (in %)

	Herkunftsfamilie		Schulstatus		Subjektive Position	
	Normal-populat.	Arm	Normal-populat.	Niedrig	Nichtarm	Arm
N =	1956	141	1975	131	1952	154
Gesamtschule	3,1	5,0	3,4	0,8	3,1	4,5
Gymnasium	37,7	7,1	37,3	12,2	36,4	27,9
Realschule	34,7	14,9	34,2	19,1	33,8	26,6
Hauptschule	22,5	60,3	25,1	26,0	24,2	37,7
Schule für Lernbe-hinderte	1,9	12,8	0,0	42,0	2,6	3,2
Sign. <	.001		.001		.01	
Eta =	.24		.31		.06	

Fast drei Viertel der Jugendlichen aus sozial randständigen Familien besuchen eine Schule für Lernbehinderte oder eine Hauptschule. Von den im Rahmen der zugrunde liegenden Studie befragten Jugendlichen aus der „Normalpopulation" trifft dies hingegen auf weniger als ein Viertel zu. Jeweils ein Drittel dieser Jugendlichen besucht ein Gymnasium (37,7 Prozent) bzw. eine Realschule (34,7 Prozent); von den Jugendlichen aus sozial randständigen Familien sind es hingegen nur 7,1 bzw. 14,9 Prozent.[17]

Die Benachteiligung von Jugendlichen aus sozial schwachen Familien im Bildungswesen könnte u.a. darauf basieren, dass sie weniger leistungsmotiviert sind, eine andere Arbeitseinstellung entwickelt haben und/oder gute Leistungen in der Schule für weniger bedeutsam halten und sich deshalb in der Schule weniger anstrengen. An anderer Stelle konnte jedoch gerade für die Jugendlichen aus weniger gut positionierten Familien nachwiesen werden, dass sie sich zumindest in der verbal bekundeten Leistungsmotivation, der Arbeitshaltung und den Arbeitsorientierungen nur marginal dahingehend von den anderen Jugendlichen unterscheiden, dass für sie gute Leistungen in der Schule eher eine überdurchschnittliche Bedeutung haben.[18]

Wie bei den Jugendlichen aus armen Herkunftsfamilien lässt sich auch bei den subjektiv armen Jugendlichen eine Tendenz ermitteln, dass diese in den weniger privilegierenden Schultypen überrepräsentiert sind; allerdings erscheinen hier die Differenzen bei weitem nicht so deutlich.[19]

Trotz des deutlich geringeren Erfolges von Jugendlichen aus sozial randständigen Familien im Bildungswesen unterscheiden sich diese in ihrer subjektiven Wahrnehmung der schulischen Lern- und Leistungssituation kaum von den Jugendlichen in ihrer Vergleichsgruppe. Die ermittelten Differenzen sind meist nicht signifikant. Am ehesten unterscheiden sie sich dadurch, dass sie häufiger Versagenserlebnisse (Klassenwiederholungen und Versetzungsgefährdungen) hinnehmen mussten, und dadurch, dass sie (in der Folge) weniger sicher sind, die schulisch gesteckten Ziele realisieren zu können (vgl. Tabelle 2).

Ähnlich marginal bleiben auch die Unterschiede bei den Gruppen von Jugendlichen, die auf der Basis des Erfolges in ihrer Schulkarriere gebildet wurden. Unterschiede ergeben sich am ehesten dahingehend, dass die Jugendlichen mit geringem Schulerfolg mit ihren Leistungen weniger zufrieden sind (und z.B. hinter den Elternerwartungen zurückbleiben), verunsicherter sind, die schulischen Ziele zu erreichen, und sich durch die alltäglichen Anforderungen in der Schule in leicht stärkerem Maße in Anspruch genommen fühlen.

---

17 Einen Vergleich des jeweiligen Ausmaßes der Differenzen ermöglichen die angegebenen Eta-Koeffizienten. Bei dem vorliegenden N kann davon ausgegangen werden, dass die Unterschiede zwischen den Gruppen ab einem Eta-Wert von Eta = .07 auf dem 5%-, Eta = .08 auf dem 1%-, Eta = .09 auf dem 0,5%- und Eta = .10 auf dem 0,1%-Niveau signifikant sind.

18 Vgl. Jürgen Mansel, Zukunftsperspektive und Wohlbefinden bei sozial benachteiligten Jugendlichen, a.a.O., S. 146ff.

19 Die Unterschiede nach dem besuchten Schulstatus sind hier nur zu Vergleichszwecken aufgeführt. Darauf wird nicht näher eingegangen, weil sie zum Teil definitionsbedingt sind.

Tabelle 2: Wahrnehmung von belastenden Faktoren im Rahmen der schulischen Ausbildung von Jugendlichen nach unterschiedlichen Armutskriterien (Mittelwerte)

	Herkunftsfamilie			Schulstatus			subjektive Position		
	Normal-populat.	Arm	Eta	Normal-populat.	Niedrig	Eta	Nicht arm	Arm	Eta
N =	1945	140		1957	129		1933	153	
Schulische Lern- und Leistungssituation									
Belastungen durch schul. Anforderungen[1]	2,34	2,39	.02	2,33	2,49	.06	2,31	2,71	.15
Leistungsunzufrieden-heit[2]	3,75	4,01	.04	3,73	4,30	.09	3,70	4,60	.14
Sicherheit des Erreichens von Zielen[3]	2,30	2,53	.06	2,30	2,57	.07	2,26	3,00	.20
Desinteresse am Unterricht[3]	3,17	3,03	.04	3,16	3,17	.00	3,14	3,32	.05
Schulangst[3]	2,68	2,73	.01	2,69	2,69	.00	2,65	3,16	.14
Versagenserlebnisse[4]	0,90	1,30	.08	0,77	3,19	.47	0,92	1,09	.04
Soziale Situation in der Schule									
Akzeptanz von und durch Lehrkräfte[3]	2,91	3,01	.03	2,91	2,95	.01	2,93	2,74	.06
Schulunlust[3]	3,03	3,14	.03	3,04	3,05	.00	3,02	3.29	.09
Konkurrenzverhalten in Klasse[3]	2,56	3,01	.12	2,57	2,85	.07	2,57	2,88	.09
Wut auf Lehrkräfte[3]	3,53	3,37	.04	3,52	3,53	.00	3,51	3,68	.04
Freundschaftsbeziehungen in der Klasse[3]	3,53	3,72	.06	3,54	3,57	.01	3,54	3,61	.02
Wahrgenommenes Gewaltpotenzial in der Schule[3]	2,40	2,63	.06	2,39	2,75	.09	2,39	2,72	.09

1 (theoret. Minimum = 1; theoret. Maximum = 4)
2 (theoret. Minimum = 1; theoret. Maximum = 7)
3 (theoret. Minimum = 1; theoret. Maximum = 5)
4 (theoret. Minimum = 1; theoret. Maximum = 6)

Deutlicher fallen demgegenüber die ermittelten Differenzen zwischen den subjektiv armen Jugendlichen und der „Normalpopulation" aus. Die subjektiv armen Jugendlichen sind hinsichtlich des Erreichens der schulisch gesteckten Ziele in besonderem Maße verunsichert, fühlen sich in stärkerem Ausmaß durch die schulischen Anforderungen belastet, sind seltener mit ihren Leistungen zufrieden, entwickeln in stärkerem Maße Schulangst und können z.b. vor Klassenarbeiten häufiger „keinen klaren Gedanken fassen" und/oder beteiligen sich aus Angst, etwas Falsches zu sagen, seltener aktiv am Unterrichtsgeschehen. Die Differenzen im Ausmaß des Interesses, welches sie den schulischen Unterrichtsinhalten entgegenbringen, und bei der Häufigkeit von Versagenserlebnissen sind hingegen nicht signifikant.

Auch bei der Einschätzung und Beurteilung der sozialen Situation in der Schule bleiben die Unterschiede zwischen den drei gebildeten Armenpopulationen zu ihren jeweiligen Vergleichsgruppen weitgehend marginal. In allen

Armenpopulationen nehmen die Jugendlichen das Verhalten ihrer Mitschüler/innen jedoch eher als konkurrenzorientiert und als auf den eigenen Vorteil bedacht wahr. Zusätzlich schätzen sie das Gewaltpotenzial der Jugendlichen an ihrer Schule höher ein. Die subjektiv armen Jugendlichen entwickeln zudem häufiger Schulunlust und fühlen sich in der Tendenz durch die Lehrkräfte seltener akzeptiert und ernst genommen. Sie fühlen sich eher durch die Lehrer/innen ungerecht behandelt bzw. erachten diese seltener als geeignete Ansprechpartner/innen bei Problemen. Dennoch entwickeln sie nicht häufiger Wut gegenüber den Lehrkräften. Und in allen drei Armenpopulationen pflegen und unterhalten die Jugendlichen nicht seltener freundschaftliche Kontakte zu ihren Mitschüler(inne)n und besuchen diese z.B. ebenso häufig am Nachmittag wie die Jugendlichen in den jeweiligen Vergleichspopulationen.

4.2 Ungünstige Entwicklungsbedingungen in der Familie

Der geringere Schulerfolg von Kindern und Jugendlichen aus armen Familien wird in vielfältigen Untersuchungen auf die ungünstigeren familialen Entwicklungsbedingungen und die weniger erfolgreiche Förderung der kognitiven Fähigkeiten der Kinder in diesen Familien zurückgeführt.[20] Objektiv mögen dabei die Rahmenbedingungen für die Entwicklung der Kinder aus solchen Familien nicht nur in materieller und räumlicher, vielmehr auch in sozialer Hinsicht wie auf der Ebene der Beziehungen zwischen den Kindern und ihren Eltern für die kognitive Entwicklung der Nachkommen wenig förderlich sein, auf der Ebene der subjektiven Wahrnehmung unterscheiden sich die familialen Bedingungen (zumindest) auf den in der vorliegenden Studie erfassten Dimensionen bei Jugendlichen aus sozial randständigen Familien jedoch kaum von denen der „Normalpopulation". Lediglich im Hinblick auf die Einstufung des Erziehungsverhaltens der Eltern als restriktiv wurden signifikante Unterschiede zwischen Jugendlichen aus sozial randständigen Familien und der „Normalpopulation" ermittelt. Relevant ist dabei aber weniger, dass die Eltern den Jugendlichen weniger Freiraum lassen oder dass sie ihnen häufiger Vorschriften machen, sondern lediglich, dass sie bei den die ganze Familie betreffenden Entscheidungen seltener die Interessen der Kinder berücksichtigen.

---

20 Vgl. Matthias Grundmann, Milieuspezifische Einflüsse familialer Sozialisation auf die kognitive Entwicklung und den Schulerfolg, in: Andreas Klocke/Klaus Hurrelmann (Hrsg.), Kinder und Jugendliche in Armut, a.a.O., S. 161ff.; Wolfgang Lauterbach/ Andreas Lange, Aufwachsen in materieller Armut und sorgenbelastetem Familienklima, a.a.O.; Elisabeth Schlemmer, Risikolagen von Familien und ihre Auswirkungen auf Kinder, a.a.O.

Tabelle 3: Belastende Faktoren im Rahmen der familialen Sozialisation
von Jugendlichen nach unterschiedlichen Armutskriterien

	Herkunftsfamilie			Schulstatus			subjektive Position		
	Nor-malp.	Arm	Eta	Nor-malp.	Niedrig	Eta	Nicht arm	Arm	Eta
N =	1953	141		1965	131		1943	153	
Geborgenheit im Elternhaus[1]	4,30	4,16	.05	4,29	4,18	.04	4,34	3,56	.25
Konfliktdichte[1]	2,10	2,09	.01	2,10	2,13	.02	2,07	2,48	.17
Restriktives Erziehungsverhalten[2]	3,19	3,55	.07	3,21	3,40	.04	3,14	4,21	.21
Inkonsistentes Erziehungsverhalten[2]	3,05	3,31	.04	3,06	3,25	.04	3,00	3,93	.18
Elterliche Sanktionspraxis[1]	1,72	1,79	.03	1,72	1,78	.03	1,69	2,12	.20
Streit mit Geschwistern[2]	3,92	4,28	.05	3,95	3,92	.01	3,90	4,60	.11

1 (theoret. Minimum = 1; theoret. Maximum = 5)
2 (theoret. Minimum = 1; theoret. Maximum = 7)

Zwar werden im Vergleich zu den Jugendlichen aus der „Normalpopulation"
bei jenen aus sozial randständigen Familien auch für ein inkonsistentes Erziehungsverhalten der Eltern und die Häufigkeit von negativen Sanktionen –
nicht aber für die Häufigkeit von Konflikten – höhere und für die Geborgenheit bzw. für die wahrgenommene Akzeptanz im Elternhaus niedrigere Werte
ermittelt, die Unterschiede sind in diesen Fällen aber nicht signifikant. Gleiches gilt in allen hier berücksichtigten Bereichen auch für die Unterschiede in
den Familien von Jugendlichen mit einer negativ verlaufenden Schulkarriere
und ihrer Vergleichsgruppe.

Anders sieht die Lage wiederum bei den subjektiv armen Jugendlichen
aus. Sie fühlen sich im Vergleich zu den Jugendlichen der Normalpopulation
im Elternhaus deutlich weniger geborgen und akzeptiert, streiten sich häufiger mit ihren Eltern, z.B. wegen der Schulleistungen und des abendlichen
Ausgehens, nehmen das Erziehungsverhalten der Eltern als restriktiver und
inkonsistenter wahr und berichten auch häufiger über negative Sanktionen.
Zudem streiten sie sich auch häufiger mit ihren Geschwistern.

Eine als unzureichend wahrgenommene materielle und finanzielle Situation steht damit offensichtlich in engem Zusammenhang mit der Interpretation und Ausgestaltung der Beziehungen in der Familie, wobei zu vermuten
ist, dass hierbei kein eindeutiger Ursache-Wirkungs-Zusammenhang vorliegt,
vielmehr ein Wechselwirkungsverhältnis. Jugendliche, welche die Beziehungen innerhalb der Familie als problematisch einstufen, schätzen auch ihre
materielle Situation ungünstiger ein. Sie können ihre Unzufriedenheit seltener über den Konsum kompensieren.

4.3 Beschränkungen in der Freizeit und bei der Interaktion mit Gleichaltrigen

Von den in der zugrunde liegenden Studie erfassten Bedingungen der Freizeitsituation und der Interaktion in der Gleichaltrigengruppe verbleiben, weil die subjektive Zufriedenheit mit der materiellen bzw. finanziellen Ausstattung zur Identifizierung der subjektiv armen Jugendlichen herangezogen wurde, für den Vergleich der Armen- und der jeweiligen Normalpopulationen nur zwei Variablen. Zum einen wurde die Einschätzung des (zeitlichen) Ausmaßes an Freizeit und zum anderen über eine Itemliste die Integration in die Gleichaltrigengruppe erhoben.

Sowohl jene Jugendlichen, die in sozial randständigen Familien aufwachsen, als auch diejenigen, deren Schulkarriere von Versagens- und Misserfolgserlebnissen begleitet ist, unterscheiden sich in beiden Aspekten nur marginal von Jugendlichen ihrer Vergleichsgruppen. Bei den subjektiv armen Jugendlichen sind die Differenzen zur Vergleichsgruppe wiederum etwas ausgeprägter: Jugendliche, die ihre finanzielle und materielle Situation als unzureichend einschätzen, glauben auch überproportional häufig, nicht über genug Freizeit zu verfügen, um ihren Interessen und Neigungen nachgehen zu können, und fühlen sich auch weniger gut in die Gleichaltrigengruppe integriert.

Tabelle 4: Die Freizeitsituation von Jugendlichen nach unterschiedlichen Armutskriterien

	Herkunftsfamilie			Schulstatus			Subjektive Position		
	Normal-populat.	Arm	Eta	Normal-populat.	Niedrig	Eta	Nicht arm	Arm	Eta
N =	1956	141		1975	131		1952	154	
Ausreichend Freizeit[2]	3,48	3,37	.02	3,46	3,70	.03	3,50	3,16	.08
Integration in die Gleichaltrigengruppe[1]	3,85	3,74	.05	3,84	3,76	.05	3,86	3,56	.12

1 (theoret. Minimum = 1; theoret. Maximum = 5)
2 (theoret. Minimum = 1; theoret. Maximum = 7)

Beurteilt man die Lebenssituation von armen und weniger armen Jugendlichen zusammenfassend, so zeigt sich, dass Jugendliche, die in sozial randständigen Familien aufwachsen, objektiv nicht nur in ihrer materiellen Situation, sondern insbesondere auch beim Erfolg im Rahmen der Schulkarriere gegenüber den Jugendlichen aus der „Normalpopulation" benachteiligt sind. In der subjektiven Einschätzung ihrer Situation unterscheiden sich diese Jugendlichen aber ebenso wie diejenigen mit geringem Erfolg in der Schullaufbahn nur marginal von den Jugendlichen der jeweiligen Vergleichspopulation. Am ehesten wurden noch Unterschiede im Rahmen der schulischen Situation ermittelt. Die Jugendlichen aus beiden Armenpopulationen sind in stärkerem Maße unzufrieden mit ihren Schulleistungen und eher hinsichtlich

der Realisierbarkeit der angestrebten Ziele verunsichert. Zudem schätzen sie
das Verhalten ihrer Mitschüler/innen eher als konkurrenzorientiert ein und
nehmen in ihrem Schulumfeld häufiger gewalttätige Auseinandersetzungen
wahr. Bei der Wahrnehmung und Beurteilung der familialen sowie der frei-
zeitbezogenen Situation schmelzen demgegenüber die Unterschiede zu den
jeweiligen Vergleichsgruppen auf ein Minimum zusammen.

Dagegen sind die objektiven Unterschiede im Erfolg der Schulkarriere
(Besuch weniger prestigestarker Schulformen und Versagenserlebnisse wie
Klassenwiederholung und Versetzungsgefährdung) bei den subjektiv armen
Jugendlichen und ihrer Vergleichspopulation weniger stark ausgeprägt als bei
den beiden anderen Armenpopulationen. In der subjektiven Wahrnehmung
stufen sie aber ihre Lebensbedingungen insbesondere in der Schule, der Fa-
milie sowie der Tendenz nach auch in der Freizeit und bei der Interaktion mit
Gleichaltrigen nahezu durchgängig ungünstiger ein als die Jugendlichen der
Vergleichsgruppe.

Geht man im Sinne stresstheoretischer Konzeptionen und im Einklang
mit Annahmen des symbolischen Interaktionismus[21] davon aus, dass insbesondere die subjektive Interpretation und Bewertung der eigenen Situation
maßgebend für Beeinträchtigungen des Wohlbefindens sind, so lassen sich
insbesondere bei den subjektiv armen Jugendlichen Befindlichkeitsstörungen
erwarten. Bevor wir hierzu kommen, soll aber untersucht werden, ob sich die
armen Jugendlichen von den jeweiligen Vergleichsgruppen in Bezug auf die
im Rahmen der zugrunde liegenden Studie erhobenen Verhaltenstendenzen
und Einstellungen unterscheiden.

5. Verhaltenstendenzen und Einstellungen

Gemäß dem Modell des produktiv-realitätsverarbeitenden Subjekts[22] ist davon auszugehen, dass Verhaltenstendenzen und Einstellungen von Personen
Größen sind, die im Verlaufe des Sozialisationsprozesses bei der Auseinandersetzung mit den realen, materiellen und sozialen Lebensbedingungen einerseits sowie den eigenen Anspruchshaltungen und Bedürfnissen andererseits entwickelt werden. Unterschiede in den Verhaltenstendenzen und Einstellungen bei armen und weniger armen Jugendlichen könnten vor diesem
Hintergrund sowohl auf den materiellen Lebensbedingungen wie auch auf
den jeweiligen Erfahrungen im Prozess des Aufwachsens basieren.

In der zugrunde liegenden Studie wurden hierzu folgende Variablen erhoben: die Verhaltenstendenz „Gewaltbereitschaft", die „Selbstwertschät-

---

21 Vgl. z.B. William Thomas/Dorothee Thomas-Swaine, Situations defined as real, are
     real in its consequences, in: Gregory Prentice Stone/Hilarie A. Faberman (Hrsg.), So-
     cial psychologie through symbolic interaction, Toronto 1970, S. 145ff.
22 Vgl. Klaus Hurrelmann, Einführung in die Sozialisationstheorie, Weinheim 1986

zung", die „Selbstwirksamkeitserwartungen", „aktive" bzw. „passive Problembewältigungsstrategien" und die Variable „mangelnde Selbstverwirklichung".[23]

Sowohl die Jugendlichen aus sozial randständigen Familien wie auch diejenigen mit einer wenig erfolgreichen Schulkarriere unterscheiden sich von denjenigen der jeweiligen Vergleichsgruppe primär im Ausmaß der Gewaltbereitschaft und hinsichtlich der als begrenzt wahrgenommenen Möglichkeiten der Selbstverwirklichung, wobei jeweils für die als arm identifizierten Jugendlichen die höheren Werte ermittelt wurden.

Tabelle 5: Verhaltenstendenzen und Einstellungen von Jugendlichen nach unterschiedlichen Armutskriterien

	Herkunftsfamilie			Schulstatus			Subjektive Position		
	Normal-populat.	Arm	Eta	Nor-malp.	Niedrig	Eta	Nicht arm	Arm	Eta
N =	1948	140		1961	131		1940	153	
Gewaltbereitschaft[1]	2,54	2,79	.08	2,53	2,98	.13	2,54	2,77	.07
Mangelnde Selbstver-wirklichung[1]	2,42	2,69	.08	2,42	2,73	.09	2,38	3,17	.26
Selbstwertschätzung[2]	2,95	2,80	.06	2,94	2,92	.01	2,98	2,48	.22
Selbstwirksamkeits-erwartungen[2]	2,96	2,89	.04	2,95	2,97	.00	2,97	2,84	.07
Passive Problembewälti-gungsstrategien[1]	2,76	2,97	.06	2,77	2,86	.03	2,77	2,87	.03
Aktive Problembewälti-gungsstrategien[1]	3,51	3,65	.05	3,52	3,54	.01	3,53	3,38	.06

1 (theoret. Minimum = 1; theoret. Maximum = 5)
2 (theoret. Minimum = 1; theoret. Maximum = 4)

Wiederum werden für die subjektiv armen Jugendlichen größtenteils höhere Differenzen zur Normalpopulation ermittelt. Deutliche Unterschiede ergeben sich dabei insbesondere hinsichtlich der Einschätzung von Möglichkeiten der Selbstverwirklichung und der Selbstwertschätzung. Offensichtlich sind die als stark begrenzt erlebten finanziellen Mittel ein gewichtiger Hintergrund dafür, dass die Möglichkeiten, den Alltag und seine Entwicklung gemäß individueller Anspruchshaltungen zu gestalten, als gering eingestuft werden. Zudem geht subjektiv erlebte Armut auch mit Beeinträchtigungen des Selbstwertgefühls einher.

---

23 „Mangelnde Selbstverwirklichung" wurde dabei verstanden als eine bereichsübergreifende Einstellung, der zufolge Jugendliche aufgrund ihrer Erfahrungen bei der Alltagsgestaltung ihre Möglichkeiten, Fähigkeiten und Fertigkeiten gemäß individuellen Anspruchshaltungen und Interessenlagen zu entfalten und weiterzuentwickeln, als gering einstufen, und die Chancen, sich in soziale Situationen einzubringen und den Lebensalltag aktiv zu gestalten, als begrenzt wahrnehmen.

6. Wohlbefinden und Verhaltensauffälligkeiten

6.1 Interiorisierende Formen der Belastungsregulation

Erkenntnissen der interdisziplinären Gesundheits- und Krankheitsforschung entsprechend ist davon auszugehen, dass Beeinträchtigungen des Wohlbefindens[24] nicht nur die Folge von physiologischen Fehlsteuerungen oder Infektionen sein können, sondern dass auch psychosoziale und emotionale Spannungszustände sowie Überforderungen der Anpassungs- und Verarbeitungskapazitäten des Organismus bzw. der Psyche Gesundheitsbeeinträchtigungen auslösen. Hintergrund einer ggf. besonderen Beeinträchtigung von armen Jugendlichen können somit wiederum sowohl die objektiv ungünstigeren Lebensbedingungen als auch die jeweiligen Lebenserfahrungen und Alltagsbelastungen sein.

Als interiorisierende Formen der Belastungsregulation wurden in der zugrunde liegenden Studie anhand von Symptomlisten[25] zum einen belastende, nach dem Alltagsverständnis als negativ zu klassifizierende Emotionen[26] und zum anderen psychosomatische Beschwerden[27] erhoben.

Sowohl für die belastenden Emotionen als auch bei den vegetativen und somatischen Beschwerden zeigt sich dabei wieder das für andere Aspekte bereits dargelegte Bild. Bei den Jugendlichen, die aufgrund der Soziallage ihrer Herkunftsfamilie bzw. infolge des geringen Erfolges in ihrer bisherigen Schullaufbahn als arm klassifiziert wurden, weicht die jeweils ermittelte Belastung nicht (bzw. kaum) von jener der Jugendlichen aus den jeweiligen Vergleichspopulationen ab. Die sozial randständige Soziallage der Herkunftsfamilie schlägt sich damit in dieser Lebensphase (noch) nicht in Beeinträchtigungen des emotionalen und/oder physischen Wohlbefindens nieder. Auch die Jugendlichen, die aufgrund der Ereignisse im Verlaufe ihrer Schulkarriere als arm klassifiziert wurden, sind in ihrem psychosozialen Wohlbefinden nicht stärker beeinträchtigt als die Vergleichsgruppe.

---

24 Sie werden als interiorisierende Formen der Belastungsregulation bezeichnet, weil durch die ablaufenden Mechanismen und die Somatisierung eine auf das Subjekt selbst bezogene, nach innen gerichtete Schädigung erfolgt.

25 Dabei wurde für die einzelnen Symptome jeweils erhoben, ob sie im Zeitraum des letzten Jahres „fast jede Woche", „etwa jede Woche", „seltener" oder „nie" aufgetreten sind.

26 Auf der Basis einer explorativen Faktorenanalyse wird dabei unterschieden zwischen anomischen (z.B. Angst, Hilflosigkeit, Einsamkeit etc.), aggressiven (Wut, Zorn, Ärger etc.) sowie Belastungsgefühlen (Erschöpfung, Müdigkeit und Überforderung).

27 In der explorativen Faktorenanalyse wurden zwei Faktoren extrahiert, wobei der eine somatisch akzentuierte (Magenbeschwerden, Kopfschmerzen, Appetitlosigkeit, Schwindelgefühle, Übelkeit etc.) und der andere vegetative (Schweißausbrüche, Händezittern, starkes Herzklopfen, Nervosität/Unruhe) Beschwerden umfasst.

Gerade letzterer Befund ist dabei besonders überraschend, denn in der Gesamtpopulation lassen sowohl Klassenwiederholungen als auch Versetzungsgefährdungen einen signifikanten Effekt im Hinblick auf das emotionale wie auch das physische Wohlbefinden erkennen.[28] Offensichtlich zeigt sich aber gerade dieser Effekt in der hier gebildeten Gruppe von Jugendlichen mit häufigeren Versagenserlebnissen in der Schulkarriere nicht. Jugendliche aus sozial randständigen Familien und Jugendliche mit deutlichen Abstrichen in der eigenen Schulkarriere haben anscheinend geeignete Verarbeitungsmechanismen entwickelt, die sie vor den Folgen der materiellen Benachteiligungen einerseits bzw. der Versagenserlebnisse andererseits bewahren. Objektive Benachteiligungen und tatsächliche Versagenserlebnisse führen in dieser Lebensphase noch nicht zu emotionalen Fehlreaktionen und werden noch nicht somatisiert.

Tabelle 6: Interiorisierende Formen der Belastungsregulation bei Jugendlichen nach unterschiedlichen Armutskriterien

	Herkunftsfamilie			Schulstatus			subjektive Position		
	Nor- malp.	Arm	Eta	Nor- malp.	Niedrig	Eta	Nicht arm	Arm	Eta
N =	1954	141		1971	131		1949	153	
Anomische Gefühle	2,02	2,11	.04	2,03	2,04	.00	1,99	2,48	.22
Belastungsgefühle	2,76	2,80	.02	2,76	2,79	.01	2,73	3,15	.17
Aggressive Gefühle	2,70	2,72	.01	2,70	2,70	.00	2,67	3,06	.14
Somatische Beschwerden	1,87	1,97	.05	1,87	1,99	.05	1,85	2,11	.11
Vegetative Beschwerden	2,08	2,17	.03	2,08	2,19	.04	2,05	2,48	.16

Mittelwerte (theoret. Minimum = 1; theoret. Maximum = 4)

Ein ganz anderes Bild ergibt sich demgegenüber wieder für den Vergleich von subjektiv armen Jugendlichen mit der „Normalpopulation". Subjektiv arme Jugendliche erleben sowohl anomische und aggressive als auch Belastungsgefühle deutlich häufiger. Teilweise ist der Anteil der Jugendlichen, die über entsprechende Gefühle berichten, bei den subjektiv armen Jugendlichen gegenüber dem bei der Normalpopulation um über das Doppelte erhöht. Fast die Hälfte der subjektiv armen Jugendlichen gibt bei dem Gefühl, „überflüssig" zu sein, „etwa jeden Monat" an; bei der „Normalpopulation" sind dies weniger als ein Fünftel. Wenngleich die Eta-Koeffizienten bei den ve-

---

28 Vgl. hierzu z.B. auch Klaus Hurrelmann/Jürgen Mansel, Gesundheitliche Folgen wachsender schulischer Leistungserwartungen. Ein Vergleich von identisch angelegten repräsentativen Schülerbefragungen der Jahre 1986 und 1996, in: Zeitschrift für Soziologie der Erziehung 2/1998, S. 168ff.; Klaus Hurrelmann u.a., Die psychosozialen Kosten verunsicherter Statuserwartungen im Jugendalter, in: Zeitschrift für Pädagogik 1/1988, S. 25ff.

getativen und den somatischen Beschwerden etwas geringer ausfallen, sind die Differenzen auch hier zum Teil erheblich. Über ein Drittel gibt sowohl für die Nervosität/Unruhe als auch bei den Konzentrationsschwächen an, dass diese bei ihnen „fast jede Woche" auftreten; bei der „Normalpopulation" sind dies „nur" jeweils etwas mehr als ein Achtel.

Es zeigt sich, dass weniger die objektive Situation als deren subjektive Verarbeitung, Interpretation und Bewertung bedeutsam für Beeinträchtigungen des emotionalen und physischen Wohlbefindens der Jugendlichen sind. Nicht objektive Benachteiligungen und tatsächliche Deprivation, sondern die subjektiv wahrgenommene und erlebte Deprivation führen in dieser Altersgruppe zu langfristigen Folgen und Befindlichkeitsstörungen.[29]

Obwohl sich im Jugendalter primär subjektiv erlebte Armut in Befindlichkeitsstörungen und z.b. psychosomatischen Symptomen niederschlägt, sind Maßnahmen zur Bekämpfung von objektiven Benachteiligungen in dieser Lebensphase nicht überflüssig. Vielmehr müssen alle erdenklichen Anstrengungen unternommen werden, um die Entwicklungsmöglichkeiten davon betroffener Jugendlicher zu optimieren, sodass sie bei der Alltagsgestaltung weniger Belastungen und Stressoren ausgesetzt sind. Auch wenn sie in diesem Lebensabschnitt noch nicht somatisiert werden, ist zu erwarten, dass diejenigen, deren Entwicklungsbedingungen im Jugendalter sich infolge der materiellen und sozialen Deprivation ungünstig gestalten, in den folgenden Lebensphasen anfälliger für gesundheitliche Beeinträchtigungen sind.

6.2 Exteriorisierende Formen der Problemverarbeitung

Als nach außen gerichtete, andere Personen schädigende Formen der Problemverarbeitung wurden in der zugrunde liegenden Studie gewaltförmige und andere abweichende Verhaltensweisen der Jugendlichen erhoben. Um den jeweiligen Belastungsgrad zu bestimmen, sollten die Jugendlichen für sechs physische Akte vollzogener oder angedrohter Gewalt (Körperverletzung, Sachbeschädigung, Erpressung, Bedrohung mit einer Waffe, Raub und sexuelle Belästigung; zu den konkreten Formulierungen siehe Tabelle 7) und zusätzlich für fünf weitere deviante Handlungen (einfacher Diebstahl, Einbruchsdiebstahl, Beleidigung = verbale Gewalt, Anbieten von Alkohol[30] und das Anbieten anderer, illegaler Drogen) angeben, ob sie entsprechende Handlungen im Zeitraum der letzten 12 Monate ein- oder zweimal, mehrfach oder nie ausgeführt haben. Neben den so allgemein und kontextunabhängig

---

29 Damit werden die Befunde der in Fn. 1 erwähnten Analyse in diesem Zusammenhang über die Auswertung eines aktuell erhobenen Datensatzes bei jüngeren Jugendlichen weitgehend bestätigt.
30 Dies ist nur für Jugendliche im Alter von unter 16 Jahren ein potenziell kriminalisierbarer Sachverhalt.

erfassten kriminalisierbaren Handlungen sollten die Jugendlichen in zwei weiteren Statement-Blöcken zusätzlich angeben, ob sie entsprechende Handlungen auch in der Schule und/oder auf dem Schulweg ausgeführt hatten.

Bei den in Tabelle 7 aufgeführten Verbreitungsdaten ist zunächst zu berücksichtigen, dass die Sachverhalte (bewusst) so formuliert waren, dass die Befragten auch Bagatelldelikte unter die jeweiligen Tatbestände subsumieren konnten. So wird z.B. ein Mädchen, das einem aufdringlichen Jungen eine Ohrfeige verpasst hat, die Frage, ob es einen anderen absichtlich geschlagen oder verprügelt hat, bejahen. Bei dem gestohlenen oder geraubten Gegenstand kann es sich um einen Radiergummi des Klassenkameraden handeln. In der Regel werden in solchen Fällen nicht die Strafverfolgungsbehörden eingeschaltet, prinzipiell sind aber auch bei derartigen Bagatelldelikten die genannten Straftatbestände erfüllt.

Bei den hier interessierenden Vergleichen zwischen armen und weniger armen Jugendlichen zeigt sich, dass bei den Jugendlichen aus sozial randständigen Familien gegenüber der „Normalpopulation" die Anteile derjenigen, die angeben, im Zeitraum des letzten Jahres entsprechende Handlungen ausgeführt zu haben, fast durchgängig erhöht sind. Insbesondere bei den Mehrfachtätern liegen die jeweiligen Anteile zum Teil bei über dem Doppelten. Dies gilt verstärkt für die eher schwer einzustufenden (aber vergleichsweise seltenen) Sachverhalte wie Erpressung und Bedrohung mit einer Waffe sowie bei Handlungen, die unter die sonstige Devianz subsumiert wurden, und zusätzlich für den Einbruchsdiebstahl. Dennoch bleibt der ermittelte Zusammenhang gering und ist meist nicht signifikant. Die Eta-Koeffizienten bleiben sämtlich unter Eta = .10 (bei einem entsprechenden Eta-Wert erklärt der Sachverhalt, dass Jugendliche in einer Armenpopulation aufwachsen oder nicht, lediglich 1 Prozent der Varianz in Bezug auf die Gewaltbelastung der Jugendlichen).

Auch bei den Differenzen zwischen den Jugendlichen mit geringem Schulerfolg und der Normalpopulation bleiben die ermittelten Eta-Koeffizienten relativ gering. Zwar ist der Anteil der Mehrfachtäter unter den Jugendlichen mit geringem Schulerfolg gegenüber den Jugendlichen aus der Vergleichspopulation zum Teil um das Vier- bis Fünffache erhöht, weil aber nur eine kleine Minderheit der Jugendlichen sich entsprechend verhält, fallen die Differenzen statistisch kaum ins Gewicht.

Zwischen den subjektiv armen und nichtarmen Jugendlichen sind die Unterschiede gleichfalls nahezu vernachlässigbar. Dennoch zeigt sich insbesondere für den einfachen Diebstahl, dass hier der Anteil sowohl hinsichtlich der Einmal- wie auch der Mehrfachtäter/innen bei den subjektiv armen Jugendlichen gegenüber der Normalpopulation um annähernd das Doppelte erhöht ist.

Tabelle 7: Gewaltbelastung bei Jugendlichen nach unterschiedlichen Armutskriterien

Relative Häufigkeiten (erster Wert = Anteil derjenigen, die entsprechende Handlungen im Zeitraum des letzten Jahres ein- oder zweimal ausgeführt haben, zweiter Wert = mehrfache Ausführung; im Unterschied zur Darstellung bei Mansel 2001 sind hier die Mehrfachtäter nicht nochmals bei den Einfachtätern enthalten; Täter insgesamt = Summe)

Ist es vorgekommen, dass du ...	Herkunftsfamilie			Schulstatus			subjekt. Position		
	Normal-populat.	Arm	Eta	Normal-populat.	Niedrig	Eta	Nicht arm	Arm	Eta
N =	1953	140		1966	131		1945	153	
... einen anderen ab-	25,5	29,1		25,4	31,5		25,5	29,8	
sichtlich geschlagen oder verprügelt hast.	4,8	12,1	.08	5,0	10,0	.07	5,0	9,8	.06
... von anderen Sachen	13,3	16,4		13,5	14,7		13,6	13,2	
absichtlich zerstört oder beschädigt hast.	2,3	2,9	.02	1,9	9,3	.09	2,2	4,6	.03
... jemanden bedroht	11,8	13,8		11,7	16,3		11,7	15,8	
hast, damit sie oder er das tut, was du willst.	2,3	7,2	.08	2,3	7,8	.09	2,5	4,6	.05
... jemanden mit einer	2,5	4,3		2,6	2,3		2,4	4,6	
Waffe bedroht hast.	1,3	3,5	.05	1,2	6,1	.08	1,5	2,0	.03
... jemandem eine Sa-	15,1	17,7		15,4	13,7		14,8	21,6	
che mit Gewalt wegge- nommen hast.	1,9	3,5	.03	1,6	6,9	.05	2,0	2,0	.04
... jemandem körperlich									
so nahe gekommen	1,7	2,1		1,7	2,3		1,8	2,0	
bist, dass sie oder er sich sexuell belästigt gefühlt hat.	1,5	2,9	.03	1,3	6,9	.10	1,4	4,6	.06
Gewalttäter insgesamt	22,8	21,3		22,8	21,4		22,6	24,2	
	22,5	32,6	.06	22,4	34,4	.07	22,5	32,0	.07
... irgendwo Sachen, die	17,5	21,4		17,6	20,2		16,6	32,7	
dir nicht gehörten, mit- genommen hast.	5,4	8,6	.05	4,7	19,4	.14	5,2	10,5	.12
... irgendwo eingebro-	3,8	5,0		3,8	5,3		3,6	7,8	
chen bist (z.B. in ein Ge- bäude, ein Auto etc.).	1,6	5,7	.07	1,5	6,9	.09	1,9	2,0	.04
... einen anderen belei-	49,8	53,9		50,9	35,4		50,7	40,8	
digt hast.	29,9	31,2	.02	29,3	39,4	.02	28,6	46,7	.10
... jemandem Alkohol	18,9	16,3		18,4	22,9		18,7	19,6	
angeboten hast.	13,9	12,1	.02	13,3	21,4	.07	13,3	20,3	.05
... jemandem andere	3,0	2,8		3,0	4,6		3,0	3,3	
Drogen angeboten hast.	3,7	4,3	.01	3,2	12,2	.12	3,5	6,5	.04
Jugendliche, die sons-	35,1	34,8		36,1	19,1		36,3	19,6	
tige deviante Handlun- gen ausgeführt haben	49,0	55,3	.04	48,6	61,1	.04	47,7	70,6	.11

Betrachtet man den jeweiligen Anteil der Gewalttäter insgesamt (Jugendliche, die angeben, mindestens eine der abgefragten Handlungen ausgeführt zu haben), so manifestieren sich die Differenzen wiederum primär bei den Mehrfachtätern (Jugendlichen, die ein Delikt mehrfach oder mindestens zwei unterschiedliche Delikte einmal ausgeführt haben). In den jeweiligen Armenpopulationen liegt der Anteil der Gewalttäter um 10 Prozent über dem in den jeweiligen Vergleichsgruppen. Damit ist der Anteil der Täter gegenüber den Vergleichspopulationen jeweils um etwa die Hälfte erhöht.

Folglich unterscheiden sich weniger die Anteile der Jugendlichen in den einzelnen Populationen, die kriminalisierbare Handlungen ausführen, als die Anteile derjenigen, die sich häufiger entsprechend verhalten. Wenn sich Jugendliche aus den Armenpopulationen auffällig verhalten, ist die Wahrscheinlichkeit, dass sie dies mehrfach tun, erhöht.

Deshalb wurde (entsprechend dem Verfahren bei den interiorisierenden Formen der Belastungsregulation) für die einzelnen Jugendlichen ein Index gebildet, in dem sich ihre jeweilige Gewalt- bzw. Devianzbelastung ausdrückt. Durch dieses Verfahren erhöhen sich die ermittelten Koeffizienten zum Teil (vgl. Tabelle 8). Jugendliche, die in sozial randständigen Familien aufwachsen, begehen demnach häufiger Gewalthandlungen. Aber in der Schule und auf dem Schulweg wenden sie nach Eigenangaben nicht (signifikant) häufiger Gewalt an als die Jugendlichen aus der Vergleichsgruppe und verhalten sich auch sonst nicht häufiger deviant.

Tabelle 8:   Gewalt- und Devianzbelastung von Jugendlichen nach unterschiedlichen Armutskriterien

	Herkunftsfamilie			Schulstatus			subjektive Position		
	Normalpopulat.	Arm	Eta	Normalpopulat.	Niedrig	Eta	Nicht arm	Arm	Eta
N =	1949	141		1962	131		1940	153	
Gewalt									
– allgemein	1,16	1,25	.08	1,16	1,29	.11	1,16	1,24	.07
– in der Schule	1,10	1,15	.05	1,10	1,24	.13	1,10	1,19	.09
– auf Schulweg	1,06	1,08	.03	1,05	1,13	.09	1,05	1,12	.08
Sonstige Devianz									
– allgemein	1,40	1,45	.03	1,39	1,57	.11	1,39	1,55	.11
– in der Schule	1,26	1,30	.03	1,25	1,41	.12	1,25	1,36	.09
– auf Schulweg	1,16	1,22	.05	1,16	1,28	.11	1,16	1,23	.07

Mittelwerte (theoret. Minimum = 1; theoret. Maximum = 3)

Für die subjektiv armen Jugendlichen und leicht verstärkt auch die Jugendlichen mit geringem Schulerfolg wurden demgegenüber sowohl für die kontextunabhängig erfassten Gewalthandlungen als auch für die Kontexte „Schule" und „Schulweg" höhere Werte in der Gewalt- und in der Devianzbelastung ermittelt. Jugendliche in diesen Armenpopulationen zeigen damit vermehrt Verhaltensauffälligkeiten; die erklärten Varianzen bleiben aber weitgehend gering. Insbesondere in multivariaten Analysen, die den Einfluss der anderen hier behandelten Variablen auf die Gewalt- und Devianzbelastung berücksichtigen, zeigt sich, dass der Effekt von Armut „gegen Null" tendiert.

Die im Rahmen der zugrunde gelegten Studie durchgeführten Analysen
haben ergeben, dass nicht nur die Gewalt- und Devianzbelastung auf der einen Seite und die interiorisierenden Formen der Belastungsregulation auf der
anderen Seite mit den Variablen der sozialen Lebenssituation der Jugendlichen in einem Zusammenhang stehen. Auch die Häufigkeit von Opfererfah-
rungen korreliert nicht unerheblich mit den Lebensbedingungen der Jugendlichen. Die dabei ermittelten Zusammenhänge übersteigen dabei zum Teil
diejenigen der eigenen Gewalttätigkeit.[31] Von daher soll abschließend überprüft werden, ob Jugendliche in den drei Armenpopulationen auch häufiger
zu Opfern der Gewalt durch andere werden.

6.3 Häufigkeit der Viktimisierung

Die Jugendlichen aus den sozial randständigen Familien unterscheiden sich
in dieser Hinsicht wiederum nicht von der Vergleichspopulation. Demgegenüber werden zum Teil für die Jugendlichen mit geringem Schulerfolg und
durchgängig für die subjektiv armen Jugendlichen höhere Werte für die Op-
fererfahrungen sowohl bei den Gewalthandlungen als auch bei der sonstigen
Devianz ermittelt (hier nicht tabellarisch aufgeführt).

Auch in diesem Bereich sind damit die subjektiv armen Jugendlichen am
ehesten besonderen Belastungen ausgesetzt. Sie können als jene Gruppe gelten, bei der die Deprivationen die gravierendsten Folgen nicht nur für das
Wohlbefinden und die Gesundheit haben, sondern die, beeinflusst durch welche Faktoren immer, auch häufiger Opfer von Gewaltakten und deviantem
Verhalten der Gleichaltrigen wird.

Somit reichen materielle Hilfen allein nicht aus, um die aus der Armut
resultierenden Probleme zu entschärfen. Konzepte zur Bekämpfung von Armut müssen weiter greifen und auch im sozialen Bereich Unterstützung anbieten. Sie erfordern vor allem die Abkehr von einer demonstrativ auf den
Konsum ausgerichteten Lebensweise, denn diese führt vor allem bei denjenigen zu Problemlagen, die dem Konsumzwang unterliegen, sich ihn aber nicht
leisten können.

---

31 Vgl. Jürgen Mansel, Familiale Erziehung und Gewalterfahrungen. Hintergründe und
    Folgen von Viktimisierungen, in: Zeitschrift für Familienforschung 3/2001, S. 26ff.

Roland Merten

Psychosoziale Folgen von Armut im Kindes- und Jugendalter

Die Thematisierung psychosozialer Folgen von Armut im Kindes- und Jugendalter legt eine defizitorientierte Fragerichtung nahe: Was können, was haben und was wissen Kinder und Jugendliche *nicht*, die unter armutsbelasteten Bedingungen aufwachsen? Diese Fragen haben zweifelsohne ihre Berechtigung, stellen jedoch eine Vereinseitigung bzw. Verkürzung dar, denn sie berücksichtigen nicht die differenziellen Entwicklungsverläufe von Kindern und Jugendlichen, die unter denselben Bedingungen aufwachsen. Mit der Betonung und systematischen Berücksichtigung solcher Unterschiede wird die Perspektive auch auf diejenigen Faktoren erweitert, die zu einem günstigen Entwicklungsverlauf führen – trotz teilweise widrigster äußerer Umstände.

Wie die ersten Andeutungen bereits deutlich machen, lassen sich psychosoziale Folgen angemessen nur in einem Spannungsfeld von Belastungs- bzw. Risikofaktoren einerseits sowie Schutzfaktoren andererseits bestimmen. „Während das Konzept der Risikofaktoren vor allem zu einer Strategie des Vermeidens und Kompensierens von nachteiligen Bedingungen geführt hat, wird mit der Vorstellung der Schutzfaktoren das Aufsuchen und Bewahren von entwicklungsfördernden und stabilisierenden Elementen hervorgehoben."[1]

Dieses Spannungsgefüge soll im Folgenden entfaltet werden, ohne die mit prekären Lebensbedingungen verbundenen Belastungen und Benachteiligungen verharmlosen zu wollen. Vielmehr geht es darum, die einseitige Defizit- und Opferperspektive zu verlassen, welche die Kompetenzen von Kindern und Jugendlichen zur Bewältigung ihrer Lebenssituation unterbelichtet oder gar ausblendet. „Insofern ist der Perspektivenwechsel in der kindbezogenen Armutsforschung hin zu einer Sichtweise, die betroffene Kinder als Akteure in ihren prekären Lebensverhältnissen wahrnimmt und (be)achtet, dennoch aber ihre Entwicklungsrisiken nicht kleinschreibt, überfällig."[2]

---

1 Remo H. Largo, Kindliche Entwicklung und psychosoziale Umwelt, in: Hans G. Schlack (Hrsg.), Sozialpädiatrie. Gesundheit, Krankheit, Lebenswelten, Stuttgart 1995, S. 15

2 Hans Weiß, Kindliche Entwicklungsgefährdungen im Kontext von Armut und Benachteiligung. Erkenntnisse aus psychologischer und pädagogischer Sicht, in: ders.

1. Armutskonzepte aus erziehungswissenschaftlicher Sicht

Die bundesrepublikanische Armutsforschung arbeitet mit dem Konzept der „relativen Armut", das Unterversorgungs-, Mangel- oder Deprivationslagen im Verhältnis zum Wohlstand der Gesamtgesellschaft bestimmt. Angesichts des per Bundessozialhilfegesetz (BSHG) grundsätzlich garantierten materiellen Existenzminimums ist dieser Zugriff plausibel.[3] Relative Armutsmaße rekurrieren infolge ihres jeweiligen Gesellschaftsbezuges auf soziokulturelle und -ökonomische Unterversorgungen gleichermaßen. Mit dieser Bestimmung werden sogleich die differenziellen materiellen und sozialen Parameter deutlich, die zu einer angemessenen Erfassung von Kinder- und Jugendarmut erforderlich wären. Damit fallen jedoch aus folgendem Grund auch die wissenschaftlichen Defizite ins Auge: „Es gibt keine Untersuchung, in der das Urteil von Experten über die zum ‚notwendigen Lebensstandard' von Kindern gehörenden Güter eingeholt wurde (...) oder in der in geeigneter Weise Kinder und Jugendliche über die Elemente eines befriedigenden Kinderlebens befragt worden wären."[4]

Obgleich Konzepte relativer Armut also mit Blick auf die jeweilige Gesellschaft ihre Berechtigung haben, bleiben sie aus einer erziehungswissenschaftlichen Perspektive defizitär, weil sie den Besonderheiten kindlichen und jugendlichen Aufwachsens nicht angemessen Rechnung tragen. Die Berücksichtigung der Bedarfe von Kindern und Jugendlichen in Form von prozentualen Anteilen eines Erwachsenenbedarfs mag zwar rechnerisch eine gewisse Plausibilität haben, ist pädagogisch aber unzureichend, weil er einer Erwachsenenanthropologie verhaftet bleibt und Kindern nicht gerecht wird.[5]

Überhaupt fällt auf, dass sich die Wissenschaft mit dem Thema „Kinderarmut" erst seit kurzem befasst. Dies hängt nicht zuletzt mit dem Umstand

---

(Hrsg.), Frühförderung mit Kindern und Familien in Armutslagen, München 2000, S. 69

3   Hierbei darf nicht übersehen werden, dass die Höhe der laufenden Hilfe zum Lebensunterhalt, die in Form von Regelsätzen bestimmt und ausgezahlt wird, kritisch zu bewerten ist: „Regel*bedarf* und Regel*satz* werden in der Praxis der Hilfegewährung gleichgesetzt (...). Es ist jedoch zu beachten, daß der Regelsatz eine feste, *normative Größe* ist, während der Regelbedarf nach der Gesetzessystematik das ist, *was der Mensch zu einem menschenwürdigen Leben laufend benötigt.* Anders ausgedrückt: Die Gleichsetzung von Regelbedarf und Regelsatz kann verschleiern, daß der Regelsatz den Regelbedarf möglicherweise nicht deckt, sondern vielmehr tatsächlich darunter liegt." Falk Roscher, § 22 Regelbedarf, in: Ulrich-Arthur Birk u.a., Bundessozialhilfegesetz. Lehr- und Praxiskommentar (LPK-BSHG) mit einer Kommentierung zum Asylbewerberleistungsgesetz, 5. Aufl. Baden-Baden 1998, S. 351, Rz. 2

4   Lothar Krappmann, Kinderarmut. Expertise im Auftrag des Bundesministeriums für Familie, Senioren, Frauen und Jugend, Berlin 2000, S. 16

5   Vgl. Roland Merten, Armut als Herausforderung an die Kinder- und Jugendhilfe, in: Andreas Klocke/Klaus Hurrelmann (Hrsg.), Kinder und Jugendliche in Armut. Umfang, Auswirkungen und Konsequenzen, Opladen/Wiesbaden 1998, S. 278ff.

zusammen, dass sich das Erscheinungsbild der Armut in der deutschen Gesellschaft in den zurückliegenden 30 Jahren nachhaltig gewandelt hat, nämlich von Altersarmut zu einer Verarmung von Kindern und Jugendlichen („Infantilisierung" der Armut).[6]

Nunmehr kommt es darauf an, spezifische Dimensionen von Mangellagen zu bestimmen, welche die Entwicklung von Kindern und Jugendlichen belasten bzw. gefährden. Damit richtet sich der Blick zunächst auf die Risikofaktoren.

2. Risikofaktoren

Es gibt keinen Zweifel an der Tatsache, dass Deprivationen unterschiedlichster Art die Entwicklung, Lernmöglichkeiten und Bildungschancen von Kindern, Jugendlichen und auch Erwachsenen beeinflussen. „Aber als aufgeklärt kann dieser Prozess nicht betrachtet werden."[7] Insofern ist die Suche nach sog. Risikofaktoren und ihrer Wirkungsweise im Hinblick auf die kindliche bzw. jugendliche Entwicklung nach wie vor unerlässlich.

Die epidemiologische Untersuchung von Risikofaktoren geht dabei der Frage nach, ob, wie und in welchem Ausmaß belastende Lebensumstände eine normale Entwicklung von Kindern und Jugendlichen beeinträchtigen. Dabei geht es einerseits darum, diejenigen Lebensbedingungen zu ermitteln, welche die normale Entwicklung von Kindern und Jugendlichen gefährden (Risikofaktoren), andererseits die (Teil-)Populationen der nachwachsenden Generationen zu identifizieren, die damit belastet und insofern (potenziell) in ihrer Entwicklung gefährdet sind (Risikopopulation). „Als Risikofaktor wird dabei ein Merkmal bezeichnet, das bei einer Gruppe von Individuen, die Träger des Merkmals sind, die *Wahrscheinlichkeit* des Auftretens von Störungen im Vergleich zu einer Gruppe von Nicht-Merkmalsträgern erhöht."[8]

Mit dieser Bestimmung von Risikofaktoren wird ein doppelter Horizont entfaltet: Zunächst muss die normale Entwicklung – einschließlich ihrer Variationsbreite – von Kindern und Jugendlichen genau bekannt sein, damit nicht für eine Störung bzw. eine Fehlentwicklung gehalten wird, was sich als Varianz innerhalb eines breiteren Spektrums auflösen lässt. Hierauf hat ins-

---

6   Vgl. detaillierter hierzu: Roland Merten, „Selektive Armut": Kinder und Jugendliche am Rande der Gesellschaft, in: Unsere Jugend 9/2001, S. 371ff.; ders., Kinder- und Jugendhilfepolitik als Politik gegen Kinder- und Jugendarmut: Möglichkeiten und Grenzen, in: Andreas Klocke/Klaus Hurrelmann (Hrsg.), Kinder und Jugendliche in Armut. Umfang, Auswirkungen und Konsequenzen, 2. Aufl. Wiesbaden 2001, S. 322ff.

7   Lothar Krappmann, Kinderarmut, a.a.O., S. 30f.

8   Manfred Laucht u.a., Risiko- und Schutzfaktoren in der Entwicklung von Kindern und Jugendlichen, in: Frühförderung interdisziplinär 3/2000, S. 98

besondere Remo H. Largo aufmerksam gemacht: „Die Variation der normalen Entwicklung ist bedingt durch interindividuelle Unterschiede in Anlagen
und Entwicklungsgeschwindigkeiten sowie durch Umweltfaktoren, die die
Entwicklung in den verschiedenen Bereichen unterschiedlich stark beeinflussen können. Für eine zuverlässige Erfassung von Verhaltens- und Entwick-
lungsauffälligkeiten muss die Variation des normalen Verhaltens in der Bevölkerung bekannt sein."[9] Ferner wird mit der Wahrscheinlichkeit des Auftretens von Störungen das *relative Risiko* bestimmt, das angibt, wie viel Mal
häufiger eine Störung bei der Risikogruppe im Verhältnis zu einer unbela-
steten Kontrollgruppe auftritt. Bevor die weiteren Konsequenzen aus diesen
Überlegungen gezogen werden können, soll eine Systematisierung von Risikofaktoren erfolgen.

Abbildung 1:   Risikofaktoren

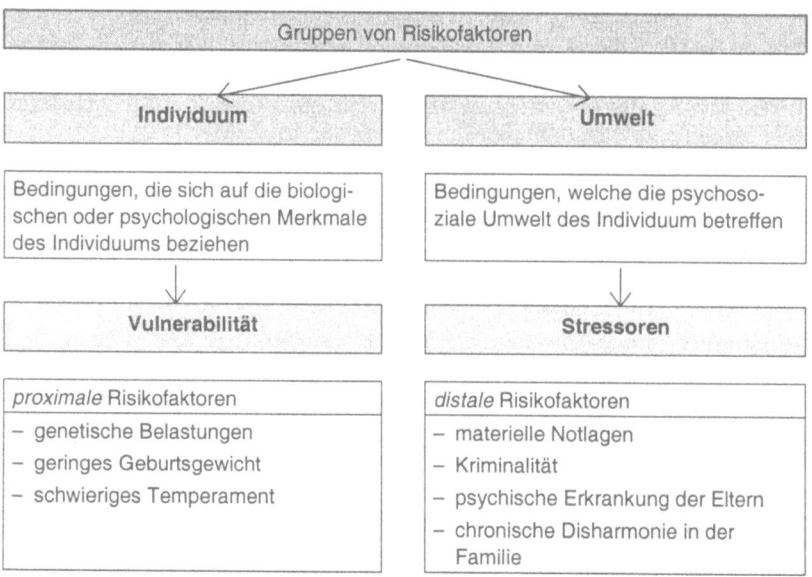

Nach dem Blick auf die unterschiedlichen Risikodimensionen bedarf es einiger wichtiger Einschränkungen, um nicht aus der Analyse einzelner Risikofaktoren falsche, weil übereilte Schlüsse zu ziehen. „Da Risikofaktoren lediglich die Wahrscheinlichkeitsbeziehungen in Gruppen von Personen abbil-
den, ist ihre Wirkung in der Regel nicht kausal zu interpretieren und muß für
den Einzelfall nicht zutreffen."[10] Aus dem Vorhandensein eines Risikos kann

---

9   Remo H. Largo, Kindliche Entwicklung und psychosoziale Umwelt, a.a.O., S. 9f.
10   Manfred Laucht u.a., Risiko- und Schutzfaktoren in der Entwicklung von Kindern und
     Jugendlichen, a.a.O., S. 98

also nicht direkt auf dessen Folgen geschlossen werden. Die Herauslösung einzelner Risikofaktoren aus einem Set unterschiedlicher Bedingungsfaktoren verfälscht Ursachenerklärungen, weil isolierte Zusammenhänge vorgetäuscht werden oder vorhandene Zusammenhänge unberücksichtigt bleiben.[11] Stattdessen kommunizieren Risiko- und Schutzfaktoren miteinander.[12]

Auf die Notwendigkeit einer derart differenzierten Betrachtung wurde frühzeitig durch eine an der Universität Rostock durchgeführte Längsschnittuntersuchung aufmerksam gemacht, die 293 Kinder des Geburtsjahrgangs 1970/71 zu unterschiedlichen Zeitpunkten (1972/73, 1976/77, 1980/81 und 1984/85) einbezog, um den Zusammenhang zwischen (31) biologischen und (28) psychosozialen Risikofaktoren genauer bestimmen zu können.[13] Demnach wirken Risikofaktoren *differenziell*, d.h., dass nicht jedes Risiko immer auch die gleiche Wirkung zeitigt. Ferner bilden Risikofaktoren gewissermaßen Ketten: Sie stehen untereinander in Verbindung und beeinflussen sich so gegenseitig. Zudem wirken Risikofaktoren *zirkulär*, d.h., dass sie Wirkungen erzielen, die selbst wieder ursächlich auf den jeweiligen Risikofaktor zurückwirken. Und nicht zuletzt können Risikofolgen *gepuffert* werden, d.h., dass die Wirkungen sich durch andere (Schutz-)Faktoren mildern oder vollständig kompensieren lassen.[14]

Betrachtet man vor dem Hintergrund der dargestellten Risikodimensionen (vgl. Abbildung 1) den Zusammenhang zwischen biologischen (bzw. proximalen) und sozialen (bzw. distalen) Risiken, zeigen sich interessante Zusammenhänge, welche für die Frage nach den Auswirkungen von Armut auf die Entwicklung hoch bedeutsam sind. Zunächst einmal ist festzuhalten, dass biologische und soziale Risiken nicht unabhängig voneinander wirken. Ferner lässt sich zeigen, „dass die biologischen Risiken zu Beginn der Entwicklung eine große Rolle spielen, dann aber in ihrer Bedeutung zurücktre-

---

11 Vgl. Bernhard Meyer-Probst u.a., Von der Geburt bis 25: Was wird aus Risikokindern?, in: Christoph Leyendecker/Tordis Horstmann (Hrsg.), Frühförderung und Früh behandlung. Wissenschaftliche Grundlagen, praxisorientierte Ansätze und Perspektiven interdisziplinärer Zusammenarbeit, Heidelberg 1997, S. 196

12 Vgl. Gerhard Neuhäuser, Kindliche Entwicklungsgefährdungen im Kontext von Armut, sozialer Benachteiligung und familiärer Vernachlässigung. Erkenntnisse aus medizinischer Sicht, Probleme und Handlungsmöglichkeiten, in: Hans Weiß (Hrsg.), Frühförderung mit Kindern und Familien in Armutslagen, München 2000, S. 43

13 Vgl. Bernhard Meyer-Probst/Helfried Teichmann, Risiken der Persönlichkeitsentwicklung im Kindesalter, Leipzig 1984; Helfried Teichmann/Bernhard Meyer-Probst, Individuelle Langzeitentwicklungsverläufe und Individualprognose der individuellen Entwicklung, in: Helfried Teichmann u.a., Risikobewältigung in der lebenslangen psychischen Entwicklung, Berlin 1991, S. 46

14 Vgl. Bernhard Meyer-Probst u.a., Von der Geburt bis 25: Was wird aus Risikokindern?, a.a.O., S. 201; vgl. auch Manfred Laucht u.a., Wovor schützen Schutzfaktoren?, Anmerkungen zu einem populären Konzept der modernen Gesundheitsforschung, in: Zeitschrift für Entwicklungspsychologie und Pädagogische Psychologie 3/1997, S. 265ff.

ten, während der Einfluss psychosozialer Faktoren zunimmt."[15] Zugespitzt
lässt sich formulieren, dass die biologischen (bzw. perinatalen) Risiken für
die langfristige Persönlichkeitsentwicklung prognostisch irrelevant sind.[16]
Dies deutet darauf hin, dass mit zunehmendem Alter die Zusammenhänge zwischen personalen und kontextuellen Risikofaktoren komplexer werden,
sodass singuläre Risikozusammenhänge und -folgen erst recht nicht mehr be-
stimmbar sind. Damit wird nunmehr die Frage virulent, wie denn der Zusammenhang zwischen Risiken einerseits und den Folgen andererseits zu bestimmen ist. Auf diese Weise tritt die Relation zwischen den einzelnen Risiken und ihrer Wirkung auf die Risikopopulation bzw. das Individuum in den
Vordergrund. „Ob Risikofaktoren auch Risikofolgen hervorrufen, hängt nicht
allein von den Eigenschaften des Risikos ab (deshalb kann eine allgemein
gültige Risikogewichtung nicht gelingen), sondern von der Risikobewältigung, d.h. von den Ressourcen einer Person und ihrer Vulnerabilität."[17]
Fasst man an dieser Stelle die unterschiedlichen Überlegungen im Hinblick darauf zusammen, dass Risiken eben nicht notwendig auch Risikofolgen zeitigen und dass Menschen unter gleichermaßen widrigen Bedingungen
offensichtlich unterschiedliche Ressourcen zur Abwendung schädigender
Einflüsse mobilisieren und einzusetzen vermögen, verändert sich der Fokus
der Fragerichtung. Es wird nicht mehr länger und allein nach den *pathogene-*
tischen Bedingungen gefragt, die schädigend auf das Individuum einwirken,
sondern es eröffnet sich eine *salutogenetische* Perspektive auf jene Bedingungen und Ressourcen, die ein Individuum unter Risikobedingungen schützen. Das Konzept der Salutogenese, aus der Medizin stammend, kann direkt
auf den Bereich psychosozialer Risiken übertragen werden. „Pathogenetisch
denken heißt, sich mit der Entstehung und Behandlung von Krankheiten zu
beschäftigen. Salutogenese bedeutet nicht das Gegenteil in dem Sinne, daß es
nun um die Entstehung und Erhaltung von Gesundheit als einem absoluten
Zustand geht. Salutogenese meint, alle Menschen als mehr oder weniger gesund und gleichzeitig mehr oder weniger krank zu betrachten. Die Frage lautet daher: Wie wird ein Mensch mehr gesund und weniger krank?"[18] Übertragen auf den Bereich psychosozialer Risiken heißt die Frage: Welche Bedingungen tragen dazu bei, dass eine Person gegenüber den sie belastenden Risikofaktoren widerständig(er) wird? Damit ist der Weg in die Resilienzfor-

15 Siehe Gerhard Neuhäuser, Kindliche Entwicklungsgefährdungen im Kontext von Ar-
    mut, sozialer Benachteiligung und familiärer Vernachlässigung, a.a.O., S. 42
16 Vgl. Bernhard Meyer-Probst u.a., Von der Geburt bis 25: Was wird aus Risikokin-
    dern?, a.a.O., S. 201
17 Bernhard Meyer-Probst/Olaf Reis, Risikofaktoren und Risikobewältigung im Kontext
    – Schlussfolgerungen aus der Rostocker Längsschnittstudie nach 25 Jahren, in: Früh-
    förderung interdisziplinär 3/2000, S. 117
18 Jürgen Bengel u.a., Was erhält Menschen gesund?, Antonovskys Modell der Saluto-
    genese – Diskussionsstand und Stellenwert (Bundeszentrale für gesundheitliche Auf-
    klärung: Forschung und Praxis der Gesundheitsförderung, Bd. 6), Köln 1998, S. 24

schung eröffnet, die genau solche protektiven (schützenden) Faktoren untersucht.[19]

3. Protektive Faktoren

Protektive Faktoren führen dazu, dass die schädliche Wirkung eines Risikofaktors gemildert oder völlig beseitigt wird; fehlen solche schützenden Bedingungen, wirken sich Risikofaktoren unmittelbar schädigend aus. „Protektive Faktoren *moderieren* die schädliche Wirkung eines Risikofaktors (...). Dahinter steht die Vorstellung einer Pufferwirkung: ein protektiver Faktor ist besonders oder ausschließlich dann wirksam, wenn eine Gefährdung vorliegt. Ohne Gefährdung dagegen kommt ihm keine bedeutsame Rolle zu."[20] Hier kann darauf verzichtet werden, die weiterführende und kritische Diskussion um protektive Faktoren nachzuzeichnen. Stattdessen sollen – in geraffter Form – jene Faktoren benannt werden, die sich vor dem Hintergrund bisher vorliegender Untersuchungsergebnisse als die Widerstandskraft von Individuen erhöhend herausgestellt haben und insofern eine schützende Wirkung entfalten.

Abbildung 2: Protektive Faktoren

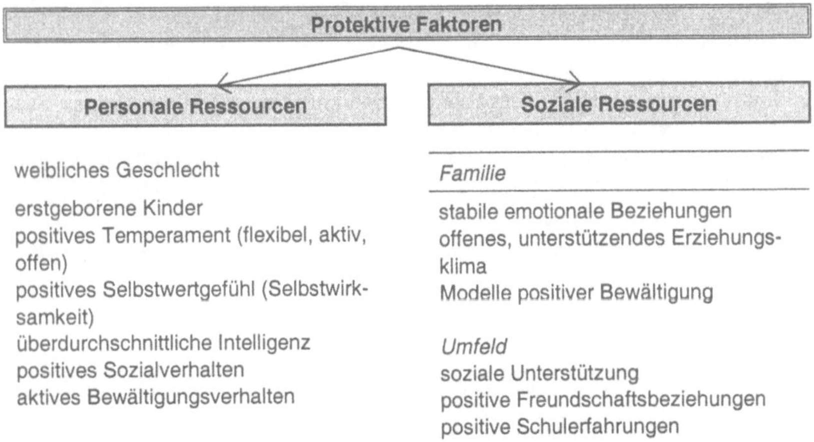

Protektive Faktoren	
Personale Ressourcen	**Soziale Ressourcen**
weibliches Geschlecht	*Familie*
erstgeborene Kinder	stabile emotionale Beziehungen
positives Temperament (flexibel, aktiv, offen)	offenes, unterstützendes Erziehungsklima
positives Selbstwertgefühl (Selbstwirksamkeit)	Modelle positiver Bewältigung
überdurchschnittliche Intelligenz	*Umfeld*
positives Sozialverhalten	soziale Unterstützung
aktives Bewältigungsverhalten	positive Freundschaftsbeziehungen
	positive Schulerfahrungen

---

19 Vgl. Emmy Werner, Gefährdete Kindheit in der Moderne. Protektive Faktoren, in: Vierteljahresschrift für Heilpädagogik und ihre Nachbargebiete 2/1997, S. 192ff.

20 Manfred Laucht u.a., Risiko- und Schutzfaktoren in der Entwicklung von Kindern und Jugendlichen, a.a.O., S. 265

Bevor nunmehr auf unterschiedliche Dimensionen kindlicher Entwicklung geschaut werden soll, innerhalb deren schädigende Einflüsse von Armut feststellbar sind, bedarf es einer genaueren Untersuchung des zentralen Nadelöhrs, durch das sich Armut, insbesondere bei Kindern, in seinen Auswirkungen niederschlägt: die Familie.

4. Familie als Mediator

Armutsbedingte Belastungen der Kinder werden weniger als direkte Reaktionen auf die sozioökonomische Deprivationslage gesehen, sondern primär als durch die Familie vermittelt. Insofern wirkt die Familie als Scharnier der Vermittlung zwischen makrostrukturellen Phänomenen (Armut) einerseits und individuellen Verhaltensweisen (von Kindern) andererseits. Wie sich Armut auf Kinder und Jugendliche auswirkt, hängt also wesentlich von den Reaktionen der Eltern ab, d.h. davon, wie sie die familiären Interaktionen und Beziehungen ausgestalten und welches Erziehungsverhalten sie gegenüber den Kindern zeigen.[21] Daraus folgt für die Vermutung einer schädigenden Wirkung von Armut, „dass die elterlichen und familialen Anpassungs- und Bewältigungsformen über das Familienklima und die Sozialisations- und Erziehungsbedingungen Auftreten und Ausmaß kindlicher Entwicklungsgefährdungen in hohem Maße beeinflussen."[22] Angesichts des Entwicklungsverlaufs von Individuen ist davon auszugehen, dass in jüngerem Alter die o.g. proximalen Faktoren des elterlichen Erziehungsverhaltens und des Familienklimas stärker wirken, während mit zunehmendem Alter die distalen Faktoren der sozioökonomischen Position an Bedeutung gewinnen.

Betrachtet man nunmehr die Weise genauer, wie finanzielle Knappheit sich als Risiko kindlicher Entwicklung auswirkt, dann zeigt sich, dass es zunächst und wesentlich psychische Belastungen der Eltern sind, die in der Folge – insbesondere bei lang anhaltenden Armutsperioden – nicht ohne Einfluss auf die Beziehung der Ehepartner bleiben.[23] Die folgende Abbildung zeigt die Wirkrichtung von Armut als Risikofaktor:

---

21 Vgl. Sabine Walper, Psychosoziale Folgen von Armut für die Entwicklung von Jugendlichen, in: Unsere Jugend 9/2001, S. 385f.
22 Siehe Hans Weiß, Kindliche Entwicklungsgefährdungen im Kontext von Armut und Benachteiligung, a.a.O., S. 57
23 Vgl. als zusammenfassenden Überblick: Sabine Walper, Auswirkungen von Armut auf die Entwicklung von Kindern, in: Annette Lepenies u.a., Kindliche Entwicklungspotenziale. Normalität, Abweichung und ihre Ursachen (Materialien zum 10. Kinder- und Jugendbericht), München 1999, S. 291ff. Auch Hans Weiß (Kindliche Entwicklungsgefährdungen im Kontext von Armut und Benachteiligung, a.a.O., S. 54) hebt die fortschreitende Beeinträchtigung des familiären Beziehungs- und Erziehungsklimas mit zunehmender Dauer der Armut hervor.

Abbildung 3:   Elterliche Reaktionen auf finanzielle Knappheit als Mediator
für Reaktionen der Kinder[24]

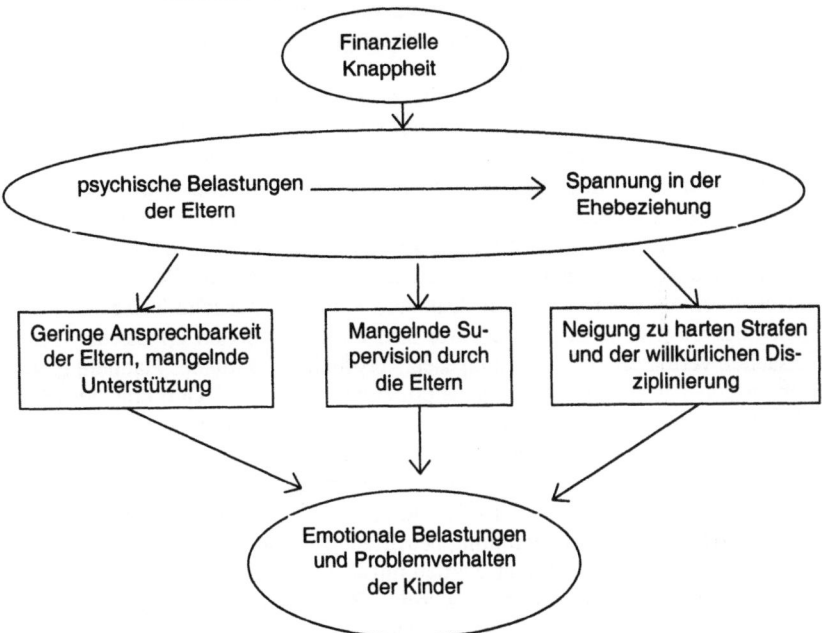

Wie die Abbildung deutlich macht, sind die stärksten Veränderungen, die durch armutsbedingte Belastungen zu verzeichnen sind, in den folgenden Bereichen festzustellen: (1) Ansprechbarkeit der und Unterstützung durch die Eltern, (2) Supervision durch die Eltern sowie (3) Erziehungs- und Sanktionspraktiken. Es dominieren (mit zunehmender Dauer der finanziellen Unterversorgung) eher sanktionsorientierte als unterstützende Formen der Erziehung, die sich aus wissenschaftlicher Sicht als Wandel vom Verhandlungs- zum Befehlshaushalt interpretieren lassen.

Obgleich die familialen Konstellationen als zentraler Mediator ausgewiesen worden sind, wäre es vollkommen verfehlt, die aus Armutslagen resultierenden Schwierigkeiten und die damit verbundenen Entwicklungsgefährdungen dem Verantwortungskreis der Familien selbst aufzubürden. Denn wie die eben geschilderten negativen Konsequenzen unzweideutig zeigen, sind sie aufgrund ihrer besonderen Belastungen dazu nicht in der Lage. Insofern „wä-

---

24 Sabine Walper, Wenn Kinder arm sind – Familienarmut und ihre Betroffenen, in: Lothar Böhnisch/Karl Lenz (Hrsg.), Familien. Eine interdisziplinäre Einführung, Weinheim/München 1997, S. 276. Vgl. auch Sabine Walper, Psychosoziale Folgen von Armut für die Entwicklung von Jugendlichen, a.a.O., S. 387

re es verfehlt, im Sinne eines ‚Blamierens der Opfer' (‚blaming the victims')
die Verantwortung für ökonomische und gesellschaftlich-kulturelle Bedingungen von Armut auf die Menschen zu verlagern, die sie zu ertragen haben
(...), und Eltern einseitig die Schuld für mögliche Entwicklungsbeeinträchti-
gungen ihrer Kinder zuzuordnen."[25]
    Mit diesem zutreffenden Hinweis von Hans Weiß wird eine Perspektive
auf die Notwendigkeit staatlicher Sozialpolitik eröffnet. Denn unter Berücksichtigung der gerechtigkeitstheoretischen Überlegungen von John Rawls
lässt sich der Zusammenhang zwischen sozioökonomischer und -kultureller
Benachteiligung einerseits sowie deren staatlicher Kompensation andererseits
herstellen. „Die natürliche Verteilung ist weder gerecht noch ungerecht; es ist
auch nicht ungerecht, dass die Menschen in eine bestimmte Position der Gesellschaft hineingeboren werden. Das sind einfach natürliche Tatsachen. Gerecht oder ungerecht ist die Art, wie sich die Institutionen angesichts dieser
Tatsachen verhalten."[26] Das Grundgesetz verpflichtet staatliches Handeln gleich
in mehrfacher Hinsicht: Einerseits ist prinzipiell (laut Art. 1 GG) eine der Men-
schenwürde gemäße Lebensführung sicherzustellen, während andererseits Ehe
und Familie (laut Art. 6 I GG) unter dem besonderen Schutz der staatlichen
Ordnung stehen. Diese doppelte Gewährleistungspflicht ist nicht zuletzt über
das Sozialstaatsgebot (Art. 20 I GG und Art. 28 I GG) normiert. Hinsichtlich
der von Armut und Benachteiligung betroffenen Kinder heißt dies, dass sozialstaatliche Angebote so erbracht werden müssen, dass man sie auch tatsächlich
erreicht: „Dieser besonders schutzwürdige Personenkreis vermag ohne Inan-
spruchnahme sozialer Dienste und persönlicher Hilfen die Grundrechte, die unsere Verfassung allen Bürgern zuteil werden läßt, nicht wahrzunehmen. Das
gilt vor allem für die Entfaltung der Persönlichkeit und für das Dasein in Men-
schenwürde. Deshalb wird auch versucht, innerhalb der Einrichtungen unserer
sozialen Sicherung unter verstärktem Einsatz sozialer und sozialpflegerischer
Dienste, von Sozialarbeitern, Gesundheitsberatern, Sozialpädagogen, Psychotherapeuten usw. hier Abhilfe zu schaffen."[27] Die grundsätzliche Bereitstellung
sozialstaatlicher Hilfeangebote wird also zugleich an eine Form der professionellen Realisierung (Sozialarbeiter/innen, Gesundheitsberater/innen, Sozialpädagogen, Psychotherapeuten etc.) geknüpft, um auch zielgenau die besonderen Gruppen erreichen zu können.[28]

---

25 Hans Weiß, Kindliche Entwicklungsgefährdungen im Kontext von Armut und Be-
     nachteiligung, a.a.O., S. 60f.
26 John Rawls, Eine Theorie der Gerechtigkeit, 4. Aufl. Frankfurt am Main 1988, S. 123
27 Georg Wannagat, Sozialethische Aspekte des Sozialrechts, in: Willy Brandt u.a.
     (Hrsg.), Ein Richter, ein Bürger, ein Christ. Festschrift für Helmut Simon, Baden-
     Baden 1987, S. 784
28 Vgl. ausführlicher hierzu: Roland Merten, Soziale Arbeit: Politikfähigkeit durch Pro-
     fessionalität, in: ders. (Hrsg.), Hat Soziale Arbeit ein politisches Mandat?, Positionen
     zu einem strittigen Thema, Opladen 2001, S. 169ff.

5. Psychosoziale Folgewirkungen

Wenn über psychosoziale Folgewirkungen von Armut gesprochen wird, ist zunächst eine Einschränkung nötig: Die meisten Untersuchungen, die Auskunft über den Zusammenhang von Armut und kindlicher bzw. jugendlicher Entwicklung geben, entstammen US-amerikanischen Zusammenhängen. Damit stellt sich die Frage der Übertragbarkeit solcher Ergebnisse auf den bundesrepublikanischen Kontext, denn sowohl im Hinblick auf spezifische Problemlagen (z.B. Rassentrennung in den USA) als auch mit Blick auf das Ausmaß von Verarmungsprozessen und nicht zuletzt aufgrund der gänzlich unterschiedlichen wohlfahrtsstaatlichen Traditionen sind Bedenken angezeigt. Gleichwohl lassen sich trotz der unterschiedlichen Kontextbedingungen im Vergleich mit den vorliegenden bundesrepublikanischen Studien deutliche Parallelen einerseits in den relevanten Prozessen und andererseits in den Reaktionen der Betroffenen erkennen. Insofern erscheint eine vorsichtige Verwendung der amerikanischen Ergebnisse durchaus möglich.[29]

Hier soll nur insoweit auf medizinisch-biologische Folgewirkungen von Armut bei Kindern und Jugendlichen eingegangen werden, als sie im Zusammenhang mit unmittelbaren psychosozialen Belastungen stehen. Grundsätzlich ist jedoch ein interner Zusammenhang festzustellen. Auf diese Relation machen auch die Ergebnisse der Rostocker Längsschnittstudie aufmerksam. „Während die entwicklungshemmende Wirkung biologischer Risikobelastung bei 2-Jährigen am stärksten ist, mit zunehmendem Alter abnimmt und bei 20-Jährigen keine Signifikanz mehr erreicht, gestaltet sich die Relevanz der psychosozialen Risiken mit zunehmendem Alter gegenläufig.“[30] Es gilt, sich diesen Zusammenhang in Erinnerung zu rufen, wenn Armut als psychosoziales Risiko in ihren Wirkungen betrachtet werden soll.

5.1 Selbstbild und Wohlbefinden

Zwischen deprivierter Lebenslage und dem Selbstbild bzw. dem Wohlbefinden von Kindern und Jugendlichen besteht eine positive Korrelation, insbesondere mit zunehmendem Alter. Auf diesen Zusammenhang machen Petra Butz und Klaus Boehnke aufmerksam. Sie haben den hier interessierenden Nexus in einer eigenen Studie untersucht und kommen zu folgenden Ergebnissen: „Je höher der Kaufkraftverlust, desto geringer der Selbstwert. Der Zusammenhang schwindet jedoch, ebenso wie der zum Geschlecht, sobald das Familienklima in die Analyse aufgenommen wird. Dieses zeigt hochsignifi-

---

29 Vgl. auch Sabine Walper, Wenn Kinder arm sind – Familienarmut und ihre Betroffenen, a.a.O., S. 267

30 Bernhard Meyer-Probst u.a., Von der Geburt bis 25: Was wird aus Risikokindern?, a.a.O., S. 197

kante Zusammenhänge zur Selbstwirksamkeitserwartung: Je besser die Jugendlichen ihr Familienklima einschätzen, desto mehr Zutrauen haben sie in sich selbst."[31] Auch hier wird wieder deutlich, dass eindeutige Folgewirkungen nicht unmittelbar auf Risikofaktoren zu beziehen sind, es also moderierende Variablen gibt. Allerdings ist das relative Risiko einer Beeinträchtigung des Selbstwertgefühls armer Kinder und Jugendlicher deutlich erhöht.

In armen Familien zeigen sich bereits während der frühen Kindheit ausgeprägte Minderwertigkeitsgefühle sowie starke Selbstzweifel und hohe emotionale Belastungen, insbesondere seitens der betroffenen Mädchen.[32] Früh im Leben erfahrene Armut beeinflusst das Selbstwertgefühl der hiervon betroffenen Kinder *langfristig* negativ. Es sind vermutlich diese Selbstabwertungen, welche die sich entwickelnde Identität armutsbetroffener Kinder und Jugendlicher nachhaltig und überdauernd formen.[33] Auf denselben Zusammenhang macht Sabine Walper vor dem Hintergrund ihrer Untersuchungen aufmerksam. Es „ist nicht zwangsläufig mit einem Erholungseffekt auf die Kinder zu rechnen, wenn sich die finanziellen Verhältnisse der Familie verbessern."[34]

Die langfristigen Auswirkungen deprivierender Lebensbedingungen auf die Entwicklung und das spätere Verhalten von Kindern und Jugendlichen betreffen in besonderer Weise deren Bindungsfähigkeit. So weist etwa Remo H. Largo darauf hin, dass der aus deprivationsbedingten Belastungen resultierende Mangel an Geborgenheit und Zuwendung, den arme Kinder erleiden, deren Bindungsfähigkeit langfristig und grundsätzlich beeinträchtigt.[35] Insofern kommt es aus einer präventiven Perspektive weniger darauf an, intensive Fördermaßnahmen durchzuführen, als emotionale und soziale Sicherheit bzw. Stabilität zu ermöglichen.

Auch das sozialpolitisch völlig zutreffende Argument, dass Kinder inzwischen zu einem, wenn nicht sogar zu *dem* Verarmungsrisiko für Familien schlechthin geworden sind, kann durchaus in realen Interaktionsprozessen negative Wirkungen entfalten. „Betroffene Kinder sollten die Möglichkeit erhalten, zu lernen, daß sie für die ökonomischen Probleme und Konflikte in ihren Familien nicht verantwortlich sind."[36] Auch an dieser Stelle zeichnen sich Perspektiven eines sozialpolitischen Handlungsbedarfes ab, der in seiner Realisierung unmittelbar sozialisatorisch positive Konsequenzen hätte. Insofern ist die

---

31 Petra Butz/Klaus Boehnke, Auswirkungen von ökonomischem Druck auf die psychosoziale Befindlichkeit von Jugendlichen. Zur Bedeutung von Familienerziehung und Schulniveau, in: Zeitschrift für Pädagogik 1/1997, S. 85f.
32 Vgl. Sabine Walper, Auswirkungen von Armut auf die Entwicklung von Kindern, a.a.O., S. 308
33 Vgl. Lothar Krappmann, Kinderarmut, a.a.O., S. 33
34 Siehe Sabine Walper, Auswirkungen von Armut auf die Entwicklung von Kindern, a.a.O., S. 310
35 Vgl. Remo H. Largo, Kindliche Entwicklung und psychosoziale Umwelt, a.a.O., S. 18
36 Hans Weiß, Kindliche Entwicklungsgefährdungen im Kontext von Armut und Benachteiligung, a.a.O., S. 64

vielfach erhobene Forderung, Kinder (und Jugendliche) über eine sozialstaatliche Mindestabsicherung aus der Sozialhilfe zu halten, gut begründet.

5.2 Kognitiv-intellektuelle Entwicklung

Die einschlägigen Studien dazu kommen aus den Vereinigten Staaten. Sie belegen ohne Ausnahme, dass auch bei der Intelligenzentwicklung ein linearer Zusammenhang zwischen dem Einkommen und den kognitiven Kompetenzen von Kindern und Jugendlichen besteht: „Der sozioökonomische Status bestimmt die intellektuelle Entwicklung weit mehr als sämtliche derzeit erfassbaren pränatalen und perinatalen Risikofaktoren."[37] Gerade in diesem Bereich gilt der eingangs erwähnte Kumulationseffekt von Risikofaktoren. Biologische und psychosoziale Belastungsmomente sind im Vorschulalter als vergleichbare Störgrößen der kognitiven Entwicklung zu werten. Im weiteren Verlauf verlieren auch hier wieder die biologischen Aspekte an Bedeutung, während die sozialen Bedingungen deutlich an Einfluss gewinnen.[38]

Unter materiell deprivierenden Lebensbedingungen erfahren Kinder Nachteile in der Sprach- wie der Intelligenzentwicklung,[39] und zwar umso stärker, je länger die benachteiligenden Bedingungen fortwirken. „Kinder in dauerhaft armen Familien haben einen um 9 Punkte niedrigeren IQ als Kinder aus nie verarmten Familien, während Kinder, die zeitweise in Armut leben, mit einem 4 Punkte niedrigeren IQ eine Mittelstellung einnehmen."[40]

Anders als im Bereich der Selbstbildkonstitution ist hier mit einer kompensatorischen Wirkung bzw. der Möglichkeit einer Spontanremission zu rechnen, wenn die Risikofaktoren entweder professionell ausgeglichen werden oder (unter günstigen Bedingungen) gänzlich entfallen. Aber wieder gilt: Je länger die deprivierenden Bedingungen anhalten, unter denen Kinder und Jugendliche aufwachsen, desto schwieriger werden Ausgleichsmöglichkeiten. Wie die Untersuchungsergebnisse Toni Mayrs deutlich werden lassen, bedarf es zum kompensatorischen Ausgleich einer doppelten Interventionsstrategie: Einerseits sollen *direkte* Interventionen mit den armutsbetroffenen Kindern vorgenommen werden, weil sie unmittelbar sehr positive Ergebnisse zeitigen.

Andererseits, und dies trägt zur längerfristigen Stabilisierung der Fördererfolge bei, sollen *indirekte* Interventionen über die Eltern erfolgen. Betrachtet man ferner institutionelle („center-based") Unterstützungsmaßnah-

---

37   Remo H. Largo, Kindliche Entwicklung und psychosoziale Umwelt, a.a.O., S. 17

38   Vgl. Bernhard Meyer-Probst u.a., Von der Geburt bis 25: Was wird aus Risikokindern?, a.a.O., S. 198

39   Vgl. Toni Mayr, Entwicklungsrisiken bei armen und sozial benachteiligten Kindern und die Wirksamkeit früher Hilfen, in: Hans Weiß (Hrsg.), Frühförderung mit Kindern und Familien in Armutslagen, München 2000, S. 142

40   Sabine Walper, Auswirkungen von Armut auf die Entwicklung von Kindern, a.a.O., S. 315

men für Kinder und Jugendliche aus armutsbelasteten Familien, so lassen sich erneut jene Bedingungen finden, die im Zusammenhang mit der Selbstbildentwicklung als protektiv ausgewiesen werden konnten. „Wesentlich sind u.a. eine sichere, der Entwicklung von Kindern angemessene Umgebung mit einem breiten Aktivitätsangebot und vielfältigen Lernmöglichkeiten, ein positives emotionales Klima, eine gute Organisation des Tagesablaufs und die Bereitschaft des Personals, individuell und sensibel auf die Bedürfnisse von Kindern einzugehen."[41] Um es auf einen kurzen Nenner zu bringen: eine *kindzentrierte* Pädagogik.

Auch in dieser Hinsicht zeichnet sich ein sozialpolitisches Programm ab, das nicht lediglich die Bereitstellung eines Kindergartenplatzes für Kinder ab dem dritten Lebensjahr vorsieht, sondern außerdem die finanzielle Absicherung gerade für diejenigen Kinder garantiert, die ihn am dringendsten benötigen – Kinder aus Armutshaushalten.

Abbildung 4: Teilnahme an Vorsorgeuntersuchungen U1 bis U8 in Hamburg nach Berufstätigkeit des Vaters (1991-1996)[42]

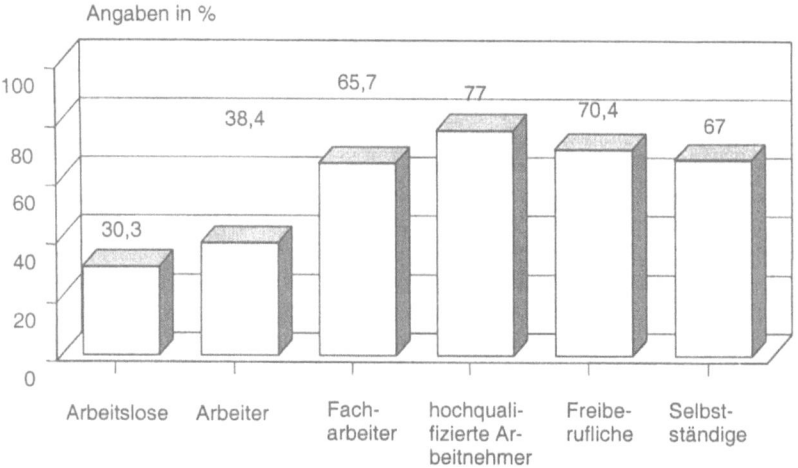

Bisher gilt jedoch, dass jene Kinder die schlechteste Förderung erfahren, die unter hohen materiellen und psychosozialen Risikobedingungen aufwachsen,

---

41   Toni Mayr, Entwicklungsrisiken bei armen und sozial benachteiligten Kinder und die Wirksamkeit früher Hilfen, a.a.O., S. 152
42   Ines Zimmermann u.a., Kinder, Gesundheit und Armut aus Sicht der Gesundheitsberichterstattung in Hamburg, in: Thomas Altgeld/Petra Hofrichter (Hrsg.), Reiches Land – kranke Kinder?, Gesundheitliche Folgen von Armut bei Kindern und Jugendlichen, Frankfurt am Main 2000, S. 116 (eigene Grafik)

weil sie die vorhandenen Angebotsstrukturen am wenigsten erreichen. So zeigt sich beispielsweise, dass Kinder umso weniger von den acht Vorsorge-untersuchungen innerhalb der ersten Lebensjahre erfasst werden, je geringer die Bildungsabschlüsse ihrer Eltern sind und je schlechter die materielle Situation ist, in der sie selbst aufwachsen. Die obige Abbildung zeigt die Quote derjenigen Kinder, die durch das Vorsorgeuntersuchungssystem erreicht werden, in Abhängigkeit zum formalen Bildungsgrad des Vaters.

Dass es inzwischen Alternativen gibt, die einen höheren Grad des Erreichens risikobehafteter Kinder und Jugendlicher durch psychosoziale Dienste sicherstellen, zeigen Projekte, die an der Lebenswirklichkeit von eben diesen Kindern und Jugendlichen ansetzen und nicht auf die Initiative und Aktivität der jeweiligen Eltern warten.[43]

6. Resümee

Die Rede von psychosozialen Folgen der Armut ist irreführend, denn sie suggeriert einen eindeutigen Zusammenhang, der so nicht besteht. Damit ist nun keinesfalls gesagt, dass Armut keine (negativen) Konsequenzen im Prozess des Aufwachsens zeitigt. Armut als Begleitumstand des Aufwachsens von Kindern und Jugendlichen kann für deren weitere Entwicklung sogar verheerende Folgen haben. Allerdings sind die Zusammenhänge komplexer, als dies gemeinhin angenommen wird.

Hier wurden einige Bereiche angedeutet, in denen es zu solchen Beeinträchtigungen kommen kann. Aber immer wieder muss auf den *Möglichkeitscharakter* negativer Auswirkungen bezüglich der Entwicklung von Kindern und Jugendlichen hingewiesen werden. Denn es sind sowohl personale als auch soziale Bedingungsfaktoren, die moderierend – d.h. sowohl abschwächend als auch verstärkend – auf die Risikobedingungen und deren Auswirkungen Einfluss nehmen. Somit wird deutlich, dass gerade die Diskussion um psychosoziale Auswirkungen von Armut nicht zu Fatalismus einlädt, sondern konkrete Handlungsperspektiven entfaltet. An welchen Stellen sich solche (insbesondere sozialstaatliche) Interventionsmöglichkeiten abzeichnen, wurde exemplarisch gezeigt. Armut ist weder Schicksal noch Prüfung; sie ist eine beständige Herausforderung für eine der reichsten Gesellschaften der Welt.

---

43 Vgl. Michael Kögler, Die Benachteiligungsspirale für Kinder aus sozial benachteiligten Familien. Hingeh- statt Kommstruktur, in: Unsere Jugend 6/2001, S. 268ff.

Andreas Lange/Wolfgang Lauterbach/Rolf Becker

Armut und Bildungschancen

Auswirkungen von Niedrigeinkommen auf den Schulerfolg
am Beispiel des Übergangs von der Grundschule auf
weiterführende Schulstufen

1. Führt Einkommensarmut zu Bildungsarmut?

Wie die Armutsforschung belegt, sind Familien mit minderjährigen Kindern
vergleichsweise hohen Armutsrisiken ausgesetzt.[1] Vornehmlich in jüngster
Zeit – in Westdeutschland seit den 80er-Jahren und in Ostdeutschland seit
Anfang der 90er-Jahre – ist der Anteil der in Armut lebenden Familien gestiegen. Von Armut betroffen sind hauptsächlich solche Familien, in denen
mindestens ein Elternteil arbeitslos ist, und Alleinerziehende, die wegen der
Fürsorge für ihre minderjährigen Kinder nur eingeschränkt erwerbstätig sein
können. Daher haben wir es in Deutschland mit einer wachsenden strukturellen Armut der Kinder aufgrund der Arbeitslosigkeit von Eltern und/oder defizitärer Einkommenslagen des Elternhauses zu tun.[2] Immer mehr Kinder und
Jugendliche machen einschneidende Erfahrungen mit den prekären Einkommenslagen ihrer Familien und den daraus resultierenden Folgen. Kinder werden „Opfer" der ökonomischen Situation ihres Elternhauses und haben unter
dieser Situation zu leiden.[3] Neuere empirische Studien zeigen, dass eingeschränkte ökonomische Ressourcen nicht nur die Gestaltung des Alltags von
Kindern, sondern langfristig auch deren persönliche Entwicklung und zukünftige Lebenschancen beeinträchtigen.[4]

---

1   Vgl. Walter Hanesch u.a., Armut und Ungleichheit in Deutschland. Der neue Armuts-
    bericht der Hans-Böckler-Stiftung, des DGB und des Paritätischen Wohlfahrtsver-
    bands, Reinbek bei Hamburg 2000
2   Vgl. Gunter E. Zimmermann, Formen von Armut im Kindes- und Jugendalter, in: An-
    dreas Klocke/Klaus Hurrelmann (Hrsg.), Kinder und Jugendliche in Armut, Opladen
    1998, S. 60; diesen Zusammenhang thematisiert z.B. Werner Schönig, Langzeitar-
    beitslosigkeit und Kinderarmut, in: Christoph Butterwegge (Hrsg.), Kinderarmut in
    Deutschland. Ursachen, Erscheinungsformen und Gegenmaßnahmen, 2. Aufl. Frank-
    furt am Main/New York 2000, S. 197ff.
3   Vgl. Daniel Lichter, Poverty and Inequality among Children, in: Annual Review of
    Sociology 23 (1997), S. 121ff.
4   Vgl. Karen Seccombe, Families in Poverty in the 1990s: Trends, Causes, Conse-
    quences, and Lessons learned, in: Journal of Marriage and the Family 62 (2000), S.
    1094ff.; Christian Palentien/Andreas Klocke/Klaus Hurrelmann, Armut im Kindes-
    und Jugendalter, in: Aus Politik und Zeitgeschichte. Beilage zur Wochenzeitung *Das*

Völlig zu Recht wird daher im Fünften Familienbericht sowie im Zehnten Kinder- und Jugendbericht darauf hingewiesen, dass die Produktion und der Erhalt von Humanvermögen wichtige Ziele moderner Gesellschaften, so auch der Bundesrepublik Deutschland, sein sollten.[5] Insbesondere das Humanvermögen von Kindern – die Gesamtheit ihrer kognitiven Fähigkeiten und sozialen Fertigkeiten, also das Humankapital und die psychosozialen Kompetenzen – ist eine elementare Voraussetzung für die Sozial- und Systemintegration einer Gesellschaft und für deren Innovationspotenzial. Wegen der Arbeitslosigkeit und Armut vieler Familien und der daraus folgenden sozioökonomischen und psychosozialen Deprivation einer wachsenden Minderheit unter den Kindern scheint dieses Ziel jedoch gefährdet. Für die erfolgreiche Produktion von Humanvermögen über Erziehung und Sozialisation von Kindern und Jugendlichen bedarf es in Schulen, in Familien oder auch bei den „peers" der Kinder günstiger Voraussetzungen. Neben dauerhaften, stabilen und als sinnhaft erlebten Beziehungen sind ökonomische Ressourcen für das Gelingen von Bildung und Erziehung der Kinder unabdingbar. Deutlich sichtbar werden diese Zusammenhänge am Schulerfolg und an den Bildungschancen von Kindern. Bildung ist eine elementare Voraussetzung für die Realisierung erstrebenswerter Lebensziele. Wenn aber prekäre Einkommenslagen die Bildungschancen von Kindern beeinträchtigen, werden auch deren Aussichten auf die zukünftige Teilhabe an gesellschaftlich hoch bewerteten materiellen und immateriellen Gütern getrübt.

Wir skizzieren in unserem Beitrag die wesentlichen Entwicklungen von Armut unter Kindern in Deutschland seit 1980 und diskutieren mögliche Auswirkungen ökonomischer Deprivation auf Kinder, um anschließend Konsequenzen ökonomischer Mangellagen von Familienhaushalten für die Bildungschancen der Kinder aufzuzeigen. Wir fragen aber auch nach Bedingungen, die es Kindern und Jugendlichen trotz kurzfristiger oder lang andauernder Armutslagen ermöglichen, eine erfolgreiche Bildungskarriere zu realisieren. Denn nicht alle Kinder, die in Armut leben, werden durch die Einschränkung der finanziellen Ressourcen maßgeblich in ihren Lebenschancen benachteiligt. Dazu beziehen wir uns auf die Coping- und Resilienzforschung, deren Überlegungen wir anhand einer aktuellen Studie über Armut unter Kindern konkretisieren und in einer zusammenfassenden Übersicht syntheti-

---

Parlament 18/1999, S. 33ff.; Sabine Walper, Wenn Kinder arm sind. Familienarmut und ihre Betroffenen, in: Lothar Böhnisch/Karl Lenz (Hrsg.), Familien. Eine interdisziplinäre Einführung, Weinheim/München 1997, S. 265ff.

5   Vgl. Bundesministerium für Familie und Senioren (Hrsg.), Fünfter Familienbericht: Familien und Familienpolitik im geeinten Deutschland – Zukunft des Humanvermögens, Bonn 1994; Sachverständigenkommission zum Zehnten Kinder- und Jugendbericht, Bericht über die Lebenssituation von Kindern und die Leistungen der Kinderhilfen in Deutschland. Mit der Stellungnahme der Bundesregierung, Bundestags-Drs. 13/11368, Bonn 1998

sieren.[6] Den Abschluss bilden Überlegungen für die politische Prä- und Intervention.

2. Armut in Deutschland seit 1980

Betrachten wir den Wandel der relativen Einkommensarmut von Haushalten in den westlichen Bundesländern seit Beginn der 80er-Jahre, so ähnelt er sehr der Entwicklung der Sozialhilfequoten.[7] Legt man die 50%-Armutsgrenze als Berechnungsbasis zugrunde, waren Ende der 70er-Jahre in Westdeutschland rund 7 Prozent aller Haushalte als arm einzustufen, 1985 rund 11 Prozent, 1991 annähernd 9 und nahezu 10 Prozent im Jahr 1998.[8] Der Anteil von Paarhaushalten mit Kindern unterhalb dieser Schwelle relativer Einkommensarmut betrug im selben Zeitraum zwischen 11 und 15 Prozent, jener der Ein-Elternteil-Haushalte zwischen 30 und 36 Prozent. Betrachtet man die Niedrigeinkommensgrenze (75%-Armutsgrenze), so waren in den genannten Zeiträumen sogar mehr als zwei Drittel aller Ein-Elternteil-Haushalte und nahezu die Hälfte aller Paarhaushalte mit Kindern Bezieher niedriger Einkommen.[9]

In Ostdeutschland fällt diese Armutsentwicklung für den Zeitraum der 90er-Jahre ebenso deutlich aus: Zwischen 1990 bis 1998 stieg dort der Anteil armer Haushalte von 2 auf fast 5 Prozent.[10] Diese Entwicklung setzte sich auch in den Jahren 1999 und 2000 fort.[11] Ein Viertel aller Haushalte musste in diesem Zeitraum in einer prekären Einkommenslage leben. Im Vergleich zu Westdeutschland waren die Anteile armer Familien jedoch deutlich geringer. Sie betrugen nur nahezu 4 Prozent im Jahre 1991 und annähernd 6 Prozent im Jahre 1998. Diese geringere Armutsquote von Familien in Ostdeutschland hat vornehmlich zwei Gründe: Erstens sind die Einkommen in Ostdeutschland homogener verteilt. Zweitens ist der Anteil der ausländischen Bevölkerung, die in Westdeutschland überproportionale Arbeitslosigkeits- und Armutsrisiken hat, im Osten Deutschlands wesentlich geringer.

Differenziert man diese Familien nach ihren sozialstrukturellen Merkmalen, so fällt für die letzten Jahre eine markante Verschiebung auf: Nach der Altersarmut der 60er- und 70er-Jahre sind in den 80er- und 90er-Jahren

---

6   Vgl. Avshalom Caspi/Glen H. Elder Jr./Ellen S. Herbener, Childhood personality and the prediction of life-course patterns, in: Lee N. Robins/Michael Rutter (Hrsg.), Straight and devious pathways from childhood to aldulthood, Cambridge 1990, S. 13ff.

7   Vgl. Richard Hauser/Werner Hübinger, Arme unter uns. Teil I: Ergebnisse und Konsequenzen der Caritas-Armutsuntersuchung, Freiburg im Breisgau 1993

8   Vgl. Walter Hanesch u.a., Armut und Ungleichheit in Deutschland, a.a.O., S. 308

9   Vgl. ebd.

10 Rolf Becker, Kinder ohne Zukunft?, Kinder in Armut und Bildungsungleichheit in Ostdeutschland seit 1990, in: Zeitschrift für Erziehungswissenschaft 2/1999, S. 273

11 Vgl. Walter Hanesch u.a., Armut und Ungleichheit in Deutschland, a.a.O., S. 308

zusehends Kinder und Jugendliche von Armut betroffen. War in Westdeutschland zu Beginn der 70er-Jahre das Armutsrisiko von Kindern nur halb
so groß wie dasjenige der über 65-jährigen Erwachsenen, so hat sich 1990
der Anteil der Kinder unter sieben Jahren gegenüber den über 65-jährigen
mehr als verdreifacht. Der Sozialhilfebezug hat sich demzufolge vorrangig
auf Familien mit Kindern verlagert. Zuweilen geht man von über einer Mil-
lion Kindern, die unterhalb der Armutsschwelle leben, aus. Dies bedeutet,
dass der Anteil armer Kinder sich zwischen Mitte der 80er- und Mitte der
90er-Jahre von 12 auf rund 16 Prozent (1997) erhöht hat. Im selben Zeitraum
fiel in Ostdeutschland der Anstieg der Armutsquote für Kinder markanter
aus. Sie betrug 5 Prozent im Jahre 1990 und verdreifachte sich bis 1995 auf
knapp 15 Prozent.

Besonders Kinder aus Ein-Elternteil-Familien weisen ein hohes Armutsrisiko auf. So wurde in den alten Bundesländern jeweils für die Jahre 1988
und 1994 nachgewiesen, dass ein Drittel der Kinder aus solchen Familien in
Armut lebten. In den neuen Bundesländern hingegen stieg der Anteil von 13
Prozent im Jahre 1990 auf 29 Prozent im Jahre 1994. Demgegenüber befinden sich Kinder in Familien mit beiden Eltern deutlich seltener in Armutslagen.[12]

Gleichermaßen in beiden Teilen Deutschlands stellen kinderreiche Familien eine weitere Risikogruppe dar. Jedes zweite Kind, das in Familien mit
zwei oder mehr Geschwistern lebt, befindet sich auch unter der Armutsgrenze. Wird in diesen kinderreichen Familien außerdem der Haupternährer arbeitslos, so bedeutet dies einen zusätzlichen Einschnitt in den ohnehin geringeren Lebensstandard. Betrachtet man ferner Familien in einem „prekären
Wohlstand" (Werner Hübinger), dann nimmt der Anteil der Kinder, die in finanziell ungünstigen Lebensbedingungen aufwachsen, nochmals zu.[13]

In besonderer Weise sind Schulkinder von Armut in ihren Elternhäusern
betroffen (vgl. Tabelle 1). Im Zeitraum von 1984 bis 1995 lebten in Westdeutschland fast 14 Prozent der 10- bis 12-Jährigen in relativer Armut,[14] rund
17 Prozent in prekärem Wohlstand und beim Übergang von jener Grundschule in weiterführende Schulen fast 70 Prozent in gesichertem Wohlstand.
Dagegen befanden sich am Ende der Grundschulzeit rund 7 Prozent der ostdeutschen Schulkinder in Armut, 14 Prozent waren mit der prekären Ein-

---

12 Vgl. Magdalena Joos, Armutsentwicklung und familiale Armutsrisiken von Kindern
    in den neuen und alten Bundesländern, in: Ulrich Otto (Hrsg.), Aufwachsen in Armut.
    Erfahrungswelten und soziale Lagen von Kindern armer Familien, Opladen 1997, S.
    47ff.; dies., Wohlfahrtsentwicklung von Kindern in den neuen und alten Bundeslän-
    dern, in: Christoph Butterwegge (Hrsg.), Kinderarmut in Deutschland, a.a.O., S. 99ff.
13 Vgl. Richard Hauser, Armutspolitik unter veränderten ökonomischen und politischen
    Rahmenbedingungen, in: Walter Hanesch (Hrsg.), Sozialpolitische Strategien gegen
    Armut, Opladen 1995, S. 112ff.
14 Vgl. Wolfgang Lauterbach/Andreas Lange, Aufwachsen in materieller Armut und sor-
    genbelastetem Familienklima, a.a.O., S. 120

kommenslage ihres Elternhauses konfrontiert und 79 Prozent befanden sich in gesichertem Wohlstand.[15] Während für den gesamten Beobachtungszeitraum die mittlere Armutsquote ostdeutscher Schulkinder bei 7 Prozent lag, betrug sie im Jahre 1992 fast 4 und im Jahre 1994 bereits über 12 Prozent. Auch unter diesen Schulkindern hat sich im Zuge der Transformation das Armutsrisiko erhöht. Gemessen an der Gesamtbevölkerung sind sie sowohl in Ost- als auch in Westdeutschland innerhalb der Armutspopulation überrepräsentiert. Ebenso befinden sich überproportional viele Schulkinder in prekärem Wohlstand.[16]

Tabelle 1: Einkommenslage der 10- bis 12- bzw. 13-jährigen Schulkinder beim Übergang von der Grundschule in die Sekundarstufe I (Spaltenprozente)

	Westdeutschland (1984-1995)	Ostdeutschland (1990-1995)
In Armut lebend	13,7	7,0
In prekärem Wohlstand lebend	16,5	14,0
In gesichertem Wohlstand lebend	69,8	79,0
Insgesamt	100,0	100,0
Fallzahl	1.494	516

Quelle: Sozio-ökonomisches Panel (DIW, Berlin): Welle 1-12 (West) bzw. Welle 1-6 (Ost) – eigene Berechnungen[17]

Wie bei der Arbeitslosigkeit, so wird auch bei der Armut das tatsächliche Ausmaß der Betroffenheit der Kinder von wirtschaftlichen Verlusten ihrer Eltern offenkundig unterschätzt.[18] Durch die Berücksichtigung der Häufigkeit

---

15 Vgl. Rolf Becker, Kinder ohne Zukunft?, a.a.O., S. 273
16 Vgl. ebd., S. 251ff.; Wolfgang Lauterbach/Andreas Lange/David Wüest-Rudin, Familien in prekären Einkommenslagen. Konsequenzen für die Bildungschancen von Kindern in den 80er und 90er Jahren, in: Zeitschrift für Erziehungswissenschaft 2/1999, S. 361ff.; Wolfgang Lauterbach/Andreas Lange, Aufwachsen in materieller Armut und sorgenbelastetem Familienklima, a.a.O., S. 106ff.
17 Vgl. für Westdeutschland: Wolfgang Lauterbach/Andreas Lange, Aufwachsen in materieller Armut und sorgenbelastetem Familienklima. Konsequenzen für den Schulerfolg von Kindern am Beispiel des Übergangs in die Sekundarstufe I, in: Jürgen Mansel/Georg Neubauer (Hrsg.), Armut und soziale Ungleichheit bei Kindern, Opladen 1998, S. 120; für Ostdeutschland: Rolf Becker, Kinder ohne Zukunft?, a.a.O., S. 273
18 Vgl. Rolf Becker/Markus Nietfeld, Arbeitslosigkeit und Bildungschancen von Kindern im Transformationsprozess. Eine empirische Studie über die Auswirkungen sozio-ökonomischer Deprivation auf intergenerationale Bildungsvererbung, in: Kölner Zeitschrift für Soziologie und Sozialpsychologie 51 (1999), S. 55ff. Bei einer komparativ-statischen Querschnittbetrachtung wird das tatsächliche Ausmaß der Armut, der prekären Einkommenslagen und der sozioökonomischen Deprivation von Kindern unterschätzt. Unterstellt man aus der Sicht von Einkommensdynamik, dass es im Zeitverlauf Übergänge zwischen Armut und prekärem Wohlstand gibt (vgl. Petra Buhr, Übergangsphase oder Teufelskreis?, Dauer und Folgen von Armut bei Kindern,

und Dauer von Armutsphasen wird nämlich ein wesentlich höherer Anteil an
armen Familien sichtbar als in der jeweils auf ein Kalenderjahr bezogenen
Armutsquote.[19] Beispielsweise lag die Armutsquote für Westdeutschland vom
Ende der 80er- bis zum Beginn der 90er-Jahre zwischen 7 und 10 Prozent.
Berechnungen zeigen sogar, dass im Zeitraum von 1984 bis 1990 ein Viertel
der Bevölkerung mindestens einmal pro Jahr arm war.[20]

3. Konsequenzen der Armut für Kinder und Jugendliche

Armut und Niedrigeinkommen lassen sich als besondere Ausprägungen der
familialen Lebenslage verstehen. Eingeschränkte ökonomische Ressourcen
„wirken", indem sie Familien als Systeme betreffen und Anpassungsreaktio-
nen hervorrufen. Infolge von Einkommensverlusten sind Familienhaushalte
in der Regel gezwungen, ihre Bedürfnisse und Ausgaben an die verfügbaren
finanziellen Ressourcen anzupassen. Angesichts reduzierter ökonomischer
Ressourcen werden auch Einschränkungen in den Ausgaben für den Bildungserwerb vorgenommen.[21] Insbesondere bei länger andauernden Ein-
kommenseinbußen werden anteilige Ausgaben für Bildung und Kultur zugunsten der Ausgaben für Ernährung und Wohnung verringert, was beispielsweise heißt, dass in eine anregungsärmere Wohnumwelt gewechselt
werden muss. Ist der Nutzen von langfristigen Investitionen in die Bildung
von Kindern ungewiss, werden bei prekären Einkommenslagen, Armut und
dauerhafter sozioökonomischer Deprivation kurze und scheinbar sichere Bil-
dungslaufbahnen vorgezogen.[22] Vor allem bei Eltern mit niedrigem Bildungs-

in: Andreas Klocke/Klaus Hurrelmann [Hrsg.], Kinder und Jugendliche in Armut,
Opladen 1998, S. 72ff.), ist davon auszugehen, dass sich permanent rund 20 Prozent
der 10- bis 13-jährigen Schulkinder in ungünstigen Einkommenslagen befinden. Rund
ein Fünftel jedes Jahrgangs ist in dieser sensiblen Bildungsphase unmittelbar mit er-
schwerenden Startvoraussetzungen konfrontiert, die zu einem großen Teil durch die
transformationsbedingte Arbeitslosigkeit der Eltern verursacht wurde.

19 Vgl. Roland Habich/Peter Krause, Armut in der Bundesrepublik Deutschland?, Pro-
    bleme der Messung und die Reichweite empirischer Untersuchungen, in: Eva Barlösi-
    us/Elisabeth Feichtinger/Maria Köhler (Hrsg.), Ernährung in der Armut, Berlin 1995,
    S. 62ff.

20 Vgl. Walter Hanesch u.a., Armut in Deutschland. Der Armutsbericht des DGB und
    des Paritätischen Wohlfahrtsverbands, Reinbek bei Hamburg 1994

21 Vgl. Gottfried Ulbricht/Gerhard Schmidt/Dietlinde Friebe, Veränderte Reihenfolge der
    Bedürfnisse bei geringem Einkommen in den neuen Bundesländern, in: Eva Barlösi-
    us/Elisabeth Feichtinger/Maria Köhler (Hrsg.), Ernährung in der Armut, a.a.O., S. 131

22 Vgl. Vonnie McLoyd, Socialization and Development in a Changing Economy: The
    Effects of Paternal Job and Income Loss on Children, in: American Psychologist
    44/1999, S. 299; Rainer K. Silbereisen/Sabine Walper, Arbeitslosigkeit und Familie,

stand oder in Haushalten aus niedrigen Sozialschichten beobachtet man armutsbedingt reduzierte Bildungsaspirationen.[23]

Die Folgen der Einschränkungen im materiellen Lebensstandard, die damit oftmals in Zusammenhang stehenden anwachsenden Spannungen in der Familie sowie die Formen einer zunehmenden Ausgrenzung der Kinder und Jugendlichen vom gesellschaftlichen und kulturellen Leben sind vielfältig. Augenfällig sind Beeinträchtigungen der physischen und psychischen Gesundheit. Analysen belegen beispielsweise, dass jene 5 Prozent, die zur untersten Gruppe der Schichtungshierarchie zählen, häufig über Kopfschmerzen klagen, sich öfter schlecht fühlen und ihren Gesundheitszustand niedriger einschätzen als Gruppen mit besseren sozioökonomischen Ausgangsvoraussetzungen.[24]

Verantwortlich hierfür ist zum einen die Umstellung des Ernährungsverhaltens.[25] Die niedrigere Qualität der Ernährung (etwa weniger Obst und Vollkornbrot) sowie die vornehmlich kalorien- und fettreiche Nahrung (z.b. Süßigkeiten und Fast Food) tragen zur Verschlechterung der Gesundheit dieser Kinder bei. Zum anderen sind mehrere Verhaltensaspekte anzuführen. Zu den direkt gesundheitsbezogenen Verhaltenseinschränkungen (z.b. selteneres Zähneputzen) kommen indirekte hinzu. Die im Vergleich zu sozioökonomisch besser gestellten Kindern und Jugendlichen geringere sportliche Betätigung führt nicht nur unmittelbar zu Einschränkungen im subjektiven Wohlbefinden, sondern auch in ihrer physischen Gesundheit und körperlichen Entwicklung. Darüber hinaus können sportliche Tätigkeiten, die zu den wichtigsten Aktivitätsfeldern moderner Kindheit geworden sind, Stress in der Familie abfedern.[26]

Auch wird das Selbstwertgefühl beeinträchtigt.[27] Soziale Vergleiche und Selbsteinordnungen anhand nicht mehr verfügbarer Konsum- sowie Statusgüter führen häufig zu Verletzungen des Selbstwertgefühls, die weitere negative Prozesse in Gang setzen. So berichtet ein Kind: „Man hat Angst, nicht mehr dazuzugehören, wenn man nicht eine ,Levis' oder einen ,Homeboy

---

in: Rosemarie Nave-Herz/Manfred Markefka (Hrsg.), Handbuch der Familien- und Jugendforschung, Neuwied 1989, S. 545

23 Vgl. Rolf Becker, Kinder ohne Zukunft?, a.a.O., S. 251ff.; ders., Dynamik rationaler Bildungsentscheidungen im Familien- und Haushaltskontext. Eine empirische Untersuchung zum Bildungserfolg von ostdeutschen Jugendlichen in Armut, in: Zeitschrift für Familienforschung 10/1998, S. 5ff.; Rolf Becker/Markus Nietfeld, Arbeitslosigkeit und Bildungschancen von Kindern im Transformationsprozess, a.a.O., S. 55ff.

24 Vgl. Andreas Klocke, Aufwachsen in Armut. Auswirkungen und Bewältigungsformen der Armut im Kindes- und Jugendalter, in: Zeitschrift für Sozialisationsforschung und Erziehungssoziologie 4/1996, S. 390ff.

25 Vgl. Eva Barlösius/Elfriede Feichtinger/Maria Köhler, Ernährung in der Armut, a.a.O.

26 Vgl. Andreas Bieligk, „Die armen Kinder". Armut und Unterversorgung bei Kindern. Belastungen und ihre Bewältigung, Essen 1996

27 Vgl. Astrid Schütz, Psychologie des Selbstwertgefühls. Von Selbstakzeptanz bis Arroganz, Stuttgart 2000, S. 58f.

Pulli' trägt, dabei sind solche Sachen gar nicht wichtig, aber da jeder das Zeug anhat, will man es natürlich auch."[28] Ferner konnten Einschränkungen kognitiver und sozialer Kompetenzen der Kinder nachgewiesen werden.[29] Längsschnittstudien belegen signifikante Einbußen in standardisierten Tests der allgemeinen Intelligenz, der Sprachfähigkeit und der Schulleistungen. Dabei erwies sich vor allem die Dauer der Armut als bedeutsamer Faktor für das Ausmaß der kognitiven Einschränkungen.[30] Mit jedem zusätzlichen Jahr in ungesicherten finanziellen Verhältnissen vergrößert sich – gemessen in IQ-Punkten – der Abstand zum Durchschnitt der Kinderpopulation, welcher dann auch immer schwerer zu kompensieren ist.

Als bedeutsamste langfristige Konsequenz sehen wir indes die Einschränkung der Bildungschancen und -teilhabe an.[31] Besonders der Übergang von der Grundschule in den Sekundarbereich I ist hierfür entscheidend. Er bildet eine Schnittstelle, an der individuelle, biografische Verläufe und soziale Strukturen – Verzweigungen gesellschaftlich vorgeformter Entwicklungsbahnen – zusammentreffen und in besonderer Weise die langfristige Platzierung der Menschen in der Gesellschaft präformieren.[32] Dieser Übertritt stellt ein Nadelöhr für gesellschaftlichen Erfolg bzw. das Tor zum Scheitern und zum Misserfolg dar, weil er im weiteren Lebensverlauf kaum noch zu revidieren ist.[33] Arme Kinder können wahrscheinlich keine oder nur niedrige schulische Bildungszertifikate erwerben, die beim anschließenden Übergang vom Bildungssystem in den Arbeitsmarkt ein hohes Arbeitslosigkeitsrisiko bergen oder nur den Zugang zu beruflichen Positionen eröffnen, die niedrig entlohnt werden. Misslingt aufgrund der finanziell prekären Lebenslage die (Re-)Produktion von Humanvermögen der Kinder, werden diese wahrscheinlich selbst wiederum arm. So ist eine intergenerationale Weitergabe von Armutsrisiken zu befürchten.

---

28 Zit. nach: Dominique Rössel/Melanie Bertz/Tina Siebert, Armut und Schule, in: Gerd Iben (Hrsg.), Kindheit und Armut. Analysen und Projekte, Münster 1998, S. 92
29 Vgl. Greg J. Duncan/Jeanne Brooks-Gunn/Pamela Kato Klebanov, Economic Deprivation and Early Childhood Development, in: Child Development 63 (1994), S. 296ff.
30 Vgl. Jeanne Brooks-Gunn/Greg J. Duncan, The Effects of Poverty on Children, in: The Future of Children 7/1997, S. 61
31 Vgl. Wolfgang Lauterbach/Andreas Lange, Aufwachsen in materieller Armut und sorgenbelastetem Familienklima, a.a.O.; Rolf Becker, Kinder ohne Zukunft?, a.a.O.
32 Vgl. Walter Müller/Dietmar Haun, Bildungsungleichheit im sozialen Wandel, in: Kölner Zeitschrift für Soziologie und Sozialpsychologie 46 (1994), S. 1ff.
33 Vgl. Hans-Peter Blossfeld, Sensible Phasen im Bildungsverlauf?, Eine Längsschnittanalyse über die Prägung von Bildungskarrieren durch den gesellschaftlichen Wandel, in: Zeitschrift für Pädagogik 34 (1989), S. 45ff.; Ursula Henz, Die Messung der intergenerationalen Vererbung von Bildungsungleichheit am Beispiel von Schulformwechseln und nachgeholten Bildungsabschlüssen, in: Rolf Becker (Hrsg.), Generationen und sozialer Wandel, Opladen 1997, S. 111ff.

Für *West*deutschland zeigen die Befunde der letzten Jahre, dass sich Armut markant auf die Bildungschancen der Schulkinder auswirkt.[34] Vor allem beim Übergang in den Sekundarbereich I entscheiden sich Eltern häufig gegen die länger andauernde und damit teurere Bildungslaufbahn ihres Kindes und zugunsten eines niedrigeren Bildungsabschlusses (vgl. Tabelle 2).

Tabelle 2: Bildungsübergänge in den Sekundarbereich I und II
(Abstromprozente) – nur Westdeutschland (1984-1995)[35]

	Gesicherter Wohlstand		Prekärer Wohlstand		In Armut lebend	
	Jungen	Mädchen	Jungen	Mädchen	Jungen	Mädchen
Sekundarbereich I						
Grundschule – Hauptschule	43,9	33,3	58,4	55,7	63,6	80,4
Sekundarbereich II						
Hauptschule – keine Lehre	5,6	14,5	11,3	19,2	17,0	19,9
10. Klasse Realschule/ Gymnasium – Lehre	40,9	49,1	63,0	60,7	44,0	58,1
10. Klasse Realschule/ Gymnasium – keine Lehre	2,2	2,1	–	3,6	8,0	3,2

Quelle: Sozio-ökonomisches Panel (DIW, Berlin): Welle 1-12 (West) – eigene Berechnungen

Familien, die in relativer Einkommensarmut leben, entscheiden sich häufiger dafür, ihre Kinder (insbesondere Mädchen) auf die Hauptschule zu schicken. Aber auch Familien, die sich in prekären Einkommenslagen befinden – also ein Einkommen geringfügig oberhalb der Armutsgrenze haben –, optieren stärker für die Hauptschule als Familien in gesicherten Wohlstandsverhältnissen. Bei gleichen familialen Ressourcen und gleichem Familienklima haben arme Kinder eine um 19 Prozent geringere Chance, auf die Realschule, und sogar eine um 52 Prozent geringere Chance, auf das Gymnasium zu wechseln, als Kinder in gesichertem Wohlstand.[36] Ähnliche Größenordnungen für beeinträchtigte Bildungschancen wurden bei Kindern in prekärem Wohlstand festgestellt.[37] Dieser Befund trifft auch für den Wechsel in die Sekundarstufe

---

34 Vgl. Wolfgang Lauterbach/Andreas Lange, Aufwachsen in materieller Armut und sorgenbelastetem Familienklima, a.a.O.

35 Lesehilfe: Von Jungen, die in Armut leben und sich beim Wechsel von der Grundschule auf die Sekundarstufe I befinden, gehen 63,6 Prozent auf die Hauptschule; nur 36,4 Prozent besuchen die Realschule oder das Gymnasium (100-63,6). Dies sind 44,8 Prozent mehr als bei den Jungen, die in gesicherten finanziellen Lebensverhältnissen aufwachsen.

36 Machen sich Eltern – und vor allem Mütter – Sorgen um die (künftige) wirtschaftliche Situation ihres Haushaltes, verstärken diese eine „risikoaverse" Bildungsentscheidung zugunsten einer kurzen schulischen Ausbildung. Solche Kinder wechseln dann auch signifikant häufiger auf die Hauptschule.

37 Vgl. Wolfgang Lauterbach/Andreas Lange, Aufwachsen in materieller Armut und sorgenbelastetem Familienklima, a.a.O.

II zu (vgl. Tabelle 2). Durchgängig gilt, dass Kinder und Jugendliche in Armut mit einer höheren Wahrscheinlichkeit nicht auf eine weiterführende Schule wechseln.

Im Unterschied zu amerikanischen Studien zeigen Befunde für beide Teile Deutschlands, dass der Einfluss der Dauer einer sozioökonomischen Deprivation geringer ist als die sozioökonomischen Bedingungen des Familienhaushaltes unmittelbar vor dem Übertritt auf die weiterführende Schulstufe. Aufgrund der Struktur des deutschen Bildungssystems sind eher die sozioökonomischen Bedingungen des Familienhaushaltes zum Zeitpunkt des Übertritts in die weiterführende Schulstufe oder kurz davor ausschlaggebend. So wirkt sich das Zusammentreffen von Armut und der zeitlichen Phase, in der eine Bildungsentscheidung getroffen werden muss, deutlich negativ auf die Bildungschancen aus. Haben hingegen Kinder erst einmal den Übergang in eine weiterführende Schule geschafft, wirkt sich eine danach auftretende prekäre Einkommenslage kaum noch auf die weiteren Bildungsaspirationen der Eltern aus.

Auch für *Ost*deutschland sind deutliche Auswirkungen von Armut oder prekärem Wohlstand auf die elterlichen Bildungsentscheidungen, die schulischen Leistungen ihrer Kinder und damit auf deren Bildungschancen nachzuweisen (vgl. Tabelle 3). Eltern in einer prekären finanziellen Lage entscheiden sich hinsichtlich der schulischen Bildungsqualifikation ihrer Kinder allenfalls für die Realschule, viel wahrscheinlicher jedoch für die Hauptschule. Als arm zu bezeichnende Eltern schicken ihre Kinder fast ausschließlich auf die Hauptschule als weiteren Bildungsweg. Zwar suchen arme Eltern für ihr Kind primär die Hauptschule aus dem Bildungsangebot aus, aber im Unterschied zu Westdeutschland verbleiben vornehmlich die Jungen in der untersten Schullaufbahn, während die Mädchen eher auf die Realschule wechseln.[38] Geschlechtsspezifisch betrachtet, sind Jungen stärker benachtei-

---

38　Eine Dresdner Studie belegt, dass häufige Arbeitslosigkeitsepisoden sowie Arbeitslosigkeit mit substanziellen Einkommens- oder Statusverlusten dazu führen, dass sich die Eltern am Ende der Grundschulzeit ihrer Kinder mit großer Wahrscheinlichkeit gegen das Gymnasium entscheiden (vgl. Rolf Becker/Markus Nietfeld, Arbeitslosigkeit und Bildungschancen von Kindern im Transformationsprozess, a.a.O.). Die Einflüsse dieser Faktoren schwächen sich dann wesentlich ab, wenn psychische Dispositionen, das Familienklima und die Bildungsaspirationen in Bezug auf die Bildungsentscheidung berücksichtigt werden. Dass sich die Verunsicherung der Eltern über die gesellschaftlichen Verhältnisse sowie das vorhandene elterliche kulturelle Kapital auf die Bildungschancen auswirken, verweist auf die Relevanz des Humanvermögens und der Ressourcen der Eltern, die mobilisiert werden können, um Zwangslagen zu „verarbeiten". Dagegen bleiben die negativen Auswirkungen einer lang anhaltenden Arbeitslosigkeit, die mit substanziellen Einkommens- und Statusverlusten verbunden ist, äußerst stabil. Offensichtlich bildet die Dauer von Arbeitslosigkeit und Armut in Ostdeutschland einen wesentlichen Faktor, der sich auf die (Re-)Produktion des Humanvermögens auswirkt. Diese Ergebnisse zusammen verweisen darauf, dass ein unmittelbarer Kausalzusammenhang zwischen sozioökonomischer Deprivation und (Re-) Produktion des Humanvermögens existiert. Ebenso gibt es Indizien für eine Akzentu-

ligt als Mädchen. So wechseln mit 36 Prozent drei Mal so viele Mädchen in relativer Einkommensarmut auf das Gymnasium wie Jungen. Nur jeder achte arme Junge wechselt in diese höchste Schullaufbahn, während fast drei Mal so viele der in gesichertem Wohlstand lebenden Jungen auf das Gymnasium gehen. Die hohen Bildungsaspirationen ostdeutscher Eltern zeigen sich auch bei denen, die in prekärem Wohlstand leben. Sie versuchen – im Unterschied zu den armen Eltern in Westdeutschland –, wenigstens die Lebenschancen ihrer Kinder dadurch zu wahren, dass sie diese auf die Realschule schicken.

Tabelle 3: Bildungsübergänge in den Sekundarbereich I und II[39]
(Abstromprozente) – nur Ostdeutschland (1991-1995)

	Gesicherter Wohlstand		Prekärer Wohlstand		In Armut Lebend	
	Jungen	Mädchen	Jungen	Mädchen	Jungen	Mädchen
Sekundarbereich I						
Grundschule – Hauptschule	16,5	10,6	20,0	21,6	48,0	9,1
Grundschule – Realschule	53,4	38,9	71,4	62,2	40,0	54,5
Grundschule – Gymnasium	30,1	50,5	8,6	16,2	12,0	36,4
Sekundarbereich II						
Hauptschulabschluss	12,1	8,0	34,5	22,7	33,3	20,0
Mittlere Reife	60,0	48,9	44,8	59,1	63,0	60,0
Gymnasiale Oberstufe	27,9	43,1	20,7	18,2	3,7	20,0

Quelle: Sozio-ökonomisches Panel (DIW, Berlin): Welle 1-6 (Ost) – eigene Berechnungen

Neben allen Unterschieden in den Auswirkungen von Armut auf Bildungsübergänge am Ende der Grundschule gibt es auch Gemeinsamkeiten in den beiden Teilen Deutschlands. Bei gleichen Ressourcen des Elternhauses, gleicher Klassenlage und gleichem Familienklima reduziert sich die Chance armer Kinder in Ostdeutschland, auf die Realschule zu wechseln, gegenüber wohlhabenderen Kindern um fast 60 Prozent. Ostdeutsche Kinder in Armut oder prekärem Wohlstand haben eine um die Hälfte geringere Chance, auf das Gymnasium zu wechseln. Nach dem Übergang in die Sekundarstufe I schwächt sich der negative Einfluss von Armut auf die Bildungschancen von Jugendlichen ab. Wie für Westdeutschland zeigt sich aber, dass diese deutlich schlechtere Chancen haben, den höheren Bildungsweg bis zum Abitur einzu-

---

ierung dieses Zusammenhangs, wenn man den Effekt der Verunsicherung über die gesellschaftlichen Verhältnisse und die unsichere Zukunft berücksichtigt.

39   Lesehilfe: Von allen in Armut lebenden Jungen wechselten am Ende der Grundschulzeit 48 Prozent auf die Hauptschule, 40 Prozent auf die Realschule und 12 Prozent auf das Gymnasium. Von allen armen Mädchen im Alter von 15 bzw. 16 Jahren schlossen 20 Prozent ihre Schulausbildung mit der Hauptschule ab und erwarben 60 Prozent den Realschulabschluss. Rund 20 Prozent der armen Mädchen, die in den Sekundarbereich II wechselten, gingen auf die gymnasiale Oberstufe.

schlagen.[40] Freilich verschwinden in Ostdeutschland die Armutseffekte für die Übergänge in die Sekundarstufe I bzw. II, wenn die Klassenlage des Elternhauses berücksichtigt wird. Hierbei werden die bekannten Herkunftseffekte für den Übergang auf die mittlere und höhere Schullaufbahn sichtbar.

4. Hat Armut immer negative Konsequenzen für die persönliche Entwicklung von Kindern und ihren Bildungserfolg?

Empirische Befunde legen mehrheitlich den Schluss nahe, dass durch Armut und finanziell prekäre Lebenslagen negative Folgen für Kinder entstehen. Es kann jedoch keineswegs davon gesprochen werden, dass alle Kinder gleichermaßen negativ von derartigen Armutslagen des Elternhauses betroffen sind.[41] Auch zeigen unsere Modellschätzungen, die jeweils einen beträchtlichen Teil der statistischen Varianz unaufgeklärt lassen, dass es keine determinierenden Verteilungswirkungen der Armutsbetroffenheit gibt. So resultieren aus qualitativen Studien immer wieder Evidenzen dafür, dass z.B. Kinder von Alleinerziehenden einen qualifizierten Berufs- oder Universitätsabschluss erreichen.[42] Armut wirkt sich demnach nicht immer in gleicher Art und Weise negativ auf die kurz- und langfristige Entwicklung der Kinder aus.

Wie kann dies erklärt werden? Erstens können wir in den seltensten Fällen davon ausgehen, dass Armut und sozioökonomische Deprivation die elterlichen Bildungsentscheidungen und den Bildungserfolg von Kindern unmittelbar bestimmen. Wenn es einen solchen Kausalzusammenhang gäbe, hätte die sozioökonomische Deprivation für alle davon betroffenen Kinder dieselben Auswirkungen auf ihre Bildungschancen. Unsere Modellschätzungen zeigen aber vergleichsweise schwache Armuts- und Niedrigeinkommenseffekte auf Bildungsübergänge sowie schwindende Armutseffekte, wenn das Humanvermögen der Eltern und die soziale Herkunft der Kinder kontrolliert wird. Diese Befunde legen die Vermutung nahe, dass die armutsbedingte Bildungsbenachteiligung auch durch eine Verstärkung bereits vorhandener Defizite bei der Sozialisation und Bildung von Kindern zustande kommt. Das Familienklima und die vorhandenen Lebensbedingungen wären dann aus-

40 Vgl. Rolf Becker/Wolfgang Lauterbach, Die (Re-)Produktion von Humanvermögen und sozialer Ordnung in Familien. Oder: Wird die Bildung und Erziehung von Kindern durch Armut und Arbeitslosigkeit gestört?, Vortrag auf dem 30. Kongress der Deutschen Gesellschaft für Soziologie „Gute Gesellschaft? Zur Konstruktion sozialer Ordnungen" (26. bis 29. September 2000 in Köln).
41 Vgl. Rolf Becker, Dynamik rationaler Bildungsentscheidungen im Familien- und Haushaltskontext, a.a.O.
42 Vgl. Georg Neubauer, Auswirkungen elterlicher Arbeitslosigkeit und Armut auf Familien und Kinder – ein mehrdimensionaler empirisch gestützter Zugang, in: Ulrich Otto (Hrsg.), Aufwachsen in Armut, a.a.O., S. 79ff.

schlaggebende Faktoren für die (Re-)Produktion des kindlichen Humanvermögens. Die ungünstigen Voraussetzungen für die Kinder würden durch wirtschaftliche Verluste mit all ihren Folgeerscheinungen verstärkt.

Schließlich haben wir empirische Hinweise dafür, dass Armut und finanzielle Deprivation vor allem in unteren Bildungs- und Sozialschichten auftreten.[43] Wenn man die *schichtspezifischen* Armuts- und Deprivationsrisiken nicht berücksichtigt, führt man die Bildungsbenachteiligung der Kinder fälschlicherweise auf die finanzielle Lage der Familie zurück, obwohl dafür ggf. ausschließlich die klassenspezifische Bildungsentscheidung maßgeblich ist.[44] Da bislang nicht bekannt ist, ob diese Sozialgruppen von vornherein ein der Produktion des Humanvermögens ihrer Kinder abträgliches Familienklima aufweisen, müsste untersucht werden, ob es einen Zusammenhang zwischen Deprivationsrisiken, Veränderungen des Familienklimas und der (Re-)Produktion des Humanvermögens gibt, um die soziale Selektivität des Armutsrisikos sowie die Korrelation zwischen Klassenlage und Eltern-Kind-Beziehung zu berücksichtigen.[45] Vielleicht wurde die Auswirkung von Armut und sozioökonomischer Deprivation auf den Bildungsverlauf von Kindern bisher überschätzt, und sie tritt nur bei den Sozialgruppen auf, die nicht über entsprechende Ressourcen verfügen, um die abträglichen Konsequenzen von Armut für ihre Kinder abzumildern oder gänzlich zu kompensieren.

Zweitens belegen empirische Befunde, dass elterliche Ressourcen – ihr Humanvermögen oder ihr kulturelles und soziales Kapital – dazu beitragen können, eine schwierige ökonomische Lebenssituation, in der Entwicklungs- und Bildungsentscheidungen der Kinder anstehen, zu kompensieren. So halten Eltern mit einem großen kulturellen Kapital ihre Bildungsvorstellungen trotz temporär angespannter finanzieller Lage aufrecht.[46] Denkbar ist auch, dass die Einbußen im Familienbudget so umverteilt oder durch Aktivierung des sozialen Netzwerkes so umgeschichtet werden, dass sich der bildungsbedeutsame Lebensstandard für die Kinder kaum verändert. Eltern reduzieren ihren Lebensstandard derart, dass Ausgaben für die Ausbildung der Kinder nicht berührt werden. Weiter bemühen sie sich, andere abträgliche Auswirkungen von Arbeitslosigkeit, Einkommensverlusten und Armut (z.B. Verschlechterung der Paarbeziehung infolge ökonomischen Stresses) von den Kindern fernzuhalten, und achten darauf, dass das Familienklima nicht beeinträchtigt wird.[47]

43 Vgl. Walter Hanesch u.a., Armut und Ungleichheit in Deutschland, a.a.O.

44 Vgl. Rolf Becker/Wolfgang Lauterbach, Die (Re-)Produktion von Humanvermögen und sozialer Ordnung in Familien, a.a.O.

45 Vgl. Markus Nietfeld/Rolf Becker, Harte Zeiten für Familien. Theoretische Überlegungen und empirische Analysen zu Auswirkungen von Arbeitslosigkeit und sozioökonomischer Deprivation auf die Qualität familialer Beziehungen Dresdner Familien, in: Zeitschrift für Soziologie der Erziehung und Sozialisation 19/1999, S. 369ff.

46 Vgl. Rolf Becker, Dynamik rationaler Bildungsentscheidungen im Familien- und Haushaltskontext, a.a.O.

47 Vgl. Markus Nietfeld/Rolf Becker, Harte Zeiten für Familien, a.a.O.

Drittens können Kinder und Jugendliche selbst die Folgen von Armut abschwächen.[48] Vor allem ihre personalen und sozialen Ressourcen sind für den Prozess der Bildungsentwicklung von Bedeutung. Schon während des „normalen" Prozesses des Aufwachsens werden historisch variierende Entwicklungsaufgaben bewältigt, was beispielsweise im Diktum vom „Kind als produktivem Realitätsverarbeiter" zum Ausdruck kommt. Jenseits dieser normalen bzw. erwartbaren Entwicklungsaufgaben müssen Kinder und Jugendliche immer wieder mit außergewöhnlichen Veränderungen, Vorfällen und Erschütterungen umgehen. Dazu gehört auch das permanente oder temporäre Leben in relativer Armut. „Armutsauslöser und Armutsursachen (zum Beispiel Trennung der Eltern), die Armut selbst (zum Beispiel irgendwo nicht mitmachen können) sowie Armutsfolgen (zum Beispiel ausgelacht/ausgegrenzt werden) führen zu Erschütterungen und damit erst einmal zu außergewöhnlichen Belastungen der davon betroffenen Kinder und Jugendlichen, die sie dann neben ihren normalen Entwicklungsaufgaben zusätzlich bewältigen müssen. Den Copingstrategien, den Haltungen und Handlungen von armen Kindern und Jugendlichen, kommt auch deshalb eine außerordentlich große Bedeutung zu, weil sich soziale Hilfestellungen an diesen orientieren beziehungsweise diese berücksichtigen müssen."[49]

In Armut lebende Kinder und Jugendliche sind demnach selbst unter großen Einschränkungen nicht nur passive Opfer der Situation, sondern immer auch aktiv Handelnde.[50] Allerdings empfiehlt es sich, zur Aufdeckung der Stärken bzw. Ressourcen eine längerfristige Betrachtungsperspektive einzunehmen. Nicht nur während der sensiblen Übergangsphasen, sondern wäh-

---

48 Aufschlussreich sind die Ergebnisse der Coping- und Resilienzforschung aus der jüngeren Entwicklungspsychologie und Sozialisationsforschung. Allerdings sei noch hervorgehoben, dass wir uns der Gefahr einer möglichen Instrumentalisierung solcher Ergebnisse der Bewältigungs- und Resilienzforschung bewusst sind. Es geht aber nicht um die Legitimation einer bestimmten Form sozialpolitischen Denkens, das einseitig an Effizienz orientiert ist und vor allem auf die Aktivierbarkeit des Selbst-Unternehmers hofft und Hilfeangebote von personalen Voraussetzungen abhängig macht. Beispielsweise vertritt H. Gerhard Beisenherz (Kinderarmut global und lokal: Armut als Exklusionsrisiko, in: Christoph Butterwegge [Hrsg.], Kinderarmut in Deutschland, a.a.O., S. 78ff.) die These, dass die Aufwertung und zunehmende Akzeptanz von Reichtum, Stärke und Erfolg als kulturellen Zielsetzungen einerseits sowie einer neuen Naturalisierung, Segregation und Individualisierung von Armut andererseits Auslöser einer Delegitimierung von Hilfe seien.
49 Beate Hock, Aufwachsen in Armut – Konzepte und Definitionen, in: dies./Gerda Holz (Hrsg.), Erfolg oder Scheitern?, Arme und benachteiligte Jugendliche auf dem Weg ins Berufsleben. Fünfter Zwischenbericht zu einer Studie im Auftrag des Bundesverbandes der Arbeiterwohlfahrt, Frankfurt am Main 2000, S. 8
50 Vgl. Helmut Fend/Fred Berger, Einführung: Längsschnittuntersuchungen zum Übergang vom Jugendalter ins Erwachsenenalter, in: Zeitschrift für Sozialisationsforschung und Erziehungssoziologie 21 (2001), S. 3ff.

rend des gesamten Lebensverlaufs entfalten sich die Bedingungen für einen „erfolgreichen" Weg durch Kindheit und Jugend.

Gegenüber einer passiven, rezeptiven Opferperspektive weist diese Sichtweise Vorteile auf, weil Coping als Prozess der aktiven Bewältigung von Krisensituationen verstanden wird. Am Anfang steht eine Krise bzw. eine potenziell belastende Lebenssituation, wie etwa die Arbeitslosigkeit des Vaters oder das Ende einer Fördermaßnahme. In der ersten idealtypisch zu unterscheidenden Phase geht es um die Beurteilung der Belastung bzw. der sich daraus ergebenden Bedrohung, wodurch die Einschätzung der Bewältigungsmöglichkeiten präformiert wird, also die Beantwortung der Frage: Wie gehe ich mit der Situation um? Zwei grundsätzliche Coping-Formen werden unterschieden: eine direkt handlungsförmige, aktionale und eine intrapsychische Variante. In der Ersteren werden relevante Umweltmerkmale verändert, in der Zweiten wird die Situation umdefiniert. Die Coping-Strategien selbst scheinen in hoch- und mehrfachbelasteten Familien weniger effizient zu sein als in „Normalkonstellationen".

In vergleichbarer Art und Weise hebt die Resilienzforschung die aktive Auseinandersetzung mit mikro- und makrosozialen Stressoren hervor.[51] Warum entwickeln sich manche Personen trotz hoher Risiken psychisch gut? Wieso bewältigen sie kritische Lebensereignisse relativ erfolgreich? Auch bei einer Kumulation von Stressoren gibt es keine zwangsläufige Logik des Einfädelns in eine Risikokarriere. Vielmehr zeigen Untersuchungen, dass es einer Subpopulation von stark belasteten Kindern und Jugendlichen trotz der Beeinträchtigung ihrer Entwicklungschancen gelingt, zu gesunden, kompetenten und selbstbewussten Jugendlichen und Erwachsenen zu werden.[52]

Beate Hock zeigt beispielsweise für Jugendliche bzw. junge Erwachsene, unter welchen Bedingungen sie trotz offensichtlicher entwicklungs- und erfolgshemmender Faktoren einen erfolgreichen Weg in das Berufsleben einschlagen können.[53] Die ausführlich dokumentierten fünf Fallbeispiele präsentieren zwar unterschiedliche Ausgangsbedingungen, was die Gesamtbelastung angeht. Geteilt haben diese Jugendlichen aber alle die negative Erfahrung materieller Armut in ihrer Kindheit. Die Fallbeispiele veranschaulichen, wie vielschichtig und facettenreich sich familiäre Armut für betroffene Kinder und Jugendliche darstellt. Sie zeigen aber auch, dass erfolgreiche Armutsbewältigung und die Bewältigung von Entwicklungsaufgaben vielfach

51 Vgl. Emmi Werner, Entwicklung zwischen Risiko und Resilienz. Was Kinder stärkt, in: Günther Opp/Michael Fingerle/Andreas Freytag (Hrsg.), Neue Perspektiven für die heilpädagogische Forschung und Praxis. Was Kinder stärkt. Erziehung zwischen Risiko und Resilienz, München 1999, S. 25ff.

52 Vgl. Günther Opp/Michael Fingerle/Andreas Freytag, Erziehung zwischen Risiko und Resilienz, in: ebd., S. 9ff.

53 Vgl. Beate Hock, Erfolgreiche Armutsbewältigung. Erfolg oder Scheitern?, Arme und benachteiligte Jugendliche auf dem Weg ins Berufsleben, in: dies./Gerda Holz (Hrsg.), Erfolg oder Scheitern?, a.a.O., S. 75ff.

und unter enormer Anstrengung bzw. mit großen Leistungen der Betroffenen geschehen. Trotz der negativen Erfahrung materieller Notlagen konnten die Lebenschancen dieser jungen Erwachsenen gewahrt bleiben. Denn sie erfuhren als Kinder und Jugendliche zumindest in den ersten Lebensjahren (1) Sicherheit durch stabile Beziehungen und emotionale Zuwendungen. Diese Erfahrung ist – so das Resultat der Analyse – als wichtige Bedingung für eine erfolgreiche Sozialisation von armen Kindern und Jugendlichen anzusehen. Sie erlebten (2) weitgehend keine Ausgrenzung in der Familie und bei den Peers. Vielmehr lernten sie durch Anerkennung und Selbstbestätigung mit dem materiellen Mangel sowie seinen Begleit- und Folgeerscheinungen umzugehen. Ihnen standen (3) eine Reihe von Freizeitangeboten zur Verfügung. Sie waren durch die Teilhabe an Aktivitäten in Kinder- und Jugendeinrichtungen, Vereinen und Schulen gesellschaftlich integriert. Dadurch erfuhren und erlernten sie soziale sowie kulturelle Regeln und Kompetenzen für den weiteren Lebenslauf. Die Schule als zentraler Lebens- und Erfahrungsraum war (4) für sie ein Ort der Bestätigung. Schließlich erlangen (5) manche Mädchen und Jungen durch die materiell belastende Familiensituation große Handlungs- und Gestaltungskompetenz, insbesondere bei Familienaufgaben. Viele gestalten diese Anforderungen aktiv, Mädchen allerdings meist „für andere" und Jungen meist „für sich selbst".[54]

Verallgemeinernd lassen sich Faktoren benennen, die ein aktives Umgehen mit einer derartig negativen Lebenssituation ermöglichen sowie die Bildungs- und Lebenschancen weitgehend bewahren (vgl. Übersicht 1). Hingegen kann das Fehlen bestimmter Faktoren die materiell beeinträchtigte Situation zusätzlich negativ beeinflussen.

---

54 Zu ähnlichen Befunden kommen auch Friedrich Lösel/Doris Bender, Von generellen Schutzfaktoren zu differentiellen protektiven Prozessen, in Günther Opp/Michael Fingerle/Andreas Freytag (Hrsg.), Neue Perspektiven für die heilpädagogische Forschung und Praxis, a.a.O., S. 37. Die Autoren geben allerdings auch zu bedenken, dass manche Schutzfaktoren ein Doppelgesicht haben. Unter bestimmten Umständen können sie in ihr Gegenteil umschlagen. Beispielsweise erweist sich das förderliche positive Selbstwertgefühl für aggressive Jugendliche als schädlich, insbesondere auch mit Blick auf Interventionen (vgl. ebd., S. 45).

Übersicht 1: Kinder in Armut – differenzierende Faktoren des Weges in eine erfolgreiche bzw. wenig erfolgreiche Bildungsbiografie[55]

Fördernde bzw. erleichternde Faktoren	Erschwerende Faktoren
Personenebene:	
– personale Ressourcen wie kognitive Kompetenz, emotionale Stabilität, stabiles Temperament	– Defizite, mangelnde kognitive Ressourcen, emotionale Instabilitäten
– Selbstakzeptanz, Selbstwert	
Familienebene:	
– Stabile und verlässliche Beziehungen zu mindestens einem Familienmitglied	– Fehlen stabiler, verlässlicher Beziehungen
– kulturelles Kapital	– defizitäres kulturelles Kapital
– hohe Bildungsaspirationen	– niedrige Bildungsaspirationen
– elterliches Humanvermögen	– geringes Humankapital der Eltern
– elterliche Teilhabe am Schulgeschehen	– fehlende Eltern-Schule-Verbindung
Soziale Netzwerke, Nachbarschaft:	
– Vorhandensein von stützenden Gleichaltrigenbeziehungen	– Mangel an stützenden Gleichaltrigenbeziehungen (Isolationismus)
– Möglichkeit zu vertrauensvollen Beziehungen mit anderen Erwachsenen wie Trainern, Erziehern, Geistlichen etc.	– Stigmatisierung und Ausgrenzung
	– keine Möglichkeit des Aufbaus vertrauensvoller Beziehungen zu anderen Erwachsenen
Institutionelle Ebene:	
– schulische Strukturen, die es ermöglichen, Armutsdefizite zu kompensieren (spezielle Angebote, Arbeitsgemeinschaften, Nachhilfeunterricht etc.)	– Defizite in der differenziellen Behandlung
Konsequenz:	
– Bewältigung der Übergänge	– Übergangsschwierigkeiten, niedrige Formalbildung, Einmündung in beruflich vielversprechende Felder wenig wahrscheinlich
– Ausbildung von bildungsaffinen Arbeitshaltungen und Lernfreude über den Lebenslauf hinweg	– Ausbildung von bildungsfeindlichen Einstellungen, wenig Lernfreude, Orientierung am schnellen Gelderwerb

5. Zusammenfassung und Schlussfolgerungen für die Praxis der Intervention

Die referierten empirischen Befunde belegen, dass Armut oftmals den Bildungserwerb und die -chancen von Kindern einschränkt. Insbesondere an den Schnitt- und Übergangsstellen des deutschen Bildungssystems können auch kurze Armutsphasen relativ dauerhafte negative Konsequenzen für die for-

---

55 Eigene Darstellung aus: Beate Hock, Erfolgreiche Armutsbewältigung, a.a.O., S. 75ff.; dies./Gerda Holz (Hrsg.), Erfolg oder Scheitern?, a.a.O.; Andreas Lange/Wolfgang Lauterbach, Kinder in Familie und Gesellschaft zu Beginn des 21sten Jahrhunderts, Stuttgart 2000; Friedrich Lösel/Doris Bender, Von generellen Schutzfaktoren zu differentiellen protektiven Prozessen, a.a.O.

male Bildungsqualifikation einer Person nach sich ziehen. Die Befunde zeigen aber auch, dass es sich nicht ausschließlich um kausale Wirkungszusammenhänge handelt, sondern dass eine Reihe von moderierenden Einflüssen zu berücksichtigen sind. Erinnert sei beispielsweise an die Ausstattung der Haushalte mit kulturellem und sozialem Kapital, die sozialen Kompetenzen der Eltern sowie die persönlichen Ressourcen und Resilienzpotentiale der Kinder und Jugendlichen. Diese Einsichten liefern wichtige Hinweise für die bildungs- und sozialpolitische Prä- und Intervention:

1. sind Maßnahmen der *Arbeitsmarkt*politik anzuführen. Es sollte das Arbeitslosigkeitsrisiko für Frauen abgebaut und die Verbindung von Familien- und Berufstätigkeit für Mütter zwecks eigenständigen Erwerbs von Einkommen erleichtert werden (z.B. durch Erleichterung des Wiedereintritts in den Arbeitsmarkt nach einer familienbedingten Erwerbsunterbrechung, Job-Sharing, kontinuierliche Weiterbildung sowie Wahrnehmung der Elternzeit durch Vater und Mutter). Derartige Maßnahmen können wesentlich dazu beitragen, prekäre Einkommenssituationen in Familien mit Kindern zu verhindern, sodass genügend Finanzmittel für die Ausbildung von Kindern zur Verfügung stehen.

2. kann durch *Familien*politik der Zusammenhang zwischen (temporärer) Armut und Bildungschancen entschärft werden. Zu denken ist hier an Steuerbegünstigungen für die Ausbildung von Kindern, an den Familienlastenausgleich, die Aufstockung von Transfereinkommen sowie insbesondere Beratung für Familien in prekären Einkommenssituationen. Es geht darum, den langfristigen Wert von Bildung gegenüber dem kurzfristigen Wert einer frühen Erwerbstätigkeit herauszustreichen. Ferner sollten in diesem Rahmen die Möglichkeiten der Aktivierung von sozialen Ressourcen und Unterstützungen aufgezeigt werden.

3. sollten in der *Bildungs*politik vorrangig die gezielte Förderung armer Schulkinder, die finanzielle Entlastung kinderreicher Eltern und ergänzende Förderprogramme für talentierte Kinder aus Unterschichten angestoßen werden. Eine wichtige Funktion könnte auch der außerschulischen Bildungsarbeit zukommen, indem sie Kindern und Jugendlichen Kompetenzen im Bereich der Kultur und der Kunst vermittelt, die zur Selbstwertsteigerung beitragen können. Dazu liegen erste Ansätze, etwa der Bundesvereinigung Kulturelle Jugendbildung e.V., vor.

Eine Kombination dieser Maßnahmen würde dazu beitragen, die immer wieder proklamierte Chancengleichheit im Bildungsbereich von Kontingenzen der Konjunkturentwicklung und der sozialen Herkunft eines Kindes unabhängiger zu machen.

Sozialpolitische, familienpolitische und pädagogische Gegenmaßnahmen

Detlef Baum

Armut und Ausgrenzung von Kindern: Herausforderung für eine kommunale Sozialpolitik

Wie müsste eine kommunale Sozialpolitik gestaltet sein, damit Kinderarmut über die Beseitigung von Einkommensarmut der Eltern hinaus bekämpft werden kann bzw. von vornherein vermieden wird? Welche Facetten, welche Dimensionen von Armut sind zu bedenken, damit die kommunale Sozialpolitik erfolgreich Armut von Kindern erfasst und geeignete Gegenstrategien entwickeln kann?

Der folgende Beitrag beschränkt sich auf jene Strategien, die der kommunalen Sozialpolitik zur Verfügung stehen und über das hinausgehen, was Sozialhilfe oder andere Transfereinkommen sozialpolitisch bewirken können, damit Eltern und ihre Kinder nicht in Armut geraten oder aus der Armut herauskommen. Er konzentriert sich auf die sozialräumlichen Lebensbedingungen armer Kinder, speziell auf den Begründungszusammenhang von sozialer Ausgrenzung der Armen und ihrer sozialräumlichen Segregation in städtischen Kontexten als Rahmenbedingungen, unter denen die meisten betroffenen Kinder in der Stadt aufwachsen, sozialisiert werden, interagieren, ihre Identität sichern sowie sich selbst und die Welt deuten. In der Analyse dieser Rahmenbedingungen und ihrer Veränderung liegt die größte sozialpolitische Herausforderung gegen Armut in städtisch verfassten Kommunen.

Vorab aber noch etwas zum Armutsverständnis, das dem Beitrag zugrunde liegt und auf dessen Basis er nicht nur die Herausforderung der kommunalen Sozialpolitik begründet, sondern auch ihre Chance sieht. Es geht hier nicht um *Einkommens*armut und die damit verbundenen ökonomischen Deprivationen, vielmehr um jene Manifestationen der Armut, die Folge, aber auch Begleiterscheinung der Einkommensarmut sind – vielleicht auch deren Ursache. Denn die Herausforderung liegt darin, dass Kommunalpolitik sich um diese Manifestationen und Folgen kümmern muss, weil es ihr in der Regel nicht darum zu tun sein kann, die Einkommenslage der Individuen zu verbessern.

Auf kommunaler oder lebensweltlicher Ebene relevant ist vor allem: Die Armut definieren wir! Wer zu den Armen gehört oder nicht, ist nicht an der Frage festzumachen, ob sie sich selbst zu den Betroffenen zählen, sondern ob wir – die Gesellschaft, die gesellschaftlichen Institutionen, die Politik – jemanden als arm bezeichnen. Wer integriert, schließt nämlich gleichzeitig aus. Wer Bedingungen – Normen und Werte – für die Integration definiert, bestimmt auch die Grenzen von Integration und Desintegration sowie die Übergänge zur Desintegration, grenzt also auch aus. Inklusion und Exklusion sind dialektisch miteinander verknüpft.

Diese Argumentationslinie ist nicht neu. Georg Simmel formulierte bereits 1908: „Die Armen entstehen historisch betrachtet erst dann, wenn eine Gesellschaft dazu übergeht, Armut als besonderen Status anzuerkennen und einzelne Personen dieser Kategorie zuzuordnen. Dass einige Leute sich selbst als arm ansehen, ist soziologisch unerheblich. Soziologisch erheblich ist aber, wenn Armut als gesellschaftlich anerkannte Lebenslage, als soziales Problem betrachtet wird."[1]

Der Simmel'schen Erkenntnis füge ich hinzu: Nachdem hauptsächlich die gesellschaftlichen Institutionen die Definitionsmacht übernommen haben, ausgrenzen und integrieren, sind wir als einzelne Gesellschaftsmitglieder auch entlastet – entlastet von der Definition, wen wir als integriert bezeichnen wollen und wen nicht –, und haben auch nichts dagegen zu stellen, im Gegenteil: Wir definieren im Windschatten der Institutionen fleißig mit.

Natürlich entspricht die Logik dieser Definition im Spannungsverhältnis von Integration und Ausgrenzung dem Menschenbild kapitalistisch verfasster Gesellschaften. Menschen sind nach dieser Logik dann in die Gesellschaft integriert, wenn sie in drei zentrale Märkte integriert sind:

1. den Arbeitsmarkt und in dessen Folge
2. den Wohnungsmarkt sowie
3. den Konsumgütermarkt.

Jede andere – ausgegrenzte – Situation ist diskreditierbar und wird auch diskreditiert.

Die Fachwissenschaft lehnt sich inzwischen an einen Armutsbegriff der Europäischen Kommission an, welcher im Zuge der Entwicklung von Armutsprogrammen bereits gegen Ende der 70er-Jahre entwickelt wurde: „Verarmte Personen sind Einzelpersonen, Familien, Personengruppen, die über so geringe materielle, kulturelle und soziale Mittel verfügen, dass sie von der Lebensweise ausgeschlossen sind, die in dem Mitgliedsstaat, in dem sie leben, als Minimum annehmbar ist." 1989 stellte die EU in einer Entschließung den Zusammenhang zwischen Armut und Ausgrenzung her. Sie empfahl, den Begriff der Armut durch den Begriff „social exclusion" zu ersetzen.[2]

Dieser Zusammenhang ist hier besonders wichtig, weil er auf die Interdependenz von sozialer, kultureller, räumlicher und sozialökonomischer Aus-

---

1   Georg Simmel, Soziologie. Untersuchungen über die Formen der Vergesellschaftung,
    Bd. 11 der Gesamtausgabe, Frankfurt am Main 1992 (Reprint), S. 23
2   Vgl. Detlef Baum, Armut – Definitionen und theoretische Ansätze, in: Kind – Jugend
    – Gesellschaft. Zeitschrift für Jugendschutz 2/1999, S. 38ff.

grenzung verweist. Wir sollten Armut und Ausgrenzung immer zusammen denken – unabhängig davon, ob Armut die Ursache oder die Folge von Ausgrenzungs- und Segregationsprozessen ist. Jede kommunale Sozialpolitik muss bemüht sein, auf einer sozialstrukturellen und einer Handlungsebene zu integrieren, was auch heißt, für Formen der Ausgrenzung durch die eigene Praxis sensibel zu werden.

Herausforderungen für eine kommunale Sozialpolitik: Rahmenbedingungen, unter denen arme Kinder vor allem im städtischen Kontext leben

Das entscheidende Problem der meisten Kommunen, eigentlich auch eine Herausforderung kommunaler Sozialpolitik, ist die aus räumlicher Segregation entstehende Folgeproblematik der Armut und sozialen Ausgrenzung von Kindern. Der Skandal liegt in der Tatsache, dass sich die kommunale Sozialpolitik dieses Begründungszusammenhangs zwischen sozialer Ausgrenzung von Kindern, ihrer räumlichen Segregation und Armut sowie den damit verbundenen kindlichen Deprivationen kaum bewusst ist und dass sie die Rahmenbedingungen des Aufwachsens vor allem nicht unter dem Aspekt problematisiert, dass räumliche Segregation und die Fokussierung sozialer Problemlagen in einem spezifisch strukturierten Wohngebiet die soziale Ausgrenzung geradezu symbolisieren und verstärken. Sie kommt nur allmählich dazu, die Raumbezogenheit der Armut als kommunalpolitisch relevantes soziales Problem zu thematisieren, den sozialen Raum nicht nur als Folge der Verdrängung vom Wohnungsmarkt, sondern als ursächlich für Armut zu begreifen und ihre Strategien darauf auszurichten, soziale Räume zu verändern, weil sich dann auch die sozialökologischen Kontexte verändern, in denen Beziehungen entstehen, Menschen interagieren, handeln, aufwachsen und leben.

Wir müssen uns der Bedeutung des Raumes als eines ursächlichen Faktors in diesem Zusammenhang vergewissern. Räume werden erst durch ihren Bezug zu anderen Räumen soziale Räume; sie weisen Bedeutungsstrukturen auf, die sie auch für andere zu diesen sozialen Räumen machen. Gleichzeitig haben sie eine spezifische sichtbare physikalische Struktur, die nur durch ihre Deutung Relevanz besitzt. Menschen deuten diese Räume aus den Strukturen heraus, durch die sie die Räume erfahren, in ihnen handeln und interagieren. Wir haben es mit sozialen Konstrukten zu tun, die „es in Relation zu anderen sozialen Kategorien zu setzen gilt".[3] Jeder Raum weist eine physisch-mate-

---

3   Siehe Jens S. Dangschat, Raum als Dimension sozialer Ungleichheit und Ort als Bühne der Lebensstilisierung?, Zum Raumbezug sozialer Ungleichheit und von Lebens-

rielle Struktur auf sowie Regeln sozialer Interaktions- und Handlungsmuster, die nur über ein institutionalisiertes und normatives Regulationssystem konstituiert werden können.[4] Ich beziehe mich hier auf Pierre Bourdieu, der den sozialen Raum als „Raum der Lebensstile" bzw. als „Raum der sozialen Positionen" umschreibt: „Der Soziale Raum weist eine Tendenz auf, sich mehr oder weniger strikt im physischen Raum in Form einer bestimmten distributionellen Anordnung von Akteuren und Eigenschaften niederzuschlagen. (...) Daraus folgt, daß der von einem Akteur eingenommene Ort und sein Platz im angeeigneten Raum hervorragende Indikatoren für seine Stellung im sozialen Raum abgeben."[5]

In einem solchen sozialen Raum gibt es eine Reihe sozialräumlich strukturierter Kontexte, in denen Kinder unmittelbar aufwachsen, leben und handeln. Zusammen machen sie einen sozialen Raum aus:

- die familialen Sozialisationsbedingungen;
- die Schule, der Kindergarten und der Kinderhort;
- die Freizeitbedingungen im Wohnviertel;
- das gesamte Wohnumfeld;
- die Beziehung des Wohnumfeldes zu anderen sozialen Räumen und zur Stadt;
- das Quartier in seiner Gestaltung und sozialräumlichen Gliederung;
- Arbeits(markt)bedingungen im Quartier und in Beziehung zu anderen Quartieren oder zur Stadt;
- Kommunikations-, Kooperations- und Partizipationsbedingungen;
- Bedingungen der sozialen Öffentlichkeit: Verkehrsplanung, öffentliche Kommunikation und Partizipation etc. im Stadtteil, im Ortsteil und in der Nachbarschaft.

Dem Problem sozialräumlicher Ausgrenzung der armen Kinder liegt die These zugrunde, dass die sozialökologischen Kontexte, in denen Kinder aufwachsen, möglicherweise von größerer oder zentralerer Bedeutung für die Sozialisation sind als die Beziehungen, die in solche Kontexte eingebettet sind. Schließlich lernt das Kind diese Beziehungen zu schätzen und zu bewerten vor dem Hintergrund der sozialräumlichen Kontexte, in die solche Beziehungen eingebunden sind. Ihr Raumverständnis ist geprägt von der Differenziertheit der Wohnung und des Wohnumfeldes. Die Wohnsituation wiederum hängt ab von ökonomischen Ressourcen. Diese Wohnsituation meint

---

stilen, in: Otto G. Schwenk (Hrsg.), Lebensstil zwischen Sozialstrukturanalyse und Kulturwissenschaft, Opladen 1996, S. 99f.

4   Vgl. Dieter Läpple, Thesen zu einem Konzept gesellschaftlicher Räume, in: Die aufgeräumte Welt. Raumbilder und Raumkonzepte im Zeitalter globaler Marktwirtschaft, Rehberg-Loccum 1993 (Loccumer Protokolle 74/1992), S. 29ff.

5   Pierre Bourdieu, Physischer, sozialer und angeeigneter physischer Raum, in: Martin Wentz (Hrsg.), Stadt-Räume, Frankfurt am Main 1991, S. 25

nicht nur die Wohnungsgröße oder das unmittelbare Umfeld, sondern auch die Qualität des Viertels, seinen Ruf im gesamten Umfeld, seine potenzielle Stigmatisierbarkeit bzw. seine aktuelle Diskreditierung. Die Wohnsituation der Eltern prägt ihr Erziehungsverständnis, aber auch das Kommunikationsverständnis der Kinder, ihr Verhältnis zur sozialen Öffentlichkeit, das sie im Laufe ihrer Sozialisation entwickeln. Hier wird auch das Verhältnis von räumlicher Ausgrenzung und sozialer Segregation relevant.

Die Identifikation mit dem Wohngebiet hängt ab von der Qualität der Interaktionen im Wohngebiet, von seinen Strukturen und Netzwerken. Bereits Mitte der 1920er-Jahre wurde der Zusammenhang von räumlicher und sozialer Segregation durch den sozialökologischen Ansatz der Chicagoer Schule thematisiert.[6] Die Kernthese dieses Ansatzes bestimmt – bei aller Kritik an einer möglichen Verkürzung der komplizierten Zusammenhänge – bis heute die Diskussionen und Kontroversen der Stadtsoziologie, etwa im Hinblick auf die These der gespaltenen Stadt oder jene der durch den in der Stadt vorhandenen Reichtum produzierten Armut.[7]

Menschen – so die zentrale These – verteilen sich in einem sozialen Raum nach spezifischen Gesetzmäßigkeiten; im Prinzip spiegelt die horizontale Verteilung der Bevölkerung in einer Stadt die vertikale soziale Schichtung wider. Allerdings werden die sozioökonomischen Grundlagen dieser Differenzierung als zentrale Bedingungen nicht deutlich herausgearbeitet.

Neben Prozessen der Verteilung nach dem Prinzip des Standortvorteils (funktionale Differenzierung) und der Verteilung nach dem Prinzip der Wertpräferenzen (soziokulturelle Differenzierung) interessiert uns hier jener Verteilungsprozess, welcher nach dem Prinzip der verfügbaren ökonomischen Ressourcen funktioniert, die einsetzbar sind, um einen bestimmten Wohnwert zu erhalten. Die Basis dieser Verteilung ist das Verhältnis von Miet- und Bodenpreisen zu den verfügbaren Einkommen der Bewohner/innen.

Aufgrund dieses Prozesses entstehen privilegierte und (vor allem in den Städten) sozialstrukturell deprivierte Viertel, die wir heute als benachteiligte Wohngebiete oder „soziale Brennpunkte" definieren, wo Familien leben, die vom Wohnungsmarkt verdrängt worden sind. Bewohner solcher Wohngebiete sind gezwungen, sich dort einen für sie angemessenen Wohnraum zu besorgen, wobei „angemessen" heißt: im Verhältnis zu den verfügbaren ökonomischen Ressourcen stehend. In der Regel leben dort Familien mit Kindern; deshalb ist der Anteil der Kinder und Jugendlichen an der Gesamtbe-

---

6   Vgl. Ernest W. Burgess/Robert E. Park, The City, Chicago 1925; ergänzend: Detlef Baum, Wie kann Integration gelingen?, Städtische Kindheit und Jugend im sozialen Brennpunkt – Bedingungen und Folgen räumlicher und sozialer Segregation, in: Kind – Jugend – Gesellschaft 2/1996, S. 49ff.

7   Vgl. Jens S. Dangschat, „Stadt" als Ort und als Ursache von Armut und sozialer Ausgrenzung, in: Aus Politik und Zeitgeschichte. Beilage zur Wochenzeitung *Das Parlament* 31-32/1995, S. 50ff.

wohnerschaft solcher Wohngebiete überdurchschnittlich noch, zum Teil viel höher als im übrigen Stadtgebiet.

Eine andere Form der räumlichen Ausgrenzung findet durch gesetzlich erzwungene räumliche Segregation statt. Familien, die vom Wohnungsmarkt verdrängt oder von ihm ausgeschlossen werden, etwa durch Zwangsräumung oder dadurch, dass sie verarmen, werden in der Regel von der Kommune in Notunterkünfte eingewiesen, die zwar als Durchgangsquartiere definiert sind, wo die Verweildauer allerdings bereits in den 70er-Jahren dramatisch angestiegen ist und auf einem relativ hohen Niveau stagniert. Neuerdings haben jedoch mehrere Großstädte auch Erfolge hinsichtlich der Reduktion solcher Einweisungen. In der Regel werden solche Notunterkünfte dann zum Abriss freigegeben, weil ihre Sanierung sich nicht lohnen würde. Auch hier haben wir es mit einem höheren Kinderanteil zu tun. Bundesweit leben ungefähr 50.000 Kinder bzw. ihre Eltern in sog. Notunterkünften, erheblich mehr – ca. zehn Mal so viele – unter den Bedingungen benachteiligter Wohngebiete.

Benachteiligte Wohngebiete sind nach einer Definition des Deutschen Städtetages dadurch gekennzeichnet, dass sie die Sozialisations- und Entwicklungsbedingungen von Kindern signifikant einschränken.[8] Es handelt sich um Gebiete am Rande der City mit einer unzureichenden Infrastruktur, d.h. einem Mangel an Angeboten des täglichen Lebens, an Geschäften und an Kommunikationsmöglichkeiten (Plätzen, Cafés etc.). Es gibt in der Regel keine Schulen, manchmal einen Kindergarten oder Hort, aber keine Bildungs- oder Kultureinrichtungen, keine ärztliche Versorgung und keine anderen sozialen Dienste. Es fehlt in der Regel an allem, was Urbanität ausmacht. Obwohl das Gebiet zur Stadt gehört und die City eigentlich auch der Bezugspunkt ist, kann man im Grunde nicht von einem städtisch strukturierten Gebiet sprechen.

Die Dynamik und die Gesetze der städtischen Lebensweise fördern auf diese Art Ausgrenzungsmechanismen, weil die Teilhabe bzw. Teilnahme an soziokulturellen Prozessen und Handlungsfeldern in der Stadt nicht nur mit der räumlichen Verankerung dort zusammenhängt, sondern mit der sozialen oder besser sozialökologischen Integration, die aus vielerlei Gründen nicht erfolgen kann. Umgekehrt fördert unter diesen Bedingungen räumliche die soziale Distanz.

Kinder und Jugendliche solcher Wohngebiete entwickeln eine „Doppelstrategie". Einerseits erkennen sie die Diskrepanz zwischen dem Leben in ihrem Wohngebiet und dem Leben in anderen Stadtteilen. Sie wissen, dass sie über die Adresse des Wohngebietes diskreditierbar sind und spüren diese Diskreditierung auch im Kontakt mit Bewohner(inne)n anderer Viertel, mit denen sie zwangsläufig zusammenkommen: im Kindergarten, in der Schule,

---

8   Vgl. Deutscher Städtetag (Hrsg.), Sicherung der Wohnungsversorgung in Wohnungsnotfällen und Verbesserung der Lebensbedingungen in sozialen Brennpunkten – Empfehlungen und Hinweise. DST-Beiträge zur Sozialpolitik 21, Köln 1987

im Bereich der sozialen Öffentlichkeit, also nicht an „ihren" Plätzen und Kommunikationsorten.

Im Wohngebiet selbst sind die betreffenden Kinder in der Regel unter sich, weil sich Gleichaltrige aus anderen Vierteln nicht freiwillig mit ihnen an ihren Plätzen beschäftigen, und entwickeln zum Teil problematische Strategien der psychosozialen Selbstwertregulation: Sie isolieren sich, suchen keinen Kontakt außerhalb des Wohngebietes, meiden die Stadt als Handlungs- und Erlebnisraum, sind gefährdeter gegenüber allen Formen abweichenden Verhaltens etc. Gleichwohl identifizieren sie sich gerade auch deswegen mit dem Gebiet, entwickeln so etwas wie eine „Domizilbindung"; es ist „ihr" Terrain.

Kinder sind besonders auf das unmittelbare Wohnumfeld angewiesen. Sie brauchen noch nicht – wie später die Jugendlichen – die Stadt als Bezugspunkt. Eben weil ein Stadtteil ein Teil der Stadt und sein Bezugspunkt die Kernstadt ist, leben die Bewohner/innen von Stadtteilen in dem Bewusstsein – und Kinder wachsen in diesem Bewusstsein heran –, zu dieser Stadt als Ganzes zu gehören, und sind auch darauf angewiesen, sowohl die Stadt zur Kenntnis zu nehmen als auch die für solche Wohngebiete typischen Strukturen, die sie wahrnehmen, zu deuten und daraus ihre Identität abzuleiten.

Wird aber das Wohngebiet zum einzigen Bezugspunkt für das Kind in der Stadt, lernt es nicht, mit unterschiedlichen, auch widersprüchlichen und ambivalenten Erwartungen umzugehen, die sich aufgrund der differenzierten Struktur städtischen Lebens entwickeln. Es lernt keine Formen urbanen Umgangs im Wohngebiet. Gäbe es im Wohngebiet urbane Strukturen, also Orte der Kommunikation und auch der Möglichkeit des Rückzugs, Plätze, Cafés, Geschäfte sowie kindgerechte Zugänge zur sozialen Öffentlichkeit, zu ihren Strukturen und Kommunikationen, hätten Kinder die Rahmenbedingungen, unter denen sie dies alles lernen könnten. Gäbe es eine vernünftige, also für Kinder zugängliche Infrastruktur der Anbindung an die Stadt (Verkehrsanbindung, baulich gestaltete Übergänge zu anderen Vierteln), hätten sie die Chance der Wahrnehmung der Stadt als Handlungsraum. So müssen sie das Wohngebiet zunächst als ein von der Stadt räumlich getrenntes Gebiet zur Kenntnis nehmen und zwar mit all den Restriktionen der kindlichen Wahrnehmung. Wir wissen, dass Kinder solcher Wohngebiete ein weniger differenziertes Wahrnehmungsraster haben, was die sächliche Umwelt, die räumlichen Strukturen, die sozialen Beziehungen und ihre Einbettung in soziale Kontexte angeht.[9]

---

9   Vgl. hierzu und zum Folgenden: Detlef Baum, Der Stadtteil als sozialer Raum. Sozialökologische Aspekte des strukturellen Kinder- und Jugendschutzes, in: „Bevor es zu spät ist ..." – Präventiver Kinder- und Jugendschutz in sozialen Brennpunkten. Dokumentation eines Fachforums im Rahmen des Aktionsprogramms „Entwicklung und Chancen junger Menschen in sozialen Brennpunkten", hrsg. vom Bundesministerium für Familie, Senioren, Frauen und Jugend, 2. Aufl. Bonn 1999, S. 30ff.

Hier ist nicht gemeint, dass vor allem sozial deprivierte Kinder aus bestimmten Handlungsfeldern in direkten Interaktionen und generell ausgeschlossen werden – dies resultiert eher daraus, dass sie spüren, eigentlich
keine Chance zu haben, vor anderen Interaktionspartnern zu bestehen und an
den in der Stadt vorherrschenden und sie interessierenden Prozessen teilzuhaben und teilzunehmen, sie mitgestalten zu können und ihren Nutzen daraus
zu ziehen. Das Problem ist ein anderes: Sie haben die in der Kindheit notwendigerweise zu erwerbenden emotionalen, psychosozialen und kognitiven
Voraussetzungen nicht, die sie befähigen würden, jetzt als Kinder das Wohngebiet und später als Jugendliche die Stadt als Handlungs- und Erlebnisraum
kompetent zu erobern. So schließen sie sich aber selbst aus, weil sie Angst
vor diskreditierbaren Interaktionen haben.

Wenn man weiß und/oder die Erfahrung gemacht hat, dass das eigene
Wohngebiet aufgrund der Adresse, seiner schlechten Bausubstanz und seines
unattraktiven Wohnwertes diskreditierbar ist, meidet man Interaktionen, in
denen man diskreditiert werden könnte. Ganz im Sinne einer sich selbst er-
füllenden Prophezeiung gehen bereits Kinder dieser Wohngebiete solchen
Interaktionen, in denen sie eine Diskreditierung befürchten müssen, aus dem
Weg und verhalten sich dadurch so, dass sie diskreditierbar sind und diskreditiert werden. Insbesondere spüren sie die Diskrepanz zwischen dem, was
die Stadt als Handlungs- und Erlebnisraum zu bieten hat und was andere auch
nutzen, einerseits sowie ihren eigenen sozialökonomischen und soziokulturellen Beschränkungen und psychosozialen Inkompetenzen im Handeln andererseits.

Aus all dem erwachsen Formen der Identitätssicherung, die sich stärker
auf das Milieu beschränken, das man „im Griff" hat; man zieht sich also aus
anderen Bereichen zurück, die eher verunsichern oder mit Misserfolgserlebnissen verbunden sind – dies gilt thematisch/sachlich, sozial, kulturell und in
der Folge dann auch räumlich. Die räumliche Ausgrenzung ist schließlich nur
noch das äußere Symbol, das die gesamte soziale Segregation und den Ausschluss aus anderen identitätsstiftenden Handlungsfeldern verkörpert. Da
bleibt den Kindern und Jugendlichen – wie gesagt – in der Regel für ihre
Identitätssicherung nur der unmittelbare Nahraum, in dem sie sich unter
Gleichen bewegen, die ihre Integration nicht in Frage stellen und damit auch
nicht ihre Identität. Avanciert der soziale Nahraum zum einzigen Garanten
für die eigene Sicherheit und Identität, entwickeln Kinder notgedrungen eine
Art Domizilbindung; sie identifizieren sich mit ihrem Wohngebiet, weil sie
außerhalb von ihm keine Chance haben, und so werden die Strukturen des
Nahraums zur symbolischen Ordnung der Welt. Dieser Nahraum wird später
vor allem gegen „Fremde" verteidigt, notfalls mit Gewalt und bis aufs Mes-
ser.

Die dann im Jugendalter feststellbare Ausbildung kriminalitätsähnlicher
Subkulturen, in denen sich Negativkarrieren häufen, sind uns nicht nur aus
französischen und englischen Städten bekannt, wo sie bereits in den 70er-

Jahren auftraten.[10] Ähnliches kann man inzwischen auch für die deutschen Metropolen feststellen. Die problematische Verdichtung von Misserfolgen in Schule, Arbeitswelt und Wohnquartieren schafft ein Potenzial der Aggression und der gewalttätigen Konfliktlösung, das nicht mehr nur mit präventiven Programmen psychosozialer Kompetenzvermittlung einzudämmen ist. Dazu brauchen wir eine strukturelle Veränderung von Lebensbedingungen.

Wie kommunale Sozialpolitik auf den Zusammenhang von räumlicher und sozialer Ausgrenzung reagieren kann

Die kommunale Sozialpolitik muss Lebenswelten und ihre Strukturen verändern. Sie hätte den lebensweltlichen Zusammenhang zwischen Arbeiten, Leben, Aufwachsen und Wohnen im Viertel sowie im Verhältnis zur Stadt herzustellen, damit ihn Kinder als konstitutiv für ihre Entwicklung insgesamt betrachten können. Auf der Ebene von Wohngebieten muss sie Kindern beispielsweise den strukturellen Zugang zu Bildungs- und Freizeitangeboten, zu Orten der Kommunikation sowie zu angemessenen Wohn(raum)bedingungen verschaffen. Wichtig ist dabei die Vernetzung dieser Bereiche, damit Kinder begreifen, dass das, was sie in Institutionen und sozialen Netzwerken lernen, mit dem Leben außerhalb der Institutionen und innerhalb der Netzwerke etwas zu tun hat.

Kommunale Sozialpolitik muss die Handlungskompetenzen der Bewohner/innen stärken, indem sie nicht etwas für diese tut, sondern mit ihnen das Viertel zu gestalten und zu entwickeln trachtet. Dies gilt auch in Bezug auf die Kinder. Im Rahmen einer stadtteilorientierten Gemeinwesenarbeit muss die Soziale Arbeit nicht für die Kinder, sondern mit ihnen Strategien entwickeln, wie sie an der Formulierung ihrer Bedürfnisse beteiligt werden, und mit denen sie Nutzen aus der Beeinflussung von Entscheidungen der Erwachsenen ziehen können. Kinder werden unter den Bedingungen einer gelingenden Sozialisation zu Akteuren ihrer Lebensentwürfe. Gerade für deprivierte Kinder gilt, dass sie dazu erst gemacht werden müssen. Deshalb muss Soziale Arbeit von Betreuungsangeboten zur Aktivierung der Kinder, aber auch von Erwachsenen kommen. Sie sollte altersgerechte und je spezifische Voraussetzungen für erfolgreiche aktive Partizipation aller an sämtlichen Formen der sozialen und politischen Öffentlichkeit schaffen.

Auf welchen Ebenen kann dies geschehen? Ich beziehe mich mit meinen Überlegungen zunächst auf Franz-Xaver Kaufmann, der in seiner Theorie sozialpolitischer Interventionen zwei Interventionsmuster unterschieden hat:

---

10   Vgl. hierzu beispielhaft: François Dubet/Didier Lapeyronnie, Im Aus der Vorstädte. Der Zerfall der demokratischen Gesellschaft, Stuttgart 1994

das primäre und das sekundäre.[11] Dem primären Interventionsmuster ordnet
er zwei Interventionsformen zu: die rechtliche und die ökonomische Interventionsform, die vornehmlich Aufgabe der staatlichen Sozialpolitik ist.

Uns interessiert hier ausschließlich das sekundäre Interventionsmuster,
das Kaufmann der kommunalen Ebene zuordnet und das die sozialökologische und pädagogische Interventionsform umfasst. Will der Staat die individuelle rechtliche und ökonomische Position von Personen verbessern, muss
die kommunale Sozialpolitik die sozialräumlichen Strukturen zu gestalten suchen, unter denen Menschen leben bzw. aufwachsen, und die pädagogischen
Beziehungen zu optimieren oder zu konstituieren suchen, die das Aufwachsen von Kindern und Jugendlichen in einer Kommune gelingen lassen.

Dabei kommt es auf den Zusammenhang der o.g. Interventionsformen
an, gilt es doch, die sozialökologischen Kontexte so zu verändern, dass sich
damit auch pädagogische Beziehungen verändern, die ja durch sozialökologische Kontexte konstituiert und durch sie beeinflusst werden. Bleiben wir zunächst bei den sozialökologischen Bedingungen. Es sei noch einmal an Georg Simmel erinnert: Die Bewertung der Armut ist das eigentliche Problem,
das räumliche Segregation zu einer sozialen werden lässt. Wenn das Aufwachsen im urbanen Kontext unter den Bedingungen räumlicher Segregation
schwierig ist, stellt sich die Frage, ob und inwieweit soziale Segregation verhindert werden kann. Wie lässt sich der urbane Kontext verändern, und zwar
nicht nur im Hinblick auf die Aufhebung räumlicher Ausgrenzung (etwa
durch Planung), sondern auch durch eine von der Sozialökologie her begreif-
bare Kontextveränderung („Stadt als Gemeinwesen"), sodass soziale Segregation – also die Bewertung der Ausgrenzung – strukturell verhindert wird?

Die Stadt muss den Kindern näher rücken, nicht sie der Stadt. Ihre Strukturen müssen sozialökologisch und mental derart zugänglich sein, dass die
aus räumlicher Segregation erwachsende relative Deprivation aufgehoben
wird. Die der Stadt eigenen Funktionen, Lebensbedingungen und Strukturen
kollektiver Daseinsvorsorge müssen – zum Teil auch kindgerecht – unkompliziert erreichbar, die Möglichkeiten der Integration durch Arbeit sowie die
Sicherung des sozioökonomischen Status und der Reproduktion des Lebens
der Familien gegeben sein.

Außerdem müssen der sozialökologische Raum des Wohngebietes und
seine Strukturen in das Blickfeld der Analyse sowie der Veränderung rücken.
Wir sagten es bereits: Kinder brauchen die Identifikation mit dem Wohngebiet als städtischem Habitat, und zwar nicht trotz der Restriktionen, sondern
weil sie dort das finden, was Kindheit in der Stadt heute ausmacht. Sie brauchen eine gewisse Domizilbindung im Kontext der städtischen Strukturen,
um auch die Stadt als Handlungs- und Erlebnisraum wahrzunehmen. Dies er-

---

11 Vgl. Franz-Xaver Kaufmann, Elemente einer soziologischen Theorie sozialpolitischer
    Interventionen, in: ders. (Hrsg.), Staatliche Sozialpolitik und Familie, München/Wien
    1982, S. 49ff.

reicht man nur durch Verbesserung der Infrastruktur für alle Bewohner/innen sowie eine verbesserte kindgerechte Netzwerk- und Infrastruktur mit einem relativ hohen Anregungscharakter. Orte der Kommunikation, des Spiels und der Auseinandersetzung mit der Erwachsenenwelt müssen für Kinder unkompliziert erreichbar sein.

Der sozialökologische Ansatz in der Sozialisationsforschung geht davon aus, dass die Kinder ihre Identität im Zuge der Erweiterung und Differenzierung von Handlungs- und Erlebnisspielräumen suchen und irgendwann zu einer integrierenden, ausbalancierten Ich-Identität gelangen, die es ihnen erlaubt, ihre je spezifischen Rollenidentitäten in konkreten Handlungszusammenhängen und Situationen zu entwickeln bzw. zu wahren.[12] Dies bedeutet, dass Kinder an die Erweiterung nur herangeführt werden können, wenn diese perspektivisch im Blick ist oder allmählich in den Blick genommen werden kann. Dazu brauchen sie in der unmittelbaren Umgebung ihrer Wohnung Strukturen und Netzwerke, in denen sie ausprobieren und austarieren können, was sie später als Jugendliche mit der Stadt machen.

Einen der wichtigsten Eckpfeiler kommunaler Sozialpolitik bildet die räumliche und bauliche Gestaltung des unmittelbaren sozialen Lebensraumes der Kinder. Hier ist primär die Stadtplanung gefordert. Denn es geht ja nicht nur darum, kindgerechte Strukturen zu schaffen, sondern außerdem darum, Lebensbedingungen zu konstituieren, unter denen alle zu handeln vermögen – auch und gerade die Kinder.

In der Regel besteht die Herausforderung der Stadtplanung in der Gestaltung des Viertels, aber noch mehr in der Auflösung seiner Grenzen, in der Schaffung von Übergangsbereichen zwischen dem Zentrum und den einzelnen Stadtquartieren. Denn die Bedeutung eines Wohngebietes hängt auch mit seiner unkomplizierten Wahrnehmung durch andere zusammen. Das ist der Außenaspekt. Für die Innenperspektive gilt: Stadtviertel müssen das bieten, was wir bereits mit dem Begriff der Urbanität umschrieben haben. Stadtplanung muss Kommunikationsorte schaffen, spezifische und allgemeine, niedrigschwelligere und solche, die bestimmte Zugangsvoraussetzungen verlangen. Sie muss neben einer städtischen Infrastruktur (Cafés, Geschäften, Dienstleistungen und öffentlichen Einrichtungen) Orte schaffen, an denen man sich trifft, wo sich Kinder treffen können, Kinder und Erwachsene; Orte, an denen jeder jeden treffen kann, also jeder jedweden Zugang hat. Wir brauchen eine Stadtteilöffentlichkeit, die Kindern zugänglich ist und aus der sie ihren kindspezifischen Nutzen ziehen, Anregungspotenziale entdecken etc.

Kinder brauchen auch so etwas wie kindgerechte Zugänge zu Teilmärkten, in die auch Jugendliche und Erwachsene integriert sind. Sie benötigen dazu nicht nur Geld, sondern auch Kompetenzen und geeignete Dispositionen, um später die Rolle der Konsum- und Kulturbürger/innen angemessen

---

12   Vgl. Dieter Baacke, Jugend und Jugendkulturen. Darstellung und Deutung, 2. Aufl. Weinheim/München 1993

spielen zu können. Armut von Kindern manifestiert sich als die Armut ihrer unmittelbaren Lebenswelt, der Entwicklungs- bzw. Anregungspotenziale fehlen und die keinerlei Chancen der Realisierung von Handlungszielen oder der Befriedigung von Bedürfnissen bietet.

Damit sind wir bei den pädagogischen Interventionen, welche die Handlungskompetenz und die Identität von Kindern und Jugendlichen stärken wollen – notfalls gegen und trotz der Erfahrung ökonomischer Deprivationen. Dazu bedarf es spezifischer Angebote vor allem für arme Kinder. Deren Deprivation besteht ja nicht hauptsächlich darin, dass sie selbst ökonomisch arm sind; diese Deprivation spüren sie vermittels der Armut ihrer Familien auch. Wichtiger scheinen mir aber die veränderten Konstellationen und Kommunikationsstrukturen zu sein, die sich für Eltern und Familien aus deren Armut ergeben. Der psychische Druck, welcher auf Eltern lastet, die Angst, nicht mehr dazu zu gehören, verändert auch die Beziehungs- und Machtgefüge zwischen Kindern und Eltern oder den elterlichen Partnern. Dies ist die zentrale Belastung, die arme Kinder erfahren.

Pädagogische und sozialökologische Interventionen sind somit konstitutiv aufeinander verwiesen. Insofern hat die Kommune die Erziehungs- und Sozialisationsfunktion der Familie gerade dort zu unterstützen, wo Kinder durch ihre Sozialisation und die zur Verfügung stehenden sozialräumlichen Möglichkeiten der Kommunikation unter Armutsbedingungen strukturell daran gehindert werden, sich den Zugang und die angemessene Teilhabe an Bereichen kindgerechter Öffentlichkeit, an Schule, Bildung und Jugendarbeit zu verschaffen.

Dabei geht es sowohl um die Unterstützung des Erziehungsprozesses als auch um die Verbesserung der Rahmenbedingungen familialer Kommunikations- und Erziehungsprozesse. Es geht zwar auch um familienergänzende und vielleicht auch -ersetzende Maßnahmen und Einrichtungen, die Kinder in ihrer Entwicklung stärken, aber noch mehr um die Unterstützung im Bereich von Familie und Arbeitswelt, um Angebote von Freizeit, Kommunikation und Partizipation, die ansonsten nicht hätten entfaltet werden können.

Zudem bedarf es spezifischer Angebote der Unterstützung außerhalb der Familie. Die infrastrukturellen Rahmenbedingungen des Zugangs müssen vor allem für deprivierte Kinder niedrigschwelliger werden, sich im Nahraum der Lebenswelt befinden, d.h. im Wohngebiet, unkompliziert erreichbar sein und die Unmittelbarkeit ihrer Offenheit des Zugangs auch demonstrieren. Hier geht es um die sozialräumliche Niedrigschwelligkeit, die sich im örtlichen Zugang zu solchen Angeboten widerspiegeln oder konkretisieren muss. Dazu gehört aber auch die Niedrigschwelligkeit sächlich-räumlicher Strukturen der Angebote. Welche sächlich-räumlichen Barrieren müssen überwunden werden? Werden Räume so ausgestattet, dass sie womöglich eher den Zugang versperren – man denke z.B. an die Schulsituation –, oder sind sie so beschaffen, dass unkompliziert eine offene Kommunikation möglich ist, die es erlaubt, beliebige Koalitionen einzugehen? Haben wir es eher mit einer institutionellen Struktur zu tun, die ein Gefälle von Kompetenzen und Macht auch in der sächlich-räumlichen Anordnung deutlich macht, oder eher mit einer informellen Struktur, die ihren Charakter hauptsächlich durch die Dominanz von Peergroup-Interaktionen gewinnt?

Die lebensweltliche Verortung dieser Angebote ist entscheidend. Es gilt, die Lebenswelt des Einzelnen und die dort vermittelten Dispositionen und Kompetenzen zum Dreh- und Angelpunkt des Angebotes zu machen. Wir müssen nämlich die psychosozialen Ausgangsbedingungen des Zugangs mit bedenken. Damit sind in der Regel solche Bedingungen gemeint, die sich aus den Sozialisationsvorleistungen direkt ergeben, die andere erbringen.

Ist stadtteilorientierte Gemeinwesenarbeit für Kinder die Voraussetzung gelingender Integration in das Viertel, oder brauchen wir andere Formen?

Stadtteilorientierte Gemeinwesenarbeit scheint zunächst der Schlüssel zu sein, der uns sowohl den Bezug zum sozialökologischen Kontext des Stadtteils als auch den Bezug zu den darin handelnden Individuen erschließt. Stadtteilorientierte Gemeinwesenarbeit hat zum Ziel, dass Kinder zusammen mit Jugendlichen und Erwachsenen in die Lage versetzt werden, die Geschicke ihres Wohngebietes selbst in die Hand zu nehmen und zu beeinflussen.

Gemeinwesenarbeit ist Arbeit *mit* Bewohner(inne)n und nicht *für* sie. Dies ist eine zentrale Prämisse. Wenn wir nur für die Bewohner/innen arbeiten, ist jede Form Sozialer Arbeit zum Scheitern verurteilt, weil man unter diesen Bedingungen die Individuen nicht befähigt, ihre Umwelt zu verändern, und deshalb unter den Bedingungen unveränderter sozialökologischer Strukturen bestenfalls ständig damit beschäftigt ist, die individuellen Fähigkeiten und Dispositionen zur Integration am Rande zur Desintegration aufrecht zu erhalten, ohne dass Strukturen verändert werden, die Integration ermöglichen.

Gleichwohl bleibt Gemeinwesenarbeit auch in ihrer stadtteil- und sozialraumbezogenen Form Soziale Arbeit, d.h. Arbeit mit einer spezifischen Klientel – immer in der Hoffnung und mit dem Ziel, diese dazu bewegen zu können, ihre Geschicke und die des Viertels selbst in die Hand zu nehmen. Wenn aber unsere Prämisse stimmt, dass die Sozialpolitik auf kommunaler Ebene soziale Räume beeinflussen und Lebensbedingungen verändern muss, bedarf es mehr als einer stadtteilbezogenen Gemeinwesenarbeit.

In der Lokalen Agenda 21 wird eine Möglichkeit vorgestellt, die eigentlich aus der Gemeinwesenarbeit kam und das sozialkulturelle Kommunikationsmilieu schaffen sollte, um Bewohner/innen zu mobilisieren: das Stadtteilmanagement.[13] Diese Form geht über sozialraumorientierte und dennoch dem Individuum verpflichtete Gemeinwesenarbeit hinaus, indem sie jene Akteure mobilisiert und mit ihnen kommuniziert, die verantwortlich sind für die Gestaltung sozialer Räume, für ihre Anbindung an die Stadt und andere Viertel, für die innere Struktur des Quartiers: Stadtplaner/innen, Kommunalpolitiker/innen, Sozialpolitiker/innen, Sozialarbeiter/innen, Sozialraumplaner/innen, Wohnungsbaugesellschaften, Wirtschaft, Gewerbetreibende u.Ä. Diese können Räume zusammen mit den Bewohner(inne)n verändern, und Gemeinwesenarbeit muss diesen Prozess unterstützen.

Die besondere Herausforderung einer kommunalen Sozialpolitik bestünde darin, nach geeigneten Strategien zu suchen, die Bedürfnislagen von Kindern mit ihren realisierbaren Chancen so zu verbinden, dass sie in diesen Prozess mit der Möglichkeit eingebunden werden können, ihn selbst zu beeinflussen und an seinen Ergebnissen teilzuhaben.

Zusammenfassung

Letztlich geht es darum, dass sich Kinder die sozialen Räume auf dem Niveau ihrer sozialen Kompetenzen und Dispositionen aneignen können, die ihre Lebenswelt ausmachen, erweitern oder beschränken. Es geht darum, dass sie sich mit Hilfe von Professionellen und Erwachsenen mit den Institutionen auseinanderzusetzen lernen, die ihre Lebensverhältnisse bisher definieren. Es geht um die eigene Definitionsmacht gegenüber den Institutionen, um die Artikulation der Bedürfnisse und Probleme von Kindern und Jugendlichen im Kontext des sozialen Raumes, in dem sie handeln und den sie mitgestalten wollen. Und gerade deswegen geht es freilich auch um

– die Veränderung von Lebens-, Lern- und Arbeitsbedingungen innerhalb wie außerhalb des Wohnumfeldes;
– die Gestaltung der Beziehung von Lernen, Arbeiten und Wohnen;
– das Verhältnis von Teilhabe und Teilnahme an Kommunikations- und Entscheidungsprozessen sowie deren Nutzen und Ergebnissen;
– die Gestaltung der Beziehungen zur Stadt als Handlungs-, Funktions- und Erlebnisraum.

Jede Strukturpolitik auf kommunaler Ebene hat zu erkennen, dass die beste Form der Bekämpfung von Armut in einer Ausgestaltung sozialer Räume und einer Verbesserung der Rahmenbedingungen des Aufwachsens von Kindern und Jugendlichen besteht. Es geht nicht nur um die individuellen Erziehungskompetenzen der Erwachsenen und der gesellschaftlichen Institutionen.

---

13 Vgl. dazu: Monika Alisch (Hrsg.), Stadtteilmanagement. Voraussetzungen und Chancen für die soziale Stadt, 2. Aufl. Opladen 2001

Kinder leben nicht bloß in diesen Räumen, sondern erleben sie und leben mit ihnen, verändern sie, verändern sich mit ihnen, wachsen an ihnen oder werden durch sie in ihrer Entwicklung gehemmt.[14]

Kommunale Sozialpolitik muss offen sein für Einmischungen einer stadtteilorientierten Sozialen Arbeit und eines am sozialen Raum orientierten Stadtteilmanagements, die wiederum bereichsübergreifend Ansatzpunkte finden wollen, wo sie sich in Bereiche kommunaler Sozialpolitik einzumischen versuchen:

–   Welche Zusammenhänge gibt es etwa zwischen der undifferenzierten Wahrnehmung eines Wohnblocks und dem Erlernen differenzierter Denkstrukturen in der frühen Kindheit?
–   Welchen Einfluss hat die Wohnbebauung auf abweichendes Verhalten im Kindes- und Jugendalter?
–   Welchen Einfluss hat eine spezifische Verkehrsplanung auf die Sicherheitserfahrungen von Kindern, nicht auf die Sicherheit allein, sondern auf die Erfahrung, wie sicher die Umwelt sein kann oder eben nicht ist und ob man dieser Umwelt mit allen ihren Gefahren ausgesetzt ist oder sie selbst verändern kann?
–   Welche Bedeutung hat die räumliche Segregation von Stadtvierteln für die Entwicklung und das Verhalten der Wohnbevölkerung?

Wie auch immer sich soziale Probleme an den Individuen und durch sie manifestieren: Jede Form der Individualisierung sozialer Probleme und der Problemlösung muss vermieden werden. Wenn wir auf die Individuen einwirken wollen, sind pädagogische Interventionen nur sinnvoll, wenn sie von strukturellen Veränderungen der Lebensbedingungen der Bewohner/innen – ganz konkret: ihrer Wohnbedingungen – begleitet und unterstützt werden.

Menschen handeln auf der Grundlage der Bedeutungen, die sie den Dingen geben. Wenn Kinder spüren, dass es keine diskreditierende Bedeutung hat, ihre Adresse kund zu tun, wenn sie erfahren, dass ihr Quartier eine spezifische Qualität hat, die sich mit der anderer Viertel messen kann, dann hat es auch für sie keine besondere Bedeutung, in diesem Gebiet und unter dieser Adresse zu wohnen, weil es für die anderen keine Bedeutung hat. Dies gilt vielleicht selbst dann, wenn sie objektiv sozialökonomisch depriviert sind.

Wenn Kinder erfahren, dass ihre Familien im Kontext ihrer Handlungsräume nicht nur belastet, sondern auch entlastet werden durch Politik, bekommen sie auch ein anderes Verhältnis zur Umwelt ihrer Familien – zur Wohnumwelt, zur Arbeitsumwelt der Eltern, zur Schule, zum Kindergarten, zum Stadtteil und zur Stadt.

---

14   Ich erinnere hier an die Arbeiten von Martha und Hans Heinrich Muchow, vor allem „Der Lebensraum des Großstadtkindes" aus dem Jahre 1935 (vgl. Martha Muchow/Hans Heinrich Muchow, Der Lebensraum des Großstadtkindes, Neuausgabe, hrsg. und eingeleitet von Jürgen Zinnecker, München 1998).

Kommunale Sozialpolitik muss auf allen Ebenen ihrer Interventionsmöglichkeiten den fatalen Zusammenhang zumindest theoretisch zur Kenntnis nehmen und aufzubrechen versuchen, welcher zwischen der sozialräumlichen Charakterisierung eines Gebietes einerseits sowie der Bewertung seiner Bewohner/innen andererseits zwangsläufig entsteht und Folgen zeitigt für die Individuen und ihre Handlungskompetenzen bzw. -möglichkeiten.

Das ist die eigentlich zentrale Herausforderung und zugleich auch eine geeignete Strategie zur Bekämpfung der Armut und ihrer Folgen für Kinder. Denn diese Strategie geht über das hinaus, was Einkommensarmut ihrer Eltern bedeutet und direkte Folgen für ihr Handeln hat. Sie begreift die Armut der Kinder als Armut ihrer Lebensumstände und der Bedingungen ihres Aufwachsens, Entwickelns und Handelns. Diese lassen sich weder allein ökonomisch definieren oder auf solche Ursachen zurückführen, noch lassen sie sich allein durch Geld und Recht verändern.

Gerd Iben

Die Förderung sozial benachteiligter Kinder und Jugendlicher als Beitrag zur Generationengerechtigkeit

Historische Aspekte

Die Geschichte der Pädagogik ist durch zwei unterschiedliche Ziele im Umgang mit Armen gekennzeichnet: die Überwindung der Armut über Erziehung und Bildung bzw. durch die Erziehung zur Armut.

Im ausgehenden Mittelalter kam es durch eine Verarmung der Landbevölkerung und eine Landflucht zum Anwachsen des Bettlerstandes in den aufstrebenden Städten. Während vorher der ortsansässige Arme durch seine Rolle als Almosenempfänger und Beter für die Wohlhabenden einen Platz in der Ständegesellschaft besaß, wurde das Aufkommen der „Bettlerplage" mit ersten Abwehr- und Zwangsmaßnahmen wie Zucht- und Arbeitshäusern beantwortet. Unter dem Einfluss von Thomas Morus entwarf Johann Ludwig Vives 1526 dagegen mit seiner Schrift „De subventione pauperum" ein erstes pädagogisches Konzept zur Erziehung und Bildung armer Kinder, um sie so aus dem Kreislauf der Armut zu befreien.[1] Ich sehe hierin den Beginn der Sozialpädagogik.

Im Unterschied zu Vives forderten Vertreter der Armenschulen, die pietistische Fürsorgeerziehung (August Hermann Franke) und der ältere Pestalozzi eine Erziehung der Armen „zu ihrem Stand", wozu religiöse Unterweisung, Erziehung zu Fleiß, Bedürfnislosigkeit und Gehorsam als wesentliche Elemente gehörten.[2]

Das schreckliche Massenelend des Industrieproletariats im 19. und beginnenden 20. Jahrhundert brachte kaum pädagogische Konzepte und Bildungsanstrengungen hervor, die auf eine Bekämpfung der Armut zielten. Erst Makarenko und später Don Bosko und Flanagan oder die österreichische Kinderfreundebewegung widmeten sich mit Jugendrepubliken und Heimerziehung den entwurzelten, verelendeten Kindern und Jugendlichen. Trotz des Massenelends nach 1945 führte Armut auch in der frühen Bundesrepublik Deutschland nicht zu pädagogischen Überlegungen. Der Wiederaufbau und

---

1 Vgl. Hans Scherpner, Geschichte der Jugendfürsorge, Göttingen 1966, S. 28ff.

2 Vgl. ebd.; Ernst Begemann, Die Erziehung der sozio-kulturell benachteiligten Schüler, Hannover 1970; Ingeborg Altstaedt, Lernbehinderte, Reinbek bei Hamburg 1977

das sog. Wirtschaftswunder ließen Armut nur als vorübergehende Kriegsfolge erscheinen. Erst während der 60er-Jahre wurde entdeckt, dass sich in den alten Notquartieren am Stadtrand zunehmend behördlich eingewiesene obdachlose Familien und Alleinstehende sammelten, die hier wie in einer Sackgasse festsaßen und nicht wie ehemalige Flüchtlinge oder Ausgebombte eine Chance auf eine normale Wohnung hatten. Viele waren Sanierungsverdrängte oder wegen Mietschulden zwangsgeräumt worden.

Es war der Deutsche Kinderschutzbund, welcher in Köln und Bonn die ersten provisorischen „Spiel- und Lernstuben" in Obdachlosensiedlungen gründete, um die zahlreichen Kinder aufzufangen. Etwas später, ab 1963, entdeckten kirchliche Studentengruppen die Obdachlosen und stießen erste Initiativen an, die in „Sozialpolitische Arbeitskreise" (SPAK) der 68er-Bewegung mündeten und zum Teil bis heute fortleben. Eine erste pädagogische Konzeptentwicklung gab es ab 1964 in Marburg, als Student(inn)en nach einem Nikolausbesuch im Dezember 1963 erschüttert aus der Obdachlosensiedlung am Krekel kamen und mich als Sonderschullehrer mit Schülern aus diesen Slums um Rat baten. Es folgten eine aktivierende Befragung der Bewohner/innen, die Gründung der ersten hessischen Spielstube und des Vereins „Notunterkünfte", die ersten Milieustudien sowie die Suche nach Erfahrungen und Methoden. Diese Aktivitäten schlugen sich in der gemeinsamen ersten Publikation über obdachlose Familien mit dem Titel „Kinder am Rande der Gesellschaft" nieder, die wegen der Förderprojekte 1967 mit dem „Hermine Albers-Preis" bedacht wurde.[3]

Die damals entwickelten Konzepte führten in der Folgezeit zu einer Gemeinwesenarbeit, einer Auflösung dieses Slums und gemeinsam mit Gießener Initiativen um Horst-Eberhard Richter[4] zu modellhaften Entwicklungen in Hessen (LAG „Soziale Brennpunkte Hessen"). Was beinhalteten diese Konzepte und worauf zielten sie?

Merkmale des „Situations- und Lebensweltansatzes"

Bereits die 1964 durchgeführte „aktivierende Befragung", auf einer Methode Richard Hausers (London) basierend, brach mit Methoden bisheriger „Armutspflege" oder „Fürsorge", da sie die Problemdefinition den Betroffenen überließ und an ihre Möglichkeiten der Problemlösung appellierte.

Die Studenten und der neue „Marburger Arbeitskreis Notunterkünfte e.V." verfügten zuerst über keinerlei Ressourcen, zumal die Stadt zwar auf Antrag der Bewohner/innen eine Baracke für die Spielstube zur Verfügung stellte, aber für „dieses Pack" keinerlei Mittel bewilligen wollte. Erst die Zu-

---

3   Vgl. Gerd Iben, Kinder am Rande der Gesellschaft, München 1968
4   Vgl. Horst-Eberhard Richter, Die Gruppe, Reinbek bei Hamburg 1972

schüsse des Landesjugendamtes in Wiesbaden ermöglichten die Einstellung einer Spielstubenleiterin. Aber die Beteiligung der Bewohner/innen und Jugendlichen am Ausbau „ihrer Spielstube", am Arbeitskreis und am jetzt gegründeten Jugendclub eröffneten Perspektiven, die bisher sozialarbeiterisch kaum denkbar gewesen waren.

Es stellte sich bald heraus, dass eine einseitige Förderung von Vorschulkindern wenig erfolgreich war, wenn nicht eine Einbeziehung der Schüler/innen, Lehrer/innen und Schulen, der Jugendlichen, der erwachsenen Bewohner/innen sowie auch der Presse und der städtischen Entscheidungsträger gelingen würde, was im Lauf der Jahre geschah.

Die Gesamtkonzeption wurde 1969 im sog. Marburger Gutachten niedergelegt und 1971 veröffentlicht.[5] Sie schloss die vergleichende Auswertung von Untersuchungen und Projekten aus den USA, Großbritannien und Frankreich ein. In den USA hatte man 1964 im „Krieg gegen die Armut" (John F. Kennedy/Lyndon B. Johnson) mit der „Compensatory Education" begonnen, welcher durch den „Sputnik-Schock" von 1958 bereits nationale Bildungsanstrengungen (Begabtenförderung) vorausgegangen waren. Durch „Head-Start-Programme" sollten sozial benachteiligten Kindern bessere Bildungschancen geboten werden, wozu ab 1968 auch die „Sesame Street" beitragen wollte.

Im Rahmen eines Forschungsaufenthalts versuchten wir, die Ansätze der Kompensatorischen Erziehung sowie die Modelle der „Gemeinwesenarbeit" im Rahmen der amerikanischen Stadterneuerung und Slumsanierung zu erfassen.[6] Durch die Begeisterung unserer beiden Kinder und ihr Sprachenlernen mit der „Sesame Street" motiviert, regten wir die Übernahme durch die ARD und ähnliche Sendungen beim ZDF an. Die „Sesamstraße" berieten wir 20 Jahre lang wissenschaftlich, um damit ihre Ausrichtung auf deutsche sozial benachteiligte und Ausländerkinder zu sichern.

Die Kompensatorische Erziehung brachte in den USA, später auch in Großbritannien und den Niederlanden vielfältige Ansätze und Programme hervor, die auch wissenschaftlich evaluiert wurden, aber häufig nicht die hohen Erwartungen erfüllten. Die sog. Jensen-Kontroverse, die wieder die Bedeutung der „natürlichen Begabung" hervorhob, führte mit dem beginnenden Vietnam-Krieg zur Reduzierung solcher Bildungsanstrengungen. In der Bundesrepublik regte sich zu Beginn der 70er-Jahre eine wenig stichhaltige Kritik, die in dem Basil Bernstein untergeschobenen Titel „Der Unfug mit der Kompensatorischen Erziehung" gipfelte.[7] Da die Kompensatorische Erziehung zu defizitorientiert war und zu wenig die Schule selbst in Frage stellte, sparte man sich in gutem deutschem Dogmatismus jede weitere Anstrengung.

---

5   Vgl. Gerd Iben, Randgruppen der Gesellschaft, München 1971

6   Vgl. ebd.; Gerd Iben, Menschen unterm Planquadrat. Stadterneuerung und Slumsanierung in den USA, München 1971

7   Vgl. die Zeitschrift betrifft: erziehung, September 1970

Erst die Furcht vor einem Rückstand im internationalen Konkurrenz-
kampf brachte mit der Ausrufung der „Deutschen Bildungskatastrophe" (Georg Picht) die Forderung nach Chancengleichheit und setzte eine Sozialisationsforschung in Gang, kaum aber konkrete pädagogische Konzepte. Als eine
Übertragung aus dem Amerikanischen verbreiteten sich nur in der Vorschul-
erziehung die „Mappen zur Intelligenz- und Sprachförderung" von Klaus
Schüttler-Janikulla.[8]

Im Zusammenhang mit der Verbesserung der Bildung über veränderte
Curricula schlug Saul Robinsohn vor, von zukünftigen Situationen auszugehen
und Bildung daran zu orientieren. So prägte er den Begriff „Situationsansatz",
der von seinem Schüler Jürgen Zimmer und einer Vorschularbeitsgruppe des
Deutschen Jugendinstituts für ein Modellvorhaben mit Kindergärten in Hessen
und Rheinland-Pfalz entwickelt wurde. Auch wir beteiligten uns daran.

Während wir seit 1974 in einem großen Handlungsforschungsprojekt der
Krupp-Stiftung mehrere Obdachlosensiedlungen in Nordrhein-Westfalen zusammen mit Trägern der Freien Wohlfahrtspflege in Köln, Essen, Lünen und
Herten sanierten, diente der Situationsansatz allen Altersstufen, sämtlichen
wissenschaftlichen bzw. Praxismitarbeitern und den Zielgruppen als gemein-
sames Konzept. Er geht im Rahmen der „Situationsanalyse" von typischen
Situationen im Leben der Zielgruppe („Schlüsselsituationen") aus, um gemeinsam mit den Betroffenen im Dialog mögliche Ziele der Veränderung
und des Lernens zu formulieren. Im dritten Schritt folgt die gemeinsame Umsetzung und Dokumentation.

Ein einfaches Beispiel: Viele der benachteiligten Schüler haben auch nach
Beendigung ihrer Schulzeit weiter Probleme mit dem Lesen und Schreiben. Als
Schlüsselsituation fand sich, dass sie als Kinder häufig zum Kaufmann ge-
schickt wurden, aber immer nur wenige Dinge behalten konnten. Als vorrangiges Lernziel formulierten sie, einen Einkaufszettel lesen und schreiben zu können. Aufgrund dieser Motivation lernten sie in einem halben Jahr lesen und
schreiben, was ihnen vorher in acht Schuljahren nicht gelungen war.[9]

Dieser Ansatz findet sich ähnlich bereits bei Célestin Freinet, einem
französischen Schulreformer, der mit Texten aus der Lebenswelt der Schüler
und mit Hilfe der Druckerpresse problemlos Lesen und Schreiben vermittelte.
Auch John Deweys Prinzipien „Learning by doing" und „Learning in the
community" gaben bereits zu Beginn des 20. Jahrhunderts Anstöße, die in
der „Offenen Schule" oder der „Community School" handelndes Lernen und
die Einbeziehung der Lebenswelt meinten.

Wesentlich befruchtet wurde der Situationsansatz auch durch die „Pädagogik der Unterdrückten" des Brasilianers Paulo Freire.[10] Seine Methode der

---

8 Vgl. Klaus Schüttler-Janikulla, Mappen zur Intelligenz- und Sprachförderung,
   Oberursel o.J.
9 Vgl. Gerd Iben (Hrsg.), Soziales Lernen 4-6, Ravensburg 1980
10 Vgl. Paolo Freire, Pädagogik der Unterdrückten, Reinbek bei Hamburg 1973

„politischen Alphabetisierung" entstand in der Kooperation mit armen Landarbeitern, die als Analphabeten nicht wählen durften. Sein dialogisches Vorgehen, wozu ihn Martin Buber inspirierte, sieht die Mitglieder der Zielgruppe nicht als Lernobjekte, sondern als gleichberechtigte Partner gemeinsamer Lernprozesse, in denen auch der Lehrer zum Schüler wird und umgekehrt. Es gilt, die Stärken und Erfahrungen in den Mittelpunkt und Erfahrungen des Selbstwertes gegen Ohnmachtsgefühle zu stellen.

Sozial benachteiligte Kinder und Jugendliche erfahren früh ihre mangelnde Konkurrenzfähigkeit auf dem Bildungsmarkt, vor allem weil ihnen das stützende Elternhaus und das Geld für Nachhilfe fehlen.[11] Die Misserfolgserfahrungen provozieren Resignation und Aggressivität, die den Teufelskreis des schulischen Abstiegs verstärken. Es gilt deshalb, schon in der Vorschulzeit über Spiel- und Kommunikationsförderung auch kompensatorisch den Kindern zu besseren Startchancen zu verhelfen. In Kombination mit einer attraktiven Elternarbeit soll der häufig übermäßige Fernseh- und Videokonsum durch Spiel- und Erlebnisangebote (z.b. Waldkindergarten) zurückgedrängt werden. Der bei Grundschulkindern immer mehr verbreitete Sprachrückstand wird überwiegend durch sprachliche Passivität vor dem Fernseh- und Videogerät verursacht. Schon in den 60er-Jahren stellten wir fest, dass sozial benachteiligte und segregierte Bevölkerungsgruppen das Fernsehen als ihr Fenster zur Welt in Dauerberieselung nutzten und kindliche „Vielseher" sich bei Unterprivilegierten und Sonderschüler(inne)n häuften.

Eine medien*pädagogische* Förderung muss an verschiedenen Stellen ansetzen. Medien*politisch* wären gute Kinderprogramme gegen den Billigramsch vieler privater Sender durchzusetzen. Denn diese steigern durch extreme Vermarktung ihrer Serien auch den kindlichen Konsumterror. In Kindergarten und Schule sollten die Seherlebnisse der Kinder aufgegriffen und kritisch begleitet werden. Durch Elternarbeit und -information lässt sich der Medienkonsum begrenzen. Außerdem kann eine aktive Medienarbeit mit „kreativem Schreiben" bzw. eigenen Theaterstücken und/oder Videofilmen ein kritisches Bewusstsein bei Kindern und Jugendlichen vermitteln, was gleichzeitige Erfolgserlebnisse einschließt.[12]

---

11 Vgl. Gerd Iben, Das Versagen der Schule gegenüber Behinderten und Benachteiligten, in: Hans Eberwein (Hrsg.), Behinderte und Nichtbehinderte lernen gemeinsam, Weinheim/Basel 1988, S. 128ff.
12 Vgl. Petra Koschalka/Eva Brischke, Aktive Videoarbeit mit Sonderschülern. „Ich zeig' denen, was ich drauf habe!", in: Gerd Iben (Hrsg.), Kindheit und Armut. Analysen und Projekte, Münster 1998, S. 175ff.

Projekterfahrung

Mit erlebnispädagogischen Ansätzen als Förderkonzept wurden bereits bei der Gründung des ersten Jugendclubs in einer Obdachlosensiedlung in Marburg gute Erfahrungen gesammelt. Er ging aus der Renovierung einer Spielstubenbaracke hervor, an der sich ehemalige Sonderschüler/innen beteiligten, die auch einen Raum für sich haben wollten. Später reparierten sie gemeinsam einen alten VW-Bus und unternahmen ihre erste selbst geplante Fahrt (nach Dänemark). Erfahrungen mit Sprachschwierigkeiten brachten sie auf die Idee, Englisch zu lernen und dann nach Großbritannien zu fahren, was sie gleichfalls realisierten. Inzwischen hatten sie gemeinsam den Führerschein erworben, wodurch sich ihre Vermittlungschancen auf dem Arbeitsmarkt verbesserten. Den Höhepunkt bildete die Bewerbung des Jugendclubs als Helfergruppe nach einem Erdbeben in Süditalien. Dass ein Mitglied sogar genommen wurde, hob das Selbstwertgefühl der Jugendlichen und der Siedlung deutlich.

Alle positiven Erfahrungen wurden regelmäßig in die Presse lanciert, um der diskriminierten Adresse mehr Ansehen zu verschaffen. In jüngerer Zeit hat Michael Koch „Erlebnisorientierte Freizeiten mit Brennpunktjugendlichen" dokumentiert, die außerordentlich ermutigend von einer Wandertour auf Korsika mit einem eigenen Film-Projekt und von eigenen Rock-Bands berichteten.[13]

In der Arbeit mit sozial benachteiligten Jugendlichen haben sich auch „Sanierungswerkstätten" bewährt, weil sie neben Qualifizierung steigendes Selbstwertgefühl und positive Gruppenerlebnisse ermöglichen und das Image einer Siedlung verbessern, wie es im Wiesbadener Mühltal oder in der Frankfurter Ahornstraße beispielhaft gelang.[14] In der Arbeit mit alleinstehenden Wohnungslosen konnten wir feststellen, dass die häufig vom Alkohol abhängigen jungen Männer ihren Konsum reduzierten und Erlebnisangebote wie Radtouren, Klettern, Kanufahrten und Spielveranstaltungen aktiv mitgestalteten. Besonders produktiv verlief ein Frankfurter Projekt, in dem Obdachlose eine Armeekaserne in Höchst gemeinsam und unter Anleitung umbauten, sodass heute 50 von ihnen dort selbstbestimmt in Einzelzimmern leben. Nur eine Sozialarbeiterin bietet ihnen in Notlagen Beratung an.[15]

Diese Projekte arbeiten alle auf der Grundlage einer Orientierung an der Lebenswelt und mit den Stärken der Zielgruppe. Im dialogischen Sinne wird der Einzelne als Partner und als verantwortliches Subjekt angesprochen. Das

---

13 Vgl. Michael Koch, Erlebnisorientierte Freizeiten mit Brennpunkt-Jugendlichen, in: Gerd Iben (Hrsg.), Kindheit und Armut, a.a.O., S. 156ff.
14 Vgl. Gabriele Mankau, Von der „Bronx" zum kinder- und familienfreundlichen Stadtteil, in: ebd., a.a.O., S. 151ff.
15 Vgl. Gerhard Willstumpf, Das „Otto-team". Unveröffentl. Diplomarbeit, Goethe-Universität, Fb. Erziehungswissenschaften, Frankfurt am Main 1999

stößt zweifellos auch an Grenzen, aktiviert jedoch die positiven Fähigkeiten. Dazu gehören auch Formen der Beratung und Hilfe; zuweilen braucht es lange, bis Selbstverantwortung und -steuerung wieder übernommen werden. Die Ablehnung einer bloßen Defizitsicht sowie die Wirkung positiver Erwartungen und gegenseitiger Akzeptanz sind Kern des eigentlichen Förderkonzepts, hinter dem Methoden zurückstehen.

Auch eine Schule, die bereit ist, ihre Schüler nicht im Sinne des „Bankierskonzepts" (Paolo Freire) als leere Köpfe zu sehen, in die Wissen für die Zukunft eingefüllt wird, vermag sozial benachteiligten Schüler(inne)n eine Chance zu bieten. Deren Vorerfahrungen, Probleme und Interessen können zum Ausgangspunkt spannender Lern- und Entwicklungsprozesse werden, worauf auch Hartmut von Hentig unermüdlich hingewiesen hat. Seine Bielefelder Laborschule oder die italienische „Schülerschule von Barbiana"[16] sind wie die geschilderten Projekte überzeugende Belege dafür.

Eine förderliche Schule braucht allerdings auch andere Strukturen, wie z.B. Ganztagsunterricht, Projektarbeit, Bezogenheit auf die Lebenswelt (Nachbarschaftsschule) sowie Lehrer/innen mit entsprechender Ausbildung und sozialem Engagement. Die bisherige Lehrerausbildung thematisiert z.B. Auswirkungen von Arbeitslosigkeit und Armut kaum, die dann auch im Schulalltag eher tabuisiert werden.[17]

In der Förderung sozial benachteiligter Gruppen fällt der Schule eine Schlüsselfunktion zu. Doch ist sie zweifellos damit überfordert, gesellschaftliche Fehlentwicklungen wie das Auseinanderdriften der Einkommen oder Massenarbeitslosigkeit und ihre destruktiven Folgen zu kompensieren. Trotz dieser Grenzen muss entschieden eine Umorientierung der Schulen zugunsten einer stärkeren Förderung der Schwachen und der Vermeidung von Schulversagen angestrebt werden. Am radikalsten versucht das ein Papier der Labour-Regierung in England. Nachdem bereits Schottland Ende der 90er-Jahre mit dem Schulentwicklungsplan „How good is our school?" 34 Kriterien für eine bessere Schule vorgelegt und ihn mit verstärkter Schulinspektion und Fördermitteln durchzusetzen begonnen hatte,[18] forderte das sog. Green Paper unter dem Titel „Transforming Secondary Education" stärkere Anstrengungen zur Hebung der Schulleistungen von Kindern aus unterprivilegierten Familien und mit Migrationshintergrund. Schulen mit einer hohen Versagerquote will man schließen, solche mit erfolgreichen Förderprogrammen begünstigen. Universitäten, Stiftungen, Kirchen und Unternehmen sollen Patenschaften für schwierige Schulen übernehmen. Außerdem werden für „ver-

---

16   Vgl. Lisa Brink/Lena Thies unter Mitarbeit von Gerd Iben, Nachforschungen in Barbiana, Weinheim 1984
17   Vgl. Dominique Rössel/Melanie Bertz/Tina Siebert, Armut und Schule, in: Gerd Iben (Hrsg.), Kindheit und Armut, a.a.O., S. 76ff
18   Vgl. Martin Spiewak, Wenn der Inspektor kommt, in: Die Zeit v. 8.4.1999, S. 38

haltensschwierige" Schüler/innen und spezielle Förderprogramme jährlich zusätzlich 200 Mio. Pfund zur Verfügung gestellt.[19] All das klingt fast wie eine Neuauflage der Kompensatorischen Erziehung. Dabei scheint es nicht in erster Linie um mehr Gleichheit und soziale Gerechtigkeit zu gehen, sondern um Effektivitätssteigerung im internationalen Kampf um Märkte, wie der Bildungsforscher Richard Hatcher in einer kritischen Analyse feststellt.[20] Großbritannien kann nur sehr bedingt als Vorbild für den Umgang mit sozial Benachteiligten gelten, zumal nach einer Studie der „Church Action on Poverty" 32 Prozent aller Kinder dort in verarmten Haushalten leben, mehr als in sämtlichen anderen europäischen Ländern mit Ausnahme von Albanien.[21]

Die skandinavischen Gesamtschulen schneiden nach den neuesten internationalen Leistungsvergleichsstudien nicht nur in Bezug auf Spitzenleistungen ihrer Schüler/innen und ihre viel höhere Abiturquote besser ab als das selektierende deutsche Bildungssystem, sondern verstehen sich auch als Schulen für alle, wo kaum Schüler/innen versagen oder zur Sonderschule überwiesen werden.[22] Hinzu kommen besonders in Dänemark und Holland intensive Berufsvermittlungen und -qualifizierungen, die auch benachteiligten Jugendlichen kaum Abwege in die Jugendarbeitslosigkeit offen lassen.[23]

Aber auch hierzulande finden sich neuere Beiträge zur Bildungsdiskussion sowie Berichte über erfolgreiche Modelle, die Schule auch für Benachteiligte mit besseren Chancen ausstatten. Sie wird zu einem „lernenden Unternehmen", einem „Haus des Lernens", wo entdeckendes und forschendes Lernen im Mittelpunkt stehen, die jeweilige Lebens- bzw. Umwelt in den Unterricht hereingeholt wird und die Schüler/innen sie als *ihre* Schule erfahren. Bekannte Beispiele sind die Laborschule in Bielefeld und die Helene-Lange-Schule in Wiesbaden.

Die Sonderschulen für Lernbehinderte sind als deutsche Besonderheit hingegen keine echte Chance für sozial Benachteiligte. Bereits vor 30 Jahren wurde festgestellt und kritisiert, dass nahezu 90 Prozent ihrer Schüler/innen aus ärmeren Schichten kommen. Inzwischen sind es zu 50 und mehr Prozent Migrantenkinder. Diese Aussonderung wird zwar zuerst als Schonraum er-

---

19   Vgl. Anne Ratzki, Hochwertige Ausbildung für alle Kinder, in: Frankfurter Rundschau v. 3.5.2001, S. 6; www.dfee.900.uk/building-success/secundary-education/index.shtml
20   Vgl. Richard Hatcher, Schulen unter der neuen Labourregierung in England. Manuskript des GEW-Kongresses am 9. März 1999 in Frankfurt am Main (übersetzt von Barbara Schuck, Red. Christoph Baumann)
21   Vgl. Englands Kinder sind am ärmsten, in: Frankfurter Rundschau v. 6.7.2001, S. 2
22   Vgl. Brigitte Schumann, Warum sind die schwedischen Schüler besser?, in: Frankfurter Rundschau v. 28.6.2001, S. 6
23   Vgl. Doris Häring/Wolfram Schäfer, Niederlande: Schulen und Sozialarbeit, in: Hessische Lehrerzeitung 3-4/2001, S. 18f.; Martin Spiewak, Die Schule als Nabel der Stadt, in: Die Zeit v. 15.4.1999, S. 42; Reinhard Kahl, Die Volksreform (Dänemark), in: Die Zeit v. 22.4.1999, S. 43

fahren, was vor allem im Hinblick auf die kleineren Klassen und die individuellere Zuwendung der Lehrer/innen gilt; mit zunehmendem Alter empfinden sich die Schüler/innen jedoch als diskriminiert und in einer unangemessenen Behindertenrolle mit geringen Zukunftschancen. Ihre Chancenlosigkeit auf dem Arbeitsmarkt wird z.b. durch Einrichtungen wie das Hessische Berufsbildungswerk zwar teilweise korrigiert, indem es gezielt in bestimmte Sparten einführt. In den meisten Fällen wäre aber eine frühzeitige integrative Förderung in der Grund- und Sekundarschule der angemessenere Weg. Dieser setzt allerdings eine entsprechende Ausbildung und Unterstützung durch die Lehrer/innen sowie eine Kooperation mit der Jugendhilfe voraus.[24]

Schulsozialarbeit und -psychologie sind im deutschen Bildungssystem noch zu selten, um eine gute Schülerhilfe zu gewährleisten. Das niederländische „Schulbegleitungssystem" entspricht schon eher unserer Vorstellung von einer „sozialpädagogisch orientierten Schule", deren Konzept wir bereits 1969 in Anlehnung an die schwedische „Schülerhilfe" formuliert haben, das aber bis heute in der Bundesrepublik kaum realisiert wurde.[25] Angesichts des Schulversagens sozial Benachteiligter und vieler Migrantenkinder sowie der negativen Folgen für die Sozialisation und die berufliche wie persönliche Zukunft wäre dies besonders dringlich.[26]

Ein ermutigendes Fördermodell gibt es in Köln-Mühlheim, einem „sozialen Brennpunkt". Die „Schule der Zweiten Chance", eine Tages- und Abendschule, bietet Schulabbrecher(inne)n das Nachholen des Hauptschulabschlusses. Dieses von der einstigen Europäischen Kommissarin für Bildung, Edith Cresson, entwickelte und zuerst in Marseille realisierte Modell knüpft an Lebenserfahrungen der Schüler/innen an und vermittelt Schlüsselqualifikationen wie Pünktlichkeit, Verbindlichkeit, Rechtsempfinden und Gewaltlosigkeit. Von den Schüler(inne)n müssen klare Regeln eingehalten werden, wozu sie auch bereit sind, weil sie die Einrichtung als „ihre Schule" und die Lehrer/innen als engagierte Vorbilder erfahren. Obwohl unter den 400 Schüler(inne)n 50 Nationalitäten vertreten sind (45 Prozent Migranten) und viele noch mit Sprachschwierigkeiten kämpfen, schaffen 86 Prozent den Abschluss und den Anschluss an eine Berufsausbildung oder eine weiterführende Bildungsmaßnahme.[27]

Das Hamburger REBUS-Projekt (Regionale Beratungs- und Unterstützungsstelle) ist mit seiner Kooperation von Schule und Jugendhilfe besonders Schulverweigerern gewidmet, die häufig aus sozial schwierigen Familien

---

24 Vgl. Adelheid Viesel, Schule und Jugendhilfe, in: Hessische Lehrerzeitung 2/2001, S. 26f.

25 Vgl. Gerd Iben, Schülerhilfe und Psychohygiene der Schule, in: Klaus W. Zimmermann (Hrsg.), Neue Ergebnisse der Heil- und Sonderpädagogik, Bd. 1, Bonn/Bad Godesberg 1969; Klaus-Jürgen Tillmann (Hrsg.), Sozialpädagogik in der Schule, München 1976

26 Vgl. Martin Spiewak, Gefangen im Ghetto, in: Die Zeit v. 13.4.2000, S. 37f.

27 Vgl. Marion Werner, „Die Lehrer kämpfen für uns", in: Die Zeit v. 12.6.2001, S. 68

stammen und zu „Straßenkindern oder -jugendlichen" zu werden drohen. In ähnlicher Weise versucht das Christliche Jugenddorfwerk in Teterow (Mecklenburg-Vorpommern) durch eine „Schulstation" Schulverdrossene wieder ans Lernen zu gewöhnen, ebenso der Fernunterricht „Flex" vom Christophe-rus-Jugendwerk in Oberrimsingen (Baden-Württemberg), welcher „Lernen in Eigenregie" und mit selbstgewählten Lernhelfer(inne)n den Hauptschulab-schluss vermittelt.[28]

Eine wichtige Hilfe zugunsten sozial Benachteiligter kann die gegenwär-tig diskutierte Einführung der Ganztagsschule sein. Noch begnügt sich die Bundesrepublik Deutschland als letzter großer Industriestaat mit einer Halb-tagsschule. Jedoch sollte die Ganztagsschule keineswegs nach dem Muster der französischen Paukschule realisiert werden, auch nicht als Sonderschule für Schwache, sondern als Schule für alle mit interessanten Projekten, Ar-beitsgemeinschaften, Kooperationen mit Vereinen, Feuerwehr, Volkshoch-schule u.ä. ein breites Auswahlangebot bereit stellen und so zur Lebensstätte bzw. zur Nachbarschaftsschule werden.[29]

Die Frage der Finanzierung dieser Vorschläge ist lösbar, denn viel ärme-re Staaten leisten sich Ganztagsschulen und eine bessere Infrastruktur für Kinder. Auch rechnet sich der zusätzliche Förderaufwand zur Vermeidung von Schulversagern und -verweigerern. Eine lebenslange Straßen- bzw. Knast-karriere oder Dauerarbeitslosigkeit wegen mangelnder Qualifikation kommen wesentlich teurer, ganz abgesehen von dem damit verbundenen menschlichen Elend. Außerdem haben wir finanziellen Nachholbedarf, steht die Bundesre-publik doch mit ihren Bildungsausgaben (gemessen am Bruttosozialprodukt) an 18. Stelle in Europa. Rainer Roth argumentiert in seinen 10 Thesen zu den Bildungskosten überzeugend, dass deren Erhöhung eine lösbare Verteilungs-frage ist.[30]

Die Förderung sozial benachteiligter Kinder und Jugendlicher muss auch von der Forschung und den Hochschulen als wichtige Aufgabe begriffen werden. Beispielsweise soll ein zusammen mit Dieter Katzenbach vorbereit-tetes und von einer Bank gesponsertes Handlungsforschungsprojekt im Frankfurter Raum die Hauptursache des Schulversagens und des wachsenden Analphabetismus, die Schwierigkeiten im Lesen und Schreiben, mit Hilfe des Einsatzes von Computerprogrammen und auf der Basis eines Lebensweltan-satzes (Situationskonzept) angehen.

---

28 Vgl. das Themenheft „Schulverweigerung" der Zeitschrift *Erziehung & Wissenschaft* 1/2001

29 Vgl. Dieter Wunder, Wissen sie, was sie tun?, Anmerkungen zur Ganztagsschule, in: Frankfurter Rundschau v. 29.3.2001, S. 9; Bernhard Eibeck, Kinder sind sie den gan-zen Tag, in: Erziehung & Wissenschaft 1/2001, S. 20f.

30 Vgl. Rainer Roth, Bildung für alle?, in: Hessische Lehrerzeitung 12/2000, S. 22f.; Gerd Iben, Einleitung: Kindheit und Armut, in: ders. (Hrsg.), Kindheit und Armut, a.a.O., S. 13ff.

Die praktische Förderung sozial benachteiligter und ausländischer Kinder bzw. Jugendlicher gehört zu den Aufgaben unseres universitären Projektstudiums mit einem „dialogischen" Lehr- und Lernkonzept, das auch Studierenden aus benachteiligten Gruppen günstige Lern- und Entwicklungschancen bietet.[31] Wir bemühten uns über 30 Jahre lang mit dem hier vorgestellten „Situationsansatz" als Förderkonzept, die Eltern- und Gemeinwesenarbeit an der Universität zu vermitteln. Dabei hat sich eine „dialogische" Vorgehensweise bewährt, die auch Student(inn)en nicht zu bloßen Lernobjekten reduziert, sondern ihre Stärken und Interessen aktiviert. Diese konnten fortlaufend in die studienbegleitende Praxis eingebracht werden.[32] Dem dialogischen und situativen Ansatz entsprach auch ein Forschungsverständnis, das als „Handlungsforschung" unmittelbar mit Praxis und Situationsveränderungen gekoppelt war, sogar Obdachlose zu Mitforscher(inne)n machte[33] und auch ein Selbsthilfe-Bauprogramm in Gang setzte.[34]

Es wäre ein notwendiger Beitrag zur Generationengerechtigkeit, wenn Förderkonzepte dieser Art so eingesetzt würden, dass nicht bis zu 15 Prozent der Kinder und Jugendlichen im Bildungswesen scheitern und soziale Benachteiligung wie ein Erbe ständig perpetuiert wird. Dies ist nicht nur eine skandalöse Verschwendung gesellschaftlicher Ressourcen, sondern führt auch zur Demoralisierung eines Teils der Jugend, die sich keine Gesellschaft leisten sollte.

---

31   Ihr Anteil an der Studentenschaft ist von 23 auf 13 Prozent gesunken, während sich jener der Studierenden aus begüterten Familien von 17 auf 33 Prozent nahezu verdoppelt hat (vgl. Frankfurter Rundschau v. 20.7.2001).

32   Vgl. Gerd Iben, Projektstudium – auch eine Dienstleistung, in: Vierteljahreszeitschrift für Heilpädagogik 2/1999, S. 108ff.

33   Vgl. ders. u.a., Gemeinwesenarbeit in sozialen Brennpunkten, 2. Aufl. Weinheim/ München 1992, S. 155ff.

34   Vgl. ebd., S. 161ff.

Ellen Esen

Über Armut reden!

Pädagogisch-didaktisches Material zum Thema „(Kinder-)Armut" für Schule und Weiterbildung

Seit Mitte der 80er- und verstärkt während der 90er-Jahre ist Armut in Deutschland wieder zu einem öffentlich viel diskutierten Thema geworden. Anlass zur Sorge bereitet insbesondere die permanente „Verjüngung" (Infantilisierung) der Armut, d.h. die wachsende Zahl von Kindern und Jugendlichen, die unter prekären Lebensbedingungen aufwachsen. Davor hatte in der BRD nach dem sog. Wirtschaftswunder und einer Periode wohlfahrtsstaatlichen Ausgleichs die Vorstellung einer „nivellierten Mittelstands-" bzw. „Milieugesellschaft" dominiert, in der Armut – wenn überhaupt – nur noch als Randgruppenphänomen vorkommen und sich die sozialen Unterschiede minimieren sollten.[1] In der DDR ließen die „sozialistische Arbeitspflicht", Vollbeschäftigung und ein Programm zur Befriedigung aller Grundbedürfnisse auf niedrigerem Niveau die Armut praktisch aus dem öffentlichen Blickfeld verschwinden. Wo sie dennoch vorkam und nicht übersehen werden konnte, deutete man sie kurzerhand zu einem Problem der „Asozialität" oder individuellen Gesundheitsproblemen um.[2]

Die Mehrheit der heute in Ost- und Westdeutschland tätigen Lehrer/innen hat zu jener Zeit ihre Ausbildung absolviert, und es ist davon auszugehen, dass nur wenige engagierte Pädagog(inn)en mit den aktuellen Armutsdiskursen und neueren Forschungsergebnissen vertraut sind. Ihre alltägliche Arbeit konfrontiert sie gleichwohl mit Armuts- bzw. Unterversorgungslagen von Kindern und Jugendlichen sowie möglichen Folgewirkungen wachsender sozialer Ungleichheit. Die absolute Zahl der Kinder und Jugendlichen unter 15 Jahren, die in Armut leben, lag 1997 bei 2,8 Millionen: Damit war jedes

---

1 Vgl. Christoph Butterwegge, Armutsforschung, Kinderarmut und Familienfundamentalismus, in: ders. (Hrsg.), Kinderarmut in Deutschland. Ursachen, Erscheinungsformen und Gegenmaßnahmen, 2. Aufl. Frankfurt am Main/New York 2000, S. 25
2 Vgl. Michi Knecht, Einleitung, in: ders. (Hrsg.), Die andere Seite der Stadt. Armut und Ausgrenzung in Berlin, Köln/Weimar/Wien 1999, S. 13; ergänzend: Matthias Zeng, „Asoziale" in der DDR. Transformationen einer moralischen Kategorie, Münster/Hamburg/London 2000

fünfte Kind betroffen.[3] Die quantitative Dimension von Kinder- und Familienarmut im vereinten Deutschland macht es wahrscheinlich, dass sich in
Lerngruppen fast stets arme Kinder und Jugendliche befinden oder zumindest
solche, die akut von Armut bedroht sind.

Wahrnehmung der (Kinder-)Armut durch Lehrer/innen

Eine gegen Ende 1996/Anfang 1997 durchgeführte Umfrage unter Leh-
rer(inne)n aus Frankfurt am Main ergab, dass arme Kinder oft nicht als solche wahrgenommen werden. Lehrer/innen sehen sich deshalb häufig auch
nicht veranlasst, die Problematik mitsamt ihren Auswirkungen im Unterricht
zu thematisieren.[4] Bei einer ähnlichen Befragung Brandenburger Lehrer/in-
nen wurde deutlich, wie wenig Pädagog(inn)en auf Kinderarmut, deren Auswirkungen und den adäquaten Umgang damit vorbereitet sind. Die Untersuchung schlussfolgert, es sei notwendig, Schule stärker für Armut bzw. deren
Folgeerscheinungen zu sensibilisieren, und reklamiert einen Bedarf an „auf-
klärenden, helfenden und handlungsorientierten Hinweisen" für die pädagogische Arbeit.[5]
Systematische empirische Untersuchungen, die repräsentativ Auskunft
über die Wahrnehmung von Armut durch Lehrkräfte geben könnten, bilden
ein Desiderat der Forschung.[6] Hier kann diese Lücke zwar nicht geschlossen,
schlaglichtartig sollen aber einige Positionen und Einschätzungen zur Pro-
blemwahrnehmung durch das Lehrpersonal dargestellt werden. Denn ob
(Kinder-)Armut in Deutschland als bearbeitungswürdiges Thema für Schule
und Unterricht anerkannt wird, ist nicht zuletzt davon abhängig, inwieweit
sich Lehrer/innen auf diese Problematik einlassen. Pädagogisch-didaktisches
Material, das gegenwärtig im Rahmen eines Forschungsprojektes an der Universität zu Köln erarbeitet wird, verfolgt einen erfahrungsbezogenen und

3   Vgl. Bundeszentrale für politische Bildung (Hrsg.), Datenreport 1997, Bonn 1998, S.
     523
4   Vgl. Dominique Rössel/Melanie Bertz/Tina Siebert, Armut und Schule, in: Gerd Iben
     (Hrsg.), Kindheit und Armut. Analysen und Projekte, Münster 1998, S. 80
5   Siehe Helgard Andrä, Begleiterscheinungen und psychosoziale Folgen von Kinderar-
     mut: Möglichkeiten pädagogischer Intervention, in Christoph Butterwegge (Hrsg.),
     Kinderarmut in Deutschland, a.a.O., S. 281
6   Über die Wahrnehmung und den Umgang mit Kinder- und Jugendarmut durch Mitar-
     beiter/innen aus 2.700 Einrichtungen der Arbeiterwohlfahrt liegt eine Studie des In-
     stituts für Sozialarbeit und Sozialpädagogik (ISS) vor, die Vorbildcharakter für eine
     diesbezügliche Befragung von Lehrer(inne)n haben könnte. Vgl. Beate Hock/Gerda
     Holz/Werner Wüstendörfer, Armut – eine Herausforderung für die verbandliche Kin-
     der- und Jugendhilfe. Zweiter Zwischenbericht zu einer bundesweiten Befragung in
     den Einrichtungen der Arbeiterwohlfahrt, Frankfurt am Main 1999

handlungsorientierten Ansatz und setzt daher bei den (unterschiedlichen) Problemwahrnehmungen von Lehrenden und Lernenden an.

Pädagogisierung der Armut?

Um es gleich vorweg zu sagen: Pädagogik kann eine konsequente Politik gegen Armut nicht ersetzen! Nachfolgend wird jedoch der beliebte Ruf nach einer grundsätzlichen Veränderung der Schule nicht im Vordergrund der Überlegungen stehen, obgleich sie unbestritten eine drängende Zukunftsaufgabe ist. Auch das übliche Lamento über die begrenzten Möglichkeiten pädagogischer Intervention zur Lösung gesamtgesellschaftlicher, gar globaler Problemlagen wie der Armut, bleibt außen vor. Es geht vielmehr um konkrete Schritte und Vorschläge, wie das höchst brisante und meist tabuisierte Thema „Armut im Wohlstandsland" trotz aller Bedenken und emotionaler Barrieren auf die Agenda schulischer und außerschulischer Bildungsarbeit gesetzt werden kann. Selbstverständlich ist es keine hinreichende Form der Auseinandersetzung und erst recht kein sinnvoller Beitrag zur Problemlösung, das besagte Thema auf schulischer Ebene im Rahmen einer Unterrichtseinheit oder von Projekttagen kurz anzusprechen und dann zur Tagesordnung überzugehen.

Menschen in Armut haben keine Lobby. Dazu gehören die vielen Kinder und Jugendlichen, die in Armutslagen aufwachsen und nicht an den Segnungen des bundesdeutschen Wohlstandes partizipieren können und deren prekäre Situation nur allzu schnell ausgeblendet wird. Sie können nicht warten, bis Grundsatzfragen geklärt werden, sondern sind jetzt und unmittelbar darauf angewiesen, dass ihre Situation erkannt wird und Anstrengungen unternommen werden, etwas gegen die drastische Beschneidung ihrer Lebenschancen und -perspektiven zu tun.

Der aktuelle Stand der Armutsforschung, die seit Ende der 90er-Jahre einen großen Aufschwung verzeichnet, hat bisher jedoch keinen nennenswerten Niederschlag in Unterrichtshilfen, -materialien sowie Konzepten der Fort- und Weiterbildung gefunden.[7] Die weitgehende Nichtthematisierung der (Kinder-)Armut ist ein Armutszeugnis für die schulische und außerschulische politische Bildungsarbeit!

---

7   „Unterrichtsmaterialien speziell zum Thema ‚Armut von Kindern und Jugendlichen in Deutschland' liegen kaum vor. Auch in Büchern zum Thema Arbeitslehre und Sozialkunde wird das Thema allenfalls am Rande behandelt." Zu diesem Ergebnis kommt der Deutsche Kinderschutzbund/BundesArbeitsGemeinschaft Kinder- und Jugendtelefon e.V. in der von ihm herausgegebenen Broschüre „Armut von Kindern und Jugendlichen. Informationen und Tips für Lehrerinnen und Lehrer", Hannover o.J., S. 17 (Bezugsadresse: Schroedel Schulbuchverlag GmbH, Hildesheimer Str. 202-206, 30519 Hannover)

Tabuthema „Armut": Gesprächsbarrieren

Im Rahmen der Planungen und während der laufenden Projektarbeiten wurde immer wieder das Gespräch mit Lehrer(inne)n gesucht, um sie einerseits in die Erstellung des Materials direkt einzubinden und sie anderseits nach ihren Einschätzungen und Erfahrungen zu dem Thema „(Kinder-)Armut in Deutschland" zu befragen. Grundsätzlich waren die Bereitschaft und das signalisierte Interesse, an dem Projekt mitzuarbeiten, keineswegs gering, aber in der Praxis blieben viele der angesprochenen Lehrkräfte eine Antwort schuldig.

Ähnliche Erfahrungen hat Wolfgang Ortlepp bei einer Untersuchung in Magdeburg machen müssen: Die von ihm geplanten Interviews mit mehreren Schulleiter(inne)n und Lehrer(inne)n scheiterten an einer – wie er formuliert – „Verweigerung zum Gespräch". Der Magdeburger Erziehungswissenschaftler führt dies auf die unsichere Arbeitsplatzsituation seiner Klientel zurück und konstatiert: „Die Ursache dafür läßt sich damit erklären, daß sich zum Zeitpunkt der Erhebung (Herbst/Winter 1996) die Lehrerschaft Sachsen-Anhalts, wie auch der anderen neuen Bundesländer, (in) einer emotional belasteten Diskussion über die Arbeitsplatzsicherung in den nächsten Jahren angesichts stark sinkender Schülerzahlen befand. Diese Umstände haben zu spürbaren Verunsicherungen unter vielen Lehrern geführt. Einige Lehrer gaben in Vorgesprächen unumwunden zu, daß sie sich nicht trauen würden, in Interviews ihre Meinung zum Problemfeld soziale Situation von Kindern und Jugendlichen zu äußern, da sie sich selbst genügend Sorgen um ihre eigene soziale Perspektive machen."[8]

Die von Lehrer(inne)n als persönlich prekär erlebte Situation auf dem ostdeutschen Arbeitsmarkt und die damit verbundenen Ängste, das heikle Thema „Armut" anzusprechen, machen deutlich, welche Bedeutung die soziale Situation auch derjenigen besitzen kann, die in ihrer täglichen Arbeit mit Armutslagen von Kindern und Jugendlichen konfrontiert sind. Die „soziale Entgrenzung" von Armut, deren Ausweitung von traditionellen Randschichten in die Mitte der Gesellschaft hinein,[9] sollte im Bereich der Fort- und Weiterbildung berücksichtigt werden. Für die neuen Bundesländer stellte der „Sozialreport 1998" des Sozialwissenschaftlichen Forschungszentrums

---

8   Wolfgang Ortlepp, Zur Sozialisation von Kindern und Jugendlichen der Stadt Magdeburg unter den Bedingungen sozialer und gesellschaftlicher Veränderungen. Der Anteil an Sozialhilfeempfängern und Reaktionen von Vertretern öffentlicher Einrichtungen, in: Jürgen Mansel/Georg Neubauer (Hrsg.), Armut und Soziale Ungleichheit bei Kindern. Über die veränderten Bedingungen des Aufwachsens, Opladen 1998, S. 98
9   Im Zeitraum von 1984 bis 1992 waren gut 30 Prozent der westdeutschen Bevölkerung mindestens einmal von Einkommensarmut bedroht. Vgl. Petra Buhr/Stephan Leibfried/Lutz Leisering, Die vielen Gesichter der Armut, in: Frankfurter Rundschau v. 15.12.1994, S. 12

Berlin-Brandenburg fest: „Arbeitslosigkeit ist seit 1990 für über die Hälfte der Bevölkerung im Alter zwischen 18 und 59 Jahren zur individuellen Erfahrung geworden."[10]

Persönlichen Erfahrungen mit Arbeitslosigkeit, bekanntlich einer der Hauptursachen für Armut, muss speziell in der Erwachsenenbildung ebenso Raum gegebenen werden wie anderen lebensgeschichtlichen Phasen der „Armut" des pädagogischen Personals. Lehrer/innen berichteten immer wieder darüber, unter welch schwierigen finanziellen Bedingungen und mit welchem Verzicht sie ihre Ausbildung absolviert hätten. Diese relativ kurzen Phasen des Konsumverzichts scheinen eine nachhaltige Prägekraft auszuüben, und zwar in dem folgenden Sinne: Was ich geschafft habe, müssen andere auch bewältigen können! Ausgeblendet wird dabei jedoch, dass sich die gesellschaftlichen und ökonomischen Rahmenbedingungen ganz entscheidend geändert haben.

Werfen wir noch einen Blick auf die aktuelle Wahrnehmung von (Kinder-)Armut durch westdeutsche Lehrer/innen. Eine Befragte erklärt Wahrnehmungsdefizite so: „In den sozial hoch belasteten Stadtteilen leben die Lehrer der Schüler gerade nicht: mittags sind sie weg, den Stadtteil meiden sie wie der Teufel das Weihwasser. Von daher empfinden sie nicht, wie materielle Armut die Schüler zusätzlich zu anderen ‚Abgrund-Merkmalen' stigmatisiert, ausgrenzt und ein ‚grenzüberwindendes' Bedürfnis nach Teilhabe an Status-Symbolen anheizt – egal, wie – nicht legal, oder – wenn noch legal – muss das Gefühl von Bedeutsamkeit und Stellenwert anders hergestellt werden. ‚Gewalt ist ein probates Mittel ...' Ich behaupte, Lehrer können sich nicht vorstellen, wie sich Armut anfasst. Im übrigen können sie ein Nachforschen/Mitempfinden dadurch abblocken, dass sie ja grundsätzlich der Auffassung sind, Kinder und Jugendliche würden heutzutage viel zu viel konsumieren und viel zu sehr vom Geld ihr Glücksgefühl abhängig machen. Außerdem würden sie mit Hinweis auf z.B. die Armut von deutsch-russischen Aussiedlern und Migranten garantiert ‚Beweise' dafür liefern, dass gerade diese Kinder am allermeisten mit Dingen protzen – wie Handys, Walkmen und Markenartikeln! Sie reden da lieber von hungernden Kindern in der Dritten Welt und sammeln latent Spenden à la ‚Brot für die Welt' oder für Erdbebenopfer etc. – für eine gute Sache eben ... ‚Echte' Straßenkinder wollen/können sie nicht wahrnehmen – sie nehmen nur den Verwahrlosungsgrad als Störung der Normalität wahr und beschweren sich sowohl über Nichtanpassung als auch über Konsumfixiertheit."[11]

Diese pointierte und bewusst provokante Einschätzung macht darauf aufmerksam, dass sämtliche Lehrer/innen – zumindest im Westen Deutschlands

---

10 Zit. nach: Richard Stöss, Rechtsextremismus im vereinten Deutschland, hrsg. von der Friedrich-Ebert-Stiftung, Abteilung Dialog Ostdeutschland, 3. Aufl. Berlin 2000, S. 67

11 Antwort auf eine Befragung durch die Verfasserin, Februar 2001

– in einem doppelten Sinne armuts*fern* leben: ökonomisch und sozialräumlich.[12] Der Grad von Armutsferne oder -nähe von Lehrer(inne)n, aber auch ihrer Schüler/innen, sollte Anlass zur Reflexion geben. Er bestimmt letztend-
lich auch die Art der Behandlung des Themas sowie die Bestimmung von
Lernzielen und den didaktischen Zugriff.

Differenzierte Lernziele

Bei der Formulierung von Lernzielen sollte zwischen unterschiedlichen Zielgruppen und deren Situation im Hinblick auf das Thema „Armut" differenziert werden. Während Empathie und Einfühlungsvermögen in die Situation
Unterprivilegierter/Deklassierter bei Bessergestellten eingefordert und durch
eine Perspektivenübernahme erreicht und sinnlich erfahrbar gemacht werden
kann, zum Beispiel dadurch, für einen bestimmten Zeitraum – gedanklich
oder real – mit dem Sozialhilfesatz auskommen zu müssen,[13] verbieten sich
solche (Gedanken-)Experimente, wenn die Lerngruppe selbst in prekären sozioökonomischen Verhältnissen lebt und begrenzte finanzielle Mittel ohnehin
zu ihrem Alltag gehören. Hier gilt es – im Sinne emanzipatorischer Pädagogik – Selbstbewusstsein zu stärken, über die jedermann zustehenden Rechte
zu informieren, Kontakte zu Hilfseinrichtungen zu vermitteln, Selbsthilfepo-
tenziale zu fördern und gemeinsam geeignete Formen zu finden, um öffentlich und politisch – im Sinne demokratischer Teilhabe – auf die Situation aufmerksam zu machen. Von Lehrenden sollte erwartet werden können, dass sie
sich im Interesse ihrer Klientel die dazu notwendigen Kenntnisse aneignen
und entsprechende Kontakte knüpfen. Um diese Arbeit zu erleichtern, enthält
die erarbeitete Materialsammlung einen „Serviceteil", in dem wichtige An-

---

12 Sozialräumliche Aspekte von Armut waren lange Zeit eine vernachlässigte Dimension
    in den Sozialwissenschaften. Zur Relevanz dieser Problematik seien die Arbeiten von
    Jens S. Dangschat genannt, z.B. Sozialräumliche Aspekte der Armut im Jugendalter,
    in: Andreas Klocke/Klaus Hurrelmann (Hrsg.), Kinder und Jugendliche in Armut.
    Umfang, Auswirkungen und Konsequenzen, Opladen/Wiesbaden 1998, S. 112ff.
13 Experimente mit „Sozialhilfe auf Probe" werden immer wieder durchgeführt. Die
    meisten dieser Testläufe kranken jedoch u.a. an dem Mangel, dass das gewohnte Le-
    bensumfeld nicht verlassen wird und bestehende Kontakte und Infrastrukturen (z.B.
    das eigene Häuschen im Grünen) weiterhin genutzt werden. Hauptkritikpunkt ist aber
    die kurze Zeitspanne, in der ein Ausstieg aus dem Wohlstand geprobt wird. Für einige
    Wochen mit begrenzten finanziellen Mitteln zu wirtschaften, ist etwas grund-
    sätzlich anderes als die Perspektive, langfristig mit begrenzten Mitteln auskommen zu
    müssen. Die Begrenztheit seines Experiments gründlich reflektiert hat: Michael Scho-
    mers, Alltag Armut. Mein Leben mit Sozialhilfe, Ein Experiment, Köln 1998. Als Er-
    gänzung zum Buch ist der Fernsehfilm „Alltag Armut" (ARD/WDR) entstanden und
    „Alltag Armut – die Broschüre". Zusätzliches Material und didaktische Hinweise zum
    Einsatz in Unterricht und Politischer Bildung, Köln 1999.

sprechpartner/innen genannt werden. In angehängten Dokumenten befinden sich zudem Texte, die beispielsweise in das Recht auf Sozialhilfe einführen.

Einstieg in die Diskussion

Am Beginn einer Beschäftigung mit dem Thema „Armut in Deutschland" wird vorgeschlagen, eine Diskussion über unterschiedliche Wahrnehmungen von Armut im Wohlstand und deren Ursachen zu führen. Fragen könnten sein: Was verstehen wir unter Armut, welche Bilder haben wir von Armut, und wovon hängt unsere persönliche Sichtweise ab? Welche Gründe gibt es dafür, dass sich Armut „versteckt" und häufig selbst im nächsten sozialen Umfeld unerkannt bleibt? Welche Ängste und Befürchtungen erzeugt Armut bei Betroffenen und Nichtbetroffenen? Warum ist es womöglich einfacher, über Armut zu sprechen, die den persönlichen Nahbereich, die Situation im Wohnviertel, in der Stadt und in Deutschland nicht berührt?

Dimensionen der Ausgrenzung: Armutsbilder

Im Anschluss an die Diskussion persönlicher Sichtweisen zum Thema „Armut" sollten sie mit der gesellschaftlichen Wahrnehmung, Deutung und Bewertung von Armut kontrastiert werden. Die Geschichte der Armut ist gekennzeichnet von einer Unterscheidung in „würdige" und „unwürdige" Arme. Nur die erste Gruppe durfte auf Unterstützung hoffen, während die zweite Ausgrenzung und Verfolgung erfuhr. Heute spielt diese Unterscheidung eine Rolle in der Debatte um den Missbrauch von Sozialleistungen. „Arme kommen vor allem als Betrüger in die Schlagzeilen: Sozialbetrüger, Asylbetrüger. Vielleicht spielt die Hoffnung eine Rolle, all die Millionen, von denen die Rede ist, mögen doch bitte gar nicht arm dran sein, sondern sich nur an den Wohltaten des Sozialstaates bereichern wollen. Fast glaubt man sie zu hören, die Seufzer der Erleichterung, wenn wieder einer dieser Sozialbetrüger mit Bild in der Zeitung ist: Ach so war das, dann kann es ja so schlimm nicht sein."[14]
  Unsere moderne Leistungsgesellschaft wendet sich nur allzu gern und allzu schnell von Opfern ab. Man will sie nicht sehen, vielleicht weil man selbst große Angst davor hat, Opfer zu werden. Wir konzentrieren uns lieber auf den Erfolg, brauchen Winner, keine Loser. „Wohlstandschauvinismus" heißt ein Phänomen, das heute vor allem Rechtsextremismusexpert(inn)en

---

14 Frauke Hunfeld, „Und plötzlich bist du arm". Geschichten aus dem neuen Deutschland, Reinbek bei Hamburg 1998, S. 10

diagnostizieren.[15] Damit gemeint ist: Angst vor Statusverlust, das vehemente, skrupellose Verteidigen von Besitzständen, das Abwerten alles Schwachen und die radikale Abwehr von Teilhabe durch „Fremde". Während Jutta Menschik-Bendele und Klaus Ottomeyer eine Entwicklung zum „hedonistisch-konsumistischen Sozialdarwinismus" konstatieren,[16] bemerkt Christoph Butterwegge: „Das soziale Klima in der Bundesrepublik hat sich im Gefolge des DDR-Beitritts verschlechtert und den Umgang mit Armut bzw. Armen negativ beeinflusst: Wohl noch nie wurden ethnische Minderheiten, Obdachlose und Bettler/innen hierzulande so repressiv behandelt, von Stadtverwaltungen bzw. den zuständigen Ordnungsbehörden derart rigoros aus dem öffentlichen Raum vertrieben und so stark eingeschüchtert wie heute. Diese soziale Kälte hat nicht bloß zu der Hitze rassistisch motivierter Brandanschläge beigetragen, die Deutschland nach der Vereinigung erschütterten, vielmehr auch die sogenannte Neue Rechte und den vermehrt um sich greifenden Wohlstandschauvinismus dauerhaft gestärkt."[17]

Das raue gesellschaftliche Klima gegenüber sozialökonomisch ins Abseits geratenen Menschen manifestiert sich in Bezeichnungen wie „Sozialschmarotzer", „Parasiten" und „Asis". Das Zündeln mit Worten beherrschen nicht nur Rechtsextremisten. Traurige Berühmtheit erlangte der Ausdruck „Wohlstandsmüll" als Unwort des Jahres 1997. Diese Wortschöpfung geht zurück auf den Chef des Lebensmittelkonzerns Nestlé, Helmut Maucher, der damit arbeitsunwillige, -unfähige und kranke Menschen bezeichnet hatte. Die Juroren der Unwort-Jury äußerten seinerzeit, der Begriff sei ein „hoffentlich letzter Gipfel in der zynischen Bewertung von Menschen ausschließlich nach ihrem ‚Marktwert'".[18] Die Obdachlosenmorde der jüngeren Vergangenheit zeigen jedoch, dass der Weg von verbalen Entwertungen zu Taten nicht sehr weit ist. „Erst die Betrachtung des menschlichen Gegenübers unter Kosten-Nutzen- und Profit- bzw. Vorteilsmaximierungsaspekten macht die Ausgrenzung des/der anderen als Nicht- bzw. Untermensch möglich."[19] Verbale Hinweisreize fixieren Menschen als potenzielle Opfer. „Rechtsextreme Gewalttäter haben unter anderem deshalb in der Vergangenheit häufig kein Unrechtsbewusstsein angesichts ihrer Straftaten entwickelt, weil die Opfer in ih-

---

15 Vgl. z.B. Christoph Butterwegge, Marktradikalismus, Standortnationalismus und Wohlstandschauvinismus – die Sinnkrise des Sozialen als Nährboden der extremen Rechten, in: ders./Rudolf Hickel/Ralf Ptak, Sozialstaat und neoliberale Hegemonie. Standortnationalismus als Gefahr für die Demokratie, Berlin 1998, S. 121ff.

16 Siehe Jutta Menschick-Bendele/Klaus Ottomeyer, Sozialpsychologie des Rechtsextremismus. Entstehung und Veränderung eines Syndroms, Opladen 1998, S. 303

17 Christoph Butterwegge, Marktradikalismus, Standortnationalismus und Wohlstandschauvinismus – die Sinnkrise des Sozialen als Nährboden der extremen Rechten, a.a.O., S. 131

18 Zit. nach: www.rheinzeitung.de/on/98/01/20/topnews/unwort.html

19 Andreas Buderus, Fünf Jahre Glatzenpflege auf Staatskosten. Jugendarbeit zwischen Politik und Pädagogik, Bonn 1998, S. 139

ren Augen keine gleichwertigen Menschen, sondern qua Ideologie als ‚lebensunwert' zur Vernichtung freigegeben waren."[20]

Im pädagogischen Alltag ist es nicht auszuschließen, dass Lehrer/innen bei der Thematisierung von Armut in Deutschland in eine Auseinandersetzung mit Personen bzw. Positionen der (extremen) Rechten verwickelt werden. Rechtsextreme haben die soziale Frage nämlich längst für sich entdeckt und propagieren vor allem in den neuen Bundesländern ein soziales Gemeinwesen auf völkischer Basis.[21]

Wider den national beschränkten Armutsdiskurs: Armut ist international

Kehren wir noch einmal zurück zu der an Lehrer/innen gerichteten Frage nach ihrer Einschätzung der Relevanz von (Kinder-)Armut in Deutschland. Alle angesprochenen Pädagog(inn)en hatten Probleme mit dem Terminus „Armut", bezogen auf die Bundesrepublik. Eine Lehrerin formulierte es so: „Im globalen Kontext kann man hier nicht von ‚Armut' sprechen – es muss keiner hungern, jeder hat Kleidung und ein Dach über dem Kopf, und Kinder müssen nicht arbeiten, sie können in die Schule gehen. Deshalb muss man den Begriff sehr stark relativieren. Zumindest im Ausland wird man damit nicht ernst genommen."[22]

Der aktuelle Armutsdiskurs in Deutschland und anderen westlich geprägten Staaten muss sich mit dem Vorwurf auseinandersetzen, nationalstaatlich ausgerichtet zu sein und darüber das Elend in der sog. Dritten und Vierten Welt zu vernachlässigen. Untersuchungen, die einen Zusammenhang zwischen verschiedenen Formen der (Kinder-)Armut in Wohlstandsregionen und armen Ländern herstellen oder zumindest entsprechende Vergleiche anstellen, sind kaum zu finden.[23]

Nicht nur im Hinblick auf die völkische Sozialstaatsdebatte der extremen Rechten ist es bedeutsam, die internationale Dimension von Armut und sozialer Ungleichheit stets im Blick zu behalten. Die Diskussion um den „Wirt-

---

20 Sylke Kirschnick, Rechtsextremismus an Schulen: Was tun?, Anregungen und Argumente für Lehrer/innen, in: Christoph Butterwegge/Georg Lohmann (Hrsg.), Jugend, Rechtsextremismus und Gewalt. Analysen und Argumente, 2. Aufl. Opladen 2001, S. 140

21 Vgl. dazu: Ralf Ptak, Die soziale Frage als Politikfeld der extremen Rechten. Zwischen marktwirtschaftlichen Grundsätzen, vormodernem Antikapitalismus und Sozialismus-Demagogie, in: Jens Mecklenburg (Hrsg.), Braune Gefahr. DVU, NPD, REP – Geschichte und Zukunft, Berlin 1999, S. 97ff.

22 Antwort auf eine Befragung durch die Verfasserin, Februar 2001

23 Vgl. dazu: H. Gerhard Beisenherz, Kinderarmut global und lokal: Armut als Exklusionsrisiko, in: Christoph Butterwegge (Hrsg.), Kinderarmut in Deutschland, a.a.O., S. 78ff.

schaftsstandort D" blendet aus, dass die anvisierten Standortvorteile der Bundesrepublik zu Lasten anderer Länder gehen. Während der scheinbar gefährdete „Standort D" hierzulande nach innen als Argumentation genutzt wird, um Arbeitnehmerrechte zu beschneiden, Arbeitsplätze zu vernichten und den Sozialstaat um- bzw. abzubauen, ist seine nach außen gerichtete Wirkung (wahrscheinlich) nur um den Preis zu haben, dass sich die sozioökonomische Situation anderer Standorte und der dort lebenden Menschen verschlechtert.

Solange internationale Vergleichsstudien fehlen, bleibt Pädagog(inn)en nur der Rückgriff auf vorhandenes Unterrichtsmaterial zur Situation in der sog. Dritten bzw. Vierten Welt. Unsere Materialsammlung kann beim gegenwärtigen Forschungsstand lediglich die Problematik der Straßenkinder vergleichend aufbereiten.

Begriffsklärungen

Fatal wäre es jedoch, wenn der Hinweis auf die existenziellen Armutslagen in anderen Teilen der Welt zur Folge hätte, gar nicht auf die für wachsende Bevölkerungsteile immer schwieriger werdende soziale Situation in Deutschland einzugehen. Die notwendige Differenzierung und Relativierung des Armutsbegriffs ist in der Forschung bzw. der Fachdiskussion unumstritten, obgleich es unterschiedliche Sichtweisen darüber gibt, wann von Armut gesprochen werden sollte, und dementsprechend auch darüber, welches Ausmaß die Armut in Deutschland angenommen hat.

Für die pädagogische Praxis wird vorgeschlagen, im Anschluss an eine Diskussion über die unterschiedlichen Wahrnehmungen von Armut auf die verschiedenen Armutskonzeptionen, -definitionen und -messungen einzugehen. Armut im Wohlstandsland Deutschland zeigt sich ganz überwiegend als relative Armut, die nur selten, aber doch mit deutlich steigender Tendenz von existenzieller Not gekennzeichnet ist. Arm ist, wer – gemessen am normalen Lebensstandard der jeweiligen Gesellschaft – nicht (nur) das physische, sondern das soziokulturelle Existenzminimum unterschreitet.[24]

Die 1989 von der Kommission der Europäischen Gemeinschaft vorgelegte Definition entspricht dem weitgehend. Ihr gelten „als arm solche Einzelpersonen, Familien und Personengruppen, die über so geringe (materielle, kulturelle und soziale) Mittel verfügen, daß sie von der Lebensweise ausgeschlossen sind, die in dem Mitgliedsland, in dem sie leben, als Minimum an-

---

24   Vgl. Richard Hauser/Udo Neumann, Armut in der Bundesrepublik Deutschland. Die sozialwissenschaftliche Thematisierung nach dem Zweiten Weltkrieg, in: Stephan Leibfried/Wolfgang Voges (Hrsg.), Armut im modernen Wohlfahrtsstaat, Opladen 1992 (Kölner Zeitschrift für Soziologie und Sozialpsychologie, Sonderheft 32/1992), S. 237ff.

nehmbar ist.“[25] Auf dieser Basis hat die EG-Kommission den Armutsschwellenwert dahingehend konkretisiert, dass jene Haushalte und Personen als arm definiert werden, die über weniger als 50 Prozent des durchschnittlichen Nettoeinkommens pro Kopf der Bevölkerung verfügen.[26] So (als ein Maß für extreme soziale Ungleichheit und damit mögliche Ausgrenzung) verstanden, ist Armut vielleicht gerade für Kinder in einem reichen Land schwer erträglich und beeinträchtigt ihre Lebenschancen, kognitiven wie emotionalen Entfaltungsmöglichkeiten und schulischen Erfolgsbedingungen mehr, als dies bei einer vergleichbaren Situation in der sog. Dritten oder Vierten Welt der Fall wäre. Umso dringlicher erscheint die Beschäftigung von Lehrer(inne)n auch im Unterricht mit dem Problem, das ausschließlich durch seine öffentliche Thematisierung entschärft, wenn auch sicher nicht gelöst werden kann!

Armut ein Gesicht geben!

Soziale Ungleichheit und Armut im Wohlstand sind Probleme, die – jenseits politischer und akademischer Diskussionen – viele Menschen betreffen, junge wie alte. Hinter harten Daten und Fakten, wie sie im ersten Armuts- und Reichtumsbericht der Bundesregierung umfassend dokumentiert wurden,[27] verbergen sich menschliche Schicksale: tragische, aber auch scheinbar ganz unspektakuläre.

In der Schule fallen Kinder und Jugendliche auf, die nicht in üblicher Weise am Gruppenleben der Klassengemeinschaft teilnehmen und weder mit auf Klassenreisen gehen noch die „angesagten Klamotten“ tragen können. Still und in sich gekehrt, leise und ohne Selbstbewusstsein oder aber rebellisch und störend sind sie manchmal, die Kinder, deren Lehrer/innen ganz genau wissen, dass sie aus prekären wirtschaftlichen und sozialen Verhältnissen kommen. Ein Lehrer aus Dresden meinte, schlimmer als die materielle Armut sei doch wohl die geistige Armut jener, die auf weniger wohlhabende Menschen herabblicken.

Empathie und Mitgefühl sind Werte, die auch in der Schule oft nur schwer realisierbar erscheinen. Abstrakte Abhandlungen über Armut und prekäre Lebenslagen in der Bundesrepublik Deutschland können daran wahrscheinlich wenig ändern. Um die Auswirkungen sozialer Ungleichheit auf das Leben von Kindern und Jugendlichen zu illustrieren, dokumentiert man besser

---

25 Siehe Kommission der Europäischen Gemeinschaft (Hrsg.), Soziales Europa. Der Kampf gegen Armut, Beiheft 2, Brüssel/Luxemburg 1989, S. 8

26 Vgl. Ulla-Kristina Schuleri-Hartje/Jörg Potthast, Neue Armut – Handlungsansätze der Kommunen, Berlin 1995 (Deutsches Institut für Urbanistik, Materialien 3/1995)

27 Vgl. Bundesministerium für Arbeit und Sozialordnung (Hrsg.), Lebenslagen in Deutschland. Der erste Armuts- und Reichtumsbericht der Bundesregierung, Bonn, April 2001

in Porträts und Beschreibungen des „Alltags Armut" die Lebensgeschichten junger Menschen. Mit der Bildergewalt verhungernder Kinder in der sog. Dritten Welt wollen und können solche Skizzen natürlich nicht konkurrieren. Wenn es gelingt, jenseits eines abstrakten, ideologisch aufgeladenen Diskurses über (Kinder-)Armut die Lebensrealität jener zu verdeutlichen, die auch hierzulande unter zum Teil sehr prekären Verhältnissen leben, wäre dies aber wenigstens ein erster Schritt zu mehr Verstehen und Verständnis.

Brigitte Stolz-Willig

Generationen- und Geschlechtergerechtigkeit oder: Familienarbeit neu bewerten – aber wie?

Angesichts der Verarmung junger Familien bzw. der überproportionalen Betroffenheit von Sozialhilfebezug, die Kinder und Jugendliche aufweisen,[1] bleibt das Missverhältnis zwischen den bescheidenen Fortschritten der rotgrünen Steuer- und Rentenreform sowie der Erhöhung des Kindergeldes und der sich weiter ausbreitenden Kinderarmut in der Öffentlichkeit stark unterbelichtet. Eine wirksame Lobbyarbeit für die Interessen der Kinder und (Teil-) Familien ist somit an sich eine dringende und unterstützenswerte Aufgabe. In Deutschland hat sich dieses Ziel das Heidelberger Büro für Familienfragen und Soziale Sicherung gesetzt, welches familienpolitische Entwicklungen und Diskussionen in einer Vielzahl von wissenschaftlichen Gutachten und Tagungen, Stellungnahmen und Presseerklärungen kritisch begleitet.[2] In der Auseinandersetzung mit den Konstruktionsfehlern der Familienpolitik stehen für das Familienbüro zwei Hauptthemen im Vordergrund:

1. wird eine generelle Schieflage zwischen Eltern bzw. Erziehungsberechtigten und Kinderlosen gesehen, die sich durch die gesamten Steuer-, Renten- und Sozialtransfers hindurchzieht. Diese Schieflage wird für stetig rückläufige Geburtenraten und die daraus folgende Überalterung der Gesellschaft mit den bekannten Konsequenzen für die Rentenversicherung sowie die zunehmende Marginalisierung der Interessen von Familien und Kindern in allen Bereichen der Gesellschaft verantwortlich gemacht.
2. wird eine allgemeine Missachtung der Erziehungsleistung von Eltern kritisiert. Der Systemfehler der Sozialpolitik bestehe darin, dass Kinderlose während ihrer – durch Kindererziehung nicht eingeschränkten – Er-

---

1   Vgl. dazu: Christoph Butterwegge (Hrsg.), Kinderarmut in Deutschland. Ursachen, Erscheinungsformen und Gegenmaßnahmen, 2. Aufl. Frankfurt am Main/New York 2000

2   Die folgenden Ausführungen beziehen sich auf den regelmäßig erscheinenden Pressedienst des Heidelberger Büros für Familienfragen und Soziale Sicherheit, Freiburg im Breisgau

werbsphase einen Aufbau von Sachkapital betreiben, das sie zur späteren Fruchtziehung i.s. von Zinserträgen bzw. zur uneingeschränkten Akkumulation von Versicherungsansprüchen in den Systemen der kollektiven Sicherung nutzen könnten, was sie von der individuellen Vorsorge für die Altersphase enthebe. Um den Aufbau des zukünftigen Humankapitals kümmerten sie sich, auf konsequente Art ihren eigenen Nutzen maximierend, nicht.

Dagegen würden Eltern im System der „Zwangsversicherung" für ihren unentbehrlichen Beitrag zur biologischen Reproduktion der Gesellschaft im Zuge einer sich verallgemeinernden Kinderlosigkeit immer ungerechter behandelt: „Seitdem Menschen bei der Produktion künftigen Humankapitals die Trittbrettfahrerposition einnehmen, ist das alte System auf dem Weg zusammenzubrechen."[3]

Dagegen wird eine klare und leicht handhabbare Lösung empfohlen: ein ausreichendes Erziehungsgehalt oder -entgelt soll – zahlbar bis zum Ende der Schulpflicht von Kindern – die Bereitschaft zur Übernahme von Erziehungsverantwortung stärken und Eltern eine Alternative zur Erwerbsarbeit und außerhäuslichen Kinderbetreuung erschließen. Das Erziehungsgeld für die Betreuung von drei Kindern soll in etwa dem Niveau eines Facharbeitergehaltes entsprechen.[4] Damit wäre aus Sicht der Familienlobbyisten die soziale Schieflage zwischen Kinderlosen und Familien behoben.

Nun ist Papier geduldig und ebenso wie bei anderen Vorschlägen einer sozialpolitischen Generalrevision, etwa zur Einführung eines Bürgergeldes, steht die Intensität und Intention der fachwissenschaftlichen Diskussion in einem auffallenden Gegensatz zur Entwicklungsrichtung der Sozialpolitik. Die freie Reflexion der traditionellen Sozialwissenschaftler nebst ihrer publizistischen Unterstützer steht in der Praxis sowohl konservativ-liberaler als auch rot-grüner Regierungen unter dem rigiden Finanzierungsvorbehalt des Finanzministers. Dies ist beim Erziehungsgehalt nicht anders.

Auch wenn die Einführung eines gut dotierten Erziehungsgehaltes zur sozialpolitischen Mythenbildung unserer Zeit gehört, bleibt der Vorschlag nicht folgenlos für die Debatte um gesellschaftliche Aufgaben, Strukturen des

---

3   Hans Heinrich Nachtkamp, Mehr Freiheit für die Eltern. Plädoyer für ein staatliches Erziehungsgehalt, in: Pressedienst des Heidelberger Büros für Familienfragen und Soziale Sicherheit v. 2.10.2000 (auch erschienen in: Frankfurter Allgemeine Zeitung v. 13.9.2000)

4   Das Heidelberger Büro für Familienfragen und Soziale Sicherheit hat hierzu ein ausführliches Gutachten vorgelegt. Vgl. Christian Leipert/Michael Opielka, Erziehungsgehalt 2000. Ein Weg zur Aufwertung der Erziehungsarbeit. Gutachten im Auftrag des Deutschen Arbeitskreises für Familienhilfe, Freiburg im Breisgau 1998. Vgl. kritisch hierzu: Brigitte Stolz-Willig, Neubewertung der Familienarbeit – Erziehungsgehalt als Perspektive?, in: Brigitte Stolz-Willig/Mechthild Veil (Hrsg.), Es rettet uns kein höh'res Wesen. Feministische Perspektiven der Arbeitsgesellschaft, Hamburg 1999, S. 94ff.

Zusammenlebens und Verantwortung gegenüber der nachfolgenden Generation. So beschreibt Hans Heinrich Nachtkamp die Aufgaben nach Einführung des Erziehungsgehaltes folgendermaßen: „Die gesamte kinderbezogene Objektförderung müßte überprüft werden. Die familienbezogene Subventionierung des öffentlichen Personenverkehrs, von Sportstätten, Museen und außerschulischen Bildungseinrichtungen müßte wegfallen. Die öffentlichen Zuschüsse zu Kindergärten und Kindertagesstätten wären nur in jenem Umfang beizubehalten, in dem nach allgemeiner Auffassung Kindergartenerziehung der Gesellschaft nutzt. Ein staatlich abgesicherter Rechtsanspruch auf einen Kindergartenplatz wäre genauso überflüssig wie flächendeckende Netze von staatlich betriebenen oder geförderten Kinderbetreuungsagenturen." Sei die „Leistungsgerechtigkeit zwischen kinderlosen Trittbrettfahrern und Eltern über ein staatliches Entgelt für deren Dienste erst einmal hergestellt, kann sich der Staat getrost aus der Verantwortung für eine familiengerechte Gestaltung der Gesellschaft zurückziehen." Die staatliche Gemeinschaft beschränke sich darauf, über die elterliche Erziehungspflicht zu wachen (Art. 6, Abs. 3 Grundgesetz), enthalte sich indes weiterer Einmischung.[5] Die Mitverantwortung der Gesellschaft für die Qualität von Erziehung, ihr Anspruch, Demokratiefähigkeit, soziale Kompetenz etc. einzuüben, würde entfallen. Die Polizei solle dafür sorgen, dass die Kindesmisshandlung in Familien nicht überhand nimmt. Über die Effektivität einer solchen Überwachungsrolle des Staates wäre freilich noch zu diskutieren.

An dieser Stelle sei eine Prophezeiung gewagt: Das (ausreichend ausgestattete) Erziehungsgehalt wird es in einem überschaubaren Zeitraum nicht geben. Der Rückzug aus der gesellschaftlichen Verantwortung in der Unterstützung von Kindern und armen Familien wird jedoch heute vor dem Einstieg in das Erziehungsgehalt mit steigenden Gebühren für Kindergärten, Mittelkürzungen in der Kinder- und Jugendarbeit etc. eingeleitet.

Die Vision eines Erziehungsgehalts, die einen massiven Interessengegensatz zwischen Kinderlosen und Familien behauptet, dient der ideologischen Absicherung des gesellschaftlichen Rückzugs aus der Verantwortung für Erziehung und Ausbildung. Das Programm für die Wiedereinführung traditioneller Familienwerte und -strukturen bedeutet mitnichten eine Besserstellung der Familien im konkreten Alltag. Im Ergebnis wird sich die Lage der armen Familien eher weiter verschlechtern.

Damit ergibt sich ein paradoxes Resultat der Lobbyarbeit für Familien: Mit dem eingeleiteten Rückzug der gesellschaftlichen Verantwortung für die Bildung des Humankapitals und der vagen „Androhung" eines Erziehungsgehaltes für Erziehungsberechtigte soll den Kinderlosen ihr „Trittbrettfahrertum" vergällt werden. Doch bleibt zu befürchten, dass der Wegfall von Unterstützungsstrukturen für Kinderbetreuung und Jugendarbeit die Bereitschaft zur Gründung von Familien nicht ansteigen, sondern weiter sinken lässt.

---

5   Hans Heinrich Nachtkamp, Mehr Freiheit für die Eltern, a.a.O.

Das Familienbüro sieht die Lösung der Probleme im Frauenbild des 19. Jahrhunderts. Mit Zuckerbrot und Peitsche soll die Umsetzung dieses Leitbildes vorangetrieben werden. Die weitere Ausdünnung gesellschaftlicher Unterstützungsstrukturen in der Kinderbetreuung, die sich in Westdeutschland ohnehin schon auf einem für Industriestaaten beschämend niedrigen Niveau bewegen, kann den Druck auf Mütter erheblich verschärfen, traditionelle Muster in der Hausfrauenehe zu leben. Der ökonomische Anreiz, mit dem dieses Verhalten prämiert werden soll, heißt Erziehungsgeld.

Das für die westdeutsche Gesellschaft charakteristische Leitbild der Versorgerehe ist jedoch an ökonomische und soziale Voraussetzungen geknüpft, deren Wiederherstellbarkeit bezweifelt werden muss. Der traditionelle Geschlechterkompromiss, mit dem auf der Grundlage von hohen wirtschaftlichen Wachstumsraten, Vollbeschäftigung der männlichen Erwerbsbevölkerung und hohen Tariflöhnen eine weitgehende Privatisierung der Familienarbeit durchgesetzt werden konnte, ist brüchig geworden. Ein Wirtschaftswachstum, das Vollbeschäftigung garantiert, wird immer weniger wahrscheinlich. Der Ausbau des Sozialstaates hat neben verbesserten Integrationschancen für Frauen in den Arbeitsmarkt eine fortschreitende Demokratisierung der Gesellschaft und soziokulturelle Umbrüche herbeigeführt, welche die traditionellen Autoritätsverhältnisse zwischen den Generationen ebenso in Frage stellen wie geschlechtsspezifische Normen und Rollenzuweisungen von Männern und Frauen in einer als stabil gedachten Ehe. Für diese gesellschaftlichen Probleme hat die Familienlobby keine Lösungen. Mit einem Frauen- und Familienbild des Biedermeier sind moderne Gesellschaften nicht zu gestalten. Daher erscheint die Prognose, dass sich diese Konzepte als undurchführbar erweisen werden, nicht besonders gewagt.

Problematisch ist jedoch ihre ideologische Wirkung. Die dringend notwendigen Diskussionen über einen Ausbau gesellschaftlicher Unterstützungsstrukturen für Familien, ein Erziehungsgeld, das vor Verarmung schützt, sowie vielfältige Betreuungseinrichtungen, die Eltern die nötige Flexibilität auf dem Arbeitsmarkt sichern, werden überlagert von sinnlosen Konfrontationen zwischen Familien und Kinderlosen einerseits sowie dem Versprechen eines Erziehungsgehalts andererseits, das im Vorgriff schon auf den Abbau von gesellschaftlichen Sicherungssystemen setzt.

Von familien- und kinderfreundlichen Strukturen ist die deutsche Gesellschaft weit entfernt. Ein entschlossenes Reformprogramm ist seit Jahrzehnten überfällig. Zaghafte Initiativen zu einem neuen Verständnis von Erziehungs- und Betreuungsaufgaben, wie sich dies in vermehrten Ganztagskindergartenplätzen oder auch in Ganztagsschulen äußert, werden von den traditionellen Familienlobbyisten bekämpft bzw. boykottiert. Eine Auseinandersetzung mit neuen sozialpolitischen Instrumenten wie dem Erziehungsgehalt darf nicht bei Fragen, welcher Betrag, wie lange oder für wie viele Kinder gezahlt wird, stehen bleiben. Wenn die reformfeindliche und rückwärts gewandte Grundstruktur der Befürworter/innen eines Erziehungsgehalts nicht thematisiert wird, bleibt die Verbesserung der Lebensverhältnisse von Familien aus nicht-privilegierten Schichten auf der Strecke.

Gesellschaftliche Strukturprobleme sind allemal gewichtiger für die Akzeptanz von Kindern als eine neue Welle gesellschaftlicher Wertschätzung traditioneller Frauen- und Mutterbilder. So sind mangelnde Integrationschancen in den Arbeitsmarkt und die ausbleibende Anpassung der sozialen Sicherungssysteme an veränderte Anforderungen in Beruf und Familie heute die wesentlichen Verstärker der allseits beklagten Erosion der Familie.

Geschlechter- und Familienpolitik

Die wesentliche Ursache dafür, dass Familien finanziell schlechter gestellt sind als kinderlose Lebensformen, ist der Leitbildcharakter des Familienernährermodells. Frauenerwerbstätigkeit parallel zur Familienarbeit wird durch das westdeutsche Modell der Geschlechterverhältnisse negativ sanktioniert.

Tatsächlich ist in kaum einem anderen Land die soziale Geschlechterdifferenzierung so stark institutionell verankert worden wie in der Nachkriegs-Bundesrepublik, nämlich im Familienrecht, in der Steuerpolitik, in der Privatisierung der Kinderbetreuung, in der Bildungspolitik und im Recht der sozialen Sicherung. Eine Arbeitsmarktindividualisierung der Frau – vergleichbar mit der des Mannes, vergleichbar auch mit jener anderer westlicher Länder (Skandinavien, USA, Frankreich) sowie der DDR –, ist der westdeutschen Politiktradition fremd geblieben.[6] Die Entscheidung für das traditionelle Modell des männlichen Alleinverdieners wurde jahrzehntelang durch steuerliche Anreize und die abgeleiteten Sozialversicherungsansprüche der nicht oder nur geringfügig berufstätigen Frauen nahegelegt und in den Tarifstrukturen fest verankert.[7]

Diese überholte Struktur eines deutschen Sonderweges begünstigt eine trotz aller Fortschritte noch vergleichsweise niedrige Erwerbsbeteiligung der westdeutschen Frauen.[8] Zwar ist auch in der Bundesrepublik die Erwerbsbeteiligung der Frauen über alle konjunkturellen Schwankungen hinweg langsam, aber stetig gestiegen. Selbst in der Beschäftigungskrise der 90er-Jahre stieg die Zahl der erwerbstätigen Frauen in Westdeutschland – gegenläufig zur krisenhaften Entwicklung am Arbeitsmarkt – zwischen 1992 und 1998 per saldo weiterhin leicht an. Die Beschäftigungsgewinne der Frauen auf dem westdeutschen Arbeitsmarkt gehen aber vor allem auf eine Ausweitung der

---

6   Vgl. Ilona Ostner, Arm ohne Ehemann?, Sozialpolitische Regulierung von Lebenschancen von Frauen im internationalen Vergleich, in: Aus Politik und Zeitgeschichte. Beilage zur Wochenzeitung *Das Parlament* 36-37/1995, S. 3ff.
7   Vgl. Gerhard Bäcker/Brigitte Stolz-Willig (Hrsg.), Kind, Beruf, Soziale Sicherung. Zukunftsaufgabe des Sozialstaats, Köln 1994
8   Die folgenden Angaben nach: WSI, FrauenDatenReport, Berlin 2000, S. 43ff.

Teilzeitarbeit zurück. Diese ist in Westdeutschland eine typische Arbeitszeitform fast ausschließlich der Frauen, insbesondere verheirateter Frauen, wobei in Familien mit Kindern unter 15 Jahren die wöchentliche Arbeitszeit in der Regel unter 20 Stunden liegt. Mütter bleiben damit sowohl während der Familienphase als auch in der Ruhestandsphase von innerfamilialen Umverteilungen abhängig. Die Erwerbsquote der alleinerziehenden Mütter ist – ausgehend von einem im Vergleich mit verheirateten Frauen höheren Niveau – in demselben Zeitraum nur geringfügig angestiegen, bei Frauen mit Kindern unter 6 Jahren sogar signifikant zurückgegangen.

Man mag in dieser Entwicklung den Ausdruck spezifisch weiblicher Präferenzen sehen, die mit dem kulturellen Konsens über geschlechtsdifferenzierte Arbeitsteilung und dem Primat privater Kinderbetreuung zu begründen sind. Daten des Instituts für Arbeitsmarkt- und Berufsforschung zur betrieblichen Nutzung der Teilzeitarbeit und geringfügigen Beschäftigung[9] belegen indes eine nahezu unveränderte Konzentration der Teilzeitarbeit auf frauentypische Beschäftigungsbereiche mit geringen Qualifikationsanforderungen, die eher dem kleinbetrieblichen Segment angehören. Darüber hinaus kann eine verstärkte Nutzung geringfügiger Beschäftigungsverhältnisse in Betrieben ohne institutionalisierte Interessenvertretung verortet werden. Es ist wohl kaum anzunehmen, dass mitbestimmungsfreie Betriebe einer besonderen Präferenz der Frauen entsprechen.

Die realisierten Arbeitszeiten weichen von den Erwerbspräferenzen der Frauen erheblich ab, nicht nur hinsichtlich der Branchenverteilung, der Qualifikationsansprüche und der Gewichtung eigener Existenzsicherung, sondern insbesondere hinsichtlich des Arbeitszeitumfangs.[10] Insbesondere besser ausgebildete Frauen äußern eine höhere „Erwerbsneigung", die stärker partnerschaftlich – im Sinne einer egalitären Teilhabe am Arbeitsmarkt – ausgerichtet ist.[11]

In den männlichen Erwerbsbiografien lassen sich jedoch kaum Öffnungen hin zur Familien- und Sorgearbeit feststellen. Im Gegenteil verstärkt der gegenwärtig stattfindende Umbau der betrieblichen Arbeitszeitorganisation, welcher unter dem Stichwort der „Flexibilisierung" verhandelt wird, die Zeitzwänge und -nöte der Beschäftigten zu Lasten veränderter Einstellungen zur Partnerschaft, zumindest in der jüngeren Generation.[12]

---

9   Vgl. Herbert Düll/Peter Ellguth, Betriebliche Strukturen der Teilzeitbeschäftigung in
    Westdeutschland. Ergebnisse aus dem IAB Betriebspanel 1993, 1996 und 1998, in:
    Mitteilungen aus der Arbeitsmarkt- und Berufsforschung 3/1999, S. 269ff.
10 Vgl. Petra Beckmann/Birgit Kempf, Arbeitszeit und Arbeitszeitwünsche von Frauen
    in West- und Ostdeutschland, in: Mitteilungen aus der Arbeitsmarkt- und Berufsforschung 3/1996, S. 388ff.
11 Vgl. Michael Endler/Petra Beckmann, Arbeitszeitmodelle in der Partnerschaft von
    heute und partnerschaftliche Arbeitszeitmodelle von morgen, in: IAB Werkstattberichte 1997
12 Vgl. Kerstin Jürgens/Karsten Reinecke, Zwischen Volks- und Kinderwagen. Auswirkungen der 28,8 Stunden-Woche bei der VW AG auf die familiale Lebensführung von

Die Konzepte zur Entkopplung von Einkommen und Erwerbsarbeit, sei es durch Einführung eines allgemeinen Bürgergeldes, sei es durch ein Erziehungsgehalt, ignorieren vollständig die sich aus dem Wandel des Beschäftigungssystems ergebenden Strukturen sozialer Ungleichheit. Der Wandel der Arbeitsverhältnisse verändert aber nicht nur die unmittelbare Arbeitssphäre, sondern hat auch nachhaltige Auswirkungen auf die Gestaltung des gesamten Lebenshintergrundes der Erwerbstätigen. Der Zwang zur „Verbetrieblichung der gesamten Lebensführung"[13], gepaart mit der Erfahrung sozialer Unsicherheit und der Angst vor dem finanziellen Absturz, lässt die Basis verlässlicher Sozialbeziehungen im Privaten erodieren. Die Vorstellung, dass wir von der Erwerbsarbeit keine soziale Kohäsion erwarten sollten, sie aber woanders, in der Familie oder im ehrenamtlichen Miteinander, finden können, geht von der überlebten Annahme aus, dass die fürsorgerische Praxis auch weiterhin in einen Bereich des Privaten und damit in die Zuständigkeit von Frauen zu verlagern ist. Übersehen wird, dass die Erfahrung von Individualisierung sozialer Risiken im Arbeitsmarkt und im System der sozialen Sicherung mit einer abnehmenden Bereitschaft zur Umverteilung gesellschaftlicher Ressourcen verbunden ist.

Zukunftsfragen

Die Reformdefizite in der Familien- und Geschlechterpolitik verstärken die Risiken und Unzulänglichkeiten des deutschen Arbeitsmarkt- und Sozialsystems. Ulla Knapp weist in ihrer Kritik neoklassischer Erklärungsansätze der Arbeitsmarktkrise[14] zu Recht darauf hin, dass die Angebotsseite des Arbeitsmarktes aus den Betrachtungen ausgeblendet bleibt, obwohl das Erwerbspersonenpotenzial, insbesondere die Frauenerwerbstätigkeit, in den vergangenen drei Jahrzehnten in der Bundesrepublik stark zugenommen hat. Dabei handle es sich bei dem Anstieg der Frauenerwerbsquote um das Ergebnis eines Strukturwandels im Geschlechterverhältnis, welcher durch die Bildungs-, Gesellschafts- und Rechtspolitik der 60er- und 70er-Jahre ja gerade mit gefördert wurde und durch geschlechterpolitische „Containment-Strategien",

Industriearbeitern, Berlin 1998; Wilfried Glißmann/Angela Schmidt, Mit Haut und Haaren. Der Zugriff auf das ganze Individuum. Sonderausgabe „denkanstöße – IG Metaller in der IBM", Frankfurt am Main 2000; Hans-Jürgen Urban, Kollektive Arbeitszeitpolitik im flexiblen Kapitalismus. Optionen und Restriktionen gewerkschaftlicher Zeitpolitik, in: Brigitte Stolz-Willig (Hrsg.), Arbeit und Demokratie. Solidaritätspotenziale im flexiblen Kapitalismus, Hamburg 2001, S. 67ff.

13 Vgl. Günther Voß/Heinrich Pongratz, Der Arbeitskraftunternehmer, in: Kölner Zeitschrift für Soziologie und Sozialpsychologie 1/1998, S. 131ff.

14 Vgl. Ulla Knapp, Beschäftigung und Geschlechterverhältnis. Discussion Paper Nr. 5 der Hochschule für Wirtschaft und Politik, Hamburg 2000

d.h. ökonomische Anreize zur Verdrängung der „Arbeitsmarkt-Neulinge",
wie etwa das Ehegattensplitting und die Verlängerung des Erziehungsurlaubs, zwar gebremst, aber nicht umgekehrt werden kann. Der zunehmende
Angebotsdruck auf den Arbeitsmarkt bei gleichzeitig schwachem Wachstum
der Zahl der Arbeitsplätze in Westdeutschland (im Osten wiederholte sich
dieser Zusammenhang unter umgekehrtem Vorzeichen) hat die offene und
verdeckte Arbeitslosigkeit auf Rekordhöhe wachsen lassen.

Eine aktive Beschäftigungs-, Arbeitszeit- und Sozialpolitik, die den Veränderungen auf der Angebotsseite des Arbeitsmarktes hätte Rechnung tragen
können, fand aber nicht statt: Die Politik kollektiver Arbeitszeitverkürzung
ist seit 1997 praktisch zum Erliegen gekommen. Schon in den Jahren davor
hatte sich die Geschwindigkeit der tariflichen Arbeitszeitverkürzung verlang-
samt. Die tatsächliche Arbeitszeit in den Betrieben verlängert sich. Das Stati-
stische Bundesamt hat dies für die Samstags- und Sonntagsarbeit belegt, aber
auch für die normale Wochenarbeitszeit muss davon ausgegangen werden,
dass sie unter Einschluss der unbezahlten und statistisch nicht ausgewiesenen
Überstunden länger geworden ist.[15]

Eine grundlegende Reform der Zeitstrukturen von Berufsarbeit, die nicht
nur die Umverteilung bezahlter Arbeit in das Blickfeld rückt, sondern eine neue
Balance zwischen „Arbeit" und „Leben" herstellen will, ist nicht in Sicht. Das
Teilzeit- und Befristungsgesetz, das Anfang des Jahres 2001 in Kraft getreten
ist, hat zwar erstmalig einen Anspruch auf Teilzeitarbeit normiert, dies aber
nur, „soweit betriebliche Gründe dem nicht entgegenstehen". Ohnehin gilt das
Gesetz nicht für Kleinbetriebe mit bis zu 15 Beschäftigten, die bekanntlich eine
Beschäftigungsdomäne von Frauen sind. Tatsächlich wird gegenwärtig die
Frage der Arbeitszeit vorwiegend unter ökonomischen Gesichtspunkten diskutiert. Die sozialen, psychischen und ökologischen Folgen einer Flexibilisierung
der Arbeit bleiben dagegen unterbelichtet. Die Haupttendenz der Flexibilisierung ist nicht die zeitliche Entflechtung familiärer und beruflicher Anforderungen, sondern die Auflösung kollektiv regulierter Zeitinstitutionen.

Ohne regulierenden Eingriff in die Bestimmung von Dauer, Lage und
Verteilung von Arbeitszeiten und ohne institutionelle Absicherung veränderter Erwerbsmuster – hierzu sind die Regelungen zur Teilzeitarbeit nur ein
kleiner Schritt – werden die Trennung und Hierarchisierung der Lebenswelten fortgeschrieben, bleiben die Chancen, Arbeitszeiten und Lebenszeiten
biografisch und zwischen den Geschlechtern neu zu verteilen, strukturell begrenzt. Hierdurch wird zugleich die Diskriminierung derjenigen Beschäftigtengruppen zementiert, die ein neues Gleichgewicht zwischen Erwerbsarbeit
und Arbeit des Alltags herstellen wollen oder müssen.

---

15 Vgl. Claus Schäfer, Cetero censeo: Die Arbeitszeit muß verkürzt, die „Lebenszeit"
    verlängert werden, in: Loccumer Initiative kritischer Wissenschaftlerinnen und Wis-
    senschaftler (Hrsg.), Weniger Arbeit – weniger Demokratie. Arbeitslosigkeit, Demo-
    kratiegefährdung und Neuverteilung der Arbeit, Hannover 1998, S. 27ff.

Wenn die Schlagworte „Individualisierung", „Zeitsouveränität" und „Gleichberechtigung" ernst genommen werden sollen, ergeben sich weit reichende Folgen für das gesamte Arbeits- und Sozialgefüge. Eine Rückbindung der Arbeit an die Lebensinteressen der Beschäftigten würde eine Neubestimmung des Normalarbeitsverhältnisses bedeuten und bewirken:

- dass Beschäftigte im Laufe ihres Lebens zwischen Vollzeitarbeit, Teilzeitarbeit und Arbeitsunterbrechung ohne Verlust an sozialer Sicherung und an beruflichen Weiterbildungsmöglichkeiten wechseln können;
- dass Arbeitgeber sowohl in der Arbeitszeitlage als auch im Arbeitsvolumen auf die unterschiedlichen und wechselnden Interessen der Beschäftigten Rücksicht nehmen müssten.

Die Durchsetzung eines so reformierten Normalarbeitsverhältnisses erfordert eine Reregulierung auf der Ebene von Gesetzen und Flächentarifverträgen, ganz im Gegensatz zur derzeit verfolgten Tendenz einer Dezentralisierung und Verbetrieblichung der Tarifpolitik.[16]

Eine aktive Beschäftigungspolitik müsste die möglichst beschäftigungswirksame Ausgestaltung eines Anstiegs der Frauenerwerbstätigkeit in den Mittelpunkt rücken. Prioritär stellt sich die Frage danach, ob durch Substitution und Wegfall von Hausarbeit zusätzliche Beschäftigung vor allem im Bereich haushaltsorientierter und sozialer Dienstleistungen erschlossen werden kann. Die für das deutsche Arbeitsmarktsystem charakteristische „Dienstleistungslücke" ist hauptsächlich darauf zurückzuführen, dass personenbezogene und soziale Dienstleistungen im Wesentlichen weder vom öffentlichen Sektor (wie in Skandinavien) noch von privaten Unternehmen (wie in den USA) erbracht werden, sondern von den Familien, sprich: nichterwerbstätigen Frauen. Unter beschäftigungs- und gleichberechtigungspolitischen Aspekten stellt sich nicht die Frage, ob, sondern wie die Dienstleistungsintensität des deutschen Arbeitsmarktmodells gesteigert werden kann.

Ingrid Kurz-Scherf kritisiert die Debatte im Bündnis für Arbeit um den Ausbau der Dienstleistungsbeschäftigung als Niedriglohnbereich, weil „eine im Prinzip richtige Erkenntnis im Kontext eines insgesamt androkratisch strukturierten Deutungsmusters sozialer Realität eine falsche Wendung erfährt".[17] Die Tatsache, dass eine an industriellen Produktivitätsstandards orientierte Lohnbemessung für eine Förderung personenbezogener Dienstleistungen nicht tauglich sein kann, werde zu einem individuellen Defizit der

---

16 Vgl. Brigitte Stolz-Willig/Franziska Wiethold, Auf konflikthaften Wegen zu neuer Arbeit – gegen naive Vorschläge und billigen Konsens, in: Hans-Jürgen Arlt/Sabine Nehls (Hrsg.), Bündnis für Arbeit. Konstruktion – Kritik – Karriere, Opladen/Wiesbaden 1999, S. 167ff.

17 Vgl. Ingrid Kurz-Scherf, Gleichberechtigung in Zeiten zunehmender sozialer Ungleichheit, in: Femina politica. Zeitschrift für feministische Politik-Wissenschaft 2/2000, S. 86

„niedrigproduktiven" und – damit gleichgesetzt – gering qualifizierten Beschäftigten umgedeutet. Dabei bedient sich die Debatte geschlechterpoliti-
scher Stereotype, die immer schon als haushaltsnah zu verortende Beschäfti-
gungsfelder unterbewertet haben. Der Ausbau der Dienstleistungsbeschäftigung stellt demgegenüber die Frage nach gesellschaftlichen Verteilungsmodi
zwischen produktiven und unproduktiven Sektoren der Beschäftigung, d.h.
nach neuen Formen der Finanzierung und Lohnfindung.

Eine Modernisierung des deutschen Arbeitsmarkt- und Sozialmodells
setzt einen strukturellen Umbau des Sozialstaates unter folgenden Prämissen
voraus: Einerseits steht der Abbau jener sozialen Transfers an, welche die
Hausfrauenehe subventionieren (Ehegattensplitting in Verbindung mit der
Neuregelung der Geringfügigkeit, Hinterbliebenenrente etc.). Stattdessen ist
die Vereinbarkeit von Beruf und Familie sozialrechtlich auszugestalten. Hier
wurde mit der Reform des Erziehungsurlaubs zweifelsohne eine familien-
und gleichstellungspolitische Perspektive eröffnet, indem Mütter und Väter
nun einen individuellen Urlaubsanspruch geltend machen können, auch wenn
sie Erwerbsarbeit im Umfang von bis zu 30 Stunden leisten. Darüber hinaus
können bis zu 12 Monate der Elternzeit bis zum 8. Lebensjahr des Kindes
flexibel gewährt werden. Allerdings gilt auch hier die Regelung nur für Beschäftigte in Betrieben mit mehr als 15 Beschäftigten. Sie enthält auch keinen
Anspruch auf reduzierte Arbeitszeiten nach Ablauf der Elternzeit. Die Ein-
kommenssituation der Familien während der Elternzeit stellt sich auch nach
der Neuregelung nicht besser dar, weshalb die Entscheidung über die Inan-
spruchnahme des Urlaubsanspruchs wie bisher zu Lasten der zumeist
schlechter entlohnten Frauen fallen dürfte. Die Wirkung der Flexibilisie-
rungsregelung dürfte insofern verpuffen, als ihre Umsetzung auf ein ausreichendes Angebot außerfamilialer Kinderbetreuung angewiesen bleibt. Das
heißt, eine tatsächliche Verbesserung der Vereinbarkeit von Beruf und Familie kann nur erreicht werden, wenn der Abbau familienentlastender Einrichtungen und Dienste gestoppt und die Beschäftigung im öffentlichen Sektor,
insbesondere in den sozialen, kulturellen und Gesundheitsdiensten, gesteigert
wird.

Eine Ausweitung der sozialen Absicherung der Nichterwerbstätigkeit, ob
in Form eines Bürgergeldes, eines Erziehungsgehaltes oder was immer, steht
dabei in Konkurrenz zu einem bedarfsgerechten Ausbau der Dienstleistungen. Die Beschäftigungsentwicklung in einem expansionsfähigen Teil des
Arbeitsmarktes würde zum Erliegen gebracht. Was beispielsweise aus dem
Anspruch auf einen Kindergartenplatz würde, wenn der Staat sich zu einem
Bürgergeld oder Erziehungsgehalt verpflichtete, wurde bereits deutlich. Eine
nennenswerte private Nachfrage nach diesen Dienstleistungen wäre auch
nicht zu erwarten, weil die Abgabenquote sehr hoch sein müsste, um ein exis-
tenzsicherndes und vom Haushaltseinkommen unabhängiges Grundeinkom-
men zu finanzieren. Nur in diesem Fall aber wäre eine individualisierte, vom
Familienernährer unabhängige Sicherung von Erziehungsleistenden erreicht.

Der Tendenz fortschreitender Exklusion flexibel Beschäftigter und Familienarbeit leistender Personen aus dem Schutz des sozialen Sicherungssystems kann wirksam begegnet werden durch:

- Stärkung der Finanzierungsbasis des sozialen Sicherungssystems, indem hohe Einkommen und (Kapital-)Vermögen in die Beitragspflicht einbezogen werden;
- Stärkung der Versicherungsbiografien über Einbezug aller Formen der Erwerbstätigkeit und perspektivisch die Einführung einer Mindestbeitragspflicht für alle Personen im erwerbsfähigen Alter;
- Einbezug gesellschaftlich erwünschter und regulierter Phasen der Nichterwerbstätigkeit (Erziehung, Pflege, Qualifizierung) in den Risikoausgleich;
- Einbau einer bedarfsorientierten Mindestsicherung in die Arbeitslosenversicherung.

Schlussbemerkung

Eine fortschreitende Verarmung von jungen Familien sowie eine ständig steigende Zahl von Kindern und Jugendlichen, die in Abhängigkeit von Sozialhilfe leben, sind alarmierende Zeichen, die allgemein registriert werden. Die aktuelle Diskussion wird von zwei Richtungen dominiert, die auf den ersten Blick gegensätzlicher nicht sein könnten: Auf der einen Seite stehen familienkonservative Lobbyisten, die mit rückwärts gewandten Leitbildern eine öffentlich und demokratisch gestaltete Frauen- und Familienpolitik blockieren sowie eine Frontstellung zwischen Familie und Kinderlosen betreiben. Auf der anderen Seite steht eine sozialdemokratisch geführte Regierungskoalition, die programmatisch für die Vereinbarkeit von Beruf und Familie sowie den Ausbau der sozialen Infrastruktur votiert. Da rot-grüne Politik aber unter dem Vorbehalt der Haushaltsverträglichkeit steht, ist ein fatales Zusammenspiel zwischen beiden Kontrahenten zu erkennen. Aufgrund der Kostenintensität und Langwierigkeit des Ausbaus öffentlicher Betreuungsdienstleistungen beschränkt sich die Koalition von SPD und Bündnisgrünen auf Appelle an die Tarifparteien, zur Netzwerkbildung und zur Familienselbsthilfe.[18] Die Familienkonservativen leisten den ideologischen Begleitschutz für die fortgesetzte Untätigkeit einer Regierung, die ihre Verantwortung für die Betreuung von Kindern und Jugendlichen nicht ernst nimmt. Daraus resultieren keine guten Perspektiven für die einkommensschwachen Familien und ihre Kinder.

---

18 Vgl. z.B. Kinder – Familie – Zukunft. Familienpolitischer Leitantrag des SPD-Parteivorstandes zum Bundesparteitag vom 19. bis 22. November 2001 in Nürnberg

Christoph Butterwegge

Familie und Familienpolitik im Wandel

Gesellschaft, Sozialstaat und Familie befinden sich im Umbruch.[1] Neben der Vereinigung von DDR und Bundesrepublik, die außergewöhnliche Belastungen für große Teile der Bevölkerung in Ost- und Westdeutschland mit sich bringt, wirkt sich vor allem die ökonomische Globalisierung, genauer: die neoliberale Modernisierung fast aller Lebensbereiche, in fragwürdiger Weise aus.

Familie bzw. Familienpolitik steht bei Politikern, der Regierung wie der Opposition, zurzeit hoch im Kurs. Parteien von Links- bis Rechtsaußen buhlen regelrecht um die Gunst der Eltern, sie überbieten einander im Hinblick auf Forderungen nach finanzieller Unterstützung „der Familie". Familienpolitik avancierte schon im Vorfeld der Bundestagswahl 2002 zum Wahlkampfschlager.[2] Wenn man bedenkt, dass sich die Sozialpolitik mehr als ein Vierteljahrhundert lang, nämlich seit der Weltwirtschaftskrise 1974/76, permanent in der Defensive befindet, überrascht diese Tatsache, aber auch der Umstand, dass die Ausgaben für Familien noch immer steigen, obwohl SPD und Bündnis 90/Die Grünen das Sparen auf ihre Fahnen geschrieben haben und bei ihrer Regierungsübernahme im Herbst 1998 als Kritiker einer solchen (Um-)Orientierung galten.

Zwar haben sich die Parteien in der Familienpolitik aufeinander zu bewegt, sie ist aber ein ideologisch aufgeladenes Politikfeld geblieben und immer noch nicht frei von Heuchelei, wie folgendes Beispiel zeigt: In der Diskussion über den Familiennachzug im Rahmen eines Zuwanderungsgesetzes wollten gerade diejenigen das Höchstalter, bei dem Kinder noch zu ihren migrierten Eltern stoßen können, möglichst niedrig halten (sechs oder zwölf statt 16 oder 18 Jahre), die sich sonst gern als einzig wahre Freunde und Förderer der Familie zu profilieren suchen. Umso notwendiger sind Überlegungen, wie man Familien, insbesondere deren Kinder, vor krisenhaften Ent-

---

1 Vgl. ergänzend hierzu: Christoph Butterwegge, Wohlfahrtsstaat im Wandel. Probleme und Perspektiven der Sozialpolitik, 3. Aufl. Opladen 2001

2 Vgl. dazu: Claudia Pinl, Wieviele Ernährer braucht das Land?, Familienpolitik als Wahlkampfschlager, in: Blätter für deutsche und internationale Politik 9/2001, S. 1123ff.

wicklungen bewahren, sozial besser absichern und ihre Handlungsspielräume vergrößern kann. Hier ist der Staat schon deshalb gefordert, weil sich die Lebensbedingungen vor allem junger Menschen, die entweder als Kinder in Familien aufwachsen oder solche gründen wollen bzw. gegründet haben, bereits seit mehreren Jahren spürbar verschlechtern.

Kinderarmut in Deutschland: Symptom für die Krise der Familie und/oder Armutszeugnis der Sozialpolitik?

Manche meinen, Kinderarmut gebe es nur in Staaten wie Bangladesch, Burundi oder Burkina Faso, aber keineswegs in der Bundesrepublik: „Den meisten Kindern in Deutschland geht es gut. Sie sind ausreichend ernährt, ihre Gesundheitsfürsorge ist durch genügend Ärzte und Medikamente gesichert. Die Kindersterblichkeit ist eine der niedrigsten auf der Welt. Bildung für alle ist verwirklicht. Wenn Kinder Schwierigkeiten haben, wird ihnen geholfen, sei es in der Schule oder im familiären Umfeld. Freizeitangebote gibt es in Hülle und Fülle, von denen ihre Altersgenossen in anderen Ländern nur träumen können."[3]

Die hier gezeichnete Idylle trügt jedoch: Unter deutschen Expert(inn)en besteht Einigkeit darüber, dass Kinderarmut die am weitesten verbreitete, bedrückendste und brisanteste Armutsform darstellt.[4] Heute wachsen erheblich mehr Kinder und Jugendliche als noch vor wenigen Jahren in materieller Not und/oder unbefriedigenden Wohn- bzw. Lebensverhältnissen auf. Wie der erste Armuts- und Reichtumsbericht der Bundesregierung offiziell ausweist, bezogen 1,1 Mio. Kinder unter 18 Jahren, d.h. 6,8 Prozent dieser Altersgruppe, Ende 1998 laufende Hilfe zum Lebensunterhalt. „Insgesamt ist festzustellen, dass die Sozialhilfequote der Kinder überdurchschnittlich hoch ist, dass sie um so höher ist, je jünger die Kinder sind, und dass sie im Zeitverlauf zugenommen hat."[5]

Petra Buhr spricht von Kindern als „direkter Armutsursache", wenn Familien durch die Geburt in eine materielle Notlage geraten, und von ihnen als „Zusatzrisiko", wenn Familien durch andere Lebensereignisse unter die Armutsgrenze fallen.[6] Durch die Geburt eines (weiteren) Kindes steigt das Ar-

---

3   Ludwig Watzal, Editorial, in: Aus Politik und Zeitgeschichte. Beilage zur Wochenzeitung *Das Parlament* 17-18/2000, S. 2

4   Vgl. hierzu: Christoph Butterwegge (Hrsg.), Kinderarmut in Deutschland. Ursachen, Erscheinungsformen und Gegenmaßnahmen, 2. Aufl. Frankfurt am Main/New York 2000

5   Bundesministerium für Arbeit und Sozialordnung (Hrsg.), Lebenslagen in Deutschland. Der erste Armuts- und Reichtumsbericht der Bundesregierung, Bd. 1, Bonn 2001, S. 78

6   Siehe Petra Buhr, Armut durch Kinder – zur Logik der Benachteiligung von Familienarbeit im Sozialstaat, in: Andreas Netzler/Michael Opielka (Hrsg.), Neubewertung der Familienarbeit in der Sozialpolitik, Opladen 1998, S. 72

mutsrisiko dramatisch, wenn die damit verbundenen Belastungen ohne (Ehe-) Partner getragen werden müssen, durch die Berufsaufgabe infolge der anfallenden Erziehungs- und Betreuungsarbeit das Erwerbseinkommen eines Partners (teilweise) entfällt oder die Familie ohnehin schon bis an den äußersten Rand finanziell belastet ist.

Betroffen sind vor allem Alleinerziehende (überwiegend Frauen) und kinderreiche Familien, deren Haushaltseinkommen zu gering ist, um die Bedürfnisse von Mitgliedern der jüngeren Generation zu befriedigen. „Aus der Perspektive der Eltern bzw. der Familiengemeinschaft vergrößern Kinder den Einkommensbedarf, ohne dass sichergestellt wäre, dass auch der Einkommenszufluss entsprechend steigt."[7] Für die betroffenen Familien erwachsen daraus ganz erhebliche Belastungen, ja sie geraten häufig in eine Zerreißprobe, die mit der Trennung bzw. Scheidung endet.

Alleinerziehende und kinderreiche Familien tragen nicht nur ein größeres Risiko als Kinderlose, arm zu werden, sondern bleiben auch länger in einer Notlage.[8] Zwischen den prekären Lebenslagen von Familien, Sozialisationsdefiziten und psychosozialen Folgen für die Kinder besteht ein Kausal- bzw. Wechselverhältnis, das zu einem „Teufelskreis der Armut" führt und einen „intergenerationalen Schneeball-Effekt" hervorruft.[9]

Je mehr die Familie ihre Monopolstellung als Lebensform der großen Bevölkerungsmehrheit verliert, umso weniger erfüllt sie ihre Funktion als „Auffangstation und Basisinstitution sozialer Politik", wie Ute Gerhard betont.[10] Barbara Riedmüller weist zudem darauf hin, „daß heute Kinderhaben ein höheres Armutsrisiko darstellt als noch vor zwanzig Jahren und daß dieses Risiko Ausdruck veränderter Familien- und Haushaltsformen ist."[11] Gleichwohl liegen hier nicht die Wurzeln der sozialen Probleme, und es hieße, Ursache und Wirkung zu verwechseln, wollte man der – bisher ohnehin mehr als beschränkten – Emanzipation von Frauen die Schuld am misslichen Schicksal armer und benachteiligter Kinder geben. Kinderarmut ist aber keine Folge des Funktionsverlustes bzw. einer strukturellen Überforderung der Familie, vielmehr Ausdruck einer Krise des marktwirtschaftlichen Systems, das neben unvorstellbarem Reichtum massenhaft Arbeitslosigkeit, Armutser-

---

7   Walter Hanesch u.a., Armut und Ungleichheit in Deutschland. Der neue Armutsbericht der Hans-Böckler-Stiftung, des DGB und des Paritätischen Wohlfahrtsverbands, Reinbek bei Hamburg 2000, S. 274

8   Vgl. ebd., S. 292

9   Siehe Michael Klein, Familie und Armut, in: Ronald Lutz/Matthias Zeng (Hrsg.), Armutsforschung und Sozialberichterstattung in den neuen Bundesländern, Opladen 1998, S. 113

10 Siehe Ute Gerhard, Feministische Sozialpolitik in vergleichender Perspektive, in: Feministische Studien 2/1996, S. 6

11 Siehe Barbara Riedmüller, Sozialpolitik und Armut. Ein Thema zwischen Ost und West, in: Ulrich Beck/Elisabeth Beck-Gernsheim (Hrsg.), Riskante Freiheiten. Individualisierung in modernen Gesellschaften, Frankfurt am Main 1994, S. 80

scheinungen der verschiedensten Art und soziale Kälte produziert, ohne dass
der Staat bisher mit Erfolg gegensteuert. Kinderarmut stellt zumindest dann
ein Armutszeugnis für die Sozialpolitik eines Landes dar, wenn es über genügend Ressourcen verfügt, um allen Bewohner(inne)n befriedigende Lebensbedingungen zu garantieren.

Familien in der „Globalisierungsfalle": Individualisierung, Pluralisierung der Lebensformen und Flexibilisierung

Wie kaum eine andere gesellschaftliche Institution unterlag die Familie in
den letzten Jahrzehnten tief greifenden Wandlungsprozessen, die sich mit den
Stichworten „Individualisierung", „Pluralisierung der Lebensformen" und
„Enttraditionalisierung" kennzeichnen lassen.[12] Was für manche Menschen
einen größeren Freiraum und mehr Handlungsoptionen eröffnet, stellt für
Familien eine existenzielle Herausforderung dar.

Hinsichtlich der Familie existieren im vereinten Deutschland weiterhin
zwei Gesellschaften: Während im Westen nach wie vor die Ernährerehe bzw.
die Hausfrauenfamilie (und damit ein patriarchalischer Familientyp) dominiert,
leiden im Osten vor allem alleinerziehende, früher berufstätige Frauen am
Wegfall vieler Arbeitsplätze und Kinderbetreuungseinrichtungen, durch die sie
zu gleichberechtigten Partnerinnen ihrer erwerbstätigen (Ehe-)Männer wurden.

Nach dem Bankrott des Staatssozialismus und dem Sieg der kapitalistischen Marktwirtschaft ist nicht nur dem Sozialstaat der Krieg, sind vielmehr
auch die Kinderlosen zum innenpolitischen Feindbild erklärt worden.[13] „Doppelverdiener" und „hedonistische Singles" bezichtigt man, die Probleme des
Sozialstaates, vor allem im Bereich der Alterssicherung, erzeugt und zudem
nicht für die biologische Reproduktion der Gesellschaft gesorgt zu haben.

Die gegenwärtige Dramatik der Armut wird erst verständlich vor dem
Hintergrund einer sich wohl noch verschärfenden Weltmarktdynamik. Von der
unter dem Begriff „Globalisierung" diskutierten Wirtschaftsentwicklung ausgehend, sind Armut, Unterversorgung und Ausgrenzung als Phänomene einer
„sozialpolitischen Postmoderne", die mittelalterliche Züge trägt, neu zu ver-
messen. Denn die forcierte Globalisierung führt keineswegs zur Verallgemei-
nerung (Generalisierung) des materiellen Wohlstandes. Vielmehr wirkt der
Globalisierungsprozess im Rahmen neoliberaler Standortpolitik als „soziales

---

12 Vgl. dazu: Hans Bertram/Renate Borrmann-Müller, Individualisierung und Pluralisie-
rung familialer Lebensformen, in: Aus Politik und Zeitgeschichte 13/1988, S. 14ff.;
Klaus Peter Strohmeier, Pluralisierung und Polarisierung der Lebensformen in
Deutschland, in: Aus Politik und Zeitgeschichte 17/1993, S. 11ff.

13 Vgl. Reiner Hans Dinkel, Die Kinderlosen: das neue Feindbild der Familien-, Steuer-
und Sozialpolitik, in: Sozialer Fortschritt 1/1995, S. 11ff.

Scheidewasser", das die Bevölkerung der Bundesrepublik – wie die anderer Länder – in Gewinner und Verlierer/innen, diese wiederum in Marginalisierte (Dauerarbeitslose, Deprivierte und Langzeitarme) sowie Geringverdiener/innen (prekär Beschäftigte, Überschuldete und Kurzzeitarme) spaltet.

Obwohl es hierzulande weder die Armengettos am Rande der Großstädte – wie in den USA – noch das Phänomen der Straßenkinder nach südamerikanischem Muster gibt, machen sich die berufliche Perspektivlosigkeit und soziale Exklusion vieler Menschen schon im frühen Kindesalter bemerkbar. Kinder und Jugendliche sind heute deshalb so stark von Arbeitslosigkeit und/oder Armut betroffen, weil das Projekt des „Umbaus" der Gesellschaft und ihres Sozialstaates auf Kosten vieler Eltern geht, die nicht mehr das Maß an Sicherheit haben wie die Nachkriegsgeneration: Von der Aushöhlung des „Normalarbeitsverhältnisses" durch die Arbeitgeber (erzwungene Teilzeit- und Leiharbeit, befristete und/oder geringfügige Beschäftigung sowie arbeitnehmerähnliche bzw. Scheinselbstständigkeit) über den durch höhere Mobilitäts- und Flexibilitätserwartungen der Wirtschaft beschleunigten Zerfall der „Normalfamilie" mit einem Ehepaar und zwei Kindern bis zum neoliberalen Um- bzw. Abbau des Sozialstaates verschlechtern sich die Arbeits- und Lebensbedingungen der heute Erwerbstätigen wie der ihnen nachfolgenden Generationen. Kinder sind quasi die schwächsten Glieder einer Kette von Änderungen der Berufswelt im Zeichen des Globalisierungs- bzw. Modernisierungsprozesses direkt oder indirekt Betroffener.

Nicht nur der „Normalarbeitnehmer", welcher – als sog. Standardrentner – nach 45 Berufsjahren den verdienten Ruhestand ohne große Verringerung seines bisherigen Lebensstandards genießt, dürfte demnächst eher zur Ausnahme von der Regel gehören, sondern auch jene „Normalfamilie", die neben ihm und seiner (nicht berufstätigen) Ehefrau mindestens ein oder zwei Kinder umfasst. Zwar ist die bürgerliche Kernfamilie (noch) kein soziokulturelles Auslaufmodell, aber sie befindet sich – in erster Linie bei städtischen Mittelschichtangehörigen – auf dem Rückzug.[14] Alternative Lebensformen, wie etwa Singles, „unvollständige", sog. Ein-Elternteil- bzw. „Patchwork-Familien" und homosexuelle Lebensgemeinschaften sind hingegen auf dem Vormarsch.[15]

Heirats- und Kinderwunsch bleiben allerdings fester Bestandteil der Lebensperspektive junger Menschen, wie Umfragen bestätigen. „Beruf und Familie (vor allem gemeinsam) erweisen sich insgesamt als die Sinnbereiche des

---

14 Vgl. Klaus Peter Strohmeier, Pluralisierung und Polarisierung der Lebensformen in Deutschland, a.a.O., S. 21f.
15 Vgl. dazu: Michael Erler, Die Dynamik der modernen Familie. Empirische Untersuchung zum Wandel der Familienformen in Deutschland, Weinheim/München 1996; Udo Rauchfleisch, Alternative Familienformen. Eineltern, gleichgeschlechtliche Paare, Hausmänner, Göttingen 1997; Rüdiger Peuckert, Familienformen im sozialen Wandel, 3. Aufl. Opladen 1999; Elisabeth Beck-Gernsheim, Was kommt nach der Familie?, Einblicke in neue Lebensformen, 2. Aufl. München 2000

Lebens, auf die hin die Jugendlichen ihre Lebensplanungen entwerfen."[16]
Franz-Xaver Kaufmann betont außerdem, „daß in der Bundesrepublik unter
Einschluß der neuen Bundesländer nach wie vor zwei Drittel aller Ehen zu-
sammenbleiben, ‚bis der Tod sie scheidet', und daß rd. vier Fünftel aller Kinder
ihre ganze Jugend in Gesellschaft ihrer beiden leiblichen Eltern verbringt."[17]
Dies bedeutet jedoch nicht, dass man sich weiterhin ruhigen Gewissens auf familiale Sicherungsarrangements stützen kann. „Familie als gelebte Wirklichkeit
erweist sich immer noch als angestrebte Lebensform, an Bedeutung verloren
hat jedoch Familie als institutioneller Rahmen sozialer Sicherung."[18]

Wie beim „Normalarbeitsverhältnis", das an Bedeutung einbüßt, aber in
seinem Kern fortbesteht, muss auch bei der „Normalfamilie" einschränkend
hinzugefügt werden, dass sie nicht verschwindet, sondern sich verändert und
nur dort von anderen Lebensformen verdrängt wird, wo man noch am ehesten
durch gut bezahlte Erwerbstätigkeit sozial gesichert ist. „Die Neigung zur Fa-
miliengründung geht vor allem in solchen Milieus zurück, in denen ein stabiles
Familienleben (samt der bisherigen Rollenverteilung) in Konflikt gerät mit den
Anforderungen beruflicher Mobilität und biographischer Flexibilität."[19]

Durch die Zunahme atypischer und prekärer Arbeitsverhältnisse, von
(Zwangs-)Teilzeit, Leiharbeit, arbeitnehmerähnlicher bzw. Scheinselbstständigkeit und Langzeit- oder Dauerarbeitslosigkeit wird das auf tradierten gesellschaftlichen Normalitätsstandards basierende Sicherungsmodell tendenziell in Frage gestellt. Auch der zweite Stützpfeiler des Bismarck'schen Sozi-
al(versicherungs)staates, die „Hausfrauenehe" bzw. „Normalfamilie", in der
ein männlicher Ernährer sein für Kindererziehung, Familienarbeit und Re-
produktionsleistungen zuständiges weibliches Pendant (durch „abgeleitete",
von ihm erworbene Ansprüche sogar über den eigenen Tod hinaus) mit absi-
chert, wird zunehmend brüchiger und als Leitbild der Sozialpolitik obsolet.[20]
Wiewohl die traditionelle Lebensform, durch das Ehegattensplitting bei der
Lohn- und Einkommensteuer, die beitragsfreie Familienversicherung in der
Gesetzlichen Kranken- und Pflegeversicherung, die Witwen- und Waisenver-
sorgung in der Rentenversicherung, Erziehungsgeldregelungen usw. begünstigt, noch nicht der Vergangenheit angehört, büßen der Familienverband und

---

16 Werner Fuchs-Heinritz, Zukunftsorientierungen und Verhältnis zu den Eltern, in: Deut-
     sche Shell (Hrsg.), Jugend 2000. 13. Shell Jugendstudie, Bd. 1, Opladen 2000, S. 72
17 Siehe Franz-Xaver Kaufmann, Zukunft der Familie im vereinten Deutschland. Gesell-
     schaftliche und politische Bedingungen, München 1995, S. 224
18 Wolfgang Voges, Konsequenzen neuer Familienformen und heterogener Armutsla-
     gen, in: Werner Schönig/Raphael L'Hoest (Hrsg.), Sozialstaat wohin?, Umbau, Abbau
     oder Ausbau der sozialen Sicherung, Darmstadt 1996, S. 82
19 Günter Burkart, Zum Strukturwandel der Familie. Mythen und Fakten, in: Aus Politik
     und Zeitgeschichte 52-53/1995, S. 13
20 Vgl. Karl Hinrichs, Das Normalarbeitsverhältnis und der männliche Familienernährer
     als Leitbilder der Sozialpolitik. Sicherungsprobleme im sozialen Wandel, in: Sozialer
     Fortschritt 4/1996, S. 102ff.

die Verwandtschaftsbeziehungen zu Gunsten „wilder Ehen", wechselnder Partnerschaften sowie anderer Lebens- bzw. Liebesformen an Relevanz ein. Positiv kann vermerkt werden, dass sich die Stellung der Frauen, bedingt durch eine wachsende Bildungs- und Erwerbsbeteiligung, verbessert hat: „Ihre Abhängigkeit von den Männern sinkt, die ‚Versorgungsehe' verliert an Bedeutung. Sie können eher auf die Heirat verzichten – oder sie können sich leichter scheiden lassen. Vor allem aber wird für Frauen eine eigene ‚Berufsbiographie' immer mehr zu einem normalen Element der Lebensperspektive. Die Beschränkung auf ‚Küche und Kinder' erscheint dann geradezu als Relikt."[21] Das hier von Günter Burkart gezeichnete Bild erscheint vor dem Hintergrund der jüngsten Entwicklungen allerdings zu rosig. Denn im Arbeits- und Berufsleben wurde die Geschlechteremanzipation zum Teil wieder rückgängig gemacht, woraus Nachteile sowohl für das System der sozialen Sicherung wie für die Betroffenen resultierten. Modernisierungs- und Individualisierungsschübe trafen vor allem die früher überwiegend erwerbstätigen, durch „Wende" bzw. Wiedervereinigung arbeitslos gewordenen und „an den Herd" zurückgeworfenen Frauen in Ostdeutschland hart.[22]

Sibylle Raasch moniert denn auch, dass Frauen in einer Zwickmühle stecken: „Weder Erwerbsarbeit noch Ehe bieten der heutigen, vor allem aber den künftigen Frauengenerationen noch hinreichende Existenzsicherheit."[23] Problematisch ist jedoch gar nicht der Individualisierungsprozess selbst, sondern wie die etablierte Politik damit umgeht: Fördert sie die (Re-)Privatisierung sozialer Risiken, oder wirkt sie einer fortschreitenden Entsolidarisierung innerhalb der Gesellschaft entgegen? Eine weitere Stärkung der „Eigenverantwortung" bzw. der „privaten Daseinsvorsorge", wie sie das Arbeitgeberlager und liberalkonservative Kreise propagieren, macht die Gesellschaft nicht eben humaner. Vielmehr beklagt man den „entsolidarisierenden Individualitätswahn" bzw. „Egozentrik und Egoismus",[24] treibt sie durch die Glorifizierung des Marktes aber selbst voran. Es grenzt schon an Schizophrenie, wenn Politiker über den Verfall traditioneller (Familien-)Werte lamentieren, unter Benutzung wohlklingender, aber äußerst fragwürdiger Leerformeln wie „mehr Eigenverantwortung", „größere Mobilität" oder „höhere Flexibilität" jedoch gleichzeitig Arbeitnehmer/innen ihrer sozialen Sicherheit und elementarer Schutzrechte berauben wollen.

Die ökonomische Globalisierung führt sowohl zwischen den Ländern wie innerhalb jeder einzelnen Gesellschaft zu einer sozialen Polarisierung,

---

21 Günter Burkart, Zum Strukturwandel der Familie, a.a.O., S. 8
22 Vgl. Kerstin Bast/Ilona Ostner, Ehe und Familie in der Sozialpolitik der DDR und BRD – ein Vergleich, in: Winfried Schmähl (Hrsg.), Sozialpolitik im Prozeß der deutschen Vereinigung, Frankfurt am Main/New York 1992, S. 250
23 Sibylle Raasch, Feministischer Umbau von Arbeitsgesellschaft und Sozialstaat, in: Harald Mattfeldt/Alfred Oppolzer/Udo Reifner (Hrsg.), Ökonomie und Sozialstaat. In memoriam Helmut Fangmann, Opladen 1998, S. 25
24 Siehe Wolfgang Schäuble, Und sie bewegt sich doch, Berlin 1998, S. 91 und 93

die an der bürgerlichen Familie als einer Institution, welche über Jahrhunderte hinweg materielle Sicherheit und sozialen Halt versprach, nicht spurlos vorübergeht. Eine neoliberal dominierte Leistungs-, Konkurrenz- und Ellenbogengesellschaft wie unsere, die sich eher für Berufskarrieren und Aktienkurse als für Kinderarmut und Babyklappen interessiert, bietet sozial benachteiligten Familien keine gesicherte Existenzgrundlage. Flexibilität, Risikofreude und soziale Unsicherheit, wie sie der globalisierte Kapitalismus propagiert, sind heute die Hauptfeinde der Familie. Der „flexible Mensch" (Richard Sennett) kann sich keine Familie mehr „leisten", weniger aufgrund finanzieller Probleme als infolge jener geografischen und beruflichen Mobilität, die Manager transnationaler Konzerne von ihm verlangen. Der „Turbokapitalismus" (Edward N. Luttwak) ist familienfeindlich, familienfeindlicher als jedes andere Wirtschafts- und Gesellschaftssystem. Wer ihn glorifiziert, wird deshalb unglaubwürdig, wenn er gleichzeitig mehr Familiensinn fordert.

Nichts schadet den Familien mehr als die Vermarktung der zwischenmenschlichen Beziehungen, die mit den (Totschlag-)Argumenten „Globalisierung" und „Standortsicherung" begründet wird. Mit dem Aufstieg der bürgerlichen Gesellschaft entstand die moderne Kleinfamilie, welche nicht zuletzt für die Regeneration der (männlichen) Arbeitskraft zuständig war. Mit dem Übergang von der Industrie- zur Informationsgesellschaft verliert die Familie ihre produktivste Funktion. Ulrich Beck und Elisabeth Beck-Gernsheim gehen sogar noch weiter, wenn sie konstatieren: „Die Negation sozialer Bindungen, die in der Marktlogik zur Geltung kommt, beginnt in ihrem fortgeschrittensten Stadium auch die Voraussetzungen dauerhafter Zweisamkeit aufzulösen."[25]

Ein typisches Beispiel dafür, dass die neoliberale Hegemonie, also die Meinungsführerschaft des Marktradikalismus, auch das Umfeld der Familie, früher eine Domäne des Wertkonservatismus, erfasst hat, liefert Max Wingen, wenn er die familienorientierte Politik, wie sie ihm vorschwebt, als „wichtigen Standortfaktor" bezeichnet und auf die Unterstützung der privaten Wirtschaft hofft,[26] statt ihren hohen Stellenwert für eine humane Gesellschaft aus sich selbst heraus zu begründen.

Seit der Fünfte Familienbericht der Bundesregierung (1994/95) die Kinder schon in seinem Titel als „Humanvermögen" bezeichnete, gilt ihre Betreuung und Erziehung als eine Leistung, welche Eltern für die Gesellschaft bzw. den Staat erbringen, der sie dafür gewissermaßen zu be- oder gar entlohnen hat. Dass sich (insbesondere nach dem Urteil des Bundesverfassungsgerichts vom 3. April 2001 zur Pflegeversicherung) immer mehr die Position durchsetzt, der „generative Beitrag" von Eltern zur Funktionsfähigkeit unse-

---

25 Ulrich Beck/Elisabeth Beck-Gernsheim, Das ganz normale Chaos der Liebe, Frankfurt am Main 1990, S. 191
26 Siehe Max Wingen, Familienpolitik. Grundlagen und aktuelle Probleme, Bonn (Schriftenreihe der Bundeszentrale für politische Bildung, Bd. 339) 1997, S. 133

res Sozial(versicherungs)staates müsse buchstäblich in Mark und Pfennig bzw. in Euro und Cent entgolten werden, deutet darauf hin, dass Kinder als Privatbesitz ihrer Eltern angesehen werden.

Einerseits führt die Verabsolutierung der Wirtschaftskraft im Neoliberalismus zu einer weitgehenden Ökonomisierung von Familienrealität und -politik, andererseits veranlasst die Alltagswirklichkeit der Konkurrenz- und Hochleistungsgesellschaft viele Menschen, in einer vorgeblich „heilen Welt", einer Familienidylle, die es dort weder gibt noch geben kann, falls es sie je gegeben hat, Zuflucht vor den vielfältigen Zwängen und Zumutungen des (Arbeits-)Marktes zu suchen. Angesichts der wachsenden Unwirtlichkeit einer globalisierten Welt erscheint dieser menschliche Mikrokosmos geradezu als Hort der Stabilität.

„Familienfundamentalismus" nennt Thomas Ebert jene „theoretisch radikale und auch politisch militante Rückbesinnung auf vormoderne Wertorientierungen", die den modernen Sozialstaat einer „Transferausbeutung" der Eltern bezichtigt und ihn zur Wiedergutmachung durch noch höhere (steuerliche) Entlastungen und/oder (Geld-)Leistungen für die Kindererziehung nötigt.[27] „Es fällt auf, daß in Deutschland die Auffassung an Bedeutung gewinnt, Kinder zu haben und aufzuziehen, sei primär eine Leistung für die Gesellschaft, für die diese auch zu bezahlen habe."[28] Dass der Begriff „Familienlastenausgleich" in den 90er-Jahren durch den Terminus „Familienleistungsausgleich" ergänzt und zum Teil verdrängt wurde, dürfte darin begründet liegen, aber auch mit dazu beigetragen haben, dass die Aufzucht von Nachwuchs als durch den Staat zu prämierende Leistung interpretiert wird. Ebert kritisiert zu Recht, dass die besagte Ideologie den gesellschaftlich produzierten Reichtum auf den Fortpflanzungsmechanismus zurückführt, selbst das von (erwachsenen) Kindern erarbeitete Sozialprodukt noch als Privateigentum der Eltern begreift und so ein partnerschaftliches Verständnis der Geschlechterrollen konterkariert.

Der moderne Sozialstaat im Kreuzfeuer liberalkonservativer Kritik: Totengräber oder Stützpfeiler der Familie?

Familienstrukturen und -politik hängen heute in erster Linie von der Verfasstheit, der (finanziellen) Leistungsfähigkeit und der Ausrichtung des Sozialstaates ab. Seit geraumer Zeit befindet sich dieser in einer Krise; umstritten ist jedoch, ob es sich dabei um eine Krise des Sozialstaates selbst oder um exogene Probleme handelt, die er nur schwer bewältigen kann.

---

27 Thomas Ebert, Familienfundamentalismus und Alterssicherung, in: WSI-Mitteilungen 6/1995, S. 365f.

28 Karin Müller-Heine, Ziele und Begründungen von Familienpolitik, in: Arbeit und Sozialpolitik 9-10/1999, S. 60

In der Diskussion darüber lassen sich hauptsächlich vier Argumentationsmuster unterscheiden, die in unterschiedlichen Abwandlungen immer wiederkehren und sich zum Teil überlappen:

1. *Großzügigkeit/Generosität*: Der deutsche Wohlfahrtsstaat sei in seiner Leistungsgewährung zu freigiebig, was ihn finanziell zunehmend überfordere und das Gegenteil dessen bewirke, was eigentlich intendiert sei. Arbeitslosigkeit und Armut könnten nicht mehr wirksam bekämpft werden, weil es sich für die Betroffenen kaum lohne, Erwerbsarbeit zu leisten, wenn sich die Höhe der Lohnersatzleistungen auf demselben Niveau bewege.

2. *Leistungsmissbrauch*: Da es keine wirksamen Kontrollen gebe, lasse sich auch nicht verhindern, dass Sozialleistungen von Menschen, die gar nicht anspruchsberechtigt seien, missbräuchlich in Anspruch genommen würden.

3. *Demografischer Wandel*: Durch die sinkende Geburtenrate der Deutschen und die steigende Lebenserwartung aufgrund des medizinischen Fortschritts komme es zu einer „Vergreisung" der Bundesrepublik, die das ökonomische Leistungspotenzial des Landes schwäche und die sozialen Sicherungssysteme (Renten-, Pflege- und Krankenversicherung) überfordere. Dem könne nur mittels einer (Teil-)Privatisierung auf der Beitrags- sowie einer Leistungsreduzierung auf der Kostenseite begegnet werden.

4. *Globalisierung*: Infolge der sich verschärfenden Weltmarktkonkurrenz müsse der „Standort D" entschlackt und der Sozialstaat „verschlankt" werden, wolle man die Konkurrenzfähigkeit und das erreichte Wohlstandsniveau halten. Der (nordwest)europäische Wohlfahrtsstaat gilt neoliberalen Kritikern als von der ökonomisch-technologischen Entwicklung überholt, als Hemmschuh der internationalen Wettbewerbsfähigkeit und als Investitionshindernis, kurz: als Dinosaurier, der ins Museum gehört, neben das Spinnrad und die bronzene Axt. „Der Sozialstaat", meint z.B. Alfred Zänker, „ist zum Klotz am Bein der Wirtschaft im Wettstreit auf den Weltmärkten geworden."[29] Neoliberale wollen entweder überhaupt keinen oder nur einen „Minimalsozialstaat", der das bestehende Wohlfahrtsarrangement ablösen soll, weil es nicht mehr finanzierbar sei und „immense moralische Kosten" verursache, die Wolfgang Kersting darin sieht, dass Bürger in Klienten verwandelt werden, die aus der Balance von Leistung und Gegenleistung geraten und die Fähigkeit zu einer eigenverantwortlichen Lebensführung und zum Umgang mit Lebensrisiken verlieren.[30]

---

29 Alfred Zänker, Der bankrotte Sozialstaat. Wirtschaftsstandort Deutschland im Wettbewerb, München 1994, S. 205
30 Siehe Wolfgang Kersting, Theorien der sozialen Gerechtigkeit, Stuttgart/Weimar 2000, S. 7

Diesen (größtenteils „interessierten") Missverständnissen und Fehlurteilen gegenüber ist Folgendes geltend zu machen:

1. Die empirische Wohlfahrtsstaatsforschung weist nach, dass die Bundes-republik – entgegen dem allgemeinen Bewusstsein wie den hierzulande dominierenden Medienbildern – keineswegs den „großzügigsten" europäischen Sozialstaat besitzt, sondern hinsichtlich der Leistungsgewäh-rung im Vergleich mit anderen EU-Staaten höchstens noch im unteren Mittelfeld rangiert. „Bis zum Ende der siebziger Jahre belegte Deutsch-land im internationalen Vergleich führende bis deutlich überdurch-schnittliche Positionen, sank aber im Verlauf der achtziger und neunziger Jahre auf durchschnittliche bis unterdurchschnittliche Plätze ab."[31]

2. Auch der Missbrauch des Sozialstaates durch nicht Anspruchsberechtigte hält sich trotz vieler spektakulärer Berichte (vor allem der Boulevard-presse) über Einzelfälle, Vorurteile bezüglich sozialer Randgruppen, die auf Sozialleistungen angewiesen sind, und des Stammtischgeredes in en-gen Grenzen. Alle seriösen Studien gelangen zu dem Schluss, dass es sich bei dem beklagten Leistungsmissbrauch weder um ein Massenphä-nomen handelt noch der Sozialstaat dadurch bedroht wird.[32]

3. Die demografischen Entwicklungsperspektiven werden in der Öffentlich-keit und den Medien zu einem Schreckensszenario verdüstert. Diese erin-nern Stefan Hradil an entsprechende Prognosen aus den 70er- und 80er-Jahren, die sich später nicht bewahrheiteten: „Auch damals haben die maßgebenden Prognosen ein Schrumpfen der Bevölkerung vorausgesagt. Hauptsächlich in Folge der Zuwanderung, von der die Prognostiker da-mals nichts oder zu wenig wissen wollten, blieb die Bevölkerung West-deutschlands jedoch bis in die 90er Jahre hinein stabil."[33] Heute fehlen keine Babys, vielmehr genügend Beitragszahler/innen, die man auf un-terschiedliche Weise, etwa durch eine konsequente(re) Bekämpfung der Arbeitslosigkeit, die Erhöhung der Frauenerwerbsquote, die Erleichte-rung der Zuwanderung und/oder die Erweiterung des Versichertenkreises gewinnen kann. Statt zu klären, wie man aus einer Verschiebung der Al-tersstruktur fraglos resultierende Schwierigkeiten solidarisch (z.B. durch die Erhöhung der Beitragsbemessungsgrenze und/oder die Verbreiterung der Basis des Rentensystems, also Einbeziehung von Selbstständigen,

---

31 Jens Alber, Der deutsche Sozialstaat im Licht international vergleichender Daten, in: Leviathan 2/1998, S. 209

32 Vgl. Diane Wogawa, Missbrauch im Sozialstaat. Eine Analyse des Missbrauchsargu-ments im politischen Diskurs, Wiesbaden 2000, S. 9 und passim; ergänzend: Siegfried Lamnek/Gaby Olbrich/Wolfgang J. Schäfer, Tatort Sozialstaat: Schwarzarbeit, Leis-tungsmissbrauch, Steuerhinterziehung und ihre (Hinter-)Gründe, Opladen 2000

33 Stefan Hradil, Bevölkerungsentwicklung und Gesellschaftsveränderung in den kom-menden Jahrzehnten, in: Gegenwartskunde 3/2001, S. 387

Freiberuflern und Beamten) bewältigen kann, benutzt man sie als politischen Hebel zur leichteren Durchsetzung von „Sparmaßnahmen".

4. Noch nie war der Sozialstaat für die Gesellschaft (und besonders ihre
    Familien) so unverzichtbar wie im viel beschworenen „Zeitalter der Glo-
    balisierung". Gerade die Bundesrepublik, deren exportstarke Wirtschaft
    zu den Hauptgewinnern des Globalisierungsprozesses zählt, kann sich
    einen entwickelten Sozialstaat aufgrund ihres wachsenden Wohlstandes,
    der allerdings immer ungleicher verteilt ist, nicht nur weiterhin leisten,
    sondern darf ihn auch nicht abbauen, wenn sie einerseits die Demokratie
    und den inneren Frieden bewahren sowie andererseits konkurrenzfähig
    bleiben will. Selbst innerhalb der neoliberalen Standortlogik gibt es gute
    Gründe für eine – im Vergleich mit anderen, weniger erfolgreichen Wirt-
    schaftsstandorten – expansive Sozialpolitik.

Geht es um die Bedeutung des Sozialstaates für die Familie, könnten die Ein-
schätzungsunterschiede zwischen den Experten gar nicht größer sein. Neoliberale machen den ihres Erachtens überbordenden Wohlfahrtsstaat für alle erdenklichen gesellschaftlichen Missstände verantwortlich. Norbert Berthold etwa führt die „Krise der Familie", den Geburtenrückgang und die wachsende
Heiratsunwilligkeit von Frauen auf seinen forcierten Ausbau nach dem Zweiten
Weltkrieg zurück.[34] „Transferausbeutung der Familien" wirft man dem Sozialstaat vor.[35] Dadurch wird die Umverteilung gesellschaftlicher Ressourcen zugunsten von Eltern politisch legitimiert, die bestehende Struktur der Ungleichheit hingegen negiert. „Die soziale Kluft wächst in der Gesellschaft insgesamt;
die Trennung zwischen Arm und Reich verläuft aber nicht entlang einer Linie
der Lebensformen, armen, ausgebeuteten Familien auf der einen Seite und
fröhlich ihre Einkommen verprassenden Kinderlosen auf der anderen."[36] Der
deutsche Wohlfahrtsstaat ist nicht, wie einflussreiche Lobbyisten oft behaupten, familienfeindlich: „Im Gegenteil existiert ein weit verzweigtes – leider un-
übersichtliches – Netz von familienbezogenen Leistungen und Diensten, die in
vielen Bereichen soziale Sicherungen für Kinder und Eltern etabliert haben."[37]
    Zwar umfasst der Familienlastenausgleich monetäre Transfers in erhebli-
cher Höhe, bildet aber kein „armutsfestes" soziales Netz für die Betroffenen.[38] Gleichwohl trifft der Pauschalvorwurf einer „strukturelle(n) Rück-

---

34 Vgl. Norbert Berthold, Sozialstaat und marktwirtschaftliche Ordnung. Ökonomische
    Theorie des Sozialstaates, in: Karl-Hans Hartwig (Hrsg.), Alternativen der sozialen
    Sicherung – Umbau des Sozialstaates, Baden-Baden/Hamburg 1997, S. 33f.
35 Vgl. dazu: Dieter Suhr, Transferrechtliche Ausbeutung und verfassungsrechtlicher
    Schutz von Familien, Müttern und Kindern, in: Der Staat 1/1990, S. 69ff.
36 Claudia Pinl, Wieviele Ernährer braucht das Land?, a.a.O., S. 1126f.
37 Peter Bleses, Wirklich familienfeindlich?, Deutscher Wohlfahrtsstaat und Familienpo-
    litik, in: Kommune 7/2001, S. 41
38 Siehe Gerhard Bäcker, Armut und Unterversorgung im Kindes- und Jugendalter: De-
    fizite der sozialen Sicherung, in: Christoph Butterwegge (Hrsg.), Kinderarmut in
    Deutschland, a.a.O., S. 251ff.

sichtslosigkeit gegenüber Familien", den das zuständige Ministerium genauso erhebt wie renommierte Autoren,[39] viel eher Wirtschaft und Gesellschaft, die auf die Rentabilität der Unternehmen und die Arbeitsfähigkeit der Erwerbstätigen fixiert sind. Nicht der Mensch, erst recht nicht der „kleine Mann" oder das Kind, steht gegenwärtig im Mittelpunkt aller staatlichen Politik, sondern der Markt bzw. die Konkurrenzfähigkeit des „Standorts D". Seit man die Ökonomisierung, Kommerzialisierung und Durchkapitalisierung der Gesellschaft mit dem Schlagwort „Globalisierung" legitimiert, spielen soziale Momente, zwischenmenschliche Beziehungen und die Lebensqualität der Betroffenen nur noch eine Nebenrolle.

Probleme und Perspektiven der Familienpolitik

Es gibt Indizien für eine Renaissance der Familie, die aber mehr der Institution selbst als dem Wohl ihrer Mitglieder dient. Ein neokonservativer Rollback mag die Familienideologie und traditionelle Haltungen neu beleben, den von Arbeitslosigkeit, Armut und sozialer Not betroffenen Menschen kommt er kaum zugute. Sozial- wird dabei auf Familienpolitik reduziert, Letztere wiederum zur „Gesellschaftsreform" hochstilisiert.[40]

Familie ist kein historisches Auslaufmodell, vielmehr eine Lebensform mit Perspektive, wenn man sie nicht aus Nostalgie oder falsch verstandener Sympathie zu konservieren trachtet, sondern für soziale Reformen öffnet. Ob die Familie in Deutschland eine Zukunft hat, hängt primär davon ab, wohin sich Gesellschaft und Staat entwickeln. Darauf kann in einer Demokratie wie der Bundesrepublik jede/r Einfluss nehmen: Soll es eine Konkurrenzgesellschaft sein, die Leistungsdruck und Arbeitshetze erhöht, Erwerbslose, Alte und Behinderte ausgrenzt sowie Egoismus, Durchsetzungsfähigkeit und Rücksichtslosigkeit honoriert, sich jedoch gleichzeitig über den Verfall von Sitte, Anstand und Moral wundert, oder eine soziale Bürgergesellschaft, die Kooperationsbereitschaft statt Konkurrenzdenken, Empathie und Toleranz statt Indifferenz und Elitebewusstsein honoriert? Ist ein ruinöser Wettkampf auf allen Ebenen und in allen Lebensbereichen, zwischen Bürger(inne)n, Kommunen, Regionen und Staaten, bei dem die Steuergerechtigkeit genauso auf der Strecke bleiben muss wie anspruchsvolle Sozial- und Umweltstandards, wirklich anzustreben? Eignet sich der Markt tatsächlich als beinahe

---

39 Siehe Bundesministerium für Familie, Senioren, Frauen und Jugend (Hrsg.), Familien und Familienpolitik im geeinten Deutschland – Zukunft des Humanvermögens. Fünfter Familienbericht, Bonn 1995, S. 22; Franz-Xaver Kaufmann, Zukunft der Familie im vereinten Deutschland, a.a.O., S. 169

40 Siehe Max Wingen, Familienpolitik als Gesellschaftsreform, in: Aus Politik und Zeitgeschichte 52-53/1995, S. 26ff.

universeller Regelungsmechanismus für alle Gesellschaftsbereiche, obwohl er auf seinem ureigenen Terrain, der Volkswirtschaft, ausweislich einer sich verfestigenden Massenarbeitslosigkeit, kläglich versagt?

Um den Familien in Deutschland eine gesicherte Zukunft zu ermöglichen, bedarf es grundlegender Veränderungen von Staat, Wirtschaft und Gesellschaft. Nötig sind Reformen, die nicht primär dem „Standort D", sondern jenen unter seinen Bewohner(inne)n dienen, die zu den Verlierer(inne)n von Wettbewerbswahn und Gewinngier gehören. Die beste Familienpolitik nützt nichts, wenn man den Menschen keine Möglichkeit gibt, sich bar jeglichen moralischen und materiellen Drucks für oder gegen ein Leben mit Kindern zu entscheiden.

Ob es sinnvoll wäre, Sozialpolitik stärker oder ganz auf die Familie zu konzentrieren, wie manche Autoren vorschlagen,[41] erscheint schon deshalb fraglich, weil sich die demografische Struktur der Armutspopulation erneut in Richtung der Älteren verschieben dürfte. Denn die starke Zunahme diskontinuierlicher Erwerbsverläufe, wiederholter und länger andauernder Arbeitslosigkeit, sich rentenmindernd auswirkender Teilzeitarbeit und geringfügiger Beschäftigungsverhältnisse zieht zwangsläufig Probleme der Alterssicherung nach sich. Wenn man dieser Gefahr nicht mittels einer sozialen Grundsicherung auf deutlich höherem Niveau als die heutige Sozialhilfe begegnet, ist eine „Seniorisierung der Armut" absehbar.

Noch einmal zurück zum Ausgangspunkt, der *Kinder*armut in Deutschland: Wenn man etwas für die (armen) Kinder tun will, kann man zwischen reichen und weniger begüterten Familien umverteilen; will man hingegen das Gebären als solches fördern, muss man zwischen Kinderlosen und Familien umverteilen, unabhängig davon, wie gut es den letzteren finanziell geht. Statt alle Menschen besser zu stellen, die Kinder haben, sind gezielt solche Kinder besser zu stellen, die keine wohlsituierten Eltern haben und/oder von ihnen vernachlässigt werden.

Kinder sind nicht nur die jüngsten (und verletzlichsten) Familienmitglieder, sondern selbst auch menschliche Subjekte mit spezifischen Bedürfnissen und eigenen Interessen, die es unabhängig von den Lebensbedingungen ihrer Eltern zu befriedigen gilt. Sie müssen direkt und unabhängig von der jeweiligen Familienform bzw. der Erwerbsbiografie ihrer Eltern unterstützt werden. Nicht durch die Aufwertung traditioneller Familienformen, sondern nur durch die umfassende Verbesserung der sozialen Infrastruktur und die Bereitstellung entsprechender Dienste für die unmittelbar Betroffenen kann man Kinderarmut wirksam bekämpfen.

---

41 Vgl. z.B. Heinz Lampert, Priorität für die Familie. Plädoyer für eine rationale Familienpolitik, Berlin 1996; Ferdinand Oeter, Der unsoziale Sozialstaat. Notwendige Anpassungen der Politik an die Lebensverhältnisse in Gegenwart und Zukunft, München/Basel 1989; Jürgen Borchert, Renten vor dem Absturz. Ist der Sozialstaat am Ende?, Frankfurt am Main 1993

Entscheidend ist, dass den sozial benachteiligten Familien möglichst effektiv geholfen wird. „Zu diskutieren wäre daher, ob die bisherige Förderung des Instituts ‚Ehe und Familie' nicht langfristig besser durch eine ‚Subjektförderung' ersetzt werden sollte, die den Nachfragern sozialer Leistungen – vor allem Kindern und erwerbstätigen Müttern – zu flexibel einsetzbarer Kaufkraft verhilft und die Vereinbarkeit von Familien- und Arbeitsleben optional ermöglicht."[42]

Familie muss stärker von ihren schwächsten Mitgliedern her gedacht werden: Sie ist primär dort, wo es eine feste Lebensgemeinschaft zwischen Kind(ern) mit (einem oder mehreren) Erwachsenen gibt. Ein moderner Familienbegriff hebt weniger auf die demografische Reproduktion sowie die dauerhafte Partnerschaft zwischen (Ehe-)Mann und (Ehe-)Frau als auf die soziale Einbindung von Kindern ab. Dies schließt natürlich nicht aus, dass Familie in einem weiteren Sinne auch Heranwachsende und Erwachsene meint, die das Elternhaus längst verlassen und einen eigenen Haushalt gegründet haben.

Unterscheidet man zwischen einer institutions-, einer funktions- und einer mitgliederorientierten Familienpolitik,[43] so wäre die Letztere klarer zu akzentuieren. Nicht die Familie selbst, sondern ihre abhängigen Mitglieder, d.h. Frauen und Kinder, sollte man mehr fördern. Eine moderne Sozialpolitik hat sich also nicht „der Familie" stärker zuzuwenden, sondern bloß jenen Mitgliedern, die sozial benachteiligt und nicht in der Lage sind, ihren Lebensunterhalt selbstständig zu bestreiten. Dabei sind zwei Strategien zur Vereinbarung von Beruf und Kindererziehung denkbar. Während die sukzessive auf ein „Erziehungsgehalt" setzt, rückt die simultane den Ausbau von Kinderbetreuungseinrichtungen in den Mittelpunkt.[44] Die nicht nur von konservativer, sondern auch von grün-alternativer Seite erhobene Forderung, Erziehungsarbeit in einer gehaltsähnlichen Höhe bis zum 12., 16. oder gar 18. Lebensjahr des Kindes zu entlohnen,[45] hätte eine äußerst problematische Folge: „Es käme zu einer dauerhaften Verdrängung der Mütter vom Arbeitsmarkt, weil eine berufliche Wiedereingliederung nach einer derart langen Familientätigkeit

---

42 Norma Damme/Daniel Dettling, „Kinder, Karriere und Kooperation". Familienpolitik nach dem Karlsruher Urteil, in: Die Neue Gesellschaft/Frankfurter Hefte 6/2001, S. 326
43 Vgl. dazu: Karin Müller-Heine, Ziele und Begründungen von Familienpolitik, a.a.O., S. 57ff.
44 Vgl. dazu: Werner Schönig, Mitgliederorientierte Familienpolitik. Vereinbarkeitsstrategien als Akzenterweiterung in praktischer und konzeptioneller Hinsicht, in: Sozialer Fortschritt 2/2001, S. 38f.
45 Vgl. Christian Leipert/Michael Opielka, Erziehungsgehalt 2000. Ein Weg zur Aufwertung der Erziehungsarbeit, Bonn/Freiburg im Breisgau 1998; Michael Opielka, Bezahlte Elternschaft. Voraussetzungen und Folgen einer monetären Anerkennung der Erziehungsarbeit durch ein Erziehungsgehalt, in: Andreas Netzler/Michael Opielka (Hrsg.), Neubewertung der Familienarbeit in der Sozialpolitik, Opladen 1998, S. 85ff.; Max Wingen, Aufwertung der elterlichen Erziehungsarbeit in der Einkommensverteilung. Grundlagen, Möglichkeiten und Grenzen eines „Erziehungseinkommens", in: Aus Politik und Zeitgeschichte 3-4/2000, S. 3ff.

schwer, wenn nicht unmöglich ist. Das wäre ein gleichstellungs- und arbeitsmarktpolitischer Rückschritt und würde die latente Armut vergrößern."[46] Unter den legitimen Lebensformen darf die Familie (d.h. das Zusammenleben mit dem Ehepartner und/oder Kindern) keine Monopolstellung mehr beanspruchen. Das Gesetz über die Eintragung gleichgeschlechtlicher Lebenspartnerschaften kann zusammen mit Klaus Wowereits öffentlichem Bekenntnis „Ich bin schwul, und das ist auch gut so" eine neue Phase der Liberalität im Umgang mit „abweichenden" sexuellen Orientierungen einleiten. Dies schadet der Familie als Institution nicht, sondern nützt ihr sogar, weil es sie entlastet und für die heranwachsende Generation attraktiver macht.

Als „wirksamste Instanz der Familienpolitik" gilt bereits seit langem das Bundesverfassungsgericht.[47] Es hat wiederholt in den Gesetzgebungsprozess eingegriffen, wobei seine Rechtsprechung weniger die Verringerung der Kluft zwischen Arm und Reich (i.S. des vertikalen Familienlastenausgleichs, bei dem die Bedarfsgerechtigkeit als Richtschnur dient) als die „horizontale Steuergleichheit" (i.S. der Bevorzugung auch und gerade von Spitzenverdienern mit Kindern gegenüber solchen ohne Kinder, gerechtfertigt durch das Prinzip der Leistungsgerechtigkeit) bezweckte.[48]

Kaum eine politisch-juristische Grundsatzentscheidung wurde seitens der Öffentlichkeit so einhellig begrüßt wie das Urteil des Bundesverfassungsgerichts zur steuerlichen Freistellung des Erziehungs- und Betreuungsaufwands vom 10. November 1998. Was man als höchstrichterlichen Beitrag zu einer finanziellen Besserstellung von Eltern feierte, lief letztlich auf eine massive Umverteilung zugunsten gut verdienender Ehepaare mit Kindern hinaus. Statt die sozialen Unterschiede zwischen Familien zu verringern, vertieft die Einführung eines Betreuungs-, Erziehungs- und Ausbildungsfreibetrages auch für solche Ehepaare (bei paralleler Abschmelzung des Haushaltsfreibetrages für Alleinerziehende) die Kluft zwischen Arm und Reich, was aber weder bedürftigen Kindern noch der Gesellschaft insgesamt dient: Hauptnutznießer der neuen Regelung sind statt der *armen* Kinderreichen die *Reichen* mit vielen Kindern.

Überhaupt moniert Irene Dingeldey, dass die rot-grüne Reform des Familienlastenausgleichs primär an horizontalen Gerechtigkeitsprinzipien orientiert ist, bestehende Verteilungsungleichgewichte noch verstärkt und eine soziale Umverteilung zugunsten schwächerer Einkommensgruppen kaum verfolgt. „Durch die Reform verbessert sich (...) insbesondere die Einkom-

---

46 Gerhard Bäcker, Armut und Unterversorgung im Kindes- und Jugendalter: Defizite der sozialen Sicherung, a.a.O., S. 267

47 Siehe Franz-Xaver Kaufmann, Zukunft der Familie im vereinten Deutschland, a.a.O., S. 204

48 Vgl. dazu mit anderer Bewertung: Irene Gerlach, Politikgestaltung durch das Bundesverfassungsgericht am Beispiel der Familienpolitik, in: Aus Politik und Zeitgeschichte 3-4/2000, S. 21ff.

menssituation von Familien mit Kindern im mittleren und höheren Einkommensbereich."[49]

M.E. ist nicht die angeblich zu geringe Höhe der familienpolitisch begründeten Transferleistungen problematisch, sondern ausschließlich deren Struktur. Dass gerade Superreiche, Kapitaleigentümer und Spitzenverdiener von solchen Subventionen am meisten profitieren, die eigentlich den Familien (und das kann doch nur heißen: die sie benötigen, um sich und ihren Kinder unbillige Entbehrungen zu ersparen) zugute kommen sollten, wird aber selten kritisiert. „Umverteilung von oben nach unten!" müsste jedoch die Devise einer sozial gerecht(er)en Familienpolitik lauten. Dafür bietet sich zunächst ein für alle Eltern gleiches, einheitliches Kindergeld an, das ggf. einkommensabhängig zu gewähren ist.[50] Umgekehrt würde eine Kindergrundsicherung wirken, welche die Bündnisgrünen ins Gespräch gebracht haben.[51] Geprüft werden könnte auch, ob für Kinder höherer Ordnung der Kindergeldbetrag wegen familieninterner Spareffekte stufenweise zu verringern (statt – wie bisher – zu erhöhen) wäre, und ob die Transfers aufgrund unterschiedlich hoher Kosten nach dem Alter der Kinder differenziert werden sollten.[52]

Freibeträge erhöhen im sog. dualen System (Optionsmodell) dagegen wegen der Progression des Einkommensteuertarifs eher die soziale Ungleichheit und sind deshalb abzulehnen, es sei denn, sie würden nicht auf das zu versteuernde Einkommen, also die Bemessungsgrundlage selbst, sondern – wie z.B. heute schon das sog. Baukindergeld – auf die Steuerschuld gewährt und, wenn eine solche nicht besteht, in eine Gutschrift umgewandelt und ausbezahlt.

Ungeklärt ist, ob Mittel, die einer Subventionierung der Familie dienen sollen, bedürftigen Kindern wirklich helfen oder nur die Haushaltsvorstände erreichen. Statt höherer Zuwendungen des Staates an die Eltern bevorzugt Claudia Pinl einen Ausbau öffentlicher Einrichtungen, die auch (sonst eventuell leer ausgehenden) Kindern ohne familiären Rückhalt zugute kämen: „Der ‚Familienleistungsausgleich' entzieht den Kindern Geld an den Stellen, wo gerade sie es am meisten brauchen: in Erziehungsberatungsstellen und schulpsychologischen Diensten, in Ganztagsschulen, KiTas, Horten, Krippen und Freizeiteinrichtungen für Jugendliche."[53] Ulla Knapp plädiert ebenfalls für *Real*transfers; sie möchte die Eheförderung abschaffen, Chancengleich-

---

49 Irene Dingeldey, Familienbesteuerung in Deutschland. Kritische Bilanz und Reformperspektiven, in: Achim Truger (Hrsg.), Rot-grüne Steuerreformen in Deutschland. Eine Zwischenbilanz, Marburg 2001, S. 216

50 Vgl. Petra Beckerhoff, Kein Kindergeld für Besserverdienende: ein Weg zu mehr Gerechtigkeit, in: Soziale Sicherheit 9-10/1999, S. 311ff.

51 Vgl. Ekin Deligöz, Mit einer Grundsicherung gegen Armut. Wie die Lebenschancen von Kindern verbessert werden können, in: Frankfurter Rundschau v. 4.12.2000

52 Vgl. Margit Schratzenstaller, Zum geplanten Familienförderungsgesetz 2000, in: Sozialer Fortschritt 10/1999, S. 265

53 Claudia Pinl, Wieviele Ernährer braucht das Land?, a.a.O., S. 1130

heit für Kinder herstellen und außerdem einen „geschlechterpolitischen Modellwechsel" herbeiführen.[54]

Bildungs-, Erziehungs- und Kultureinrichtungen sind für eine gedeihliche Entwicklung und freie Entfaltung der Persönlichkeit sozial benachteiligter Kinder unentbehrlich, weshalb sie nicht – dem neoliberalen Zeitgeist entsprechend – privatisiert, sondern öffentlich finanziert und ausgebaut werden sollten. Familienpolitik ist demnach eine „umfassende Querschnittsaufgabe", die viele Politikfelder (Wohnungs- und Städtebau, Soziales, Bildung, Schule, Kultur, Sport und Freizeit) betrifft und die zahlreiche Akteure und Institutionen gemeinsam wahrzunehmen haben: „Angesprochen sind alle Gebietskörperschaften (Bund, Länder und Gemeinden), aber auch die Sozialversicherungsträger und die Tarifvertrags- und Arbeitsmarktparteien. Da Familienpolitik ganz maßgeblich auf dem Einsatz sozialer Dienste beruht, zählen auch frei-gemeinnützige Einrichtungen (wie Wohlfahrtsverbände), Kirchen und Selbsthilfeinitiativen zu den Trägern familienpolitischer Maßnahmen."[55]

Auch wenn die bisherige Ehe- statt einer Kinderförderung als Fehlorientierung der Familienpolitik gilt,[56] bietet die bloße Umwandlung des Ehegatten- in ein Familiensplitting keine Lösung, weil sie hinsichtlich der Verteilungsgerechtigkeit völlig kontraproduktiv wäre. „Ein Familiensplitting würde infolge des höheren Divisors (Ehepartner + Kinder) noch nachhaltiger die einkommensstärkeren Schichten begünstigen."[57] Zu denken ist wohl eher an ein sog. Realsplitting, bei dem der steuerliche Splittingvorteil durch einen nichts oder weniger als der Haushaltsvorstand verdienenden Ehepartner stärker begrenzt wird. Auch ein Grundfreibetrag (in Höhe des Existenzminimums der Kinder) hätte nicht die Progressionswirkung solcher Freibeträge, wie sie die beiden Familienförderungsgesetze gewähren.

54 Siehe Ulla Knapp, Sozialstaat, Kinder und Familie, in: spw – Zeitschrift für Sozialistische Politik und Wirtschaft 114 (2000), S. 48f.
55 Gerhard Bäcker u.a., Sozialpolitik und soziale Lage in Deutschland, Bd. 2, Wiesbaden 2000, S. 154
56 Vgl. ders., Armut und Unterversorgung im Kindes- und Jugendalter: Defizite der sozialen Sicherung, a.a.O., S. 262f.; Margit Schratzenstaller, Kinder statt Ehe fördern. Steuerpolitische Aspekte aktueller Familienpolitik, in: Soziale Sicherheit 1/2001, S. 9ff.
57 Franz-Xaver Kaufmann, Zukunft der Familie im vereinten Deutschland, a.a.O., S. 209. Laut Berechnungen des Bundesfinanzministeriums würde nach solchen Vorstellungen ein 60.000 DM (30.677,51 €) im Jahr verdienender Familienvater mit drei Kindern um 7.622 DM (3897,07 €), ein Spitzenverdiener mit gleicher Kinderzahl und über 500.000 DM (255.645,94 €) Jahreseinkommen aber um 57.534 DM (29.416,67 €) entlastet (vgl. Familienpolitik in den Kinderschuhen, in: Süddeutsche Zeitung v. 22.1.2001).

Die Autor(inn)en

Prof. Dr. Detlef Baum, Hochschullehrer für Soziologie am Fachbereich Sozialwesen der Fachhochschule Koblenz

Dr. Irene Becker, wiss. Mitarbeiterin der Professur für Sozialpolitik an der Johann Wolfgang Goethe-Universität Frankfurt am Main

Dr. Rolf Becker, Privatdozent an der Philosophischen Fakultät der Technischen Universität Dresden

Prof. Dr. Christoph Butterwegge, Leiter der Abteilung für Politikwissenschaft am Seminar für Sozialwissenschaften der Universität zu Köln sowie des Forschungsprojekts „Infantilisierung der Armut?, Gesellschaftspolitische Ursachen und psychosoziale Folgen in Ost- und Westdeutschland"

Dr. Thomas Ebert, Dipl.-Volkswirt, bis Mai 2000 Leiter der Abteilung Sozialversicherung im Bundesministerium für Arbeit und Sozialordnung; lebt als freier Publizist in Bonn

Ellen Esen, Pädagogin, freiberuflich tätig als Referentin in der politischen Bildung

Prof. Dr. Richard Hauser, Hochschullehrer für Sozialpolitik an der Johann Wolfgang Goethe-Universität Frankfurt am Main

Prof. Dr. Friedhelm Hengsbach, Professor für Christliche Gesellschaftsethik an der Philosophisch-Theologischen Hochschule Sankt Georgen in Frankfurt am Main sowie Leiter des Oswald von Nell-Breuning Instituts für Wirtschafts- und Gesellschaftsethik in Frankfurt am Main

Prof. Dr. Ernst-Ulrich Huster, Hochschullehrer für Politikwissenschaft an der Evangelischen Fachhochschule in Bochum, seit 1995 Rektor

Prof. Dr. Gerd Iben, emeritierter Hochschullehrer für Sonder- und Sozialpädagogik an der Johann Wolfgang Goethe-Universität Frankfurt am Main

Michael Klundt, wiss. Mitarbeiter im Forschungsprojekt „Infantilisierung der
Armut?, Gesellschaftspolitische Ursachen und psychosoziale Folgen in Ost-
und Westdeutschland" an der Abteilung für Politikwissenschaft des Seminars
für Sozialwissenschaften der Universität zu Köln

Dr. Andreas Lange, Lehrbeauftragter an der Berufsakademie Villingen-
Schwenningen

Dr. Wolfgang Lauterbach, Privatdozent am Fachbereich Geschichte und Soziologie der Universität Konstanz

apl. Prof. Dr. Jürgen Mansel, wiss. Mitarbeiter am Institut für interdisziplinäre Konflikt- und Gewaltforschung der Universität Bielefeld

Dr. Roland Merten, Hochschulassistent am Institut für Pädagogik der Martin-
Luther-Universität Halle

Dr. Norbert Reuter, Privatdozent am Institut für Wirtschaftswissenschaft der
Rheinisch-Westfälischen Technischen Hochschule (RWTH) Aachen

Prof. Dr. Brigitte Stolz-Willig, Hochschullehrerin am Fachbereich Sozialarbeit der Fachhochschule Frankfurt am Main

If you have any concerns about our products,
you can contact us on
ProductSafety@springernature.com

In case Publisher is established outside the EU,
the EU authorized representative is:
**Springer Nature Customer Service Center GmbH
Europaplatz 3, 69115 Heidelberg, Germany**

Printed by Libri Plureos GmbH
in Hamburg, Germany